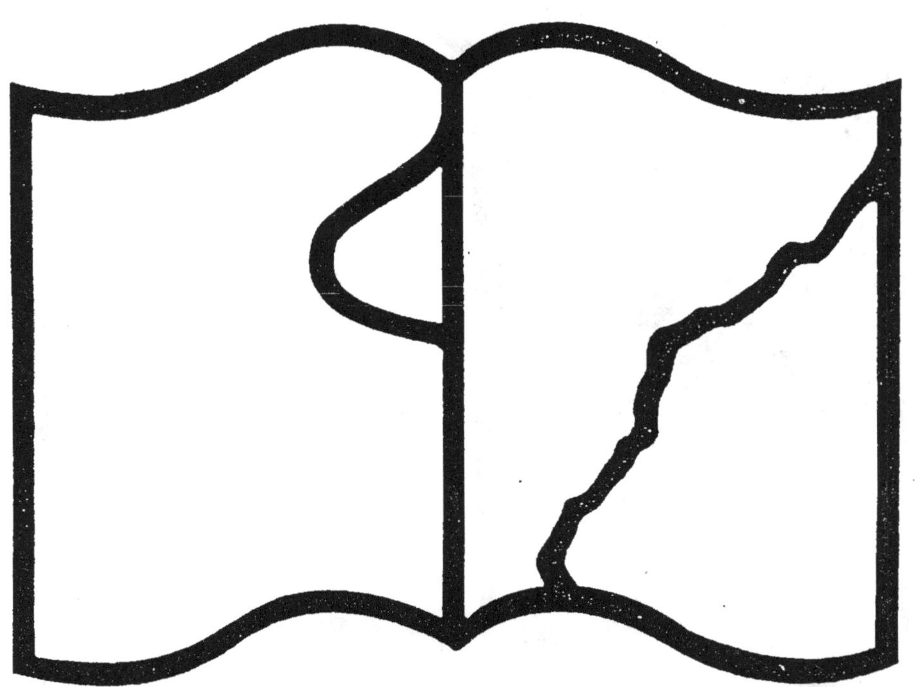

Texte détérioré — reliure défectueuse

NF Z 43-120-11

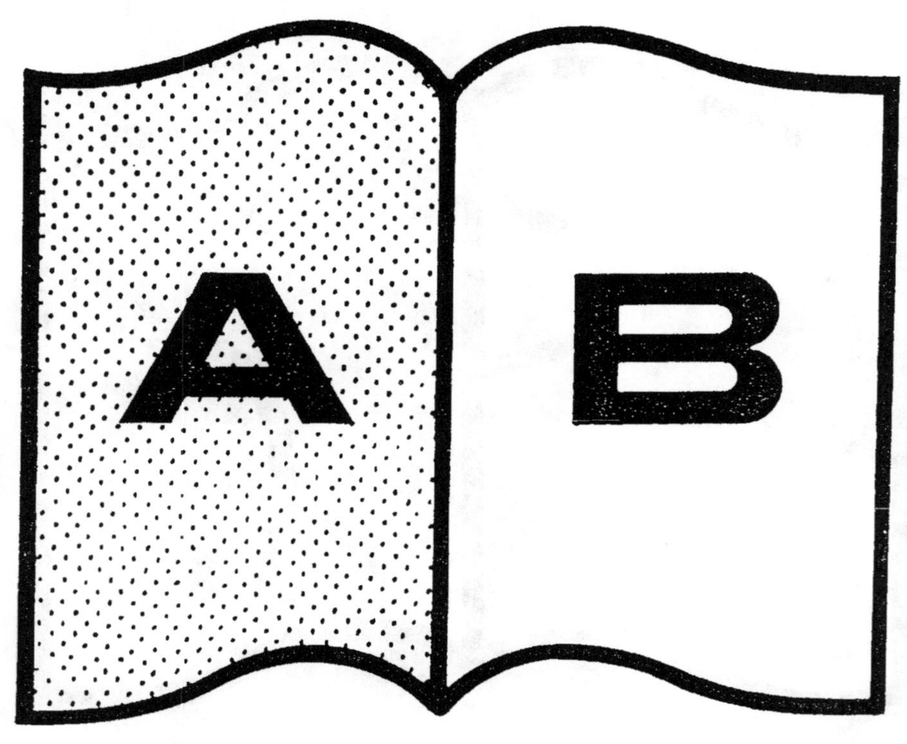
A
B

ARRESTEZ DE M^R^ LE P*remier* P*résident* DE L*AMOIGNON*

ARRESTEZ OU LOIX PROJETTE'ES dans des Conferences de Mr. le P. P. de L. pour le pays Coûtumier de France, & pour les Provinces qui s'y régissent par le Droit Ecrit.

M. D. CCII

PREFACE

IL n'y á personne au Palais qui ignore le dessein qu'avoit formé un grand Magistrat de réduire toutes les Côutumes à une seule, ou du moins de rassembler sous differens Tîtres toutes les Régles de la Jurisprudence Françoise, d'en rédiger en forme d'Articles les décisions les plus sages & les plus approuvées, pour servir de Loy générale dans le Royaume.

Ce projet n'a pas eû le succez qu'il sembloit mériter, cependant tous ceux qui en ont éu connoissance l'ont admiré; le Public en a fait tant d'estime, que les premieres Copies qui ont paru ont été achetées un prix excessif: On en recherchoit la simple lecture, & on recevoit comme une grace singuliere le seul plaisir de pouvoir parcourir ces judicieuses maximes.

Il s'est trouvé des personnes plus genereuses que les autres, qui ont donné à leurs amis la liberté d'en tirer des Copies ; cette faveur a été réiterée, cét Ouvrage est enfin devenu plus commun, mais il si est glissé tant de fautes par l'ignorance & par la précipitation des Copistes, que les plus habiles gens ont eû peine à comprendre plusieurs de ces Articles, quoy que tous soient certainement exprimez d'une maniere trés nette & trés intelligible.

C'est pour réparer ces deffauts qu'un Libraire, curieux de procurer le bien public & de diminuer la dépense que causent de si gros Manuscrits, a formé le dessein de faire imprimer cét Ouvrege dans toute sa pureté ; il a suivy trés-exactement l'Original écrit de la main de deffunt Mr de Fourcroy Sc.

cretaire des Conferences qui se tenoient pour ce grand Chef-d'œuvre de Jurisprudence,

On verra dans la premiere Partie la discution des maximes qui devoient servir d'Articles ou d'Arrêtez : on s'y instruira des difficultez qui naissoient sur l'examen de chacun des Articles.

On trouvera dans la seconde Partie les Arrêtez fixez & redigez par Article, d'un stile net & laconique.

Le Bareau & tous les Magistrats ont donné de si grands applaudissemens à cét Ouvrage, on voit régner dans tout ce qu'il renferme une sagesse si profonde & une connoissance si parfaite, tant de la Jurisprudence Coûtumiere que du Droit Ecrit, qu'on ne peut douter que cette impression ne soit trés-agreable & trés-utile au Public.

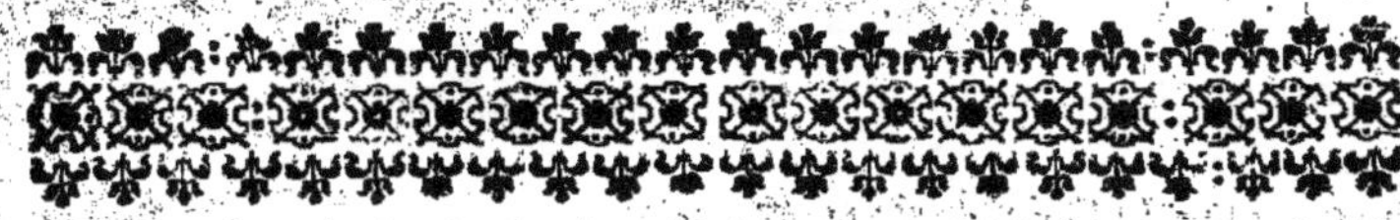

TABLE DES MATIERES, contenuës en ce Recüeil.

Table des Matieres.

Fin de la Table.

DE L'ETAT

DE L'ÉTAT ET QUALITÉ des Perſonnes.

CEUX qui ſe ſont appliquez à la recherche & lecture des Chartres & autres Titres qui ont été conſervez dans les anciennes Abbayes, remarquent que le Roy ſaint Loüis & aucuns des Rois ſes prédéceſſeurs & ſucceſſeurs, ont par leur autorité Souveraine aboly la pluſpart des Servitudes Perſonnelles, comme étant contraire à la Loy du Chriſtianiſme, & à la liberté, franchiſe, de laquelle l'Etat & les Sujets du Roy ont tiré leur dénomination. Et pource que dans les Duchez de Bourgogne & Nivernois, dans les Comtez de la Marche & Auvergne, & dans les Bailliages de Vitry & Châlons, il eſt demeuré quelques reſtes de ces Eſclaves & Servitudes Perſonnelles, il ſembleroit à propos de les abroger, & de donner à tous les ſujets du Roy une liberté entiere & commune.

Et pour cét effet d'abolir les qualitez de Serfs gens de corps, Mortemain & Mortaillables, & les charges & conditions ſerviles auſquelles les perſonnes de la qualité ſuſdite, & leurs heritages, ont été aſſujettis par les Coûtumes deſdits lieux, tant pour le fait de la demeure & réſidence, ventes, donations, &c. autres alienations, hipoteques & diſpoſitions Teſtamentaires, que pour le choix des perſonnes avec leſquelles ils peuvent contracter Mariage, ordre de leurs ſucceſſions, promotions à l'Ordre de Clericature, & generalement pour toutes les autres Charges dépendantes deſdites Servitudes.

Sans qu'à cauſe de l'Affranchiſſement, Liberté & Manumiſſion qui ſera ordonnée, les Seigneurs puiſſent prétendre que leurs biens & heritages ſujets à ladite condition ſervile leurs ſoient acquis.

Avec déclaration expreſſe que le Roy n'entend point abroger & éteindre les Corvées d'hommes & beſtiaux, les Droits de guet & de garde, les Tailles Seigneuriales, ny les bannalitez des Moulins, Fours & Preſſoirs, qui peuvent être dûës en conſequence deſdites Servitudes. Toutes leſquelles charges demeureront conſervées aux Seigneurs comme Droits réels, Seigneuriaux & Domaniaux, dépendans de leurs terres.

Et déclarer pareillement que par l'abrogation & extinction des Servitudes Perſonnelles, le Roy n'entend point préjudicier auſdits Droits de Corvées d'hommes & beſtiaux, Droits de guet & de garde,

Tailles Seigneuriales, bannalitez de Moulins, Fours & Pressoirs, & aux autres protestations & reconnoissances personnelles dûës aux Seigneurs particuliers, par des Titres legitimes & authentiques, ou en vertu d'une possession immemoriale bien & dûëment justifiée par écrit.

Pourvû que le Titre & l'origine de la possession soit exterieure au premîer Janvier 1560. qui est le temps auquel ont commencé les troubles de la Religion.

OBSERVATIONS SUR LE PREMIER ARTICLE.

DAns les Coûtumes de Vitry, Article 141. & suivans. Châlons, Article 17. & 18. Duché de Bourgogne, chap. 9. Nivernois, chap. 8. Auvergne, chap. 27. Et la Marche.

En la Coûtume de Vitry, article 141. & suivans; il y a des hommes & femmes qui sont apellez Serfs & de condition servile, gens de corps, de Mortemain & Mortaillables.

1° L'homme de condition servile ne peut transferer son domicile hors la terre du Seigneur, & s'il le fait il est réputé Serf fugitif, & peut être poursuivy & reclamé par le Seigneur. Et la Coûtume de Vitry ajoûte que les hommes & femmes de corps sont censez & réputez de pied, & de faire partie de la terre, & se baillent par aveu & dénombrement.

Et du jour de la retraite le Seigneur peut mettre en sa main les heritages de son homme.

2° Les hommes & femmes de corps ne peuvent donner, vendre ny charger d'hipoteques les heritages de condition Mortaillables qu'à des personnes de la même condition, sujettes à la même terre.

3° Quelques Coûtumes interdisent aussi les dispositions Testamentaires, & celles qui les permettent rétraignent lesdites dispositions à cinq sols, & les autres à soixante sols.

4° L'homme de corps ne peut prendre femme d'autre condition, sans le congé du Seigneur, autrement il y a la peine du Formariage, qui est en la Coûtume de Vitry de soixante sols & un denier d'amende, & la privation & confiscation de tous ses biens meubles & immeubles.

5° Les enfans issus de pere & de mere de differente condition, suivent la pire condition du pere & de la mere, c'est à dire qu'il suffit que l'on soit Serf pour rendre les enfans Serfs de Mainmorte.

6° Si le mary & la femme sont de condition servile de deux Seigneuries differentes, les enfans demeurent Serfs pour moitié de chacune desdites Seigneuries.

7° Si l'homme ou la femme de condition servile demeurent francs par Privilege, Manumission, ou autrement, leurs heritages sont acquis au Seigneur.

8° Les enfans issus d'un pere ou d'une mere de

servile condition, ne peuvent être promûs & admis à l'ordre de Clericature sans le consentement du Seigneur, sinon ils demeurent sujets à la condition servile.

9° L'homme ou la femme de condition servile n'ont autres heritiers que ceux qui vivent en communauté de biens avec luy, & en deffaut d'iceux le Seigneur succede, même au préjudice des enfans qui sont mariez hors la maison des pere & mere, & ne vivent en communauté avec eux.

DE LA PUISSANCE PATERNELLE.

NOus avons sept Coûtumes qui admettent la puissance paternelle; sçavoir, celle de
Poitou, article 310. & suivans.
Berry, au Titre 1. article 3. & suivans.
Bourbonnois, article 167.
Montargis, chapitre 7. article 2.
Rheims, article 6. & 7.
Châlons, article 7. & 8.
Et Sedan, article 5.

La pluspart desquelles requierent une émancipation faite par le pere en personne, ou par un Procureur fondé de procuration speciale judiciairement. Et pour ce que les autres n'en parlent point, & l'une d'icelles qu'elle peut être faite hors du jugement, ce qui est contre l'autorité du Droit, il semble qu'il est à propos d'établir une Loy generale pour cela, attendu même qu'il importe à l'égard des tierces personnes qu'un Acte de cette qualité soit public & connû.

Regler aussi si la presence de l'enfant que l'on émancipe n'est pas necessaire, afin qu'il puisse avoir connoissance de l'état & condition de sa personne, & que l'Acte ne puisse être suprimé à son préjudice.

Les mêmes Coûtumes qui ont reçû le Droit de puissance paternelle, ont aussi admis les émancipations tacites.

1° Par le mariage des enfans fait du consentement du pere ; ce qui doit être marqué pour faire Loy dans les Coûtumes qui ne parlent de cette condition.

2°. Quand le fils est revêtu d'Office ou reçû en quelque Charge, ayant une fonction publique.

3°. Quand le fils ou la fille font quelque trafic ou négoce separé de celuy du pere, ou établit un domicile particulier.

4° Par la majorité de vingt-cinq ans.

Et quelques-unes desdites Coûtumes fixent le temps & l'émancipation à vingt ans.

Mais la Coûtume de Poitou requiert conjointement en la personne du fils le mariage & la majorité, de sorte que le defaut de l'une de ces conditions fait continuër la puissance paternelle.

Il importe d'établir une régle uniforme dans toutes ces Coûtumes.

5° Aucunes de ces Coûtumes ne reçoivent la puissance paternelle, pour donner au pere la joüissance des fruits des choses données aux enfans, que durant le mariage des pere & mere; & déclare qu'en cas de prédécez de la mere, la puissance paternelle cesse du jour du décez de la mere: Ce qui est contraire aux principes de Droit.

Et les mêmes régles cy-dessus observées pour les émancipations expresses & tacites, ont aussi lieu dans le ressort du Parlement de Paris pour les lieux régis par le Droit écrit.

Mais dans les autres Parlemens de Droit écrit, on a autrefois douté si la fille par son mariage sort de la puissance paternelle, & neanmoins cela passe aujourd'huy pour constant; car comme par nos mœurs la femme est sous l'autorité de son mary, qui est plus ample & plus forte que la puissance paternelle, il est impossible qu'elle demeure au même temps sous la puissance d'une autre personne.

Mais pour les émancipations tacites par la majorité, par l'adoption d'une charge, par l'exercice d'un trafic particulier, par le mariage, ou par l'établissement d'un domicile separé, elles sont encore inconnuës dans les autres Parlemens.

Ce qui rend la condition des enfans fort fâcheuse & importune, & ce d'autant-plus qu'en païs de Droit écrit, le fils de famille ne peut faire Testament, *ne quidem permittende patre*; de maniere que nous avons vû de nos jours un grand Seigneur ayant femme & enfans dans l'impuissance à l'âge de soixante ans, de faire un Testament.

Aviser s'il seroit à propos de relâcher cette rigueur & severité, laquelle ne convient point à nôtre usage.

Dans le Procés entre deffunt Monsieur le Duc d'Orleans & Mademoiselle sa Fille, du premier lit, on a agité une question importante; sçavoir si ladite Damoiselle ayant été émancipée purement & simplement pour les biens qu'elle possedoit en païs de Droit écrit, Monsieur avoit droit de retenir *pro præmio emancipationis*, la puissance de la moitié des biens de sa fille, suivant la Loy *cum oportet* §. *cum autem* 3. *c. de bonis quæ liber*: laquelle donne cette demie joüissance *etiam si in emancipatione sibi parentes hoc minime servaverint*. Cela est ainsi jugé par une Sentence arbitrale en forme de Transaction, renduë pour Mademoiselle de Guise par avis du Conseil. Le contraire avoit été jugé auparavant contre un pere bourgeois de Lion.

MAJORITÉ.

DAns plusieurs Coûtumes réformées la Majorité a été fixée à l'âge de vingt-cinq ans, & les anciennes Coûtumes où la Majorité étoit plus avancée ont été corrigées.

Et neanmoins dans les Coûtumes de Rheims, Châlons, Amiens, Peronne, Normandie, Anjou & Maine, les enfans sont reputez Majeurs à vingt ans: Et les Coûtumes de Ponthieu & Boullenois avancent la Majorité des mâles à l'âge de quinze ans, & des filles à un moindre âge.

Mais

Mais dans l'usage on demeure d'accord que cette Majorité avancée ne peut avoir effet que pour l'administration des biens, la disposition des meubles, & la faculté d'ester en jugement; & que pour alliener les immeubles, en disposer, & les charger d'hipoteques, l'âge de vingt-cinq ans accomplis est necessaire.

C'est pourquoy il semble que l'on pourroit par une Loy commune & generale interdire les allienations, dispositions & hipoteques des immeubles avant l'âge de vingt-cinq ans accomplis.

Et donner l'administration des immeubles & la disposition des meubles à l'âge de vingt ans accomplis, sans distinction des mâles & des filles.

SUITE DE L'ETAT ET CONDITION des personnes, & de leur domicile.

L'Une des questions les plus frequentes dans les partages des Successions, c'est celle du domicile du deffunt.

1. C'est une maxime certaine que les dettes actives résident en la personne du creancier, & doivent être réglées par la Coûtume de son domicile.

2. Comme pareillement les dettes passives & charges mobilieres.

3. Pour les rentes foncieres actives & passives, elles sont attachées au fond pour lequel elles sont dûës, & sont réglées par la Coûtume de la situation d'icelles.

B

4. Et à l'égard des rentes constituées à prix d'argent, elles ont durant un fort long-temps suivy les Coûtumes de la situation des hipoteques.

Mais sur la difficulté, sçavoir s'il faloit considerer seulement les hipoteques speciales, ou bien tous les immeubles du detteur qui sont hipotequez à la rente, & pour couper chemin aux frais & longueurs des évaluations qu'il faloit faire des biens du detteur; par un Arrest donné aux Enquêtes sur le fait de la succession du nommé Duhamel le 23. Février 1607. il fut jugé que les rentes constituées comme les autres dettes actives seroient réglées par la Coûtume du domicile du creancier, en quelque lieu que fut la demeure des detteurs & les hipoteques d'icelles assises, & ordonné que l'Arrest seroit lû au Châtelet; ce qui a été ainsi executé sans contredit depuis ledit Arrest.

Et neanmoins l'usage ancien est encore observé au Parlement de Roüen; & comme cela produit tous les jours quantité de contestations depuis dix ans, il y eut une Assemblée de Chambre faite audit Parlement de Roüen sur ce sujet, en laquelle les plus Anciens furent d'avis de prendre l'ordre observé à Paris: Et neanmoins sur ce que les autres estimerent que ce changement ne pouvoit être fait que par une autorité superieure, l'usage ancien a été retenu & s'observe encore à present.

C'est une maxime autorisée par divers Arrêts, que les Mineurs retiennent & conservent le domicile qu'avoit leur pere au jour de son déceds.

Sans considerer le domicile de leurs Tuteurs, même de la mere qui avoit été élevée Tutrice de ses enfans, d'autant que la Transaction du domicile est une espece d'alienation qui est interdite aux Mineurs & à leurs Tuteurs & Curateurs; joint que dans la diversité des Coûtumes on pourroit former des desseins sur les successions futures des Mineurs, si les Tuteurs avoient la liberté de changer leur domicile.

Aviser neanmoins si cette régle touchant l'interdition de la translation du domicile des Mineurs, ne pourroit pas recevoir une exception lors que le Mineur est reçû en un Office, ou en quelque autre fonction qui desire une résidence actuelle en un lieu autre que celuy de l'ancien domicile du Mineur.

Où lors que de son chef il établit un négoce & commerce en quelque lieu où la résidence actuelle & personnelle est necessaire.

Et lors qu'il se marie, car s'il a la faculté de changer son état il semble juste de luy donner aussi le pouvoir d'établir un nouveau domicile.

Par l'article 173. de la Coûtume de Paris, le domicile s'acquiert par an & jour: ce qui est observé sans contredit en la Cour des Aides, où les questions sont frequentes & ordinaires.

Et neanmoins plusieurs estiment que cette régle de la demeure par an & jour n'a point de lieu, lors qu'une fille majeure ou mineure se marie, & que du jour de la Benediction nuptiale elle prend le domicile de son mary, *in cujus domicilio*, dit la Loy, *ipsa mulier per conditionem matrimonij redit.*

D'autres ajoûtent encore pour les mâles la reception en un Office, ou autre fonction publique & personnelle.

L'établissement d'un trafic & négoce, & le Mariage.

Et estiment qu'en ces rencontres l'établissement du nouveau domicile se fait au même instant, sans attendre la demeure par an & jour.

Mais l'une des plus importantes questions pour le fait du domicile concerne celuy des Princes & grands Seigneurs, & des autres personnes suivantes la Cour. Et encore à present il y a sur le Bureau de la premiere Chambre des Enquêtes un Procez entre Mademoiselle de Chevreuse & Monsieur le Prince de Guimené, touchant le domicile de feu Monsieur le Duc de Montbazon durant son premier Mariage, dans l'établissement duquel on a trouvé tant d'obscurité que l'on a été contraint de luy donner deux domiciles, l'un à Paris & l'autre en Touraine, ce qui est contraire aux maximes les plus certaines de nôtre Jurisprudence Françoise, & dans l'execution de l'arrêté qui a été fait sur ce sujet. Il s'est mû une autre contestation autant & plus difficile que la premiere, à cause de la difference des Coûtumes de Paris & de Touraine, touchant les droits de Gardien-Noble.

Le domicile des Princes du Sang & des Princes étrangers est attaché à la suite du Roy, qui doit être consideré comme résident & domicilié en la Ville capitale de ses Etats.

Plusieurs croyent que la même chose doit être réglée pour les Ducs & Pairs, Maréchaux de France & Officiers de la Couronne.

Si ce n'est en tout cas qu'ils ayent fait une déclaration contraire, par un Acte judiciaire écrit sur le Registre du Greffe plus d'un an avant leur décez.

Les Officiers de la Maison du Roy, qui rendent un service continuel durant tout le cours de l'année, sont de la même condition.

Mais ceux qui servent par quartier en des occasions particulieres lors qu'ils sont mandez, sont réputez domiciliez és lieux où ils font leur résidence ordinaire.

On peut établir la même régle pour les Officiers des Reines & des Princes du Sang, qui ont des Officiers couchez sur les états, registrez en la Cour des Aides.

Et pour les autres Officiers, comme il y en a plusieurs qui ne prennent des Charges que pour avoir un Tître d'honneur, sans en faire l'exercice & la fonction journaliere, il semble que leur domicile doit être étably au lieu où ils font leur demeure ordinaire.

DES GARDE-NOBLES ET BOURGEOISIE.

Nos Garde-Nobles ont été introduites dans nos Coûtumes, à l'exemple du Droit de Puissances Paternelle, est particulier au Pere; & la Garde-Noble est commune au Pere & à la Mere.

Il n'y a aucunes de nos Coûtumes qui ne parle de la Garde-noble, mais avec tant de varieté que cela cause quantité de Procés dans les maisons des Gentils-hommes qui ont des biens en des Provinces differentes, comme cela est frequent & ordinaire : C'est pourquoy il importe pour le repos des sujets du Roy d'établir & régler.

1. S'il n'est pas necessaire que la Garde-Noble soit demandée judiciairement, afin qu'il y ait un Acte certain sur lequel les enfans puissent régler leurs droits & leur condition.

2. Si la Garde-noble ne doit pas être demandée devant le Juge du domicile des Pere & Mere lors de la dissolution du Mariage. On a vû des Garde-Nobles demandées en d'autres Sieges, desquels les Mineurs venus en Majorité ont eû de la peine de trouver l'Acte, à cause de la diversité des Sieges où les Pere & Mere avoient des biens.

3. On tient communément que la Garde-Noble doit être demandée en personne, & la Coûtume de Paris l'ordonne ainsi : mais en la pluspart des autres Coûtumes elle peut être demandée par un Procureur porteur d'une Procuration speciale, transcrite sur le registre du Greffier.

4. Si la signature de la partie ou du Procureur n'est point necessaire dans les Actes judiciaires faits en l'Audience.

5. L'usage commun est de demander la Garde-Noble par devant le Juge Royal.

6. Et neanmoins quelques-uns estiment qu'elles peuvent être requises & acceptées par devant les Juges des Pairies.

7. Supposées que cela soit, si cela doit être certain aux anciennes Pairies, les apellations desquelles ressortissent nuëment au Parlement; où si les nouvelles Pairies joüissent du même privilege.

8. Les Prevôts & Châtelains ne reconnoissent point des Causes des Nobles, ny consequemment des Garde-Nobles, ains les seuls Baillifs & Senéchaux.

9. Mais on a demandé si la Garde-Noble peut être acceptée dans les Siéges particuliers desdits Baillifs & Senéchaux, quand le pere est domicilié dans l'un desdits Siéges particuliers.

10. Par l'ancien Droit Romain tous les biens acquis aux enfans de famille, même à Titre successif, apparrenoient au pere en pleine proprieté; mais dans la suite des temps on en a retranché certaines parties de biens : Et enfin l'Empereur Justinien a réduit le Droit des peres à un simple usufruit, chargé seulement des interêts & arrerages des rentes échûs durant le cours dudit usufruit.

La Coûtume de Paris ancienne & nouvelle, a ordonné la même chose pour la Garde-Noble, & réduit le Droit du Gardien à une simple joüissance, même à l'égard des meubles.

Mais d'autre part elle a surchargé le Gardien du payement de toutes les dettes passives sans repetition, laquelle charge les dettes passives est aussi ordonnée dans les autres Coûtumes : Mais les mêmes Coûtumes donnent au Gardien tous les meubles en proprieté ; surquoy il y a plusieurs reflexions à faire : sçavoir,

S'il seroit pas à propos de faire une Loy & Ordonnance generale & commune pour toutes les Coûtumes, puisque le Bail et Garde-Noble passe pour un Droit dans le païs Coûtumier.

II. Si la proprieté des meubles données au Gardien en quelques Coûtumes, lors que les meubles étoient peu considerables dans les familles, doit avoir lieu à present que l'on a la curiosité d'avoir des meubles plus somptueux & en plus grande quantité.

12. Supposé que l'on juge à propos de laisser au Gardien la proprieté des meubles dans les Coûtumes qui l'ordonnent. Si cela doit être rétraint aux meubles & ustensilles d'Hôtel, ou si au nombre des meubles on y doit comprendre les dettes actives & Droits mobiliers.

Et encore *bona moventia*, comme sont les bestiaux servant au labourage, & qui sont baillez aux Fermiers avec le corps des métairies.

Et encore ceux qui sont baillez à Titre de Chastel.

Surquoy il y a quatre observations à faire.

La premiere, qu'en divers païs, principalement en ceux qui sont dans le voisinage des Mers, plusieurs Gentilshommes trafiquent sous les noms des personnes interposées, & en d'autres lieux ils mettent la plus grande

grande partie de leur bien en billets & promesses sur des Negocians ; & partant il semble rude que sous prétexte d'une Garde-Noble qui durera peut-être six mois, on dépoüille des mineurs de la proprieté de tous les effets mobiliers.

La seconde qui regarde les meubles & ustensilles d'Hôtel, est qu'un mineur sortant de garde & demeurant privé de tous ses meubles, est contraint de vendre une partie de ses fonds pour meubler les Châteaux de ses terres.

Et la troisiéme qui est encore plus importante, concerne l'achapt des bestiaux qu'il est contraint de faire avec grands frais, même dans les Provinces esquelles les terres & métairies ne peuvent être affermées, ny produire aucun fruit sans être garnies de bestiaux.

Et la quatriéme observation consiste en ce que dans la pluspart des Coûtumes la Garde-Noble se perd par le second mariage, & neanmoins les meubles demeureront au Gardien & seront par luy portez dans une seconde Communauté, quoique par son fait il soit déchû & privé de la garde.

13. La pluspart des Coûtumes obligent le Gardien de faire inventaire, mais sous prétexte qu'elles n'ordonnent la privation du benefice de la garde, à faute de satisfaire à la condition. On a douté si à faute d'avoir fait inventaire le Gardien est déchû de la garde, ce qui passe dans l'opinion la plus commune du Palais.

14. Quand même on jugeroit à propos de laisser

au Gardien les meubles en proprieté, il semble neanmoins necessaire d'en faire inventaire, afin qu'on voye dequoy il a amendé.

Et de plus l'inventaire est necessaire pour les Tîtres & papiers.

15. Les pere & mere sont également admis à la Garde-Noble dans le Droit commun de nos Coûtumes.

Sçavoir s'il seroit à propos d'étendre cette disposition aux Coûtumes qui en excluent les meres.

Ou plûtôt d'authoriser ce qu'elles ordonnent pour ce regard, comme étant le Droit de Garde odieux: Et puisqu'il a été introduit à l'exemple du Droit de Puissance Paternelle, il semble que les meres en doivent être excluës.

16. Sur tout en exclure les ayeuls & ayeules, n'étant pas juste que les fruits & revenus des petits enfans augmentent les portions de leurs oncles & tantes, dans les partages des Successions des ayeuls & ayeules.

Et même dans la concurrence des ayeuls & ayeules paternels & maternels, on a vû naître plusieurs contestations.

1. Touchant la préference des paternels aux maternels.

2. Si se trouvant l'ayeul & l'ayeule d'une ligne, & un seul de l'autre, ils sont admis à la Garde-Noble par souches ou par têtes.

3. Si ceux d'une ligne voulant renoncer au Droit

de Garde en faveur des Mineurs, cela obligeoit les autres à faire le semblable.

Et subordinement si les portions de ceux qui abandonnoient la Garde accroissoient aux Mineurs, ou bien aux ayeuls de l'autre ligne qui acceptoient la Garde.

Il a été donné Arrêt en l'Audience de la Grand' Chambre, touchant la Garde-Noble des enfans de François Odespung sieur de la Messiniere, Avocat en Parlement, qui étoit Demandeur contre l'ayeul paternel qui a jugé que la Garde-Noble ayant été une fois déferée au pere ou à la mere, soit qu'elle eût été prise ou refusée, ne passoit plus aux ayeuls, d'autant que les mineurs ne tombent jamais deux fois en garde, & par ce moyen elle ne peut remonter aux ayeuls & ayeules, sinon lorsque les peres & meres sont decedez *eodem fato*, & à la même heure: ce qu'il seroit à propos d'authoriser par une Ordonnance si on vouloit laisser la Garde-Noble aux ayeuls & ayeules.

17. Les Arrêts ont jugé qu'une mere mineure ayant accepté la Garde-Noble de ses enfans, même dans les Coûtumes où la Garde-Noble est réduite à un simple usufruit tant de meubles que des immeubles, n'étoit point restituable contre ladite acceptation, quoique dans l'évenement il se trouvât quantité de dettes passives mobilieres imprévûës, capable d'absorber la meilleure partie des immeubles de la mere.

Lequel préjudice n'arriveroit point si on réduisoit les choses aux termes du Droit Romain, si on réduisoit la Garde-Noble à un simple usufruit, & à la charge d'icelles aux interêts & arrerages des dettes passives qui peuvent échoir durant le temps dudit usufruit.

Dans les Coûtumes d'Anjou & du Maine quand le pere ou la mere survivant refuse ou néglige de prendre la Garde-Noble de ses enfans, lesdits enfans tombent en la garde du Seigneur: Et pour cela les mêmes Coûtumes donnent audit Seigneur un Droit de Relief qui est appellé Déport de Minorité, lequel est estimé au revenu d'une année, la charge d'en laisser le tiers pour la subsistance des mineurs.

Chopin sur la Coûtume d'Anjou remarque que ce Droit n'a jamais été pratiqué, *& abiit in desuetudinem*, mais on doute s'il doit être suivy & executé, & comment en la Coûtume du Maine, pour raison dequoy depuis quatre-vingt ans il y a eu quatre ou cinq Procés au Parlement, & nulle décision certaine.

Sçavoir s'il seroit à propos d'en toucher quelque chose, & abroger ce Droit ou prétention par des termes generaux, & neanmoins prendre garde de ne préjudicier aux Gardes Royales & Seigneuriales des Seigneurs des Fiefs de Normandie.

19. Etablir un âge certain auquel doivent finir les Garde-Nobles.

A Paris par l'article 278. la Garde-Noble finit pour les mâles à vingt ans accomplis, & pour les filles à quinze ans accomplis.

Lequel Reglement est necessaire, d'autant que les Mineurs ayans des terres en plusieurs Provinces differentes, il est fort difficile de régler les Charges des Gardes quand elles cessent en un lieu plûtôt qu'en un autre.

20. En la Coûtume de Paris la Garde-Noble finit tant contre le pere que contre la mere par le second mariage.

En d'autres Coûtumes le second mariage ne met fin à la Garde qu'à l'égard de la mere & non pour le pere, encore que la raison soit égale, & qu'il soit dure qu'une seconde femme & les enfans d'un second lit participent aux fruits & revenus des enfans Mineurs issus d'un premier mariage.

On peut confirmer la Garde-Bourgeoisie en faveur des pere & mere roturiers, dans les Coûtumes où elle est reçûë par disposition expresse, à la charge de bailler caution, & sous les autres conditions prescrites par lesdites Coûtumes.

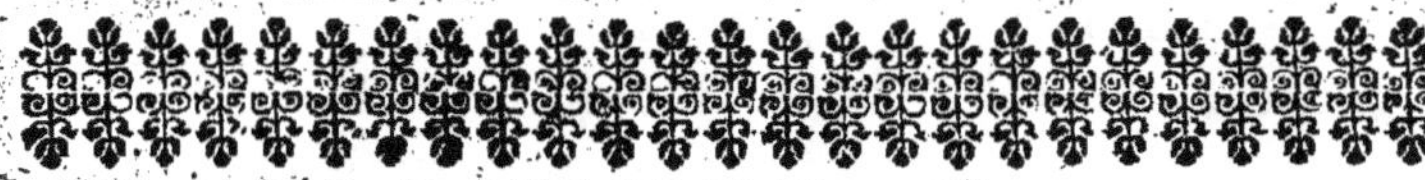

DES TUTELLES.

Des Tuteurs, Protuteurs & Curateurs, comptables des Mineurs.

Propositions en forme d'Articles pour être examinées, plusieurs retranchées, & les autres réformées.

1. TOutes les Tutelles & Curatelles comptables des Mineurs sont datives, & doivent être déferées par les Juges sur l'avis des parens desdits Mineurs.

2. Et neanmoins le Tuteur & Curateur nommé par le Testament du pere, ou par un autre Acte signée de luy, sera preferé aux autres, pourvû qu'il ne se trouve en sa personne aucune cause legitime pour l'exclure de la Charge.

3. L'assemblée des parens peut être provoquée par un parent en degré éloigné, en cas de négligence des plus proches, même par une tante & par un creancier des Mineurs, & en deffaut des uns & des autres pendant l'espace de quinzaine l'assemblée sera faite à la requête du Subsistut de nôtre Procureur Gene-

ral, ou du Procureur Fiscal de la justice Seigneuriale où la Tutelle doit être deferée.

4. Pour les Tutelles des personnes Nobles on se pourvoira par devant les Baillifs & Senéchaux, ou leurs Lieutenans Generaux & Particuliers. Et pour celles des Roturiers, par devant les Prevôts & Châtelains du lieu du domicile des Mineurs: Et si le domicile est dans la Justice d'un Seigneur, la Tutelle pourra être poursuivie en ladite Justice.

5. Les plus proches parens paternels & maternels de Mineurs, majeurs de vingt-cinq ans, & demeurans dans le même Bailliage & Senéchaussée où les Mineurs ont leur domicile, seront apellez en nombre égal, étant au moins au nombre de trois, & chacun côté. Et s'il ne s'y en trouve en nombre suffisant ils seront pris des autres Provinces les plus proches: Et en defaut des parens de l'une ou l'autre ligne, on apellera des voisins & amis du pere des Mineurs.

6. Ceux qui font profession de la Religion Prétenduë Réformée, même la mere & autres, de quelque qualité qu'ils soient, ne seront Tuteurs, & n'auront l'éducation des enfans issus d'un pere ou d'une mere Catholique, ou qui auront été élevés d'ailleurs en la Religion Catholique.

7. Ceux qui seront apellez à un Acte de Tutelle, pourront donner leurs suffrages en personne, ou par Procureur fondé de Procuration speciale, qui contiendra le nom & la qualité de la personne qui sera nommée par le Procureur.

8. Mais lors qu'il s'agit de l'éducation & instruction des Mineurs, l'avis doit être donné en personne & non par Procureur.

9. Es païs de Coûtume & de Droit écrit du ressort du Parlement de Paris, ceux qui ont donné leurs suffrages pour la nomination d'un Tuteur, ne sont garans de la solvabilité. Et dans les autres Provinces sera suivy à l'avenir pour ce regard l'usage sous lequel ils ont vécu par le passé.

10. Le parent qui a des excuses legitimes pour ne point accepter la charge de Tuteur, aura neanmoins voix déliberative en l'Acte de Tutelle & de Curatelle. Et s'il est du nombre des plus proches parens il y doit être apellé, à peine de nullité.

La mere & les ayeules paternelles & maternelles étans en état de viduité, doivent être apellées aux actes de Tutelles de leurs enfans & petits enfans, & peuvent être élûës Tutrices, en telle sorte neanmoins que la mere demeurera préferable à l'ayeule.

Si la mere majeure de vingt-cinq ans & non remariée demande la Tutelle & Curatelle de ses enfans, elle ne pourra luy être déniée, si ce n'est pour des raisons legitimes & avec connoissance de cause elle soit jugée incapable de l'administration des biens de ses enfans; ou qu'elle en ait été exclüe par le Testament de son mary, ou autre acte signé de luy, ou que par le même acte & Testament le mary ait nommé un autre Tuteur, encore que ledit Tuteur ait refusé la charge, ou que pour des causes legitimes

times il en ait été exclus par l'avis des parens.

Mais l'ayeule ne peut avoir la Tutelle de ses petits enfans, si elle ne luy est deferée par les parens à la pluralité des voix.

La mere & l'ayeule élûës Tutrices demeureront privées de ladite charge du jour qu'elles passeront à des secondes Nopces : Et au cas qu'elles viennent en état de viduité elles ne pourront reprendre la Tutelle de leurs enfans.

Au cas que la mere ou l'ayeule Tutrices de leurs enfans passent en secondes Nopces, elles seront tenuës avant la celebration du Mariage faire pourvoir les Mineurs d'un autre Tuteur, & à faute de ce elles demeureront privées de toutes les sommes & autres Droits qu'elles pourroient prétendre contre eux.

Aucun ne pourra être élû Tuteur s'il n'est du nombre des plus proches parens qui ont été assignés pour donner leurs voix en l'acte de Tutelle.

Si aucun de ceux qui ont été apellez à l'acte de Tutelle prétend n'être parent des Mineurs, ou qu'il y a d'autres parens en degré plus proches qui n'ont point été apellez, il sera tenu de faire sa remontrance avant l'ouverture des suffrages, & aprés la premiere voix donnée il n'y sera plus reçû.

Si les Mineurs ont des immeubles en diverses Provinces, on pourra leur donner des Tuteurs particuliers pour chacune Province, lesquels seront responsables respectivement chacun de ce qui dépendra du fait de son administration.

Mais si on donne aux Mineurs deux ou plusieurs Tuteurs pour une administration commune, chacun d'eux pourra être poursuivy solidairement de la part des Mineurs, sauf le recours des uns contre les autres.

Les alliez qui ont épousé la mere, ayeule, sœurs, tantes & cousines des Mineurs, doivent être apellez aux actes de Tutelles, & étant élûs Tuteurs seront obligez d'accepter la charge.

Les parens promûs aux Ordres Sacrez ne peuvent être contraints d'accepter la charge de Tuteur.

Le nombre de trois enfans suffit à ceux qui ont leur domicile en la Ville & Fauxbourgs de Paris: & le nombre de cinq à ceux qui ont leur domicile ailleurs, pour s'excuser de la charge de Tuteur & Curateur.

Tous les enfans mâles & filles mineures & majeures, même ceux qui sont mariez, pourvûs de charge, & qui font un négoce separé, peuvent servir d'excuse, pourvû qu'ils soient issus d'un mariage legitime, ou legitimez par un mariage public fait & celebré en l'Eglise depuis leur naissance.

Et sera consideré le nombre des enfans au jour que la Tutelle a été ouverte par la mort naturelle ou civile du pere ou de la mere des Mineurs, & par le décez & destitution d'un précedent Tuteur, sans que les enfans décedez ou survenus depuis puissent servir ou préjudicier à l'excuse fondée sur le nombre des enfans.

Les enfans tuez en une bataille, aſſaut, ou autre rencontre, en portant les armes pour nôtre ſervice ou par nôtre commandement en des Provinces étrangeres, ſeront comptez au nombre des enfans pour être excuſez d'une Tutelle.

Les petits enfans du vivant de leur pere & mere ne ſont compris au nombre deſdits enfans, mais aprés le décez du pere ou de la mere ils repreſentent le deffunt, & tous enſemble ſont conſiderez comme un ſeul enfant pour remplir le nombre neceſſaire pour l'excuſe de leur ayeul.

L'enfant dont la mere eſt enceinte n'eſt point conſideré dans les excuſes des Tutelles.

La Tutelle d'un ou pluſieurs enfans qui ſont freres & ſœurs, ſera conſiderée comme d'un enfant. Et deux Tutelles ou Curatelles de Mineurs, prodigues, furieux, & perſonnes étant en démence, rempliront le nombre de deux enfans.

L'offre de nourrir & entretenir gratuitement l'un des Mineurs; n'eſt pas ſuffiſante pour excuſer une perſonne de la charge de Tuteur, ſi l'offre n'eſt jugée recevable & utile aux Mineurs, par l'avis des autres parens.

Celuy qui a été excuſé de la charge de Tuteur, en conſequence de l'offre par luy fait de nourrir & entretenir l'un des Mineurs, en demeure déchargé du jour du décez dudit Mineur: Et s'il décede avant le Mineur, la charge de la nourriture & entretenement ceſſe du jour de ſon décez.

Les personnes âgées de soixante & dix ans accomplis, les aveugles, les sourds, les muets, & ceux qui sont atteints de maladies incurables & obligez de garder le lit, ceux qui portent les armes pour nôtre service, & les Mineurs de vingt-cinq ans, quoy que mariez & pourvûs d'Offices qui requierent l'âge de vingt-cinq ans accomplis, ou faisant négoce particulier; & ceux qui sont absens du Royaume, & dont l'absence a commencé trois mois avant l'ouverture de la Tutelle, n'en pourront être chargez & ne seront aussi reçûs à donner leur avis par Procuration pour l'élection d'un Tuteur.

Ceux qui auront des excuses legitimes les proposeront sur le champ s'ils sont presens en l'acte de Tutelle, sinon trois jours aprés la signification faite à leur personne ou domicile de l'acte contenant leur nomination, s'ils sont demeurans au même lieu où a été fait l'acte de Tutelle; & s'ils sont domiciliez ailleurs le delay sera prorogé selon la distance des lieux, à raison de dix lieuës par jour.

Les parens qui sont substituez aux Mineurs, ne peuvent être leurs Tuteurs.

S'il arrive des contestations és actes de Tutelle, elles seront terminées en la Chambre du Conseil dés le lendemain si faire se peut, & preferablement à toutes autres affaires, sinon dans trois jours au plus tard; & ce qui sera ordonné, executé nonobstant oppositions & apellations quelconques.

Pour les Mineurs de condition & qui ont du bien

considerable, leur seront donnez des Tuteurs honoraires & d'un Tuteur oneraire, qui sera choisi par les honoraires, & fera serment en Justice; & les Tuteurs honoraires demeureront garans de la solvabilité d'iceluy.

La Tutelle demeurera aux perils & fortune du Tuteur du jour qu'il sera nommé, encore qu'il n'ait point fait le Serment, si la nomination a été faite, sinon du jour qu'elle luy aura été signifiée; & en cas de contestation du jour de la signification de la Sentence qui aura été confirmée sa nomination.

Le Tuteur sera tenu dans la quinzaine, aprés qu'il aura été chargé de la Tutelle, de faire un Inventaire exact & fidele par devant deux Notaires, ou un Notaire & deux Témoins, ou par devant le Greffier de la Justice, selon l'usage de chacun lieu, des meubles, tîtres & papiers des Mineurs, & le continuër incessamment, à peine de répondre en son propre & privé nom des dommages & interêts que les Mineurs pourront souffrir à cause du retardement dudit Inventaire.

Nos Juges & ceux des Seigneurs ne pourront assister aux Inventaires, de quelque qualité qu'ils soient, ne prendre pour raison d'iceux aucun salaire, à peine de restitution du quadruple, & d'interdiction s'il y échet.

Les Notaires & témoins, & les Sergens qui feront les prises des meubles, se contenteront des salaires qui seront taxez raisonnablement à proportion du temps ou du travail, & les taxes écrites au pied des Minutes & des Grosses des Inventaires, sans prendre aucuns vivres ou nourritures aux dépens des Mineurs, lesquels en cas de contravention seront portez par les Tuteurs en leurs noms, & ne pourront entrer en dépense dans les comptes qui seront rendus aux Mineurs.

Deffendons aux Tuteurs de s'immiscer en l'administration des biens des Mineurs, sans avoir préalablement fait Inventaire, & à faute de faire Inventaire ils tiendront compte du double de la somme à laquelle seront évaluez les meubles & effets mobiliers des Mineurs, suivant la preuve qui en sera faite, joint la commune renommée.

Enquoy neanmoins ne sont compris les pere & mere des Mineurs, même lors qu'ils ont été chargez de la Tutelle de leurs enfans, lesquels ne payeront que le simple de l'évaluation, si mieux n'aiment les Mineurs demander la continuation de communauté és lieux, & au cas où elle est reçûë.

Dans l'Inventaire des meubles, tîtres & papiers des Mineurs, les Tuteurs, même les pere & mere, & autres ascendans, seront tenus de déclarer les sommes dont ils prétendent être creanciers des Mineurs, à faute de ce faire ils demeureront déchûs de leur deub.

Aprés que l'Inventaire aura été fait & parachevé, le Tuteur sera tenu dans les trois mois suivans de faire vendre publiquement par un Sergent au plus offrant & dernier encheriſſeur les meubles des Mineurs, ſuivant l'uſage du lieu où ſe trouveront leſdits meubles. Et à l'égard de ceux étans dans les maiſons de la campagne, à faute de trouver des encheriſſeurs ſur le lieu, ils ſeront portez en la Ville prochaine pour être vendus en la maniere accoûtumée.

Et neanmoins ne ſeront vendus les beſtiaux étans dans les fermes & métairies de la campagne, qui ſe trouveront compris dans les Baux, ou affermez ſeparément aux mêmes Fermiers & Metayers, ny pareillement les beſtiaux baillez à titre de Chaſtel, leſquels Baux ſeront continuez par les Tuteurs & Curateurs.

Les Tuteurs ne vendront auſſi les meubles que les pere ou mere des Mineurs auront ordonnez être conſervez à leurs enfans par leur Teſtament, ou autre acte par écrit ſigné deſdits pere ou mere.

Et à l'égard des offices, lits, tapiſſeries, bagues & joyaux, & autres meubles précieux, & des meubles ordinaires étans dans les maiſons de la campagne, les Tuteurs oneraires ſuivront l'ordre qui leur ſera donné par les Tuteurs honoraires ; & les autres Tuteurs ſe gouverneront par l'avis des quatre plus proches parens des Mineurs, qui ſera fait en juſtice à la diligence deſdits Tuteurs, dans la quinzaine aprés la fin & perfection de l'Inventaire, afin de répondre en leur propre & privé nom des dommages & interêts que les Mineurs pourront ſouffrir pour ce regard.

Les dettes actives des Mineurs ne seront mises aux encheres, venduës, & ajugées en gros, mais le Tuteur fera les diligences necessaires pour le recouvrement d'icelles qu'il jugera en sa conscience exigibles.

Si pour aucune desdites dettes il n'y a aucun acte portant hipoteque & le detteur possede des immeubles, le Tuteur sera tenu d'obtenir au plûtôt contre luy un jugement de condemnation, à peine de répondre en son nom des dommages & interêts que les Mineurs pourront souffrir, à faute d'avoir obtenu ledit jugement.

Demeurera aussi ledit Tuteur garant en son nom des dettes actives appartenantes aux Mineurs, s'il a laissé perir d'une instance, & que la peremption donne cause à la prescription si faute de poursuites elles sont demeurées prescrites par le temps au jour de la clôture finale du compte de Tutelle, s'il ne s'est point opposé au Decret des immeubles du detteur, & d'autres creanciers posterieurs en hypoteques, ayans été colloquez utilement en ordre ; & s'il n'a point agy contre les heritiers acquereurs des immeubles du detteur, en telle sorte qu'au jour de ladite clôture finale du compte l'action hipotequaire se trouve prescrite.

Les pere & mere qui n'auront fait vendre dans les trois mois les meubles contenus en l'Inventaire, le temps passé tiendront compte à leurs enfans Mineurs du prix d'iceux selon la prisée de l'Inventaire, avec

avec la crûë, à raiſon de cinq ſols pour livre, ſi mieux n'aiment les Mineurs reprendre en nature les meubles qui ſe trouveront entre les mains de leur pere & mere à la fin de la Tutelle.

Et à l'égard des autres Tuteurs les proches parens des Mineurs, même les tantes, pourront requerir la vente des meubles qui y ſont ſujets, & y faire contraindre les Tuteurs par ſaiſie de leurs biens, même en cas de refus ou négligence de procurer eux-même ladite vente, laquelle audit cas ſera faite aux frais & dépens du Tuteur, ſans répetition.

Si ladite vente n'eſt faite dans trois mois, le temps paſſé les meubles demeureront aux perils & fortunes du Tuteur, lequel tiendra compte aux Mineurs du prix des meubles ſuivant la priſée de l'Inventaire, avec la crûë, à raiſon de ſept ſols, ou ſept ſols ſix deniers, ſi ce n'eſt que pour des raiſons legitimes, & avec connoiſſance de cauſe, le delay de la vente ait été prorogé par le Juge : Sçavoir, pour le Tuteur oneraire par l'avis des Tuteurs honoraires ; & pour les autres Tuteurs par l'avis des quatre plus proches parens des Mineurs.

Si dans le delay de trois mois deſtiné pour la vente des meubles, & avant ladite vente les Tuteurs, même les pere & mere, ſe marient, les Mineurs pourront ſe pourvoir contre l'un & l'autre des conjoints, ou l'un d'eux, pour le payement de la priſée des meubles, avec la crûë telle que deſſus, pourvû que leſdits conjoints ſoient communs en biens par la

Coûtume ou par convention, nonobstant toutes les clauses contraires inserées dans les Contracts de Mariage, sauf ausdits conjoints leur recours l'un contre l'autre s'il y échet.

Si le Mariage est solemnisé aprés les trois mois expirez, les Mineurs ne pourront se pourvoir que contre leur Tuteur ou sur les biens de la Communauté, au cas, & non autrement, que les dettes passives du Tuteur, anterieures au mariage, entrent dans la Communauté.

Les Baux des heritages des Mineurs seront faits par les Tuteurs & Curateurs en justice, ou par des Baux particuliers, selon qu'ils jugeront à propos pour le bien & utilité des Mineurs. Et au cas que lesdits Baux ou partie d'iceux soient pris par lesdits Tuteurs & Curateurs en leurs noms, ou sous le nom de leurs domestiques, pere, mere, freres & sœurs, ou d'autres personnes desquelles ils soient heritiers présomptifs, ou sous le nom de personnes interposées, ils tiendront compte aux Mineurs du double & de la juste valeur du revenu des heritages, au dire d'Experts & gens à ce connoissans.

Le Tuteur ne peut engager ses Mineurs mâles & filles dans aucun Mariage sans l'avis des plus proches parens, à peine de nullité, de condamnation d'amende, selon l'exigence des cas, contre le Tuteur, en son privé nom, applicable au Mineur qui aura été ainsi engagé, même de plus grandes peines s'il y échet. Ne peut aussi engager les Mineurs mâles

& filles aux vœux de Religion, ny promettre aucune somme en argent ou pension sans l'avis des plus proches parens, sinon ce qui aura été promis par le Tuteur sera par luy payé en son nom, & sans repetition.

Les deniers des Mineurs ne seront mis en banque ny prêts par obligation, mais par constitutions de rentes aux taux de l'Ordonnance, sçavoir par les Tuteurs oneraires, par l'avis des Tuteurs honoraires, & par les autres Tuteurs par l'avis des quatre plus proches parens; lesquels avis seront donnez par écrit par devant Notaires sans avoir recours à l'authorité du Juge: Et à faute de prendre lesdits avis lesdits Tuteurs demeureront responsables de la solvabilité des detteurs des rentes qui avoient été par eux constituées.

Du moment que le Tuteur aura entre ses mains un fond pour faire deux cens cinquante livres de rente ou plus pour les Mineurs de basse condition: mil livres de rente ou plus pour ceux de moyenne condition; & deux mille livres de rente ou plus pour les personnes de haute condition, le Tuteur sera tenu d'en faire l'employ dans six mois, & à faute de ce faire il tiendra compte aux Mineurs des interêts de leurs deniers. L'employ des deniers des Mineurs sera fait par les Tuteurs.

Les Tuteurs, même les pere & mere & autres ascendans, ne prendront en leurs noms aucuns transports de Droits à recouvrer sur les Mineurs, & en cas de contravention ils demeureront déchûs du Droit à eux cedé, & les Mineurs déchargez du payement d'iceluy, sans être obligez de payer le prix du transport.

La dépence ordinaire des Mineurs ne pourra exceder ce qui restera de leur revenu, déduction faite des arrerages & interêts, & des autres charges annuelles qui doivent être prises sur ledit revenu. Et si le revenu des Mineurs n'est suffisant pour leur dépence ordinaire & necessaire, leurs Tuteurs & Curateurs les mettront en service, si ce n'est que par l'avis des quatre plus proches parens paternels & maternels, en nombre égal, il y soit autrement pourvû.

Pour les rentes constituées ou dûës à tître de Doüaire, elles ne seront censées amorties sinon du jour que le Tuteur aura fonds pour amortir la rente entiere; & si la rente est racheptable en divers payemens, il suffira que le Tuteur ait entre ses mains le fonds d'un payement pour en faire l'amortissement, & payer les arrerages de la rente entiere.

Et pour les sommes qui sont exigibles à la volonté du creancier, elles ne seront reputées acquitées, & le cours des interêts arrêté, sinon lors que le Tuteur aura par devers luy au moins le quart de la somme principale, avec les interêts de la somme entiere; auquel cas l'interêt cessera à proportion de tout le fonds qui se trouvera entre les mains du Tuteur.

Les stipulations d'interêts des deniers pupillaires prêtez à des tierces personnes par obligations ou promesses, sont nulles à l'égard des detteurs, & le Tuteur obligé de tenir compte desdits interêts à ses Mineurs.

Sommes dûës à une mere Tutrice pour ses conventions, même par constitution de rentes & pour son Doüaire préfix, & celles qui sont dûës aux autres Tuteurs par Contract de constitution ou autrement, demeurent éteintes, & les Mineurs déchargez de plein droit du moment qu'il se trouve entre les mains du Tuteur un fond suffisant pour acquiter le principal, arrerages, & interêts de ladite dette.

Les deniers des rachapts de rentes, & toutes les autres sommes principales reçûës par le Tuteur durant le cours de la Tutelle, produiront interêt au profit des Mineurs, à compter six mois aprés la reception d'icelles jusques à la clôture du compte ; si ce n'est que dans ledit temps de six mois elles ayent été employées au profit ou à la décharge des Mineurs, aprés avoir consumé tous les fonds & revenus qui étoient entre les mains du Tuteur.

La mere en état de viduité, & celle qui a passé à un second mariage sortable à sa condition, ne doit être privée de l'éducation de ses enfans, & peut demander pension, nonobstant que la Tutelle des Mineurs ait été donnée à un autre, & que le Tuteur ou un autre parent offre les nourrir & entretenir gratuitement, pourvû toutefois que le revenu des Mineurs, déduction faite des charges annuelles, soit suffisant pour payer ladite pension.

Durant le cours de la Tutelle les actions que le Mineur peut avoir contre le Tuteur, ou le Tuteur contre le Mineur, de quelque nature & qualité qu'elles soient, demeurent en surseance, sans que de part & d'autre on puisse se servir pour la prescription du temps qui aura couru depuis l'acte de Tutelle jusqu'au jour de la clôture finale du compte.

Le Tuteur sera tenu se charger dans la recepte de son compte de l'interêt de l'épargne, du revenu appellé communément interêt d'interêt, lors qu'à la fin d'une année, aprés déduction faite de toute la dépence, il se trouvera avoir un fonds suffisant pour le mettre à constitution de rente, eû égard à la condition des Mineurs selon la distinction cy-dessus remarquée, & ne commencera ledit interêt à courir que six mois aprés la fin de ladite année.

L'interêt de l'épargne du revenu ne doit entrer dans le calcul de la recepte des années suivantes, mais il sera reservé pour en faire un fonds particulier qui produira de nouveaux interêts, six mois aprés la fin de l'année, en laquelle il se trouvera suffisant pour faire une constitution de rentes selon la distinction de la condition des Mineurs; comme dessus.

Du jour que le Tuteur sera déchargé de la Tutelle par la majorité ou l'émancipation expresse ou tacite des Mineurs, ou par la prétation de serment d'un nouveau Tuteur subrogé en sa place, on ne pourra prétendre contre luy aucun interêt de l'épargne du revenu supposé, même qu'il continuë à recevoir le revenu des Mineurs.

Pere & mere & autres ascendans, & les maris des meres & ayeules, ne peuvent demander aucuns salaires, vacations & apointemens à cause des Tutelles par eux administrées, mais il en est dû aux freres & aux autres Collateraux.

Les comptes de Tutelles doivent être examinées devant les mêmes Juges qui ont décerné les Tutelles, nonobstant les Privileges des Committimus, ausquels nous avons dérogé pour ce regard, si ce n'est que les parties conviennent d'autres Juges.

Mais les comptes de discution de meubles pour parvenir aux ventes & adjudications des immeubles, peuvent être rendus aux lieux où les Decrets sont poursuivis.

Aprés l'examen du compte de la Tutelle, calcul doit être fait de la recepte & dépence du compte jusqu'au jour que la Tutelle a cessé, & de la somme entiere dont le Tuteur se trouvera lors redevable, il en payera l'interêt du même jour jusqu'au payement actuel.

Et si par ledit calcul le Tuteur se trouve en avance, la somme dont il sera creancier sera renvoyée à la clôture finale du compte, pour luy en être payé l'interêt de ce qu'il aura avancé, à compter du jour de la demande qui pourra en être par luy faite aprés ladite clôture finale.

Tuteur n'eſt recevable à faire ceſſion de biens, pource qu'il doit à ſon Mineur par la clôture du compte de Tutelle; non pas même pour ce qui procede de la reception par luy faite depuis la fin de la Tutelle.

Les quittances & décharges & toutes les autres conventions faites par ceux qui ont été ſous la Tutelle d'autruy & leurs heritiers, avec le Tuteur ou ſes heritiers, même avec le pere qui a adminiſtré les biens de ſes enfans, ſont nulles; & ne peuvent être confirmées par aucune preſcription moindre de trente ans, s'il n'y a eû auparavant un compte dreſſé & preſenté en juſtice, & communiqué effectivement avec l'Inventaire & toutes les autres pieces juſtificatives dudit compte.

Les Donations, Legs & autres avantages faits aux Tuteurs, même depuis la Tutelle finie, & avant clôture du compte, ſont nulles.

Et neanmoins ceux faits aux pere & mere, ayeul & ayeule ſont valables, encore qu'ils ſoiênt de la qualité ſuſdite, pourvû que lors du décez du Teſtateur & Donateur leſdits pere & mere, ayeul & ayeule, ne ſoient remariez.

Ce qui a été cy-deſſus ordonné contre les Tuteurs, aura pareillement lieu contre les Curateurs comptables des biens des Mineurs, & des autres perſonnes qui ſont mis en Curatelle.

Et pareillement contre les Protuteurs qui s'immiſcent ſans authorité de juſtice en l'adminiſtration des biens des Mineurs, & des autres perſonnes ſujettes à Curatelles.

ADDITION
AU TITRE DES TUTELLES.

Mineur restitué contre l'aprehension faite par son Tuteur d'une Succession, est obligé en son nom de rendre aux Creanciers ce qui a été reçû par son Tuteur, sauf au Mineur son recours sur le Tuteur.

Dans les Coûtumes esquelles les pere & mere & les autres ascendans succedent en proprieté aux meubles & effets mobiliers de leurs enfans, & en simple usufruit aux acquêts, lesdits pere & mere & autres ascendans succedent en proprieté aux meubles de leurs decendans, dont ils étoient Tuteurs ou Curateurs comptables, & qui soient decedez dans le temps cy-dessus, & donné pour l'employ des deniers des Mineurs, & par simple usufruit si le decez des decendans arrive aprés le temps dudit employ.

Les pere & mere Mineurs de vingt-cinq ans ne peuvent avoir la Tutelle ou Curatelle de leurs enfans par authorité de justice, ny la Naturelle ou Coûtumiere, au lieu où elle est acquise de plein droit aux pere & mere.

Les Lettres de benefice d'âge ne seront accordées ny enterinées aux Mineurs sinon lors qu'ils auront accomply; sçavoir, les mâles l'âge de vingt ans,

& les filles l'âge de dix-huit ans, à peine de nullité, & dépens, dommages & interêts contre les parens qui auront donné leur avis à l'enterinement des Lettres, avant l'âge susdit, en leurs propres & privez noms.

Ne seront lesdites Lettres enterinées sinon lors que les parens jugeront les Mineurs capables d'avoir l'administration entiere de leurs biens, sans aporter aucune condition ny restriction pour le fait de l'administration.

Par une Ordonnance du Roy François I. du mois d'Octobre 1539. pour les rentes assignées sur les maisons, Citez, Villes & Fauxbourgs de la France.

Mais on doute encore à present si cette Ordonnance doit être observée en toutes les Villes, ou seulement és grandes Villes, & qu'elles sont les grandes Villes où l'Ordonnance doit avoir lieu. Chacun demeure d'accord que les Villes où il y a un Parlement, ou quelque Compagnie Souveraine, sont de ce nombre.

Et pour les autres Villes, quelques-uns desirent qu'il y ait conjointement Evêché & Présidial, pour les comprendre en ladite Ordonnance. Et d'autres estiment qu'il suffit qu'il y ait Evêché ou Présidial pour rendre rachetables les rentes assignées sur les maisons des Villes & Fauxbourgs, quoique dans leur premiere création elles ayent été stipulées non rachetables, afin d'exciter les proprietaires de les entretenir en bon état.

Documents manquants (pages, cahiers...)

NF Z 43-120-13

DE LA PEREMPTION D'INSTANCE.

La Peremption d'Instance eſt une ſuite ou dépendance du tître ou Cahier des Preſcriptions.

Dans le Droit Romain il y avoit une eſpece de Peremption d'Instance, puiſqu'il ſe trouve pluſieurs textes eſquels *lis dicitur emori*.

Les actions perſonnelles qui étoient auparavant perpetuelles ont été aſſujetties par une conſtitution des Empereurs Honorius & Theodoſe le jeune, à la Preſcription de trente ans, lors qu'elles n'étoient point conteſtées, & couroit ladite Preſcription contre toutes ſortes de perſonnes, même contre les Mineurs qui avoient atteint l'âge de puberté, mais par le moyen de la conteſtation elles demeuroient perpetuelles.

Ce qui fut depuis corrigé par l'Empereur Juſtinien, & l'effet de la conteſtation réduit à proroger la Preſcription juſqu'à quarante-ans.

Et la Preſcription commençoit à courir du jour de la derniere procedure, & en ce faiſant les procedures valoient toûjours pour interrompre & courir la preſcription du paſſé.

En France il eſt conſtant que de tout temps les Peremptions ont été reçûës, & pour la preuve de cette propoſition on aporte une ancienne Ordonnance du Roy Philippes le Bel, dont il eſt fait mention dans le ſtile du Parlement, part. 3. tit. 28. §. 2. qui porte que dans les Cauſes du Domaine *fatalia non currunt:* Et quand l'Ordonnance de 1539. en l'article 120. dit que dorénavant il ne ſera expedié des Lettres de Relevement de la Peremption d'Inſtance, cela préſuppoſe neceſſairement que la Peremption étoit en uſage.

Mais pluſieurs eſtiment que la Peremption n'avoit point de lieu pour les inſtances réglées.

Depuis eſt ſurvenuë l'Ordonnance du mois de Janvier 1563. faite à Paris, & neanmoins apellée communément l'Ordonnance de Rouſillon, pource que la Declaration & amplification de ladite Ordonnance, en conſequence de laquelle il fut procedé à la verification d'icelle, fut donnée audit lieu de Rouſſillon ; laquelle Ordonnance en l'article quinze eſt conçûë en ces termes.

L'Inſtance intentée, or eſt qu'elle ſoit conteſtée, ſi par laps de trois ans elle eſt diſcontinuée, n'aura aucun effet de perpetuer ny proroger l'action, ains aura la Preſcription ſon cours comme ſi ladite Inſtance n'avoit été formée ny introduite, & ſans qu'on puiſſe prétendre ladite Preſcription avoir été interrompuë.

Ces termes, or eſt qu'elle ait été conteſtée, marquent que l'eſprit de l'Ordonnance a été d'aſſujettir à la Peremption toutes les Inſtances, ſoit qu'il y ait conteſtation ou non, & a parlé des inſtances conteſtées, qui eſt le cas auquel la Peremption pouvoit recevoir plus de difficulté, pour faire connoître qu'elle doit avoir lieu à plus forte raison pour les Instances non contestées. Et neanmoins comme à present on révoque en doute les maximes les plus certaines, il y a un Procez indecis au Parlement, où l'on soûtient que par les termes de ladite Ordonnance, les Instances non contestées ne tombent point en Peremption; ce qui oblige de faire une décision sur ce sujet, & d'expliquer que la Peremption a lieu pour toutes sortes d'instances contestées ou non.

Cette question a été jugée en la premiere des Enquêtes, & a été décidé qu'une simple demande sur laquelle il y avoit Procureur constitué par le deffendeur, étoit perie par un licence de trois ans, encore qu'il n'y eut point de deffence.

L'Ordonnance parle d'Instances, lequel terme dans sa propre signification signifie une Demande, sur laquelle les Parties ont été apointées à écrire & produire dans le premier degré de jurisdiction où l'affaire a été portée.

Et neanmoins dans l'usage la Peremption est reçûë pour les Causes Verbales, qui sont pendantes devant les premiers Juges, & pour les apellations portées devant les Juges superieurs, même pour les affaires pendantes au Parlement, qui doivent être jugées en l'Audience, ou sur Instance, & même pour les Procés par écrit quand il n'y a point d'apointement de Conclusion.

Idem; Encore que le Procureur du défendeur n'est comparu.

Pour les Instances pendantes au Parlement qui ont été mises en état de juger, si on suit l'usage & les préjugez des Arrêts, elles ne tombent en Peremption, sur ce que l'on présupose qu'il n'y a rien à desirer du fait de la Partie, & que le retardement procede du fait des Juges, & neanmoins c'est rejetter sur les personnes des Juges la demeure qui vient absolument du fait de la partie ; car il est sans exemple qu'un Raporteur sollicité de juger un Procés ait usé d'un retardement de trois années entieres. C'est pourquoy il sera avisé si pour lesdites Instances mises en état au Parlement, la Peremption y doit être reçûë.

Messieurs des Requêtes du Palais & de l'Hôtel, jugent aussi que les Instances mises en état par devant eux ne tombent point en Peremption ; mais au Parlement cette prétention a été perpetuellement condamnée.

Par l'usage du Parlement les Apellations verbales mises aux rôles ordinaires ou extraordinaires, & les Procés par écrit conclus sont exempts de la Peremption ; ce qui n'est apuyé d'aucune raison solide, & la maxime contraire aideroit à retrancher les Procés, qui est la fin de la Peremption.

Au contraire, on juge que les incidents joints à une Instance mise en état, ou à un Procés par écrit, sont sujets à Peremption lors que les incidents n'ont point été mis en état, & neanmoins le Procés par écrit & l'Instance principale ne laissent pas de perir, ce qui semble irregulier : car comment faire subsister un incident aprés l'extinction & aneantissement de la cause principale.

L'article de l'Ordonnance porte que l'Instance intentée, qui est discontinuée par trois ans, n'aura effet pour proroger l'action, & que la Prescription aura

aura son cours comme si l'Instance n'avoit jamais été intentée, ce qui semble devoir être confirmé & expliqué fort nettement, afin de corriger le Droit Romain suivant lequel l'instance perie couvroit le temps de la Prescription pour le passé, & que le cours de la Prescription ne commenceroit que du jour de la demeure de la procedure faite en l'Instance perie.

On juge aussi que le décez de l'un des Procureurs arrête la Peremption, sur ce que l'on présupose que le Procureur est *Dominus litis*, ce qui semble peu raisonnable, d'autant que la partie peut constituer un autre Procureur; & à faute de ce faire l'autre partie peut faire ses diligences & le faire assigner pour mettre un autre Procureur.

Quelques-uns passent plus outre, & disent que le décez de l'une des Parties peut bien interrompre & arrêter le cours de la Peremption en faveur des heritiers du deffunt, pource qu'ils peuvent ignorer le Procés auquel le deffunt étoit engagé, mais ils prétendent que le temps de la Peremption continuë contre la partie survivante, qui ne pouvoit ignorer le Procés & devoit faire assigner les heritiers en reprise.

C'est une question frequente & qui n'a pas jusqu'icy été nettement établie, sçavoir si les procedures volontaires faites par un Procureur depuis la Peremption acquise, sont capables de couvrir la Peremption; ce qui ne pourroit être revoqué en doute si le Procureur étoit veritablement maître de la

Cause : mais on a jugé le contraire, & que la Peremption une fois acquise ne peut être couverte que par une acte signé de la Partie ou fait par son ordre, & qu'il y ait preuve dudit ordre.

On a douté cy-devant si une assignation donnée tomboit en Peremption avant qu'il y ait Procureur constitué de part & d'autre, sur ce que l'on estimoit qu'il n'y a point d'Instance sans Procureur, & neanmoins l'opinion contraire a prévalu ; mais cela a besoin d'une décision expresse.

Quand par le même Exploit on fait commandement à un detteur de payer des arrerages & interêts, ou quelqu'autre somme, & on le fait assigner pour s'y voir condamner. Quelques-uns ont estimé que l'Assignation & procedure faite ensuite d'icelle est perie, l'Exploit ne laissoit de valoir pour interrompre la prescription des cinq années d'arrerages des rentes & les autres prescriptions, à cause du commandement. Et neanmoins l'opinion commune de la Salle du Palais va à dire que l'Exploit entier demeure couvert par la Peremption, & le Droit du Creancier réduit au même point, comme si l'Exploit n'avoit point été fait.

La Peremption ne peut être supplée par l'office du Juge, n'y produire aucun effet s'il n'y a une demande précise, formée par celuy qui s'en veut servir aux fins de ladite Peremption, & ladite demande instruite à l'ordinaire.

Les dépens des Instances & procedures qui sont

déclarées peries, ne doivent être ajugez de part n'y d'autres.

Les actions qui doivent être intentées dans un an, comme d'un Extrait Lignager & celle de Complainte; & pour les salaires des Medecins, Marchands, Artisans & autres personnes, demeurent perimées par la cessation des procedures durant une année, pourvû qu'il n'y ait point de contestation en cause; mais aprés la contestation la Peremption n'est acquise que par la cessation des trois années entieres, à compter du jour de la derniere procedure.

Les demandes & procedures faites pour les Retraits Feodaux & Censuels, ne tombent en Peremption par un temps moindre de trois années.

L'Apel d'une Sentence étant pery la Sentence demeure confirmée, & n'est loisible à l'une n'y à l'autre des Parties d'en apeller de nouveau.

L'Instance sur des Lettres de Restitution ou de Recision, ou sur des Lettres de Requêtes Civiles, étant perie, le Demandeur n'est recevable à obtenir de nouvelles Lettres.

Un Apel non relevé n'est sujet à Peremption.

Apel d'une Sentence interlocutoire étant pery, l'instance principale tombe aussi en Peremption.

Les Causes Fiscales concernantes le Domaine ou les Droits du Roy ne tombent point en Peremption, ny pareillement les instances formées entre des Officiers pour le réglement de leurs charges.

Mais elle a lieu és Causes, Instances & Procés,

concernant l'état & la condition des personnes.

Les Procés Criminels poursuivis extraordinairement ne tombent en Peremption.

Mais si les accusés sont reçûs en Procés ordinaires, ou qu'ils soient poursuivis pour action civile, la Peremption a lieu.

Les Causes & Instances sur des Saisies Feodalles étant peries, les Saisies Feodales ne laissent d'avoir leur effet pour trois ans.

Les Saisies Réelles & les Decrets des terres & heritages, & autres immeubles, ne tombent point en Peremption lors qu'il y a établissement de Commissaire.

Un compromis fait entre les Parties, & les procedures faites devant les Arbitres, équipolent à des procedures judiciaires & interrompent le cours de la Peremption.

La Peremption court contre les Majeurs & Mineurs, pourvû que les Mineurs soient pourvûs de Tuteurs & Curateurs, & ne seront des Lettres de Restitution expediées contre la Peremption d'Instance pour cause de Minorité ou autre de quelque nature, & en quelque matiere que ce soit, sauf ausdits Mineurs à se pourvoir pour leurs recours, dommages & interêts contre leurs Tuteurs & Curateurs.

Et neanmoins en cas d'insolvabilité des Tuteurs & Curateurs qui auront laissé perir l'instance, seront accordées ausdits Mineurs nos Lettres de Restitution pour être rétablis en leurs premiers Droits, comme ſi les procedures avoient été continuées.

La Peremption d'Inſtance étant acquiſe, les Enquêtes, Interrogatoires, Procés Verbaux d'Audition, de Comptes, & tous les Actes probatoires, demeurent & ſubſiſtent en leur entier.

La Peremption a pareillement lieu contre les Communautez Eccleſiaſtiques & Laïques, ſans eſperance de reſtitution en quelque cas & pour quelque cauſe que ce ſoit.

Si la femme qui eſt Partie en une Inſtance, Cauſe ou Procés, ſe marie, le cours de la Peremption eſt arrêté du jour du Mariage.

Il n'y a point de Peremption d'Inſtance au Conſeil privé du Roy, ny au Parlement de Toulouſe & de Grenoble.

Mais au Parlement de Roüen elle eſt reçûë avec cette modification, qu'elle n'a lieu ſinon lors qu'elle emporte preſcription de l'action principale, ou pour des arrerages des rentes ou autres choſes: Ce qui ſemble juſte, car quelle utilité peut-on tirer de la Peremption ſi aprés qu'elle eſt ordonnée les parties ont la liberté de plaider comme auparavant; ce qui produit une multiplication de frais & de procedures inutiles.

DES RAPORTS EN PARTAGE.

AUcun ne peut être ensemble Heritier & Donataire entre vifs ; pareillement Heritier & Donataire à cause de mort, ou Légataire en ligne directe décendante ou ascendante.

Si ce n'est que par la Donation & Testament il soit dit expressement que le Don & Legs est fait par préciput, & non sujets à Raport.

La fin de l'article, & plusieurs des articles suivans, présuposent la décision de la question touchant les avantages par préciput en ligne directe, lesquels paroissent d'abord & extraordinaires.

Neanmoins on peut considerer qu'en Droit les Raports ont été ordonnez par un Droit nouveau & extraordinaire en faveur des enfans de famille, lors que par l'Edit du Presteur les enfans émancipez ont été admis au partage des biens de leur pere commun. Et si depuis ils ont passé en Droit commun & ordinaire les avantages par préciput ont été pareillement permis, & encore à present ils sont reçûs & aprouvez par le Droit Romain qui gouverne presque le tiers de la France. Voicy les termes de la Novelle 18. chap. 6. *Sancimus omnino esse collationes & exinde æqualitatem secundum quod olim dispositum est nisi expressim designaverit se velle non fieri collationes.*

Cette même disposition est aprouvée & autorisée par plus de la moitié de nos Coûtumes, & par Arrest donné en l'Audience de la Grand' Chambre, suivant les Conclusions de deffunt Monsieur Talon Avocat General, il a été jugé qu'és Coûtumes de Picardie qui ne parloient point de l'incompatibilité des qualitez d'Heritier & Legataire, le fils heritier peut être legataire suivant le Droit Romain, lors que par la moindre conjecture de volonté on peut induire que l'intention du pere a été de faire le Legs outre la portion hereditaire. Et hors les Coûtumes de Touraine, Anjou & Maine, qui ordonnent entre Roturiers le Raport en renonçant, & lesquelles sont singulieres & reprouvées par le sentiment commun & universel. Il est certain qu'à Paris, & en toutes les autres Coûtumes, les pere & mere peuvent avantager leurs enfans au delà de valeur de leur portion contingante, & réduire les autres enfans à leurs legitimes ; & partant ce qui peut être fait par une autre voye pourquoy ne le permettre pas par une disposition par préciput qui semble plus facile, & est conforme au Droit écrit & au Droit le plus commun de la France. Le tout *salvo saniore judicio.*

Observer si au Tître des Donations celles à cause de mort ont été reprouvées, car en ce cas il faudroit les retrancher du premier & du second article.

Le terme expressement est pris de la Novelle, & semble necessaire pour retrancher les présomptions

& conjectures de volonté, qui sont des pepinieres de Procés.

On ne peut aussi être Heritier & Legataire, ou Donataire, à cause de mort en Collaterale, s'il n'est dit expressement que le Legs est fait par préciput & non sujet à raport.

Mais en Collateralle on peut être Heritier & Donataire entre vifs, encore que la Donation ne porte point qu'elle soit faite par préciput & non sujette à Raport.

Ce qui a été legué aux enfans & décendans de ceux qui sont heritiers du Testateur en ligne directe ou Collateralle, & ce qui a été donné aux enfans & décendans de ceux qui sont heritiers du Donateur en ligne directe, est aussi sujet à raport, pourvû que le Legs & la Donation ne soient faits par préciput & sans raport; comme dessus.

Les enfans Legataires & Donataires venans à la succession du pere & de la mere qui a fait le raport, seront tenus d'y raporter les choses à eux données & leguées.

Mais lesdits enfans demeureront déchargez dudit Raport s'il n'a point été fait par leurs pere & mere, pour en avoir été déchargez par le Testament & Donation, ou pour n'avoir point de Coheritier, ou bien pour avoir renoncé à la Succession du Testateur & Donateur.

Si le Legs & Donation a été fait à des décendans en degré plus éloigné que celuy des enfans, les heritiers

tiers seront tenus de raporter, comme dessus, ce qui aura été donné à leurs décendans, mais il n'y aura point de raport à faire dans leurs successions, ny dans celles de leurs enfans & autres décendans.

L'enfant ayant survécu ses pere ou mere, & venant à la succession de ses ayeul & ayeule, est tenu raporter à ladite Succession tout ce qui a été donné ou prêté à sesdits pere ou mere, & ce qui a été payé à leur acquit, comme caution par sesdits ayeul ou ayeule, encore qu'il ait renoncé à la succession de sondit pere ou mere.

Et neanmoins en tous les cas susdits le Legataire ou Donataire peut se décharger du Raport qui luy est demandé en renonçant à la Succession à laquelle ledit Raport est dû, la legitime reservée en ligne directe aux autres enfans.

Le Donataire & Legataire, en raportant les heritages qui luy ont été donnez ou leguez, sera remboursé par ses coheritiers des dépenses utiles & necessaires sur iceux, & en cas de refus de la part des coheritiers, ou de l'un d'eux, de faire ledit remboursement, raport sera fait du prix & valeur des heritages au temps du partage, suivant l'estimation qui en sera faite par Experts & gens à ce connoissans.

Ce qui est donné ou legué à l'heritier presomptif, ou à ses enfans & décendans, pour servir de Titre lors de la promotion à l'Ordre de Prêtrise, est sujet à raport.

Le Prest fait à l'heritier presomptif par promesse

ou obligation, constitution de rente ou sans écrit, & qui est contesté & averé, & les sommes dont on s'est rendu caution pour luy, sont sujets au raport.

Mais le Prest fait au mary de l'heritiere presomptive qui n'est point obligée, & renonce à la Communauté ou aux enfans & décendans de l'heritier presomptif, n'est point sujet à raport.

Sommes données à une Fille en faveur de mariage & payées à son mary qui se trouve insolvable, doivent être raportées par la Fille, sauf son recours sur les biens de son mary.

Les nourritures & entretenemens des enfans, & ce qui a été payé pour leurs pensions, frais d'études & d'aprentissage, ne sont sujets à raport.

Et si lesdits enfans ont quelque revenu à eux appartenant, à cause des Dons & Legs à eux faits, ou à quelque autre Tître, il sera imputé sur lesdites nourritures & autres dépenses contenuës en l'article précedent, nonobstant toutes les conventions & dispositions qui pourront être faites au contraire.

Les nourritures, entretenemens & pensions fournies aux petits enfans & aux autres décendans, & aux enfans & décendans des heritiers présomptifs en collateralle, ne sont point sujets à raport. Et neanmoins si elles ont été fournies par quelqu'un chargé de la Tutelle ou de la Curatelle, comptable de celuy qui les a reçûës, elles entreront dans la dépence de son compte.

Lss freres aînez & les autres mâles qui prennent

les portions des Filles mariées ſuivant les Coûtumes, ou en vertu des conventions des Contrats de Mariage deſdites Filles, ſont obligez de raporter ce qui a été donné auſdites Filles en faveur de Mariage.

L'heritier par benefice d'inventaire eſt obligé de raporter les avantages à luy faits & ſujets à raport, & d'en charger la recepte de ſon compte, mais il les reprend & conſerve en renonçant à la ſucceſſion beneficiaire.

Dans les ſucceſſions directes qui ſont partagées par ſouches, chacune ſouche doit raporter tous ces avantages faits par des diſpoſitions entre vifs, ou à cauſe de mort ſujets à raport faits à chacun de la même ſouche: Et le même ſera obſervé en Collateralle pour les Legs faits à aucuns d'une ſouche, ſans préjudice de la legitime en ligne directe, ou le ſupplément d'icelle, à prendre ſur les avantages faits à ceux de la ſouche.

Les immeubles appartenant en particulier à l'un des conjoints par mariage, & donnez par les deux conjoints, ſont raportables pour le tout à la ſucceſſion de celuy auquel ils appartenoient, ſans recompenſer ſur les biens de l'autre ſi dans la Donation il n'y a une convention expreſſe contraire. Et le même ſera obſervé pour les choſes données par le mary & la femme aux parens de l'un d'iceux.

Lors que la femme ou ſes heritiers renoncent à la Communauté, les ſommes & les conquêts donnez par les pere & mere à leurs enfans communs, ſont imputez ſur les biens du pere & raportez pour le tout à ſa ſucceſſion, s'il n'y a une convention expreſſe contraire.

Le Donataire & Legataire des choſes ſujettes à raport, a la faculté de les raporter pour être mis en partage avec les autres biens de la ſucceſſion, ou moins prendre, ſuppoſé même que les choſes données & leguées ſoient en ſa poſſeſſion.

En cas d'option de moins prendre, les Coheritiers prendront leur portion également, ou recompenſe ſur les autres biens de la même ſucceſſion de pareille eſpece, nature & qualité, ou en argent ou autres effets mobiliers, au choix & option deſdits Coheritiers.

L'également dû aux Coheritiers à cauſe des heritages léguez par le Teſtament du deffunt, ſera réglé eû égard à la valeur deſdits heritages lors du partage, au dire d'Experts & gens à ce connoiſſans. Et le ſemblable ſera obſervé pour les heritages donnez entre vifs, qui étoient en la poſſeſſion du Donataire lors de l'écheance de la ſucceſſion; & s'ils avoient été par luy allienez auparavant, il raportera ſeulement le prix qu'il en avoit retiré, pourvû que l'allienation ſoit veritable, legitime & ſans fraude.

Et neanmoins ſi dans la Donation ils avoient été eſtimez à un prix certain, il ſera au choix des Coheritiers de prendre leur également à raiſon du prix porté par la Donation, ou de celuy de l'allienation, qui en aura été depuis faite par le Donataire,

Donataire d'une Office en ligne directe ou collaterale n'est recevable à le raporter en espece, & n'y peut être contraint par ses Coheritiers; mais il doit raporter le prix auquel il a été estimé par la Donation.

Un Office peut être legué ou donné à l'heritier présomptif, ou à ses enfans ou décendans, pour la somme qui a été payée par le Testateur ou Donateur pour le titre du même Office, ou pour une estimation plus haute, & non pour moindre somme.

Mais si l'Office est diminué de prix il ne pourra être donné que pour la juste valeur d'iceluy, laquelle en cas de Donation sera réglée au temps d'icelle, & en cas de disposition Testamentaire au temps du décez du Testateur. Et le même sera observé si l'Office a été donné ou legué purement & simplement, & sans estimation.

Si on parlera du raport des Gouvernemens, Offices de la Couronne, & de la Maison du Roy.

Les fruits, arrerages & interêts des choses sujettes à raport, & des égallemens des Coheritiers, sont dûs du jour de la succession échûë; sçavoir des heritages & rentes à raison de leur revenu ordinaire & des sommes reçûës en argent, l'interêt en sera raporté au denier vingt.

DES DETTES ACTIVES ET PASSIVES.

CEtte matiere a été traitée & examinée en plusieurs titres des Propositions. Et comme dans les Arrêts les articles des Propositions ont été augmentez & multipliez, les principales questions concernantes les Dettes actives se trouveront décidées : & s'il en reste quelques-unes elles ne meritent pas un titre particulier, si ce n'est que l'on juge à propos de tirer des autres titres ce qui concerne les Dettes actives & passives, pour en composer avec ce qui reste à régler un titre particulier ; ce qui ne peut être fait qu'avec beaucoup de difficulté, attendu que cette nature de biens & de charges doit être reglée diversement, selon la qualité des sujets où elle est appliquée.

Dans le titre des Garde-nobles & Bourgeoisie on a réglé ce que le Gardien doit prendre dans les Dettes actives, & ce qu'il doit porter des Dettes passives.

Dans le Titre des Tutelles on a parlé du remploy de ce qui provient des Dettes actives des Mineurs, du payement des Dettes passives créez au proffit des étrangers, des Dettes actives & passives que le Tuteur & le Mineur ont à prendre respectivement l'un ſur l'autre, & de ce qui eſt dû à l'un ou à l'autre par la lecture du compte de Tutelle.

Dans le tître du domicile on peut régler ſi fait n'a été.

Que toutss les Dettes perſonnelles actives, fondées en Obligation, Promeſſe, ou en une ſimple action, ſuivent.

A l'égard de la Communauté, la Coûtume à laquelle la Communauté a été ſoûmiſe.

Pour le payement & la diſtribution, la Coûtume du domicile du Creancier au temps de la ſaiſie.

Pour régler les Droits du Mineur ſur les Dettes actives de ſon Tuteur ou Curateur comptable, la Coûtume du domicile du Creancier lors de l'ouverture deſdites ſucceſſions.

Que la tranſlation du domicile du Creancier ne peut préjudicier aux Droits acquis à la Communauté, & ſur les biens du Tuteur & Curateur.

N'y pareillement à celuy qui eſt fondé en une Donation entre vifs, quoique l'effet d'icelle ſoit reſervé au jour du décez du Donateur, ſi ce n'eſt que l'on juge à propos d'établir des régles differentes entre les Donations, qui ont un effet preſent & certain, du moins pour la proprieté, & les Donations des biens avenir qui appartiendront au Donateur au temps de ſon décez.

Dans le tître des Offices.

En quels cas le prix des Offices devient mobilier, & prend la nature d'une ſimple Dette active en argent.

Sous le titre quels biens sont meubles ou immeubles, on a fait la distinction des Dettes actives & passives, mobiliaires & immobiliaires.

Quand & comment les fruits des heritages sont meubles, & mis au nombre des simples Dettes actives.

Dans le titre des Propres Conventionnels on a remarqué les clauses par lesquelles une simple Dette peut acquerir & conserver la nature de Propre.

Dans le titre des Propres Naturels en païs de Droit écrit & de l'Edit des Meres.

On a observé & traité la question si de simples Dettes actives personnelles sont sujettes audit Edit des Meres.

Dans le titre des Donations faites à cause des secondes Nopces.

Si les Dettes actives mobiliaires, & les autres effets de pareille nature, tombent dans l'exception de la Communauté, & dans la reservation ordonnée en faveur des enfans du premier lit.

Sous les titres des Hipoteques Conventionnelles & Legalles doivent être traitées les questions, comment & par quels moyens sont créez les Hipoteques des Dettes actives & passives, si les Dettes mobiliaires & les autres effets mobiliers sont susceptibles d'hipoteques, & comment les deniers qui en proviennent doivent être distribuez entre les Creanciers.

Et s'il est à propos de faire pour ce regard une

Coûtume

Coûtume generale ; ou conserver le Droit & les usages particuliers de chacune Province.

Et en ce dernier cas pourvoir aux fraudes qui peuvent être faites par une translation de domicile.

Sous le tître du Droit de Confusion.

On doit examiner & decider quand & comment les dettes actives demeurent éteintes par les régles de la confusion & compensation.

Sous ce tître de la Communauté.

Il est necessaire d'expliquer qu'elles sont les dettes actives & passives qui entrent en Communauté.

Et qu'elles en doivent être exceptées.

Et si les Dettes actives & passives d'un fonds de Marchands doivent entrer en Communauté, lors que le fonds du négoce est excepté de la Communauté, ou compris en icelle.

S'il est à propos de continuer l'usage de substituër les Dettes actives personnelles, & les autres effets mobiliers, où bien de restreindre les *Fidei commis*, aux terres & heritages, & en tout cas y comprendre aussi les meubles precieux des Maisons des Princes, Pairs & Maréchaux de France.

Sous le tître du Doüaire.

Si le Doüaire prefix doit être consideré comme une dette commune & ordinaire, payable comme les autres charges de la succession du mort, ou s'il doit être pris entierement sur les immeubles qui appartenoient au mort lors de son Mariage comme étant le Doüaire préfix subrogé an lieu du Coûtumier.

K

Et sous le titre des Successions.

On peut régler la question du payement des Dettes passives entre les Coheritiers.

Si on fera une Loy generale.

Pour charger les heritiers mobiliers de toutes les dettes passives mobiliaires.

Et les immeubles propres & acquêts des dettes passives & immobilieres, afin de prévenir les redditions de comptes des effets mobiliers, qui sont necessaires quand on paye les dettes à proportion de l'émolument.

Et les contestations frequentes touchant la valeur ou non valeur des Dettes actives appartenantes à la succession.

Ou bien si les Dettes passives ou mobilieres & immobilieres seront payées indistinctement sur les meubles & immeubles à proportion de l'émolument.

Ou s'il est plus expedient de laisser en chaque Province l'usage ancien sous lequel les habitans d'icelle ont vécu jusqu'à present.

Supposé que chacune Province soit conservée en son usage, il semble à propos de marquer & décider une question qui est frequente, & a passé jusqu'à present pour certaine dans la Salle du Palais, & neanmoins a reçû atteinte par une Sentence Arbitrale donnée depuis quinze jours. C'est à sçavoir.

Que pour charger & décharger l'heritier mobilier & le Legataire universel des meubles du payement des Dettes passives mobilieres, il faut suivre la Coûtume du domicile du deffunt, d'autant que les Droits mobiliers actifs & passifs suivent la personne & doivent consequemment être réglez par la Loy du domicile.

A cela succede une autre question qui merite une décision expresse ; sçavoir si l'heritier mobilier qui est chargé par la Coûtume des Dettes passives mobilieres peut être contraint entierement, encore qu'elles excedent la valeur des effets mobiliers, ou seulement à proportion de la valeur desdits effets, pour rejetter l'excedent de la charge des Dettes passives mobilieres sur les heritiers des immeubles.

Cette derniere proposition est décidée par les Coûtumes d'Anjou & du Maine, en faveur de l'heritier mobilier : Mais il y a d'autres Coûtumes qui disent absolument que l'heritier mobilier doit acquiter les Dettes mobilieres.

Et par Arrêt donné en la troisiéme Chambre des Enquêtes sur un Procés où j'avois écrit pour l'heritier des Propres, il a été jugé en la Coûtume de Blois, en laquelle qui prend les meubles doit payer les Dettes mobilieres que l'heritier mobilier qui n'avoit trouvé que pour huit cens livres de meubles, devoit payer à la décharge des heritiers des Propres toutes les Dettes mobilieres qui montoient à treize mil cinq cens livres, si mieux il n'aimoit à la succession entiere, & par ce moyen la portion qu'il prenoit dans la succession des Propres fut presque consumée, & son coheritier eut sa portion des proportions franches & libres des Dettes mobiliaires.

Ce qui paroît de particulier en cét Arrêt est qu'en la Coûtume de Blois, où étoit le domicile du deffunt, l'heritier qui fut condamné étoit frere du deffunt, & seul heritier en ladite Coûtume, à l'exclusion de ses Neveux, à cause qu'en ladite Coûtume il n'y a point de representation en Collateralle, & les propres étoient scituez en la Coûtume d'Orleans, où les Neveux étoient admis à la succession concurremment, avec ce qui est observé, afin que la décision qui sera donnée pourvoye à tous les cas.

Dans le même Arrêt on a jugé que la reprise des deniers Dotaux & le remploy des Propres de la femme, qui avoient été allienez durant le mariage, quoy qu'il y eût des stipulations de Propre de côté & ligne dans le Contract de mariage, qui étoient dettes mobilieres, qui tomboient à la charge de l'heritier mobilier : quoy qu'à l'égard de la Garde-noble & Bourgeoisie le contraire soit observé : Surquoy il sera bon de s'expliquer en l'un & en l'autre cas, & en tous les autres cas où la question peut arriver, comme à l'égard de la Communauté pour les Dettes actives & passives mobilieres des conjoints anterieures au mariage, qui entrent de Droit dans la Communauté.

Si la femme a vendu ses Propres conjointement avec son mary, elle étant mineure, & qu'elle soit dans le temps de restitution, ou que le mary ait vendu seul le propre de sa femme, il est certain qu'en l'un & en l'autre cas elle peut rentrer dans son Propre, sauf à l'acquereur à se pourvoir contre le mary pour ses dommages & interêts : Mais si elle trouve bon de ratifier l'allienation de ses Propres, l'action de remploy luy est ouverte pour le tout sur les biens de la Communauté en cas d'acceptation d'icelle, ou sur les biens particuliers du mary, en renonçant par elle à la Communauté ; & ainsi il est au pouvoir de charger ou décharger l'heritier mobilier, qui est un cas sur lequel il est necessaire de pourvoir.

Et de plus il faut décider si en cas d'acceptation de la Communauté le total du remploy des Propres, des Reprises & autres conventions, doit être pris par la Communauté par forme de Deliberation.

Ou bien si la moitié demeure confuse en la personne de la femme, auquel cas elle demeure seulement creanciere de la succession de son mary pour l'autre moitié.

Quelques-uns ont estimé que suivant l'article 252. de la Coûtume de Paris, qui donne le remploy des Propres sur les biens de la Communauté, le remploy du total ou de la moitié du prix des propres de la femme, doit être pris sur les biens de la Communauté avant que de toucher aux propres du mary. Mais d'autres sont persuadez que l'article 232. a été ajoûté pour corriger l'ancienne Coûtume, qui n'admettoit point le remploy des Propres, & marquez qu'à l'avenir ledit remploy ne seroit plus noyé & confus de la Communauté, & que les deniers provenans de la vente des Propres seroient distraits des effets de la Communauté, & aussi l'article se trouve sous le tître de la Communauté. Et pour régler la charge de la constitution des dettes entre les heritiers, il faloit considerer ce que chacune Coûtume ordonne sous le tître des Successions: Et telle est l'opinion la plus commune de la Salle du Palais.

Mais pour le préciput de la femme on juge communément, même lors qu'il est pris en argent, que c'est une charge pure mobiliere à prendre sur les meubles de la Communauté, du moins jusqu'à la concurrence des meubles, sauf en cas d'insuffisance à prendre le reste sur les immeubles.

Aviser où l'on inserera les articles suivans.

Les Exploits d'assignation pour se voir condamner aux interêts seront signez d'un Sergent & de deux Records, avec expression de leurs noms & surnoms, qualitez & domiciles, authoriser de la signature desdits Records tant en l'original qu'en la copie, & suivis d'une condemnation desdits interêts contradictoires, ou par defaut bien & dûëment signifiez en presence de deux Records, comme dessus, à peine de nullités.

La representation de la Sentence de condamnation des interêts & de la signification d'icelle n'est suffisante, si on ne fait aparoir l'Exploit de demande.

Celuy qui doit une rente constituée à prix d'argent, ou une somme qui porte de sa nature & de plein droit interêt, ne peut contraindre le creancier de recevoir son principal avec les arrerages & interêts, &

les payemens faits indifferemment & sans désignation sont imputez premierement sur les arrerages & interêts échûs lors du payement, & le reste sur le principal.

Le creancier d'une rente constituée à prix d'argent ou de rente fonciere rachetable, ne peut être contraint de recevoir partie de son principal s'il n'y a convention contraire dans le Contract de creation de la terre.

Et à l'égard des sommes qui sont exigibles à la volonté du creancier, il peut être contraint de recevoir une partie en luy payant l'interêt de la somme entiere si elle porte interêt de sa nature.

Et si l'interêt n'est dû que par la demeure du Detteur du jour de la demande, suivy d'une condamnation, le creancier pour être contraint de recevoir son principal pour le tout ou partie, même lors qu'il y a condamnation d'interêts, encore qu'ils ne luy soient affectez, sauf au creancier à se pourvoir pour le payement desdits interêts & du reste de son principal par les voyes ordinaires.

Le Creancier qui a fait prendre par execution les meubles & bestiaux de son Detteur, ou saisir les fruits pendans par les racines ou reserrez dans les granges, & les grains étans dans les greniers, sera tenu de les faire vendre dans deux mois du jour de l'Exploit de l'execution & saisie, & à faute de ce faire les Gardiens & Commissaires sont déchargez, l'execution & saisie demeurent nuls à l'égard du debiteur & des autres creanciers, le tout de plein droit, sans qu'il soit necessaire d'obtenir aucun jugement pour ce regard.

Et si la vente des choses executées & saisie est retardée par les empêchemens procedans du fait du debiteur ou de quelque autre personne, le creancier sera tenu trois jours avant l'écheance des deux mois faire reïterer l'empêchement au Gardien ou Commissaire, & aux autres opposans si aucun y a, pour le faire lever si bon leur semble, sinon & à faute d'avoir fait la signification, la saisie & execution demeureront nulles, & le Commissaire & Gardien déchargez comme dessus.

Les Locataires des maisons & les Fermiers des heritages ne pourront être recherchez trois ans aprés le Bail finy pour les loyers, fermages & maisons dont ils étoient chargez par leur Bail, si avant la fin desdites trois années il n'y a compte arrêté par écrit ou jugement, ou demande faite & suivie en justice.

Le creancier qui fait contraindre son debiteur par corps, ou saisir réellement ses immeubles, executer ses meubles, saisir & arrêter les sommes à luy dûës, doit déclarer par l'Exploit précisement la somme qu'il prétend luy être dûë ; & à faute de ce faire, ou s'il a déclaré une somme plus grande que celle dont il se trouvera creancier, les Exploits de contrainte, execution ou saisie, seront déclarez nuls & torsionnaires, avec dépens, dommages & interêts.

DES

DES FIEFS.

IL n'y a aucune Coûtume qui n'ait un tître particulier pour régler les Droits des Fiefs.

Pour les partages des biens Feodaux dans les Successions directes & collateralles, chacune Coûtume a ses Loix & ses régles particulieres, lesquelles ne peuvent être changées sans aporter de grands troubles & confusions dans les Provinces.

Les mêmes Coûtumes sont aussi differentes tant pour la quantité des profits des Fiefs qui sont dûs aux Seigneurs par les Mutations & changemens de leurs Vassaux, que pour la quantité desdites Mutations, à quoy il est aussi fort difficile de toucher.

Mais il y a d'autres matieres moins importantes lesquelles ne laissent pas de faire quantité de Procés pour n'être pas décidées en quelques Coûtumes, ou pour n'être pas assez clairement expliquées en d'autres : A quoy il semble qu'il seroit facile de pourvoir par un Reglement general, servant de Droit commun en toutes les Coûtumes.

Pour les formes des Hommages, nous avons quatre ou cinq Coûtumes qui font difference entre les Hommages liges & les Hommages simples, & établissement des Formules differentes pour les unes &

les autres : ce qui a été introduit en un temps auquel les Vassaux étoient obligez en temps de guerre de suivre en personne & accompagner leurs Seigneurs de Fief. Et comme cét usage a été aboly & abrogé par les anciennes Ordonnances.

On peut ordonner une seule forme d'Hommage par laquelle.

Le Vassal en personne nuë tête & sans épée, quelques-uns ajoûtent sans éperons, un genoüil en terre, joignant les mains entre celles de son Seigneur, déclarera qu'il luy porte & fait la Foy & Hommage de fidelité & respect, ainsi qu'un Vassal doit à son Seigneur de Fief, & déclarera le nom de son Fief & la qualité de la Mutation par laquelle il est tombé entre ses mains.

L'Hommage doit être fait au Manoir Seigneurial du Fief dominant.

Si le Seigneur dominant est dans son Château ou Manoir Seigneurial, le Vassal est obligé d'entrer audit Château & de parler à la personne dudit Seigneur.

Et en cas d'absence du Seigneur, le Vassal l'apellera par trois fois à haute & intelligible voix, & fera l'Hommage à la porte dudit Manoir & au dehors d'icelles.

Si dans le Fief dominant il y a quelque autre lieu particulier destiné pour y faire & recevoir les Hommages, le Vassal est obligé de s'y transporter & y faire les Hommages.

L'Hommage étant fait en l'absence du Seigneur Feodal avec les formes & solemnitez cy-dessus exprimées, le Fief demeure couvert pour l'Hommage, sans que le Vassal soit obligé de le reïterer, encore qu'il en soit requis par le Seigneur Feodal.

Le Seigneur Feodal n'est tenu de recevoir la Foy & Hommage de son Vassal ailleurs qu'au lieu & ordinaire & accoûtumé, si bon luy semble.

La Foy & Hommage doit être fait par le Vassal present en personne, si le Vassal n'a excuse suffisante; auquel cas d'excuse suffisante le Seigneur est tenu de recevoir l'Hommage par Procureur, si mieux il n'aime bailler souffrance & attendre que l'excuse cesse.

L'Acte d'Hommage doit être fait en presence d'un Nottaire ou autre personne publique, ayant pouvoir d'instrumenter, & deux Témoins, & l'expedition d'iceluy écrite en parchemin, signée du Vassal, des Témoins & du Nottaire, ou autre personne publique, delaissé au Seigneur Feodal, & en cas d'absence à son Procureur d'Office, ou autre Officier de sa justice, Receveur ou Fermier, & en leur deffaut au plus prochain voisin du Manoir du Seigneur.

L'âge pour porter la Foy & Hommage est pour les mâles de vingt ans accomplis, & pour les filles de quinze ans accomplis.

Plusieurs Coûtumes ne définissent point l'âge: d'autres donnent la faculté au Tuteur de porter la Foy.

Mais pour l'article 41. de la Coûtume de Paris, si tous les enfans ausquels appartient un Fief sont Mineurs & en Tutelle, le Tuteur est tenu de demander pour eux souffrances jusqu'à ce que l'un d'eux soit en âge pour faire la Foy & hommage pour eux tous.

Et le même Article oblige le Tuteur de déclarer dans l'Acte de souffrance les noms, surnoms, & l'âge précis de tous les Mineurs.

La souffrance peut être demandée par le Procureur, fondé de procuration speciale du Tuteur.

Le Seigneur Feodal par faute d'homme, Droits & devoirs non faits & non payez, peut mettre en sa main le Fief mouvant de luy, & iceluy Fief .... & exploiter en pure perte, & faire les fruits siens pendant la main-mise, à la charge d'en user comme un bon Pere de famille.

L'usufruit d'un Fief peut aussi pour les mêmes causes proceder par saisie Feodale, à ses perils & fortunes au nom du Proprietaire du Fief, & sans sommation préalablement faite audit Proprietaire, à la charge de faire mention dans l'Exploit que la saisie est faite à la poursuite & diligence dudit usufruitier.

Cet article semble necessaire pour l'étendre aux Coûtumes qui n'en disposent, comme étant de Droit commun.

La Coûtume de Paris en l'Article 47. donne un terme de quarante jours pour la mutation de Fief par mort, avant que le Seigneur de Fief puiſſe faire une ſaiſie Feodale, lequel terme ſemble fort court, & n'eſt pas ſuffiſant pour donner aux heritiers le temps de ſe reconnoître.

Mais en cas de vente, échange, donation, & en toutes mutations autres que celles par mort, le Seigneur peut dés le lendemain de l'ouverture de la Mutation proceder par ſaiſie Feodale.

C'eſt pourquoy pluſieurs Coûtumes donnent le même delay que pour la Mutation par mort; & ce qui eſt encore plus rigoureux & contraire à la bonne foy & ſincerité qui doit être avec exuberance entre le Seigneur & le Vaſſal, c'eſt que d'ordinaire on fait la ſaiſie Feodale la veille de la recolte des fruits, pour les gagner au préjudice du Vaſſal avant qu'il ait le temps de ſe reconnoître.

La Coûtume de Paris & pluſieurs autres Coûtumes n'ont pas pourvû à cet inconvenient.

Il y a d'autres Coûtumes qui ordonnent abſolument que la ſaiſie Feodale ne doit avoir effet que quarante jours aprés la ſignification d'icelle, afin que le Vaſſal ait un delay competent pour ſatisfaire aux cauſes de la ſaiſie.

Et quelques Coûtumes y apportent un temperament, ſçavoir que la ſaiſie Feodale ne vaut que pour une ſimple ſommation quand le Vaſſal ſatisfait aux cauſes d'icelles dans les quarante jours ſuivans, mais s'il ne fait aucune diligence dans leſdits quarante jours elle court & a ſon effet tout entier du jour de la ſaiſie,

Pour prévenir les surprises qui peuvent être faites en consequence des saisies Feodales, il semble à propos d'ordonner qu'elles soient faites par un Sergent Royal, & l'Original & la Copie signées de deux Records, & les noms, surnoms, qualitez & domicile des deux Records, exprimez tant en l'Original qu'en la Copie.

La Coûtume de Paris en l'Article trente ajoûte deux autres précautions qui pourroient être ordonnées & passées pour Droit commun.

1° Que la saisie Feodale soit notifiée au Vassal au principal Manoir de son Fief, ou à son Receveur ou Fermier.

Et en deffaut des uns & des autres que la saisie Feodale soit publiée au Prône de l'Eglise Paroissialle du Fief saisi.

2°. Quelle soit registrée au Greffe de la justice du Fief saisi, laquelle solemnité a été confirmée par Arrêt en la premiere des Enquêtes contre les Religieux de sainte Genevięfve, & depuis par Sentence Arbitrale donnée contre Monsieur Prevost sieur d'Herbelay, & les saisies Feodales déclarées nulles à cause du deffaut d'enregistrement.

Par l'Article 31. de la Coûtume de Paris, qui a passé l'usage commun dans les autres Coûtumes, les saisies Feodales n'ont effet que pour trois ans.

L'Article de la Coûtume de Paris porte que le Seigneur Feodal peut mettre en sa main le Fief de son Vassal, & iceluy exploiter en pure perte, & ne parle point de l'établissement du Commissaire. Comme aussi dans l'usage commun & ordinaire quand la saisie Feodale est faute d'homme & de profits de Fief non payez, on n'établit point de Commissaire, pource que c'est le Seigneur qui agit & rentre dans la chose qui vient originairement de luy; & comme la saisie Feodale pour les deux causes susdites emporte la perte des fruits, le ministere d'un Gardien & Commissaire n'est point necessaire : Autre chose est de la saisie Feodale faite faute d'Aveu & de dénombrement, laquelle n'emporte la perte des fruits ; l'Article neuviéme de la Coûtume de Paris requiert en ce cas particulier un établissement de Commissaire.

Injecit Dominus in sua jura manus.

Et neanmoins sous prétexte que dans l'Article trente & un de la même Coûtume, aprés avoir dit absolument que la saisie Feodale ne dure que trois ans, on a ajoûté que pour l'avenir les Commissaires demeurent déchargez. Plusieurs ont prétendu qu'en la Coûtume de Paris & en toutes les autres Coûtumes, l'établissement de Commissaire pour la validité des saisies Feodales est necessaire.

Il y a plusieurs cas esquels il est dû au Seigneur de Fief un Droit de Relief, lequel par l'Article 47. de la Coûtume de Paris est reglé au revenu d'une année, ou au dire de Preud'hommes, ou bien à une somme offerte de la part du Vassal; & cela est ainsi ordonné en quelques Coûtumes voisines.

Mais dans le plus grand nombre des Coûtumes le Relief est reglé au revenu d'une année.

Pour l'offre du revenu d'une année ou d'une somme certaine, il n'y a point d'inconvenient.

Mais l'offre du dire Preud'hommes, qui est necessaire de la part du Vassal à peine de nullité, & dont le choix est donné au Seigneur, produit fort souvent des Procés sur la convention des Preud'hommes, sur la difficulté d'en trouver qui veüillent acheter la Charge, & sur la diversité des avis.

Aviser s'il seroit à propos de retrancher l'offre de dire de Preud'hommes.

Plusieurs Coûtumes disent absolument que pour le Droit de Relief il est dû le revenu, sans déclarer le jour auquel commence ladite année.

La Coûtume de Paris en l'Article 49. dit que l'année commence au jour des offres acceptées, ou vallablement faites par le Vassal.

Laquelle expression est ambiguë, car il peut y avoir un grand intervalle entre l'acceptation faite par le Seigneur, & l'offre faite par le Vassal.

Et même dans l'apparence de la fertilité ou de la sterilité d'une année, on peut de part & d'autre avancer ou retarder les offres.

Mais les Coûtumes d'Anjou & autres au delà de la riviere de Loire, pour trancher les difficultez qui peuvent naître sur ce sujet, commencent l'année du Relief au jour de l'ouverture de la Mutation, à cause de laquelle le Relief est dû, & la continuënt jusques à pareil jour de l'année suivante, iceluy exclus.

Mais comme la récolte des fruits peut être plus avancée

avancée en une année qu'en l'autre, l'Article 49. de la Coûtume de Paris ajoûte une condition qui semble necessaire.

Et ne se fait qu'une cueillette d'une sorte de fruits.

La Coûtume de Paris és Articles 56. 57. 58. 59. régle la forme de la joüissance du Seigneur de Fief tant au cas de la saisie Feodale à faute d'hommes & de profits non payez, que pour le Droit de Relief: Et dit.

1° Que pour le Fief qui de bonne foy & sans fraude a été baillé en loyer ou maison en tout ou partie, le Seigneur doit se contenter de la redevance dûë par le Fermier pour ce qui est baillé à ferme.

2° Que pour ce qui n'est point affermé le Seigneur le peut exploiter par ses mains.

3° En rendant les labours & semences, & les autres frais faits pour raison des fruits des choses qu'il exploite par ses mains.

On peut ajoûter que le remboursement n'en sera demandé que deux, trois ou quatre mois aprés la recolte des fruits.

4° Si le Vassal exploite & fait valoir son Fief par ses mains, le Seigneur doit avoir les Caves, Greniers, Granges, Etables, Pressoirs & Celiers, étans dans le principal Manoir & dans la basse court.

5° Que le Seigneur doit aussi avoir une portion du logis pour le loger quand il voudra y aller pour cueillir & conserver les fruits, ou pour loger son Receveur & les autres domestiques necessaires pour la

M

recolte des fruits, ſans toutefois déloger le Vaſſal, ſa femme, ſes enfans & ſa famille, qui ſont demeurans ordinairement audit lieu.

6° S'il n'y a qu'une ſeule maiſon qui ſoit loüée par le Vaſſal, le Seigneur ſe contenterа du loyer.

7° Et ſi elle n'eſt point loüée, & que la totalité d'icelle ſoit neceſſaire pour le logement du Vaſſal & de ſa famille, le Seigneur ſe contentera de prendre le loyer au dire de gens à ce connoiſſans.

8° Si le Fief du Vaſſal eſt baillé à rente, & qu'elle ait été infeodée par le Seigneur, iceluy Seigneur doit ſe contenter d'une année de la rente.

Et ſi elle n'a point été infeodée le Seigneur joüira du Fief en rendant les labours, ſemences & autres frais, pour raiſon des fruits qui tombent dans le Droit de Relief.

Si dans le courant d'une année il arrive un double Droit de Relief, le Seigneur prendra pour le premier les fruits qui auront été recueillis depuis la premiere mutation juſques au jour de l'ouverture du ſecond rachapt; & pour ſecond Relief il aura les fruits de l'année ſuivante.

Les fruits ſont cenſez recueillis & ameublis des jours qui ont été cy-deſſus remarquez ſous le Tître des meubles.

L'une des plus frequentes conteſtations fournies pour les Droits de Reliefs, c'eſt celle qui concerne le Droit qui a été pretendu pour le mariage des filles. Cette prétention qui a été ſuivie & authoriſée par la plus grande partie de nos Coûtumes, est fondée sur ce que par le moyen du mariage la femme passe sous la puissance du mary; & comme il y a changement de Vassal il y a un nouveau Relief acquis au Seigneur: & neanmoins il est certain que durant le mariage la proprieté du Fief réside toûjours en la personne de la femme, & que le mary n'en a que la simple joüissance & administration, & que pour la constitution & changement de l'usufruit d'un Fief, le fonds d'iceluy ne change pas de main.

Nous voyons dans le Droit Romain plusieurs Loix & Constitutions faites *contra cœlibes, orbos*, & d'autres qui ont accordé des graces & privileges à ceux qui s'engageoient dans le mariage pour donner des enfans à l'Etat; & au contraire nos Coûtumes imposent une espece de peine & de charge contre les Filles qui se marient, en prenant une année de tous leurs biens feodaux qui leur échéent, même en ligne directe.

Laquelle charge est fort onereuse, car une Fille heritiere qui possede en biens feodaux cinquante mil livres de rente, plus ou moins, demeure elle & son mary privée d'une année entiere de la joüissance de son revenu.

L'ancienne Coûtume de Paris avoit commencé à moderer la rigueur de cét usage, en ordonnant que le Fils aîné en faisant la Foy & Hommage acquittoit ses Sœurs tant de la Foy que du Relief, à cause de leur premier mariage, comme étant le premier mariage une espece de Mutation necessaire à la personne de la Fille. Lequel Article est demeuré en la nouvelle Coûtume, & fait le 35. Article de ladite nouvelle Coûtume.

Et la même chose est ordonnée en pareils termes en plusieurs autres Coûtumes, mais pour joüir de ladite exemption trois choses étoient necessaires.

La premiere, que la Fille eut un frere aîné.

La seconde, que l'aîné mâle trouvât bon de faire hommage tant pour luy que pour sa sœur.

Et en cas de refus ou négligence de sa part, on jugeoit que la fille n'avoit point de recours n'y d'action de dommages & interêts contre son frere, comme étant une simple faculté donnée à l'aîné & non une charge qui luy fut imposée.

Et en troisiéme lieu l'acquit & décharge du Relief n'étoit donnée à la Fille que pour les Fiefs à elle échûs avant le mariage, & non pour ceux qu'elle recueilloit par succession directe durant le mariage.

Mais en la derniere réformation de la Coûtume on a ajoûté trois Articles nouveaux, qui sont les 36. 37. & 39. qui ordonnent que la décharge du Droit de Relief, à cause du premier mariage pour les biens feodaux échûs en ligne directe, a lieu.

1° Supposé qu'il n'y ait point de frere.

2° Supposé que les freres ne fassent point la foy.

3° Supposé que lors de l'écheance de la succession directe la fille soit déja mariée.

4°. La même exemption & décharge est encore

reçûë en faveur de la Fille, laquelle au temps de l'ouverture de la succession se trouve engagée à un second ou autre mariage.

Lesquelles dispositions ont passé par traditives & par une espece d'usage tacite dans les autres Coûtumes, qui portent que l'aîné acquite ses sœurs de l'Hommage & du Relief à cause de leur premier mariage, mais comme cela n'est clairement expliqué dans lesdites Coûtumes, il ne laisse pas de faire des Procés, & en fera tous les jours, si l'on n'y pourvoit par une Loy generale.

A l'égard des seconds & autres mariages contractez dans les Coûtumes esquelles il n'est rien dû pour le premier mariage, il importe de régler.

1° Si le Droit de Relief est dû par le mary ou par la femme.

2° Si le mary ou la femme qui doit le Relief decede durant l'année du Relief, on demande si le Droit entier peut être pretendu par le Seigneur, où seulement à proportion du temps que celuy qui doit le Relief aura vécu.

3° Et au cas que durant le cours de l'année du Relief le Bail du Fief dominant ait changé de main, si le Droit entier appartient à l'ancien Fermier du temps duquel le Droit est ouvert, ou s'il se partage entre les deux Fermiers à proportion du temps de leur joüissance.

4° Si le Droit est dû quand il n'y a point de Communauté par Contract de mariage entre la femme proprietaire & du mary, & que le mary joüit des biens de sa femme *jure mariti.*

5° Si le Droit est dû lors qu'il y a separation de biens entre le mary & la femme, en telle sorte que le mary ne joüisse point du Fief de sa femme ny par Droit de Communauté ny comme mary.

6° En la même espece de consideration de la joüissance retenuë par la femme, elle s'oblige de payer à son mary par forme de pension approchante de la juste valeur du revenu des biens de la femme.

7° Si ce que dessus a lieu dans les lieux qui suivent les Loix du Vexin, qui donne le Relief en toutes mutations, il semble que cette circonstance ne change point la question, & neanmoins elle n'a pas laissé d'être agitée & décidée par les mêmes regles que les precedentes.

On a vû trois especes dans lesquelles le mary & la femme avoient fait un Contract de Mariage public, qui contenoit la separation des biens entre le mary & la femme, & la stipulation d'une pension au profit du mary, à prendre sur les revenus des biens de la femme.

Et des Articles de mariage secrets qui contenoient la stipulation de Communauté; mais ce sont especes toutes particulieres pour lesquelles on ne peut faire une Loy generale, mais l'observation en est faite pour marquer que pour le repos des sujets du Roy il seroit à propos de ne point donner de Relief pour les seconds & autres mariages, non plus que pour le premier.

Et ce qui a été obſervé cy-deſſus touchant les ſeconds & autres mariages, doit auſſi avoir lieu dans les Coûtumes eſquelles les Droits de Relief ſont dûs, à cauſe des Fiefs appartenans aux femmes tant pour le premier mariage que pour les ſubſequens.

Par l'Article 53. de la Coûtume de Paris les heritages acquis par le Seigneur de Fief en ſa Cenſive ſont réünis à ſon Fief & cenſez Feodaux, ſi par exprés l'acquereur ne déclare qu'il veut que leſdites heritages demeurent en roture, & par ce moyen l'acquereur demeure Seigneur direct & tenancier d'une même choſe. Sçavoir, Seigneur direct à cauſe du Fief qui luy appartient d'ancienneté, & tenancier en Cenſive à cauſe de l'acquiſition & declaration par luy faite, pour empêcher la réünion, & qui eſt contraire aux principes de Droit, ſuivant leſquels *res ſua nemini ſervit*, mais la Coûtume y eſt expreſſe, & l'uſage commun a authoriſé cette diſpoſition.

La Coûtume n'explique point en quel temps la Declaration doit être faite, mais elle parle d'une Declaration preſente, ce qui préſupoſe qu'elle doit être faite dans le même Contract d'acquiſition, ou par un Acte précedent, car la réünion étant faite de plein droit par une eſpece de conſolidation du fonds roturier, au Fief duquel il avoit été tiré la charge cenſuelle, étant une fois demeurée éteinte il ne ſeroit plus au pouvoir de l'acquereur de la faire revivre.

L'Article parle de l'acquiſition d'un heritage cenſuel & roturier, & on a ſouvent agité la queſtion;

sçavoir, si l'article devoit avoir lieu pour le Fief qui a été acquis par le Seigneur dominant, & comme la raison de la réünion est égale pour les Fiefs & pour rotures : l'opinion commune authorisée par les Arrêts va à appliquer ce qui est décidé par cét Article aux acquisitions tant des Fiefs que des rotures.

La Coûtume ne parle point des heritages feodaux & roturiers échûs par succession au Seigneur du Fief, duquel les heritages sont tenus en Fief ou Censive, pource que la mort saisit le vif, & la réünion se fait *ipso jure* au moment de l'ouverture de la succession, sans que l'on puisse en ce cas faire aucune declaration contraire, car elle seroit inutile avant l'écheance de la Succession, pource qu'en ce temps-là le Droit n'est point encore acquis, joint qu'un Droit successif *non facto hominis sed à lege defertur.* Et aprés l'ouverture de la succession qui a fait la réünion, la déclaration contraire seroit inutile ; & neanmoins il est à propos d'en faire une Loy à cause que quelques Commentateurs de Coûtumes ont écrit que l'heritier pouvoit empêcher la réünion par une declaration faite dans six mois ou dans un an aprés la succession échûë.

Si entre les Cosseigneurs ausquels un Fief appartient par *indivis*, l'un acquiert une roture ou un Fief, tenu dudit Fief commun; sans faire aucune declaration, ou si lesdites choses luy échéent à tître successif, la réünion se fait à proportion de la part qu'il a dans le Fief dominant, & le reste demeure en sa qualité ancienne sous la tenure du Fief de la femme, retient

sa qualité

ſa qualité primitive & originaire, & la portion de la femme ſe partage entre ſes heritiers comme s'il n'y avoit point de réünion, pource que durant le mariage la femme n'a point de part dans la Communauté, mais le Droit entier de la Communauté reſide par devers le mary.

Mais ſi l'acquiſition eſt faite ſous la tenure du Fief, du moment de l'acquiſition la réünion ſe fait pour moitié au Fief du mary, & l'autre moitié qui doit demeurer à la femme & à ſes heritiers par Droit de Communauté, retient & conſerve ſa premiere qualité, le tout au cas que la Communauté ſoit acceptée par la femme ou par ſes heritiers.

Et au cas de renonciation à la Communauté, la totalité des choſes acquiſes eſt cenſée réünie au Fief du mary dés l'inſtant de l'acquiſition, d'autant que la renonciation faite par la femme ou ſes heritiers remonte par un effet retroactatif au jour de la celebration du mariage, & réduit les choſes au même point comme s'il n'y avoit jamais eû de Communauté.

Les Articles 51. & 52. de la Coûtume de Paris, ordonnent.

1° Que le Vaſſal ne peut démembrer ſon Fief au préjudice & ſans le conſentement du Seigneur.

2° Qu'il peut joüir & diſpoſer des deux tiers des heritages, cens & rentes étans en ſon Fief, ſans payer profit au Seigneur dominant, ſuppoſé même qu'à cauſe de ladite allienation le Vaſſal ait reçû de l'argent; ce qui n'eſt pas exprimé dans le texte de la Coûtume, mais cela induit assez des termes d'icelles quand elle dit qu'il n'est dû aucun profit au Seigneur dominant.

3° Sous deux conditions, l'une qu'il retienne la foy entiere de son Fief, c'est à dire qu'il demeure chargé de faire l'hommage de tout son Fief & dépendances d'iceluy, à la décharge de l'acquereur.

Et l'autre, qu'il retienne quelque Droit Seigneurial & Domanial sur ce qu'il alliene pour marque de la reservation de la Seigneurie directe.

Cette permission de démembrer & d'épiecer son Fief, le consentement & l'infeodation du Seigneur dominant, jusqu'à la concurrence d'une certaine portion des Domaines, Cens, Rentes & autres Droits dépendans d'iceluy, est établie en la pluspart des Coûtumes.

Mais à Paris & en plusieurs autres Coûtumes le démembrement, allienation & disposition va jusqu'aux deux tiers des Domaines & Droit du Fief, & en d'autres il est restraint au tiers.

Aviser si on pourroit établir un Droit égal & uniforme pour ce regard, & de suivre l'ordre étably par la Coûtume de Paris, afin de donner plus de liberté au Commerce des Fiefs qui sont à present réduits à l'instar des autres patrimoines.

Et les mêmes Coûtumes qui établissent le dépiécement & démembrement de Fief quand l'allienation excede le tiers, permettent au Vassal de rétablir & reintegrer son Fief, & de faire cesser le dépié en faisant de nouvelles acquiſitions & reünions pour acroître ſon Fief ; ce qui gît en diſcuſſion & fournit aſſez ſouvent de matiere de Procés trés difficiles, leſquelles on pourroit prévenir en donnant au Vaſſal une liberté plus ample d'aliener, & aſſurant le dépié & démembrement, & le conſentement du Seigneur dominant dés l'inſtant de l'allienation, ſans le pouvoir de révoquer & changer par des acquiſitions poſterieures.

La Coûtume de Paris prohibe le démembrement des Fiefs au delà des deux tiers, mais elle n'établit point de peine en cas de contravention, laquelle peut être ſuppléée & priſe des autres Coûtumes, leſquelles audit cas donnent au Seigneur dominant la tenure des choſes allienées & les Droits Seigneuriaux & Domaniaux reſervez ſur icelle par l'Acte d'allienation ; ce qui ſemble juſte & devoir être expliqué pour éviter les difficultez qui peuvent naître dans les Coûtumes qui ne s'expliquent pas ſur ce ſujet.

La Coûtume de Paris dit en termes generaux que le Vaſſal peut s'éjoüir & diſpoſer de ſon Fief, pourvû qu'il retienne quelque Droit Seigneurial & Domanial ſur ce qu'il alliene, ce qui eſt ſans difficulté quand il baille une partie du Domaine de ſon Fief, avec une retention d'un Droit de Cenſive, qui eſt proprement un Droit Domanial, impoſé ſur le fonds & Domaine de l'heritage.

Mais juſqu'icy on a douté, & la queſtion n'eſt pas encore bien reſoluë, ſçavoir ſi le Vaſſal peut donner une partie du Domaine, & des Cens & Rentes de son Fief à tître d'Infeodation, car quelques-uns estiment que la reservation d'un Droit Seigneurial dont parle la Coûtume peut être appliquée à l'infeodation; & les autres au contraire soûtiennent que les Domaines & les Droits dépendans du Fief servant, ne peut être baillez à tître de Fief sans le consentement du Seigneur dominant, & l'opinion la plus commune panche de ce côté-là, afin de ne point multiplier les degrez des Fiefs inferieurs.

Quand les choses baillées à Cens sont au dessous de la qualité prescrite par la Coûtume, la Coûtume de Paris en l'Article 51. dit qu'il n'est point dû de profit au Seigneur dominant. Mais l'Article suivant ajoûte qu'arrivant l'ouverture du Fief du Vassal, le Seigneur dominant en exploitant le Fief de son Vassal, soit par une saisie Feodale ou par le Reglement du Droit de Fief, peut prendre le revenu des choses allienées & baillées à Cens par le Vassal ; ce qui produit quantité de Procés & contestations quand aprés la revolution de quatre-vingt ou de cent ans il faut rechercher ce qui a été allienė & baillé à Cens par le Vassal, & distinguer les allienations qui ont été infeodées & agréées par le Seigneur dominans d'avec les autres ausquelles il n'a point donné de consentement.

A quoy on pourroit pourvoir en prenant le temperament des autres Coûtumes, qui donnent au Seigneur dominant le profit de Fief pour les allienations & baux à Cens, à proportion de l'argent qui a été reçû par le Vassal, & moyennant ce les heritages & Droits allienez demeurent des-unis & separez du Fief du Vassal, sans qu'en cas d'ouverture dudit Fief le Seigneur dominant puisse exploiter les choses allienées, n'y prétendre aucun Droit sur iceux.

Par une ancienne Ordonnance du Roy Philippe Auguste du premier May 1209. un Fief peut être divisé entre plusieurs Coheritiers par portions égales ou inégales, & chacun des heritiers doit relever sa portion du Seigneur dominant dudit Fief; ce qui a passé pour Droit commun.

Et neanmoins il y a deux ou trois Coûtumes particulieres qui ont conservé le Droit de partage, & veulent que durant le cours de certains degrez de Successions les mutations de Fief servant soient considerées, & les profits payez du Fief de l'aîné & les mutations considerées en sa personne; & ces dégrez étans finis les puînez & ceux qui sont en leurs Droits relevent leurs portions immediatement de l'aîné & de ceux qui luy ont succedé, & en Arriere-fief du Seigneur dominant: & le même ordre est étably dans les partages de leurs décendans à l'infiny, & par ce moyen un Fief peut produire successivement une multiplication de plusieurs Arriere-fiefs jusques à l'infiny. Et comme les partages & les autres titres des maisons ne sont pas toûjours conservez avec soin, & que les Seigneurs de Fief n'en ont que rarement la connoissance, il arrive dans la suite des temps qu'un Fief servant qui étoit dans son origine notable & de consequence est à la fin réduit à neant: sçavoir s'il seroit à propos d'abolir les partages de renouveller ladite Ordonnance.

De toutes les Coûtumes il n'y en a que huit qui parlent de Canons & Artilleries, & toutes disent qu'ils sont immeubles, comme faisant partie des Châteaux & servant à la garde d'iceux.

On ne les donne pas à l'aîné par Droit de primogeniture, de maniere que dans les Coûtumes de Normandie & de Vitry, dans lesquelles aprés que l'aîné a choisi le principal Château, en donnant un à chacun des puînez mâles, s'il se trouve de la grosse Artillerie, dans l'un des Châteaux déferez aux puînez, celuy auquel le Château demeurera aura lesdits Canons, comme étant accessoires des dépendances necessaires de la Place.

On pourra faire mention que les Canons y ont été mis par ordre du Roy pour la deffence des frontieres & autres.

Le Droit de Justice appartenant à une terre est indivisible, & ne peut être multiplié en plusieurs Sieges: Quelques-uns estiment qu'il seroit à propos de donner la justice entiere à l'aîné, afin de faire cesser les contentions frequentes entre les coheritiers & leurs décendans, touchant les nominations & institutions des Officiers, & la contribution aux charges des Justices. Et neanmoins ordonner que les enfans & autres décendans en ligne directe, lesquels devroient prendre part dans la justice, joüiront durant leurs vies des Droits honorifiques dûs aux personnes de Haute-justice.

La Coûtume de Paris en l'Article 14. donne à l'aîné le corps du Moulin, Four & Pressoir, Bannaux & non Bannaux, qui se trouvent dans l'enclos du préciput de l'aîné. Mais le même Article veut que le profit du Moulin Bannal ou non Bannal, & le profit du Four & Pressoir, s'ils sont Bannaux, soit partagé entre l'aîné & les puînez, comme le reste du Fief. Ce qui a été suivy & ordonné en quelques Coûtumes voisines, & neanmoins l'execution en est fort difficile & onereuse.

Car la Coûtume de Paris oblige seulement les puînez de contribuer aux frais des Moulins tournaux & travaillans, de maniere qu'en cas d'incendie ou de chûte par caducité l'aîné est obligé de payer luy seul les frais du rétablissement à la décharge des puînez, lesquels neanmoins partagent avec l'aîné les fruits & revenus dudit Moulin.

Il y a une question trés frequente sur laquelle ont été rendus des Arrêts differens & contraires, c'est pour le fait des Colombiers, Volets & Pigeons.

L'Article 69. de la Coûtume de Paris permet au Seigneur Haut-justicier qui a Censive d'avoir Colombier à pied, ayant Boulins jusques aux rez de chaussées.

Et en l'Article suivant elle donne la même faculté au Seigneur de Fief, ayant Censive sans Haute-justice, pourvû qu'il y ait 50. arpens en Domaine.

Et le Procés Verbal de la réformation de la Coûtûme fait mention qu'il fut presenté un autre Arrest, portant que celuy qui n'a Fief, Censive ny Justice, peut avoir un Volet ou Fuye de cinq cens Boulins, ou au dessous, pourvû qu'il ait dans le même terroir cinquante arpens de terre · ce qui fut accordé pour le tiers état. Et neanmoins l'Article ne fut inseré dans le corps de la Coûtume, sur ce que le Prevôt des Marchands soûtint que les particuliers qui avoient moins de cinquante arpens devoient avoir la liberté des Volets & Fuye, avec une moindre quantité de Boulins, à proportion des terres qui leur appartenoient, sur le pied de cinq cens Boulins pour cinquante arpens de terre.

Et comme cela est demeuré sans décision il semble necessaire un Reglement general tant pour Paris que pour les autres Coûtumes.

Si le Reglement étably par la Coûtume de Paris doit être suivy dans les autres Coûtumes.

Si celuy qui a moins de cinquante arpens de terre doit être exclus d'avoir des Pigeons, ou s'il en peut avoir avec nombre de Boulins à proportion des terres qu'il possede.

Si celuy qui est proprietaire des terres & les baille à ferme, peut avoir des Pigeons.

Si celuy qui n'a point de terre en proprieté & qui en prend à loyer, peut nourrir des Pigeons.

Si les Curez & autres Decimateurs qui n'ont point de terres en Domaine, *ex eo* qu'ils ont la Dixme des grains, peuvent tenir des Pigeons.

Ou si la liberté doit être donnée à chacun d'avoir des Volets & Fuyes, sans avoir des terres ny Dixmes.

Et jusqu'à quelle quantité de Boulins, & si les Boulins & Pommes c'est la même chose.

Toutes ces questions ont été agitées & diversement jugées.

De l'indemnité dûë par les Gens de Main-morte.

POur les acquisitions faites par les Gens de Main-morte il est dû un Droit d'Amortissement qui appartient au Roy, & n'entre point dans les Articles qui sont proposez & mis en déliberation.

Mais il est encore dû aux Seigneurs particuliers pour les heritages tenus d'eux.

En Fief ou en Censive un Droit d'indemnité, à cause que les Gens de Main-morte étant incapables d'allïener, & les heritages n'étans plus dans le commerce, les Seigneurs sont privez des lots & ventes pour les rotures & des profits de Fiefs ordonnez par les Coûtumes en cas d'Alienation des Fiefs, & encore des Droits & profits Feodaux établis par les mêmes Coûtumes lors que les Fiefs changent de main par succession.

Mais lors qu'il a été question de régler le Droit d'indemnité Seigneuriale, les sentimens de ceux qui ont traité cette matiere sont fort differens, & il se

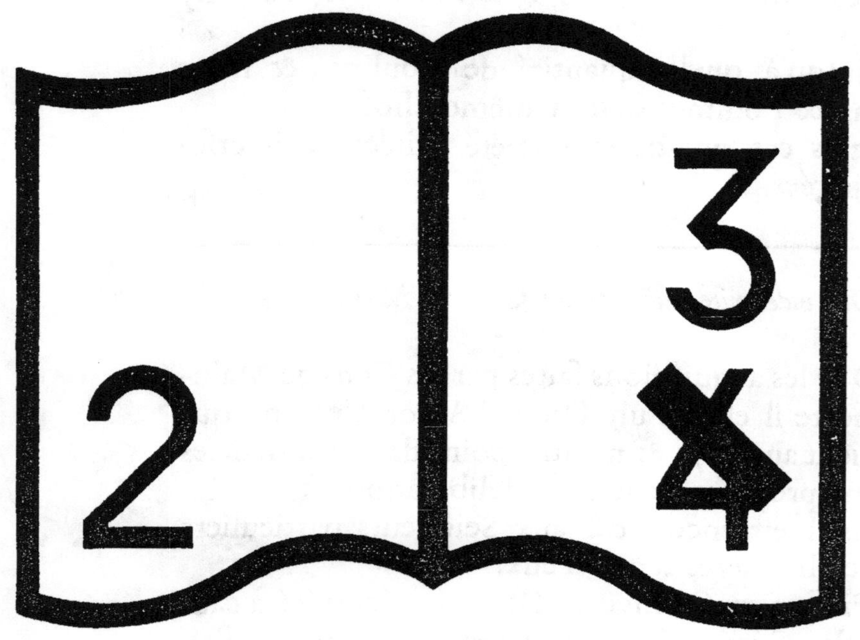

Pagination incorrecte — date incorrecte

NF Z 43-120-12

trouve une grande diverſité, & même contrarieté, dans les Arrêts qui ont été rendus depuis cent ans ſur ce ſujet, & qui ſe trouvent dans nos livres.

Cette diverſité de ſentimens & d'Arrêts procede de ce que nous n'avons aucune Ordonnance ſur cette matiere : la Coûtume de Paris & grand nombre des autres Coûtumes n'en parlent point; & les Coûtumes qui en font mention ſont differentes entre elles.

Durant l'eſpace de ſoixante ans & plus les Arrêts ont condamné de bailler pour l'indemnité un homme vivant, mourant, & confiſquant, par le décez duquel les Gens de Main-morte étoient tenus de payer au Seigneur Féodal ou Cenſier un devoir en argent, & en cas de forfaicture la choſe tomboit en confiſcation au profit du Seigneur juſticier. Mais cette juriſprudence a été depuis changée, & comme les Gens de Main-morte ſont incapables de vendre & allie-ner, on n'a pas jugé raiſonnable que leurs immeubles fuſſent confiſquez par le fait d'un tiers : Et par les derniers Arrêts on a condamné de bailler ſeulement un homme vivant & mourant.

Ce qui eſt depuis quelques années certain & ſans contredit lorſque la juſtice appartient au Seigneur Feodal ou Cenſier; mais quand le Fief ou la juſtice ſont en differentes mains, il eſt encore incertain s'il eſt dû indemnité au Seigneur juſticier.

Maintenant on donne au Seigneur un Droit d'indemnité en argent; mais quelques-uns y ajoûtent un homme vivant & mourant, & neanmoins il eſt incertain ſi par la nuctation de l'homme il ſera dû profit ou non.

On doute encore ſi l'homme vivant & mourant doit être baillé tant pour les rotures que pour les Fiefs, ou ſeulement pour les biens Feodaux.

L'indemnité a été reglée diverſement tant pour les Fiefs que pour les rotures au tiers, quart, ou cinquiéme denier; mais à preſent l'avis plus commun va à régler l'indemnité au tiers des Fiefs & au quint des rotures.

Et cela reçoit à preſent peu de difficulté en cas de vente, mais lors qu'il s'agît d'un Legs, Donation ou Eſchange, la régle n'eſt pas encore certaine, & quelques Arrêts ont reglé l'indemnité des rotures au centiéme denier de la Cenſive, ce qui ſemble peu ſoûtenable és lieux où les Cenſives ſont modiques.

Quelques Arrêts ont donné au Seigneur l'option de prendre un homme vivant & mourant, ou le Droit d'indemnité en argent: Et d'autres ont laiſſé le choix aux Gens de Main-morte.

Il eſt conſtant que le Droit d'indemnité eſt preſcriptible par trente ans contre les Seigneurs Laïques, & par quarante ans contre les Seigneurs Eccleſiaſtiques: Mais pluſieurs doutent ſi l'indemnité étant preſcrite on peut demander un homme vivant & mourant, principalement avec l'obligation de payer des Droits aux mutations.

La Coûtume de Melun rétraint l'effet de la Preſcription à ne pouvoir contraindre les Gens de Main-morte à quitter la possession & proprieté des heritages & biens, que nonobstant la Prescription les Gens de Main-morte soient contraints de payer l'indemnité, & de bailler encore un homme vivant & mourant conjointement avec le Droit d'indemnité. *Cur tam varie in una eademque materia*, laquelle dépend absolument d'une régle qui est publique & commune à toute la France.

Et comme cette matiere est frequente, il est juste & necessaire de donner sur ce sujet des régles certaines.

Gens de Main-morte sont les Chapitres des Eglises Cathedrales & Collegiales, les Hôpitaux, les Fabriques, Confrairies, Monasteres, Universitez, Colleges, & les autres Corps & Communautez Ecclesiastiques & Laïques.

Les Gens de Main-morte peuvent être contraints par le Seigneur Feodal ou Censier de mettre hors de leurs mains les heritages par eux acquis, s'ils ne font apparoir des Lettres d'Amortissement de nous obtenuës, bien & dûëment verifiées, faisant mention speciale des mêmes heritages ; auquel cas sera payé au Seigneur le Droit d'indemnité.

Et neanmoins nonobstant les Lettres d'Amortissement, en cas de vente le Seigneur Feodal retiendra si bon luy semble par puissance des Fiefs les biens & Droits Feodaux acquis par les Gens de Main-morte, en rendant le prix de l'acquisition, avec les frais & loyaux coûts. Et le Seigneur Censier pourra aussi user du Retrait Censuel pour les rotures és Coûtumes où le Retrait Censuel est reçû, le tout dans le temps & avec les formes & conditions ordonnées par la Loy & Coûtume du lieu de la situation des choses acquises.

Si le Chapitre de l'Eglise Cathedrale acquiert dans le Fief dépendant de l'Evêché, & si l'Evêque acquiert dans le Fief du Chapitre, ils pourront respectivement être contraints de mettre hors de leurs mains les choses par eux acquises, ou de payer l'indemnité.

Mais si les Religieux font des acquisitions dans le Fief étant de la Mense de leur Abbé & Prieur, & si l'Abbé ou Prieur fait des acquisitions dans le Fief dépendant de la Mense des Religieux, ils ne pourront respectivement être contraints de vuider leurs mains des choses par eux acquises, n'y de payer aucun Droit d'indemnité ou autre de quelque qualité qu'il soit.

L'action des Seigneurs particuliers contre les Gens de Main-morte pour mettre hors de leurs mains les Fiefs, Droits & heritages par eux acquis, doit être formée dans l'an, à compter du jour de l'exibition du Contract, & le temps passé elle ne sera recevable, sauf à luy à se pourvoir pour le payement de l'indemnité.

Les Gens de Main-morte seront tenus dans quarante jours, à compter du jour du Contract d'acquisition, de l'exiber en original au Seigneur Feodal ou Censier en l'Hôtel principal de son Fief, & le laisser entre ses mains durant trois jours. Et en cas d'absence du Seigneur l'exibition sera faite & le Contract laissé au Procureur Fiscal de sa justice, si aucune il a, ou à son Receveur ou Fermier: Et s'ils ne sont trouvez sur le lieu, sera donné acte de la diligence, & la Copie de l'acte d'exibition laissée en l'Hôtel du Seigneur entre les mains de l'un de ses domestiques, & en leur deffaut à l'un des voisins.

L'exibition ne sera faite par un Sergent, mais par une personne fondée de Procuration speciale des Gens de Main-morte, en presence d'un Notaire ou Tabellion, ayant pouvoir d'instrumenter au lieu où l'exibition sera faite, & de deux Témoins sçachant signer, dont les noms, surnoms, qualitez & domiciles seront employées dans l'acte; & sera l'Original & la Copie signée du Procureur, du Notaire & des Témoins.

Les termes d'un an, de quarante jours & de trois jours, mentionnez és Articles précedens, seront francs, sans y comprendre les jours des actes, ny pareillement les jours de l'écheance des termes.

A faute de faire par les Gens de Main-morte l'exibition de leur Contract d'acquisition dans les quarante jours, il sera loisible au Seigneur Feodal & Censier de faire saisir les choses acquises, même de joüir par ses mains des heritages & Droits Feodaux, les exploiter en pure perte, & fera les fruits siens jusques au jour que le Contract luy aura été exibé en la forme cy-dessus.

Et à l'égard des rotures il ſera étably un Commiſſaire pour le regime & adminiſtration des fruits, aux frais des acquereurs.

Pour les heritages francs & allodiaux, il n'eſt aucun Droit d'indemnité.

Pour l'acquiſition faite par les Gens de Main-morte ſeront payez les profits de Fief & les Droits ordinaires pour les rotures, ſelon les Loix & les Coûtumes de la ſituation des choſes acquiſes : & pour la recompenſe de ceux qui pourroient échoir à l'avenir : il eſt au choix des Gens de Main-morte de payer les Droits d'indemnité au Seigneur, ou de luy bailler homme vivant & mourant ; mais à chacune mutation du Seigneur les Gens de Main-morte ſeront tenus de faire la Foy & hommage, & de bailler dénombrement des heritages qui ſont en Fief, & la déclaration de ceux qui ſont en roture, ſans payer aucun Droit, le tout en la maniere accoûtumée, & par un Procureur fondé de Procuration ſpeciale : & à faute de ce permis au Seigneur de ſaiſir, comme deſſus.

Si le Seigneur, majeur de vingt-cinq ans, laiſſe paſſer trente ans ſans demander le Droit d'indemnité, il n'y ſera plus recevable : mais les Gens de Main-morte pourront être contraints de faire la Foy & hommage, bailler dénombrement & déclaration telle que deſſus à chacune mutation du Seigneur.

Il ne ſera baillé à l'avenir un homme confiſquant, ſoit que la juſtice apartienne au Seigneur Feodal ou

Censier, ou à un autre Seigneur : & ne pourront les Seigneurs justiciers prétendre aucune récompense & indemnité pour la décharge du Droit de Confiscation, ny pour la diminution des autres Droits, profits & émolumens de leur justice.

On ne peut bailler pour homme vivant & mourant une personne au dessous de l'âge de vingt ans accomplis.

Un Religieux Profex ne peut être baillé pour homme vivant & mourant, à cause des Fiefs & rotures acquises par son Monastere, ou par d'autres Monasteres du même ordre.

Il sera payé le revenu d'une année pour chacune mutation de l'homme vivant & mourant des biens tenus en Fief, & pour les heritages en roture seront payez les deux tiers du revenu d'une année.

Pour le Droit d'indemnité sera payé en argent le tiers de la valeur des biens Feodaux & le cinquiéme des rotures, avec l'interêt du jour de la demande de l'indemnité faite en justice, lesquels Droits seront réglez en cas de vente ou d'échange avec des rentes constituées à prix d'argent, eû égard au prix effectif & veritable des Contracts & des rentes baillées en échange, sans que de part & d'autre s'en soit reçû à informer que les heritages sont de plus grande ou moindre valeur, sinon en cas de fraude & pour les autres titres d'acquisition la valeur des heritages sera réglée par l'avis & estimation d'Experts.

Nonobstant le payement de l'indemnité les Cens & rentes,

& rentes, & les autres devoirs annuels qui se trouveront legitimement dûs tant sur les Fiefs que sur les rotures, seront continuez au Seigneur comme auparavant.

L'indemnité dûë pour un Fief ou une roture leguée à des Gens de Main-morte doit être payée par les heritiers du Testateur, si ce n'est que dans le Testament il y ait clause contraire.

Mais si le Fief ou la roture a été donnée entre vifs, le Droit d'indemnité sera payé par les Donataires, même lors que la donation a été faite pour quelque donation ou autre charge.

En cas d'allienation faite par les Gens de Main-morte des choses pour lesquelles le Droit d'indemnité a été payé, le Droit demeurera au Seigneur Feodal sans repetition, & si l'allienation faite en faveur de Gens de Morte-main, même par échange d'heritage à heritage, il sera payé au Seigneur un nouveau Droit d'indemnité.

Mais si au lieu du Droit d'indemnité il avoit été baillé un homme vivant & mourant, avec profit en cas de mutation du moment de l'allienation, l'homme vivant & mourant demeurera déchargé de plein Droit purement & simplement ; sauf au Seigneur, en cas que les acquereurs soient de Main-morte, à leur demander un autre homme vivant & mourant, ou le Droit d'indemnité, au choix des acquereurs, avec les Droits & profits tels qu'ils peuvent être dûs par les Coûtumes, à cause de la nouvelle acquisition.

Les Droits d'indemnité dûs à des Gens de Mainmorte seront employez à leur profit en fonds, & cependant seront déposez entre les mains de personnes solvables, si mieux n'aiment les detteurs en faire interêt en attendant l'occasion de l'employ.

Seront payez les profits ordinaires de Fief par les Titulaires des Benefices, à cause de l'acquisition qu'ils feront d'heritages Feodaux pour leur Benefice: & au lieu d'indemnité sera payé un Droit de relief à chacune mutation du Titulaire, si mieux n'aime l'acquereur payer l'indemnité telle que dessus.

Seront aussi payez les Droits ordinaires par les mêmes Titulaires, à cause de l'acquisition qu'ils feront d'heritages en rotures pour leur Benefice, & au lieu de l'indemnité seront payez les deux tiers du revenu des heritages à chacune mutation du Titulaire, si mieux n'aime l'acquereur payer l'indemnité telle que dessus.

DU RETRAIT LIGNAGER.

L'Action du Retrait Lignager est une ſuite & dépendance du Droit des Propres Naturels, & a été introduite pour conſerver dans les familles les heritages qui ont fait ſouche, & y ont pour ainſi dire pris racine.

Mais elle ôte la liberté du commerce des heritages; elle fait un notable préjudice au vendeur, lequel a de la peine à trouver des achepteurs quand on voit des parens capables de retirer. Et d'autre part les Parens ſont bien aiſes qu'un tiers faſſe le prix, ſur l'eſperance de pouvoir retirer l'heritage. D'ailleurs l'acquereur qui a avancé ſon argent reçoit une incommodité notable quand il luy faut abandonner l'heritage, & eſſuyer les frais & les longueurs d'un Procés pour avoir ſon argent. Et le Retrayant même eſt fort embaraſſé à cauſe des formalitez auſquelles il eſt aſſujetty par les Coûtumes; & ſi l'on conſidere l'action en ſoy il n'y a point de matiere qui produiſe tant de Procés, car il n'y a aucune action en Retrait pour laquelle on ne ſe pourvoye en juſtice, & enſuite les parties s'engagent inſenſiblement à des procedures qui les conſument en frais.

Et comme les Retraits Lignagers paſſent pour

Droit commun dans les Provinces regies par Coûtume, il importe de donner un Reglement general & certain en tous les lieux où le Retrait Lignager est en usage, puisqu'il seroit fort difficile & presque impossible de l'abroger.

Le Retrait Lignager est purement de Droit Coûtumier, car toutes nos Coûtumes en font mention, à la reserve de trois au plus, lesquelles les unes n'en parlent point, & l'autre exclud ladite action par une disposition expresse ; & neanmoins il a été reçû dans le païs de Droit écrit d'Auvergne & dans le Baugolois, & quelques-uns prétendent qu'il est en usage en Forest & en une partie de la Basse Marche, regie par le Droit Romain. Ce qui cause tous les jours des Procés tant pour sçavoir en quel lieu des Provinces de Droit écrit il a été étably par usage, que pour régler les formalitez des procedures & de l'execution du Retrait Lignager, car le Droit Romain n'en parle point, il n'y a aucun usage par écrit qui en fasse mention, & même il y a des Arrêts qui ont jugé pour l'Auvergne que les Retraits Lignagers ne doivent être reglez par la Coûtume de la Province, mais par la Coûtume de Paris, qui neanmoins est inconnuë en ladite Province.

1° Que le Retrait Lignager aura lieu en toutes les Provinces du Païs Coûtumier, à la reserve de celles qui le rejettent par une disposition expresse.

Ou seulement en celles où la Coûtume le reçoit par une disposition expresse.

2° Ordonner que dans le principal Siege de chacun Bailliage & Senechaussé où le Retrait Lignager a été reçû d'ancienneté, il sera dressé à la diligence & sur le requisitoire du Procureur du Roy, dans le temps qui sera préfix par l'Ordonnance nouvelle, un Acte de Notorieté, par l'avis des dix plus anciens Officiers, dix Avocats les plus anciens touchant l'usage dudit Retrait Lignager : lequel Acte de Notorieté sera lû & publié judiciairement en l'Audience, & écrit sur le registre d'icelle : & si on le trouve à propos il sera envoyé une expedition à Monsieur le Procureur General dudit Acte de Notorieté, pour être registré au Greffe de la Cour, afin d'avoir une preuve certaine & par écrit de l'usage, & prévenir les frais, longueurs & difficultez des Enquêtes par Turbes, qui ont été quelquefois ordonnées en pareilles rencontres.

3° Régler les formalitez necessaires sur les propositions cy-aprés expliquées, qui seront communes tant au païs des Coûtumes qu'aux lieux regis par le Droit écrit, esquels le Retrait Lignager est en usage.

L'Article 129. de la Coûtume donne l'action de Retrait Lignager aux parens du côté & ligne dont est venu & échû l'heritage, c'est à dire aux parens de la ligne de celuy qui a acquis & aporté l'heritage dans la famille ; ce qui ne reçoit point de difficulté en la Coûtume de Paris. Mais il semble à propos de l'expliquer ainsi en termes intelligibles, pource que selon que la Coûtume est conçûë, ceux qui ne sont pas versez en l'usage de la Coûtume pourroient douter si ces mots d'où est venu & échû l'heritage, ont leur relation au premier acquereur, ou à celuy par le décez duquel l'heritage est tombé entre les mains du vendeur.

L'Article 158. porte qui n'est habile à succeder, comme un Batard ne peut venir à Retrait Lignager. Voir s'il seroit à propos d'expliquer les autres personnes inabiles, comme les Religieux, les Bannis hors du Royaume ou condamnez aux Galeres à perpetuité; ceux qui sont condamnez par coutumace à mort, au Bannissement ou aux Galeres à perpetuité & n'ont été réabilitez, même ceux qui ont été Bannis hors du Royaume ou aux Galeres à temps, tandis que le temps de leur peine dure.

La Coûtume en l'Article 131. dit que le temps du Retrait court contre les Mineurs sans esperance de restitution, & selon l'usage commun le Tuteur ou le Curateur qui a l'administration des biens des Mineurs, peuvent exercer ce Retrait Lignager au moyen desdits Mineurs : en quoy l'acquereur souffre un notable cas si par évenement le Retrait luy est préjudiciable. Personne ne doute que le Mineur peut dans les dix ans de sa majorité se faire relever de ce qui a été fait par son Tuteur ou Curateur, & sans que l'on puisse esperer aucun recours contre le Tuteur ou Curateur en son nom, puisqu'il n'a agy qu'en ladite qualité de Tuteur ou Curateur, & quand on pourroit le rendre responsable en son nom de l'évenement de l'action, cette garantie seroit fort douteuse & difficile à exercer contre une personne qui est chargée d'une hipoteque & de la reddition d'un compte envers le Mineur, & en ce faisant le profit est asseuré au Mineur, & s'il y a de la perte elle tombe sur l'acquereur.

Plusieurs estiment qu'il faudroit aussi exclure du Retrait les enfans & les autres décendans du vendeur, quoique l'on soit Majeur : car comme pour l'ordinaire les personnes si proches vivent en bonne intelligence, à quel propos embarasser une tierce personne dans l'acquisition d'un heritage pour le retirer un ou dix mois aprés sous le nom de ses enfans, puisque d'abord il avoit dans sa famille une personne capable de faire l'acquisition ?

Et d'ailleurs l'exclusion des enfans pourvoiroit à une seconde faute qui se commet tous les jours pour prévenir les demandes en Retrait Lignager, qui est qu'en passant le Contract on fait un Exploit de demande en Retrait Lignager, datté du lendemain, sous le nom de l'un des enfans du vendeur, afin de prévenir les autres Retrayans en diligence, & par la proximité du lignage, & aprés que le temps du Retrait est passé à l'acquereur qui est saisi de l'Original & de la Copie, jette le tout dans le feu : Et quand il vient un Retrayant on se sert contre luy dudit Exploit, & dans la suite on fait des accommodemens secrets pour asseurer l'heritage à l'acquereur. En excluant les enfans du vendeur on préviendra une autre

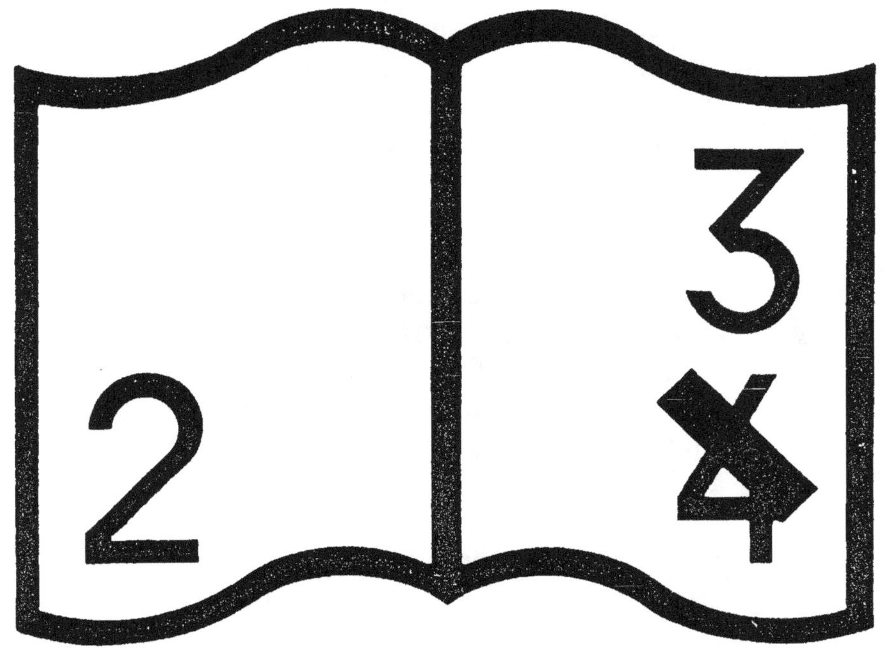

Pagination incorrecte — date incorrecte

NF Z 43-120-12

fraude qui est aussi frequente, car quand un pere veut avantager l'un de ses enfans au préjudice des autres, ou un puîné au préjudice de l'aîné, contre la disposition & prohibition de la Coûtume, on fait une vente simulée sous le nom du pere au profit d'une tierce personne, & dans l'un le pere retire la chose sous le nom de celuy de ses enfans qu'il veut avantager, & fait le remboursement de ses deniers, de maniere qu'une même personne se trouve en ce cas le vendeur & le Retrayant.

Quand un heritage propre est vendu à un parent du côté & de la ligne d'où vient l'heritage, la Coûtume en l'Article 133. dit qu'en ce cas il n'y a lieu au Retrait.

Et le même Article porte qu'en cas que l'acquereur vende le même heritage à une tierce personne étrangere de la famille, ce Retrait est ouvert à tous les parens de la ligne, & même au premier vendeur.

Mais elle devoit ajoûter que le remboursement doit être fait sur le pied du prix du dernier Contract, & non sur celuy de la premiere vente.

L'Article 142. ajoûte qu'aprés le trépas de celuy qui a vendu un heritage à des étrangers qui ne sont de la ligne, les heritiers dudit vendeur le peuvent retirer pource qu'ils ont le Retrait de leur chef, & la qualité d'heritiers par eux prises ne les rend pas garands d'une éviction qui vient de la Loy.

Mais la Coûtume aporte une condition, pourvû que les heritiers soient du côté & ligne d'où vient l'heritage, l'heritage, ce qui est sans difficulté, & on pourroit ajoûter une seconde condition, pourvû que les heritiers soient dans le temps prescrit par la Loy pour exercer le Retrait Lignager, accomplis du jour qui sera expliqué cy-aprés.

En l'Article 159. la Coûtume décide qu'en concurrence du Retrait Lignager & du Feodal, le Lignager est preferable, même qu'il peut être exercé par un parent du côté & ligne contre le Seigneur Feodal, qui a déja retiré l'heritage par puissance de Fief.

Nota, qu'en lieux régis par le Droit écrit où le Retrait Lignager est reçû, le Feodal est preferé au Lignager; il sembleroit juste d'établir une regle commune pour tous les lieux.

Et en ce dernier cas le temps du Retrait Lignager est prérogé, car il court non pas du jour du Contract de vente, ou de celuy qui sera ordonné cy-aprés pour commencer le cours du Retrait Lignager, ains du jour que le Fief a été retenu par puissance du Fief, & la retenuë publiée en jugement au plus prochain Siege Royal, sur ce que la Coûtume a estimé que par le moyen de la rëunion de l'heritage ou Domaine ancien, du Fief desquels il avoit été démembré, la qualité de Propre avoit été éteinte: Et comme il s'agît d'établir une Loy generale, il sera avisé si l'extension faite par la Coûtume du temps du Retrait en cas particulier en est juste, & pourquoy elle a été ainsi ordonnée.

L'Article 129. de la Coûtume de Paris, & plusieurs des Articles suivans n'admettent le Retrait Lignager que pour les heritages & rentes foncieres.

Pour la qualité desdites heritages & rentes foncieres, desire qu'ils soient propres aux vendeurs, c'est à dire qu'ils ayent fait souche à tître successif, ou par les autres voyes & Actes par lesquels on a cy-dessus réglé propre pouvoir être étably.

La Coûtume ne distingue point les Propres anciens & naissans, & partant il semble que le Retrait doit avoir lieu indifferemment pour les uns & les autres, pourvû que le Retrayant soit parent de celuy qui a aporté l'heritage & les rentes dans la famille.

Il y a trois ou quatre Coûtumes qui admettent le Retrait Lignager pour les acquêts, quand l'acquereur d'un heritage aprés l'avoir possedé par an & jour le revend à une tierce personne ; ce qui est contraire à la nature du Retrait Lignager, ou plûtôt à la nature pour laquelle il a été introduit, qui n'est autre que de conserver les Propres dans les familles, au profit des parens décendans ou collateraux du premier acquereur.

Si l'heritage acquis par un deffunt est ajugé sur le Curateur de la succession vacante, l'Article 152. de la Coûtume dit qu'il n'est sujet à Retrait, attendu qu'il n'a point souche en la personne d'un Curateur aux biens vacans.

Mais s'il étoit propre au deffunt, l'Article 151. porte

qu'il est sujet à Retrait, encore qu'il ait été ajugé sur un Curateur aux biens vacans.

L'Article 159. est conçû en ces termes : l'Heritage ajugé sur un Curateur à la chose abandonnée n'est sujet à Retrait ; & à faute d'avoir expliqué nettement ce que les Réformateurs ont entendu par le mot, abandonnée, cét Article a produit plusieurs Procés, sur ce que quelques-uns ont estimé qu'il devoit être appliqué aux heritages qui ont été delaissées par celuy qui a fait en justice cession & abandonnemens de biens. Et neanmoins si l'heritage étoit propre à celuy qui a fait cession de biens par Arrêt prononcé en Robes rouges à Noël en 1613. il a été jugé qu'aprés la vente d'iceluy faite sur le Curateur créé aux biens abandonnez, les Lignagers avoient la faculté de le retirer sur l'adjudicataire. Mais selon la commune opinion cét Article doit être raporté aux heritages déguerpis pour se décharger des hipoteques des creanciers de l'ancien proprietaire qui a vendu les heritages à celuy qui les a mis & aporté dans la famille, & d'autant que par le moyen du déguerpissement le Droit du premier acquereur est demeuré éteint & résolu.

Il est important de regler pour les Baux à rente si en quels cas les heritages baillez à rente, & les rentes dûës à cause d'iceux, sont sujets au Retrait Lignager.

Par l'Article 137. l'heritage baillé à rente rachetable est sujet à Retrait, d'autant qu'un Bail de cette qualité est consideré comme un Contract de vente fait à prix d'argent, & la rente qui est stipulée rachetable *fungitur vicæ pecuniæ* : & pour cette raison par les Articles 83. & 87. de la Coûtume pour un Bail à rente, & pour les heritages vendus ou ajugez par Decret à la charge d'une rente rachetable, il est dû des Droits Seigneuriaux, ou des profits de Fiefs, tant pour le prix qui a été payé en charge lors de la vente volontaire ou de l'adjudication, qu'à raison du fonds & du principal de la rente qui tient lieu de prix.

Et quand l'heritage chargé d'une rente rachetable est retiré par Retrait Lignager, afin d'assurer le creancier de la rente & l'acquereur de l'heritage, le même Article 137. oblige le Retrayant de racheter la rente dans le même temps ordonné par la Coûtume pour le remboursement du prix qui a été payé en argent.

Et ce qui est ordonné par cét Article 137. pour le rachapt des rentes foncieres rachetables, à la charge desquelles l'heritage a été delaissé au preneur, & pareillement observé lors que l'heritage est vendu à prix d'argent, & que pour la totalité ou partie d'iceluy, l'acquereur a constitué sur soy une rente. Et aussi pour les rentes dûës par le vendeur à des tierces personnes, & dont l'acquereur s'est chargé par le Contract de vente ; ce qui n'a pas été expliqué par la Coûtume & merite une disposition particuliere.

Sur le fondement de ces principes on peut conclure que les rentes foncieres rachetables étans venduës ne sont point sujettes à Retrait ; car outre que par le moyen de la faculté du rachapt elles se réduisent en argent, il ne seroit pas juste que la famille eût la faculté de retirer l'heritage & la rente rachetable, à la charge de laquelle il a été allienė.

Mais à l'égard des heritages qui ont été baillez à la charge d'une rente non rachetable, ou bien vendus volontairement, & ajugez judiciairement, à la charge de la rente non rachetable à laquelle ils sont sujets, il n'est point dû de lots & vente n'y profits de Fiefs au Seigneur, parce qu'il n'y a point déboursé.

Et aussi quand les rentes foncieres non rachetables sont venduës ou ajugées par Decret, ou delaissées par rachapt, l'Article 87. de la Coûtume donne les Droits & le profit au Siege de Fief, pource que la rente non rachetable represente le fonds de l'heritage.

Et quand l'Article 137. dit que pour le Bail d'un heritage à la charge d'une rente rachetable le Retrait est ouvert, on peut induire par un sens contraire que pour les heritages baillez, vendus ou ajugez à la charge d'une rente non rachetable, il n'y a lieu au Retrait. Mais l'Article 129. & quelques autres inserez ensuite, donnent l'action de Retrait quand les rentes foncieres non rachetables sont allienées à des tierces personnes qui sont étrangeres de la famille d'où procedent les heritages.

Et c'est ainsi que l'on a toûjours entendu & pratiqué l'Article 129. & les autres qui donnent le Retrait Lignager pour les rentes foncieres, c'est à dire que lesdits Articles doivent être retraints aux rentes foncieres non rachetables, & ne peuvent avoir leur effet pour celles qui sont rachetables qui approchent de fort prés la nature des rentes volantes constituées à prix d'argent. Ce qui desire une explication particuliere.

Il reste une difficulté, sçavoir, si la rente étant delaissée par rachapt, c'est à dire si le creancier en reçoit l'amortissement par les mains du détenteur de l'heritage sujet à la rente, les parens du creancier auquel elle étoit propre peuvent en ce cas la faire revivre & s'en aproprier par la voye du Retrait.

L'Article 87. dit qu'il est dû des Droits au Seigneur du Fief, à cause qu'il n'en a point reçû lors du Bail à rente, ou pour les allienations posterieures de l'heritage faites à la charge de la rente; les Lignagers peuvent dire que par le moyen du Bail à rente non rachetable ils ont perdu le Droit de retirer les heritages qui ont passé en des mains étrangeres, & que le même Droit a été transferé sur la rente, laquelle consequemment n'a pû être amortie à leur préjudice. Et neanmoins s'agissant d'une décharge & liberation qui est plus favorable que le Droit de Retrait Lignager, l'opinion la plus commune va à rejetter le Retrait Lignager lors que les rentes foncieres non rachetables sont delaissées par rachapt. Et de fait, en cette même espece il a été jugé que les hipoteques des creanciers de celuy auquel la rente apartenoit, demeurent aneanties par le moyen dudit rachapt, & qu'il n'est au pouvoir des creanciers de les faire revivre, nonobstant qu'ils eussent juste sujet de croire qu'elles ne seront jamais rachetées.

L'Article 149. porte que les Baux à quatre-vingt dix-neuf ans ou à longues années, sont sujets à Retrait. Ce qui a besoin d'explication.

1° Si les Baux à longues années sont ceux qui sont faits pour dix ans & au dessus, attendu qu'en Droit *Longum tempus* est reglé à dix ans.

2° Que ce n'est pas le Bail à longues années qui donne l'ouverture au Retrait lors principalement qu'il n'y a point de deniers d'entrée, mais que le Retrait permis par la Coûtume est quand le Droit de Bail est cedé par le bailleur à une tierce personne, ou que l'heritage compris dans le Bail est alliené par les heritiers du preneur à une tierce personne.

Pour sçavoir si on peut retirer les choses comprises dans les Baux à rentes non rachetables ou à longues années lors qu'il y a des deniers d'entrée, on considere ordinairement *quid præponderat*, car quand l'argent est plus fort que la valeur de la rente, plusieurs considerent les Contrats de cette qualité comme des ventes effectives, & par consequent sujettes à Retrait.

Par l'Article 148. les Loges, Boutiques, Etaux & Places publiques achetées du Roy & venans à succession, sont sujettes à Retrait.

Ajoûtez pour explication que le même est observé pour les Baux à longues années.

Pour les Places & autres lieux achetées ou pris à rentes des Corps & Communautés des Villes, des Eglises, des Seigneurs, & même des Particuliers.

Pour les Dominanies acquis au Roy.

Non seulement quand les choses acquises ou prises à rente ont fait souche dans la famille, non seulement par succession mais aussi par les autres voyes que l'on a déclarées au cahier des Propres Naturels, être capables de former & constituer un Propre.

Puisque la Coûtume ne reçoit en Retrait Lignager que les heritages & les rentes foncieres, il s'ensuit que cette action ne peut s'étendre aux rentes constituées à prix d'argent, non pas même à celles qui ont été crées pour le prix d'un heritage ou rente fonciere, par le même Contract d'acquisition.

N'y pareillement aux Offices de quelque qualité qu'ils soient, non pas même aux Greffes & autres Offices & Droits Domaniaux, pource que la proprieté de telles choses n'est point acquise aux familles.

Par l'Article 147. de la Coûtume, l'usufruit d'un heritage propre vendu à une personne étrangere (c'est le terme de la Coûtume qui signifie étrange) n'y chef en Retrait.

Car l'usufruit qui consiste en la joüissance successive de plusieurs années & finit par un certain temps, doit plûtôt être consideré pour mobilier que pour immobilier.

Et neanmoins il y a des Coûtumes lesquelles en

cas

cas d'alienation d'un usufruit hors la famille, admettent le Retrait non pas au profit de tous les parens, mais seulement au profit des proprietaires, par une espece d'acroissement, afin de faire la rëünion de l'usufruit à la proprieté; laquelle rëünion est favorable, & peut éteindre les Procés qui sont frequents entre le proprietaire & l'usufruitier.

La superficie des Boyes & Futayes venduës separément, n'échet en Retrait suivant un ancien Arrêt de 1583. & neanmoins si le proprietaire vend dans la suite le fonds du Bois qui luy étoit propre, le Retrayant doit avoir la faculté de retirer aussi la superficie, du moins ce qui se trouvera debout; car l'alienation separée du fonds & de la superficie faite en peu de temps, marque évidemment que cela a été ainsi fait en fraude & au préjudice des Lignagers.

L'Article 144. de la Coûtume de Paris, porte, que choses mobilieres n'échéent en Retrait. Le mot de chose se raporte, selon sa propre signification, aux choses corporelles; mais on pourroit ajoûter les droits, afin de comprendre aussi les effets & droits mobiliers, lesquels constamment ne sont point sujets au Retrait.

Quels Actes donnent ouverture au Retrait.

LE Retrait Lignager est reçû principalement pour les rentes d'heritages, & autres choses sujettes à Retrait qui ont été allienées à prix d'argent par des

Contracts volontaires. L'Article 150. de la Coûtume, y ajoûte les rentes par Decret faites en jugement par criées & subhastations.

Ce qui a été suivy par d'autres Coûtumes : mais il y en a plusieurs autres qui rejettent le Retrait pour les adjudications faites en Justice, à cause que les parens ont eû la liberté d'encherir aussi-bien que les étrangers. Et autrement les étrangers qui prenoient & aprehendent un Retrait Lignager font difficulté de mettre les encheres. Et d'autre part, les parens demeurent dans le silence, & sont fort aise que les choses soient ajugées à vil prix, afin de les avoir à bon compte par la voye du Retrait Lignager.

Par l'Article 154. portion d'heritage qui ne se peut bailler par divis, est renduë par licitation, & est sujette à Retrait. Plusieurs croyent qu'il y avoit une négative, laquelle a été obmise par la negligence de celuy qui a mis au net le cahier de la Coûtume porté au Greffe de la Cour. Et ce qui autorise cette croyance, est que chacun sçait que la Coûtume qui a été donnée par le Roy aux habitans de la Ville de Calais & du Païs reconquis, est une copie de celle de Paris qui a été transcrite de mot à autre, à la reserve de quelques Articles en petit nombre qui y ont été ajoûtez pour s'acommoder à l'usage du Païs. Or dans la Coûtume de Calais, l'Article 154. de celle de Paris y ayant été inseré en mêmes termes, la négative s'y trouve, & porte que la portion d'heritage qui ne se peut bailler par divis & renduë par licitation, n'eſt ſujette à Retrait ; & ſi l'on conſidere la raiſon de la diſpoſition de la Coûtume, la négative y eſt neceſſaire ; car celuy qui ſe rend adjudicataire du total de l'heritage dans lequel il y avoit déja part, il n'aquiert autre choſe que la part du coproprietaire, & ſa portion ancienne luy demeure non point en vertu de la licitation, mais en conſéquence de ſon ancien droit, d'autant qu'il ne peut acquerir de ſoy-même ; & par cette raiſon étant pourſuivy en Retrait Lignager, il n'eſt tenu de luy abandonner que la part du coproprietaire, & par ce moyen l'heritage ſe trouvant derechef entre les mains de differentes perſonnes & ne pouvant être diviſée, il faudroit venir derechef à une licitation nouvelle.

Et en tout cas le Retrait finy peut être reçû, ſinon lors que la totalité de l'heritage eſt ajugée à un étranger, qui eſt vray-ſemblablement l'intention & l'eſprit des réformateurs de la Coûtume, ſur ce que pour l'ordinaire les licitations ſe font entre parens, & quand la totalité de l'heritage demeure à l'un d'iceux par la licitation, il ne ſort point de la famille, & conſéquemment n'eſt point ſujet à Retrait.

Par l'Art. 145. en écheange, quand la ſoulte en argent eſt moindre que la valeur de la moitié de l'heritage, il n'y a lieu au Retrait ; ce qui ſemble juſte.

Et ſi la ſoulte excede la valeur de la moitié de l'heritage, le Retrait eſt reçû : mais l'Art. ajoûte que le Retrait n'a lieu qu'à proportion de la ſoulte ; ce qui étoit incommode à cauſe du partage ou licitation qu'il convient faire ensuite : C'est pourquoy plusieurs autres Coûtumes ordonnent le Retrait pour la totalité de l'heritage quand la soulte en argent *preponderat.*

Régler aussi si le Retrait doit avoir lieu pour les rentes faites avec faculté de rachapt. Et considerer combien on étend dans la nouvelle Jurisprudence le temps des recousses d'heritage.

Pour les Conquêts faits durant la communauté d'entre mary & femme d'un heritage propre qui est de la ligne de l'un des conjoints, le Retrait n'a point de lieu durant le Mariage, ou pour le tout, ou pour la moitié, suivant l'Art. 155. de la Coûtume.

Mais dans l'an de la dissolution du Mariage pourvû que l'on ait satisfait à ce que desire la Coûtume pour faire courir le temps du Retrait, la moitié desd. Conquêts peut être retirée sur iceluy qui n'est Lignager, & en cas de prédécez contre ses heritiers.

Et par l'Art. 157. Si par le partage de la Communauté l'autre moitié desd. acquisitions tombent au lot de celuy qui n'est point Lignager, elle est aussi sujette à Retrait, pourvû que le Retrayant ait intenté son action & protesté sur icelle dans l'an, à compter du jour de la dissolution du Mariage, comme dessus.

Plusieurs estiment qu'il seroit juste d'attendre pour l'une & l'autre moitié l'évenement du partage de la Communauté, par lequel la totalité des heritages peut tomber dans le lot de celuy des conjoints qui est Lignager, ou de ses heritiers, au cas qu'ils soient aussi Lignagers, sans diviser les heritages par une action de Retrait précipitée.

Entre les deux Articles cy-dessus remarquez, la Coûtume à inseré l'Art. 156. qui contient une exception & exclud le Retrait, lors que celuy des conjoints, qui n'est point Lignager, a des enfans étans de la ligne & famille d'où viennent les heritages.

Et sous prétexte que led. Art. 156. précede celuy qui surseoit l'action pour la moitié des heritages aprés le partage de la Communauté, quelques-uns ont prétendu que l'exception dud. Art. 156. devoit être retrainte au cas mentionné au précedent Article, & neanmoins la raison dud. Article est commune aux deux cas dont il est parlé dans l'Article précedent & au suivant. Et la disposition du même Art. 156. est conçûë en termes generaux & indefinis, lesquels comprennent l'un & l'autre cas ; ce qui a donné cause à plusieurs Procez, & en peut produire d'autres s'ils ne sont prévenus en expliquant les cas ausquels led. Article 156. doit être raporté.

On a aussi douté si led. Art. 156. qui dit que Retrait n'a lieu quand celuy des conjoints qui n'est en ligne, a des enfans qui sont en ligne, doit le mettre à couvert du Retrait, non-seulement contre les Lignages étrangers, mais aussi contre ses propres enfans ; & par divers Arrêts il a été jugé que les enfans qui sont Lignagers, peuvent exercer le Retrait de my-denier contre celuy de leur pere & mere qui n'est point Lignager.

Et que le temps du Retrait de my-denier accordé aux enfans, ne court, lorsqu'ils ont été sous la tutelle du survivant de leur pere ou mere, sinon du jour que le compte de leur tutelle leur a été communiqué.

Et par un autre Arrêt, il a été jugé que ce qui a été ordonné pour le Retrait Lignagner des Conquêts faits durant la Communauté des pere & mere, l'un desquels étoit étranger*, doit aussi être observé pour les Conquêts faits durant la continuation de Communauté du survivant des pere & mere avec ses enfans.

Expliquer aussi ce qui est ordonné par led. Art. 156. entre deux Articles faisans mention des Conquêts de la Communauté entre mary & femme, doit être entendu aux acquisitions faites durant les Societez d'autres personnes.

Et aussi pour les acquisitions faites durant les Societez d'autres personnes.

Et aussi pour les acquisitions faites par une personne qui est étrangere de la ligne d'où proviennent les heritages, & qui a des enfans étans de la même ligne, attendu que la raison dud. Art. 156. est égale & commune à tous les cas cy-dessus exprimez.

Entre plusieurs Lignagers qui ont formé leur demande en Justice, l'Art. 141. de la Coûtume de Paris, & quelques autres Coûtumes donnent la preference au plus diligent qui a le premier formé sa demande.

Et les autres Coûtumes en plus grand nombre, preferent le plus Lignager qui se trouve parent du vendeur en degré plus proche, & se fondent sur ce que les Retraits Lignagers suivent le droit des successions, dans lesquelles constamment le plus proche du sang l'emporte par dessus ceux qui sont en degré plus éloigné.

On ne manque point de faire & pratiquer des fraudes & exclure les Retrayans, tant pour le fait de la diligence & prévention, que pour la proximité de degré. Mais il importe d'avoir pour cela une régle commune & universelle, même pour les lieux régis par le droit écrit où le Retrait Lignager est reçû, que pour quelques Coûtumes qui n'ordonnent rien touchant ladite préference.

La Coûtume d'Auvergne veut que l'action en Retrait Lignager, soit intentée dans quatre mois; mais en toutes les autres Coûtumes l'action est annalle.

En la Coûtume de Paris és Articles 129. 130. 132. & 135. l'année commence pour les rotures du jour que le Contract a été ensaisiné par le Seigneur, duquel les choses sont tenuës en Censive.

Pour les biens & droits Feodaux, du jour que l'acquereur a été reçû en foy & hommage.

Pour les heritages tenus en Franc-alleu, du jour que l'acquisition a été publiée & insinüée en jugement au plus prochain Siége Royal.

Et pour ceux qui sont acquis par le Seigneur dans son Fief au dedans sa Censive, du jour que son acquisition a été publiée en jugement au plus prochain Siége Royal.

La précaution de la publication judiciaire pour les deux derniers cas, est suffisante, & peut être suivie sous trois conditions.

La premiere, que l'on explique quel est le plus prochain Juge Royal, & si la proximité doit être reglée par la diſtance des lieux, ou plûtôt par la conſideration du reſſort & dépendance, c'eſt-à-dire que pour ſatisfaire à la Coûtume, la publication au Siége Royal auquel on a accoûtumé de proceder pour les cas Royaux; & de relever les Apellations, quoiqu'il y ait un autre Siége Royal plus proche auquel on n'eſt point ſujet. Comme cela a été ainſi jugé & expliqué par les Arrêts pour l'inſinuation des donations, leſquelles par l'Ordonnance de Moulins doivent être inſinuées au plus prochain Siége Royal.

La ſeconde, que l'on régle ſi le Siége Royal ſuperieur doit être conſideré à l'égard de la perſonne de l'acqueur, ou plûtôt à raiſon des choſes acquiſes, qui eſt vray-ſemblablement l'intention de la Coûtume qui a été ſuivie & autoriſée par l'uſage.

La troiſiéme, que l'inſinuation requiſe pour le Franc-alleu, ſoit expliquée de l'enregiſtrement qui ſe doit faire ſur le Regiſtre de l'Audience où la publication a été faite, ſans qu'il ſoit neceſſaire de faire inſerer l'Acte ſur le Regiſtre des inſinuations, qui eſt particulier pour les donations.

Mais pour les deux premiers cas faiſans mention de la Saiſine & de la prétation de la foy & hommage, ce qui eſt requis par la Coûtume pour faire courir l'an du Retrait, eſt abſolument inutile, attendu que les Seigneurs ne tiennent point de Regiſtre des Saiſines & des hommages; de maniere que l'antidatte eſt trés-facile, & peut être trop frequente, principalement quand c'eſt un Receveur ou un Fermier qui a le pouvoir d'enſaiſiner

ner & de recevoir les hommages. On a demandé si la quittance des lots & rentes est suffisante sans autre Saisine pour faire courir l'an du Retrait, la difficulté fondée sur ce que l'article 82. de la Coûtume, l'Acte de Saisine est volontaire & porte que ne prend Saisine qui ne veut, & si on prend Saisine il est payé douze deniers parisis. Ce qui marque que la Saisine est un Acte different du payement des lots & ventes, & cette question a été diversement jugée par les Arrêts, & neanmoins tous demeurent d'acord que la composition & le payement des lots, quoique par écrit quand il est fait avant le Contract d'acquisition, ne satisfait pas à la solemnité de la Coûtume, mais lors qu'il y a une quittance des lots & rentes posterieure à l'acquisition, bien qu'elle ne soit écrite sur la grosse du Contract, plusieurs estiment qu'elle suffit pour faire courir l'an du Retrait : & d'autres s'attachent au texte de la Coûtume & requiert une Acte de Saisine écrit sur la Minutte & sur la grosse du Contract.

Les autres Coûtumes & en plus grand nombre requierent une Acte de prise de possession des choses acquises faites en presence de deux Nottaires, ou d'un Nottaire & deux Témoins, dont il demeure minutte pour faire courir l'an du Retrait, laquelle formalité semble plus facile & assurée.

En l'article 130. de la Coûtume de Paris, le jour & terme de l'assignation doit échoir dans l'année, & en d'autres elle peut échoir au-delà de l'année, pourvû que l'Exploit soit donné l'an. Pourquoy cette diversité en une même matiere.

L'article 131. de la Coûtume de Paris porte que l'an du Retrait court contre Majeurs & Mineurs sans esperance de restitution ; ce qui est juste si tant est que l'on juge à propos la faculté de retirer aux Mineurs de 25. ans.

Et pour ce qui conserve la Peremption d'instance en matiere de Retrait, cét Article est expliqué au cayer des Peremptions d'instance.

Quelques Coûtumes veulent que les demandes en Retrait Lignager pour des heritages situez dans leur détroit, soient intentées & poursuivies par devant les Juges de la situation des heritages.

D'autres Coûtumes ordonnent que les Assignations en Retrait Lignager soient données par devant les Juges des terres desquels les heritages sont tenus en Fiefs ou Censive: Et on a vû pour une seule acquisition qui comprenoit quantité d'heritages dépendans de differens Seigneurs, huit Exploits d'assignation donnée par devant autant de Juges, pour la crainte qu'on avoit de faillir en une affaire que l'on affectionnoit.

Lesquelles dispositions de Coûtumes ne sont point suivies, d'autant que l'établissement des Jurisdictions dépend absolument de la puissance souveraine, & n'est pas au pouvoir des peuples par leurs Coûtumes & usages particulieres ausquels ils se sont assujettis, & se donner des Juges à leur fantaisie.

L'action de Retrait Lignager est mixte ; & peut être intentée & poursuivie par devant le Juge du domicile de l'acquereur, ou par devant celuy de la scituation des heritages, & s'il y a des heritages en differentes Justices ; l'affaire doit être traitée en la Justice Royale ou Seigneuriale où est la principale piéce de l'acquisition. Et si par un même Contract on a acquis plusieurs terres ou des maisons qui sont également considerables, ou de valeur approchante, il est au choix du demandeur de prendre telle Justice ou Jurisdiction que luy semblera.

Bien entendu neanmoins que si d'une terre bâtie il y a quantité d'heritages scituez en une Justice étrangere, on ne doit considerer les heritages comme des accessoires & dépendances du Manoir principal de la terre ; & pareillement à l'égard d'une Ferme roturiere composée de bâtimens & de terres, prez & autres heritages, on doit suivre la Justice dans laquelle les bâtimens sont scituez, & non l'assiette des heritages dépendans de ladite terre.

L'acquereur n'a pas sujet de se plaindre quand il est assigné devant son Juge de son domicile, car c'est son Juge ordinaire, & s'il est poursuivy devant le Juge du lieu de la scituation des heritages, l'acquisition par luy faite en ce lieu-là emporte avec soy une soûmission tacite & necessaire à la Justice du même lieu.

Mais il peut y avoir une grande surcharge & vexation quand un acquereur privilegié l'assigne aux

Requêtes du Palais ou de l'Hôtel, ou par devant le Juge conservateur des privileges d'une Université éloignée de son domicile, comme on a vû des Païsans du bas Poitou & d'Angoulmois, même quelques-uns demeurant hors le ressort du Parlement de Paris, assignez aux Requêtes de l'Hôtel pour le Retrait d'une acquisition de soixante livres. C'est pourquoy plusieurs estiment qu'il seroit à propos, en l'espece des Retraits Lignagers, de retrancher le Privilege des Committimus à l'égard des demandeurs, & neanmoins la liberté à l'aquereur de s'en servir si bon luy semble.

On a formé souvent la question si en matiere de Retrait Lignager, l'assignation donnée par devant le Juge incompetent, étoit suffisante pour interrompre la prescription. Ce qui a été résolu & decidé par une distinction, sçavoir que l'Assignation donnée par devant un Juge extraordinaire, comme en une Election, en un Siége des Eaux & Forêts, & autre Juge semblable, est absolument inutile ; & n'interrompt point la prescription ; d'autant que les Juges de cette qualité sont considerez comme personnes privées en une matiere de Retrait Lignager : & la même chose doit être observée, si par un dessein évident de vexation, le demandeur se pourvoyoit pardevant le Bailly de Touraine & d'Orleans, contre une personne domiciliée en Poitou, & pour des heritages sçis en la même Province de Poitou. Mais si l'assignation est donnée par devant un Juge ordinaire où il y avoit quelque prétexte de s'adresser, encore que par l'évenement il ait déclaré incompetent, on a jugé que la procedure faite pardevant luy pourroit arrêter le cours de la prescription.

Pour les formalitez des procedures, il y a des Coûtumes qui n'en desirent aucunes ; mais les autres ont prescrit tant de formalitez & de solemnitez scupuleuses, qu'il semble qu'elles ayent été pris plaisir à tendre des pieges aux demandeurs en Retrait, pour les faire décheoir de leur action.

Car à quel propos de requerir tant d'offres verbales dans l'Exploit, & à chacune journée de la Cause, lesquelles ne produisent aucun fruit.

Quelques Coûtumes veulent que les offres soient réiterées dans tous les Actes de la cause principale ; & les autres y ajoûtent la cause d'Apel. La Coûtume de Paris requiert que l'on offre bourse, deniers, loyaux, coûts, & à parfaire ; & en d'autres Coûtumes, il y a d'autres termes semblables ou aprochans. Toutes lesquelles paroles sont fatales & necessaires, à peine de décheance de Retrait, & ne peuvent être suplées par équipolences.

Et il y a des Coûtumes, comme celle de Chartres & quelqu'autres en petit nombre, qui obligent le Retrayant d'offrir en chacune journée de plaidoirie le prix entier de l'acquisition ; & depuis treize ans on a vû plaider és Audiences des Chambres des Requêtes, deux Causes celebres de Retrait, chacune desquelles a tenu plusieurs Audiences, l'une pour la Terre de Senouches, qui avoit été acquise par huit cens cinquante mil livres, & l'autre pour une Terre de quatre cens mil livres; pendant lesquelles Audiences il y avoit douze crocheteurs chargez de sacs pleins d'or & d'argent, & le reste du prix porté dans une Maison de la Cour du Palais, pour être compté sur le champ, s'il en étoit besoin: Ce qui ne se peut faire sans grands frais, lesquels neanmoins ne donnent aucun profit à l'aquereur.

Mais au lieu de toutes ces formalitez chimeriques & superfluës, on pourroit conserver celles qui sont solides & essentielles, & en ajoûter d'autres qui peuvent retrancher le temps & les frais des procedures.

L'usage a introduit que les Exploits de demande en Retraits Lignagers, doivent être faits en presence de deux Témoins, dont les noms, les qualitez, & les domiciles, doivent être déclarez dans l'original & la copie de l'Exploit; & lesquels doivent signer l'originale qui demeure au Retrayant, & la copie laissée à l'acquereur; le tout à peine de nullité.

Quelques Coûtumes obligent le Retrayant de déclarer specifiquement sa Genealogie, par quel moyen, de quel côté, & en quel degré il est parent du vendeur; & à cause de quel côté, & par quel moyen l'heritage étoit échû au vendeur, qui est une autre formalité importante pour éclaircir l'acquereur.

On pourroit aussi obliger le Retrayant, en faisant donner ledit Exploit, de faire donner copie à l'acquereur des copies signées dudit Retrait des pieces juſtificatives des fautes cy-deſſus mentionnées, & des autres qui peuvent ſervir à l'établiſſement du droit Lignager.

Ordonner auſſi que le Retrayant, avant que de faire donner l'Eploit, affirmera en perſonne par un Acte fait au Greffe ou par-devant deux Notaires, ou un Notaire & deux Témoins, que le Retrait qu'il veut exercer eſt pour luy, & non pour autre perſonne, & le prix employé dans le Contract d'acquiſition effectif & véritable, & que dudit Acte il baillera au Retrayant une expedition en bonne forme ſignée du Greffier ou Notaire qui l'aura reçûë, enſemble dudit Retrayant, du Sergent & des Records.

Le tout afin que l'acquereur puiſſe s'éclaircir & prendre ſa réſolution de tendre le giron ou de conteſter, & pour cette raiſon on pourra ordonner qu'il y aura du moins une huitaine franche entre le jour de l'Exploit & l'écheance de l'aſſignation, afin que l'acquereur ait un temps competent pour prendre ſa réſolution.

Il eſt juſte, & même neceſſaire, d'impoſer la peine de nullité & de déchance, à faute de ſatisfaire aux formalitez ſuſdites & à chacune d'icelles.

Il y a un autre point qui eſt certain & conſtant par l'autorité des Arrêts, & lequel neanmoins n'eſt point écrit dans les Coûtumes ; ſçavoir que le Retrayant qui a manqué d'obſerver l'une des formalitez neceſſaires, n'eſt recevable à réïterer ſa demande en Retrait, ſupoſé même qu'il fût dans le temps de la Coûtume.

Mais la principale formalité & condition qui doit être ſupoſée au Retrayant, eſt celle du rembourſement, lequel doit être prompt & effectif.

La Coûtume de Paris en l'Article 136. donne ſeulement vingt-quatre heures pour rembourſer, & en cas de refus pour conſigner.

Et veut que leſdites vingt-quatre heures commencent au moment que la Sentence donnée au profit du Retrayant a été prononcée, & les lettres de l'acquiſition miſes aux Greffes.

La derniere condition eſt inutile, ſi tant eſt que l'on juge à propos d'obliger le Retrayant, lors du premier Exploit, de bailler copie du Contract, & de l'affirmer véritable.

Pour le delay de vingt-quatre heures il ſemble bien court pour faire expedier la Sentence, faire un rembourſement qui eſt quelquefois notable, & en cas de refus, faire la Conſignation.

Il y a d'autres Coûtumes qui donnent trois jours, & quelques-unes une huitaine franche. Ce qu'il importe de régler.

Les delais cy-deſſus préſupoſent que l'acquereur qui doit recevoir le rembourſement, ſoit domicilié au même lieu où le jugement de Retrait a été rendu; car ſi l'acquereur eſt demeurant ailleurs, le delay du rembourſement ne doit courir que du jour de la ſignification de la Sentence faite à la perſonne ou au domicile dudit acquereur; & cela a toûjours été pratiqué de la ſorte.

Il ne

Il ne suffit pas de rembourser dans les delais cy-dessus mentionnez le prix de l'acquisition qui a été payé en argent, mais l'Article 137. oblige le Retrayant de faire, dans le même delay, le rachapt des rentes foncieres rachetables, dont l'acquereur a été chargé par le Contract d'acquisition.

Ce qui a été étendu par l'usage & par les Arrêts aux rentes qui ont été constituées pour la totalité ou pour partie du prix de l'acquisition, & aux rentes dûës à des tierces personnes que l'acquereur s'est obligé de payer en déduction du prix de l'acquisition, ce qui semble juste & necessaire pour la décharge de l'acquereur.

L'article 138. décharge le Retrayant de rembourser dans le delay de la Coûtume les arrerages des rentes qui ont couru dedans l'an precedent l'ajournement, sauf à les mettre en loyaux coûts; lesquels derniers termes font connoître que la Coûtume ne fait cette disposition que pour les arrerages qui ont été payez par l'acquereur : Car il ne peut pas mettre en loyaux coûts les arrerages qui sont dûs aux creanciers. Et d'ailleurs le Retrayant étant obligé de racheter les rentes dans le delay de la Coûtume, le creancier n'a garde de recevoir son principal sans toucher au même temps les arrerages, & neanmoins on pourroit ajoûter dudit article deux ou trois mots pour l'expliquation d'iceluy.

Et par l'article 146. le Retrayant est encore obligé de rembourser les reparations necessaires qui ont été faites par l'acquereur, mais il n'explique point dans quel temps le remboursement de ses réparations doit être fait, & neanmoins il semble qu'il doit entrer dans l'état & déclaration des frais & loyaux coûts.

Ce qui est dit par le même Article que les réparations non necessaires faites par l'acquereur ne sont point sujettes à remboursement, & qu'il doit le rétablissement de ce qu'il a fait, par le moyen dequoy l'heritage est empiré, semble juste & a été pratiqué de la sorte.

L'article 134. donne au Retrayant les frais de l'heritage du jour de l'ajournement, mais il n'explique pas si tous les fruits qui étoient lors de l'Exploit sur pied & pendans par les racines, apartiennent au Retrayant, ou s'il en faut faire la partition au prorata avoir entre l'acquereur & le Retrayant, à compter du premier Janvier. Cette question a été souvent agitée & diversement jugée, & tous les jours on la met en controverse.

L'usage & la plus commune opinion va à n'admettre la partition à proportion du temps que pour les fruits cueillis, & à donner au Retrayant tous les fruits naturels qui se trouvent sur pied lors de l'Exploit, & à l'acquereur tous ceux qui ont été separez du fonds, d'autant que le Retrait Lignager est une espece de revente qui doit être réglée par les maximes des ventes ordinaires esquelles l'acquereur prend le fonds & la superficie de l'heritage en l'état qu'il trouve les choses lors du Contract.

Si le Contract d'achapt a été fait au milieu de l'année, peu de jours avant la maturité & la cueillette des fruits, il est certain qu'en consideration de cette dépoüille le prix a été augmenté. Et neanmoins le Retrait étant demandé un jour aprés la dépoüille, il est juste d'obliger le Retrayant de rembourser le prix entier, sans prendre aucune part dans les fruits.

D'autre part ledit article 134. qui donne au Retrayant les fruits du jour de l'Exploit d'ajournement qui contient les offres, est contraire au droit commun, suivant lequel l'offre simple est inutile s'il n'est suivy & accompagné d'une Consignation réelle.

Il n'importe que le Retrayant soit obligé d'avoir son prêt, car on peut dire la même chose à l'égard du debiteur qui a fait offrir en argent découvert à son creancier ce qu'il luy doit, & neanmoins il est constant que l'offre n'arrête pas le cours des interêts s'il y a une consignation effective.

La Coûtume és Articles 136. & 137. ne permet au Retrayant de consigner les deniers sujets à remboursement, sinon aprés que le Retrait a été reçû & ajugé par Sentence.

Et neanmoins *ex usu*, il est loisible au Retrayant de faire la consignation pendant le cours de l'instance, aux frais, perils & fortunes de l'acquereur, supposé que par l'évenement il soit condamné de laisser l'heritage par Retrait. Ce qui semble fort rigoureux, & peut en tout cas recevoir plusieurs conditions.

La premiere, que la consignation ne puisse être faite sans Sentence préalablement donnée avec l'acquereur, ou iceluy dûëment apellé.

La seconde, que la Sentence soit préalablement signifiée à la personne, ou au vray domicile de l'acquereur.

La troisiéme, qu'entre la signification de la Sentence portant permission de consigner, il y ait pareil intervale que celuy qui sera jugé devoir être donné au Retrayant pour faire le remboursement aprés la Sentence adjudicative dudit Retrait.

Et la quatriéme, que la permission de consigner ne pourra être démandée qu'aprés que l'acquereur aura fourny des deffences au principal, portant refus de delaisser l'heritage par Retrait.

DES SERVITUDES.

ARTICLE I.

Nulles Servitudes sans Titre.

ARTICLE I.

La Coûtume de Paris a réglé avec beaucoup d'exactitude les questions qui concernent les Servitudes des édifices que l'on appelle Urbaines. Mais comme on desire faire une Ordonnance generalle, il ne faut pas s'arrêter avec trop de scrupule à cette Coûtume, sans considerer aussi les autres Coûtumes & usages des autres Villes.

Le Reglement des Servitudes pour les édifices est important & necessaire pour la ville de Paris, à cause de la grande quantité de maisons dont elle est composée, qui sont liées ensemble & enclavées les unes dans les autres. Mais la même chose se rencontre és villes de Roüen, Lion & quelques autres Villes où les maisons sont serrées, lesquelles ont besoin pareillement d'un Reglement general, pour prévenir les Procés qui se forment tous les jours pour les Servitudes qu'aucunes maisons peuvent avoir sur les autres.

Ce Titre est conforme à celuy de la Coûtume de Paris & de quelques autres Coûtumes.

Il y a trois Titres au Digeste de Servitutibus urtanorum prediorum & rusticorum, *mais dans le Code le*

Tître parle en termes generaux de Servitutibus.

Neanmoins nous avons plusieurs Coûtumes qui ont des Tîtres des Servitudes Réelles, pour les distinguer de l'usufruit, usage & habitation, qui sont apellées en Droit Servitudes personnelles; ce qui n'est pas en usage parmy nous.

Aviser si le Tître sera conçû des Servitudes absolument, où des Servitudes réelles.

ARTICLE II.

Si de deux maisons & heritages voisins appartenans à un même proprietaire; l'une est allienée à quelque Tître & pour quelque cause que ce soit, ou que par un Acte fait entre des coheritiers communs en biens & associés, les deux maisons & heritages entre les mains de personnes differentes, la destination de l'ancien proprietaire vaut Tître, & demeureront les Servitudes en même état qu'elles étoient lors que les choses ont été separées, sans autre Tître ou Con-

ARTICLE II.

Cét Article est important & merite un examen particulier, il est contraire aux Articles 215. *&* 216. *ajoûtés en la derniere reformation de la Coûtume de Paris & à la disposition de Droit.*

En la Loy jurè communi 26. D. servit. urb. predi. *En laquelle* res sua nemini servit. *& par cette raison tandis que les maisons & heritages sont demeurez en même main, on ne peut feindre aucun droit de Servitude, & même lors qu'il y a des Servitudes établies par convention, si le proprietaire de la maison auquel la Servi-*

tract, s'il n'en a été autrement convenu par la disposition ou partage.

tude est dûë acquiert la maison chargée de la Servitude, ou au contraire confusa & sublata est servitus & si alterum vendat imponenda nominatim est servitus. L. si quis ades 38. Dig. eodem.

Mais d'un autre côté il faut considerer que l'ancienne Coûtume de Paris & le Droit commun des autres Coûtumes sont contraires, & comme ces Titres & partages demeurent pour l'ordinaire entre les mains de l'aîné des heritiers, & que ces papiers sont sujets aux accidens des incendies & autres pertes qui peuvent arriver par les accidens de guerres civiles & étrangeres : si la destination du pere de famille doit être par écrit, même aprés cent ans, la perte du Titre emportera l'extinction de la Servitude, ce qui a fait cy-devant plusieurs Procés, au lieu que l'état ancien des bâtimens fait une preuve certaine & infaillible de l'état des Servitudes, joint que sans cela il faut rejetter toutes les prescriptions.

Aviser quid justius & Melius.

ARTICLE III.

Si aucun a joüy publiquement & paisiblement à juste titre & de bonne foy, tant par luy que ses prédecesseurs, dont il a le droit par dix ans entre presens & vingt ans entre absens majeurs de vingt-cinq ans, & par quarante ans contre l'Eglise & autres privilegiés d'un heritage, avec droit de Servitude sur l'heritage voisin, il a acquis le droit de Servitude avec la proprieté de l'heritage, & en ce cas la prescription vaut Tître, pourvû que le droit soit accompagné de quelque ouvrage externe & apparent, destiné pour l'usage de la Servitude.

ARTICLE IV.

Et sans Tître par écrit celuy qui a joüy du Droit de Vûë Gouttier ou égout, sur la maison ou heritage d'autruy, ou du passage ou décharge des Eaux pluviales ou particulieres de la maison, par un Evier, traverseront le Mur moitoyen ou portes du voisin durant l'espace de trente ans contre des particuliers majeurs, & de quarante ans contre l'Eglise & autres personnes privilegiées, il a pareillement acquis & prescrit le Droit de Servitude, & cette Prescription vaut aussi Tître.

En la Loy *Foramen* 28. *ff. de Servitutib. urbanorum*, on distingue les eaux du Ciel, *quæ perpetuam causam habere dicuntur quia excœlo & naturali causa veniunt*, d'avec les eaux qui sont jettées par la main d'hommes, lesquelles sont considerées comme discontinuës, laquelle distinction semble trop subtile.

ARTICLE V.

Et le semblable sera observé pour les autres Servitudes qui se trouveront accompagnées de quelque ouvrage exterieur & apparent, destiné pour l'usage des mêmes Servitudes.

ARTICLE

ARTICLE VI. *L. præses l. & D. Servit.*

Le proprietaire d'un heritage, peut dispo[illegible] ainsi que bon luy semblera de l'eau dont la source se trouve dans son fonds, encore que durant un temps suffisant pour acquerir prescription elle ait passé sur les heritages inferieurs.

ARTICLE VII.

Mais le proprietaire de l'heritage inferieur est tenu de recevoir l'eau & luy donner son cours ordinaire dessus son heritage, sans la pouvoir retenir n'y divertir ailleurs.

L. 4. l. Si manifeste & de Servit. Arrêt du 9. Juillet 1619. en l'Audience de la Grand' Chambre, plaidant le Caron & Chamillart.

ARTICLE VIII.

Celuy qui a droit d'égout sur l'heritage voisin, peut élever ou abaisser la couverture de sa maison, ainsi que bon luy semblera.

Stillicidium quoquo modo acquisitum sit, altius tolli potest, tenior enim fit eo facto servitus, cum quod exalto cadet tenius & interdum direrptum, nec perveniat ad. locum servientem inferius, dimitti non potest. quam fit gravior servitus, quia in nostro magis incipiet cadere, &c. Id est pro stillicidio, flumen ad causa retroduci potest.

ARTICLE IX.

Pour les Servitudes Ocultes & Latentes, & pour celles qui ne sont accompagnées de quelque ouvrage servant à l'usage de la Servitude, le Tître par écrit est necessaire, & la seule possession même de cent ans n'est suffisante.

La simple possession pourroit surprendre le proprietaire du fonds sur lequel la Servitude est prétenduë, & luy donner sujet de croire que ce n'est qu'une simple souffrance.

ARTICLE X.

La liberté se peut acquerir contre le Tître de la Servitude continuë ou discontinuë, si celuy à qui elle appartient a cessé d'en joüir en majorité durant l'espace de trente ans, pourvû que celuy qui veut se servir de la prescription ait fait quelque ouvrage ou autre Acte de contradiction. Et si la Servitude appartient à l'Eglise ou autres privilegiez, la prescription ne

ARTICLE X.

La principale & plus difficile question en matieres de Servitudes, & sur laquelle les opinions des Docteurs & les Coûtumes sont fort differentes, va à sçavoir si comment & par quel temps on peut acquerir ou perdre un droit de Servitudes par la prescription.

Il est constant q. 3. *par le droit ancien l'Usucapion étoit retenuë pour les Servitudes actives & passives, c'est à dire pour s'attribuër un droit de Servitude sur un heritage*

peut être moins de quarante ans.

La liberté peut être acquise par la prescription en l'article 186. de la Coûtume, & pour la contradiction, la Loy *hæc autem ff. de servi. præd. urbanorum* y est expresse, *si per statuum tempus fenestras perfixas habueros vel obstrixero non amitto jus meum nisi vicinus ædes suas altius sublatas habuerit vel quid novi fecerit.*

étranger, & pour acquerir la liberté & la décharge d'une Servitude imposée sur un heritage.

L'Usucapion a été abolie par l'Empereur Justinien, où plûtôt chargée, & pour user des termes de l'Empereur, transformée és prescriptions de dix, vingt & trente ans; & neanmoins les mêmes principes qui avoient été établies par les Jurisconsultes pour l'Usucapion, peuvent être appliquez aux prescriptions & servir à la décision des questions qui se rencontrent sur le sujet des prescriptions des Servitudes.

Plusieurs ont estimé qu'en faveur de la liberté il étoit juste d'admettre la prescription pour la décharge des Servitudes, mais pour en faire l'établissement que la seule possession sans Titre n'est pas suffisante. Lex scribonia sustulit usucapionem quæ servitutem constituebat non eam quæ libertatem præstat sublata Servitutè. l. 4. 55. libertatem ff. de usurp. & usucap.

Pour la liberté des Servitudes, qu'elle ne puisse être acquise par la prescription, toutes les Loix y sont expresses, jura servitutum, in urbanis sicut & in rusticis non utendo pereunt. l. hæc autem, 6. de Servit. urb. præd. &c. *Et la*

Loy, Sicut usumf. 13. C. de Servit. & aqua, *la possession de la liberté durant l'espace de dix années entre presens, & vingt années entre absens, suffit pour éteindre la Servitude.*

Cette proposition est veritable & sans difficulté, pourvû que le proprietaire de l'heritage chargé de la Servitude ait fait de sa part quelque acte public & apparent, par lequel il ait témoigné ne vouloir souffrir à l'avenir la continuation de la Servitude, car s'il est demeuré dans le silence, la simple cessation de la joüissance n'est pas capable de former une prescription; & de cela il y en a une décision expresse en la Loy hæc autem ff. de Servit. urb. præd. *qui est en l'espece du droit de vûë,* in urbanis si pet. statutum. Tempus fenestras persixas habuero, vel obstrixero, non amitto jus meum nisi vicinus ædes süas altiùs sublatas habuerit vel quid novi fecerit.

Mais pour acquerir & constituër une Servitude, quelques-uns estiment que la seule prescription ne suffit pas, & ce fondement est fondé sur ce que la prescription présupose une possession réelle, actuelle & continuée, laquelle ne se rencontre pas dans les Servitudes, car il y a peu de Servitudes qui ayent un usage constans & permanent. Et d'ailleurs dans la joüissance d'une Servitude il n'y a rien de réel & effectif, mais ce n'est qu'une simple fiction de joüissance: Et comme il est dit en la Loy. Si ardes 32. §. 1. de Servit. urb. præd. natura servitutum ea est ut possideri non possint, *mais celuy qui en joüit*, intelligitur earum habere possessionem.

Et neanmoins l'opinion contraire a prévalu, & que la seule possession sans tître est capable d'acquerir une Servitude: Si quis diuturno usu & longa quasi possessione, jus aquæ Ducendæ nactus sit, non est ei necesse docere de jure quo aqua constituta est, veluti ex legato, vel alio modo, sed utilem habet actionem, ut ostendat per annos fortè totusum se nonvi nonclam, non precario possedisse, *pource que* scientia & patientia Domini *équipole à un Titre*, L. Si quis diuturno, D. si Servit. viendie. *Et en la Loy* 1e l. de sert. & aqua longi temporis consuetudo vicem Servitutis obtinet.

Et en la Loy 2. *du même titre est conçûë en ces termes:* Si aquam per possessionem martialis losciente Duxisti, servitutem exemplo rerum immobilium tempore quæsisti. Idem in præses, *& en la Loy si manifeste du même Titre.*

Et pour les maisons & édifices, la Loy qui liminibus, D. de sert. urb. præd. *oblige d'avoir & conserver* statum & formam antiquorum ædificiorum; *ce qui présupose necessairement qu'une possession ancienne est capable d'établir un Droit de Servitude.*

La Loy si quis diuturno, *& la* 2. l. de Servit. *cy-dessus alleguée, parlent de* jurè aquæ ducendæ. *L'usage de laquelle Servitude ne se fait qu'en certaines intervalles du temps, ce qui a donné sujet à quelques Docteurs d'établir une régle generale & uniforme pour toutes sortes de Servitudes continuez & discontinuez; car encore que l'usage des dernieres ne soit continuel, neanmoins* natura sua continuam causam suam habere, intelliguntur qui cum animo & facultate continuo possideantur discontinuitas singularium actionum attendi non debet.

Et neanmoins la plus commune opinion des Docteurs va à recevoir la prescription pour les Servitudes continuës, & à la rejetter pour les autres, à cause que la continuation de la possession qui est necessaire pour les prescriptions ne s'y rencontre pas : Mais il se trouve de grandes difficultez pour la distinction des Servitudes continuez & discontinuez, & sçavoir s'il suffit d'avoir causam continuam, *comme* in stillicidio, *& pour la décharge des eaux : où bien s'il faut que l'usage de la Servitude soit permanente & sans discontinuation : Comme au Droit de Vûë.*

Aviser si dans les Articles on suivra la distinction des Servitudes continuez ou discontinuez, où si on parlera de celles qui sont accompagnées de quelque ouvrage apparent, à la distinction des autres.

ARTICLE XI.

L'Adjudication par Decret d'une maison, ou autre heritage, avec expression du Droit de Vûës, ou autre Servitude sur l'heritage voisin, ne vaut Tître & ne peut donner à l'Adjudicataire un Droit de Servitude, si elle n'est d'ailleurs fondée en Titre par écrit ou autre chose équipolente à Tître : Comme dessus.

Arrêt du premier Mars 1608. au rapport de Mr. .... en la quatriéme des Enquêtes.

Autre Arrêt au rapport de Mr. Halte, du 20. Juillet 1611. entre Claude Perrier & Thomas.

ARTICLE XII.

Il eſt neceſſaire de s'oppoſer à un Decret pour la conſideration des Servitudes viſibles apparentes, mais les Servitudes Latentes ſont purgées par le Decret, s'il n'y a eû oppoſition formée pour le conſerver.

Mr. Loüet, S. 1. Arrêt du 2. Aouſt 1602. en la Coûtume de Senlis, qui n'en diſpoſe.

ARTICLE XIII.

Quiconque a le Sol, appellez Leſtages du Rez de Chauſſée d'aucun heritage, il doit avoir le deſſus & le deſſous de ſon Sol, & peut édifier au deſſous des Eaux, Puits & Aiſemens & Cîternes, s'il n'y a tître au contraire.

Celuy qui a droit d'avoir une Cave-Citerne, ou aiſement deſſous l'heritage d'autruy, eſt obligé de s'oppoſer au Decret de l'Heritage pour la conſervation de ſon Droit, & aprés l'Adjudication ſans oppoſition il demeurera déchû de ſon Droit.

ARTICLE XIV.

Qui a droit de Servitude ſur une maiſon ou autre heritage mis en Decret, n'eſt point obligé de s'opoſer pour la conſervation de ſon Droit, pourvû

Sur l'ARTICLE XIV.

Cét Article eſt contraire aux Arrêts remarquez par Mr. Loüet, Litt. F. n. 1. *Et par Mr. Bouvignier*, Si num. 3. *Mais puiſque par l'article précedent qui eſt tiré*

que la Servitude soit apparente & de la qualité de celles mentionnées en l'article cy-dessus, mais l'opposition est necessaire pour la conservation des Servitudes Latentes & Ocultes. Voyez la glose cy-dessus.

de l'article 187. de la Coûtume, le proprietaire du Sol est presumé proprietaire du dessous l'opposition au Decret semble necessaire.

ARTICLE XV.

Cela est de Droit commun & certain.

Chacun peut amener l'égout de sa couverture sur une ruë, chemin, sentier & place publique, pourvû que l'extremité de la couverture soit élevée de vingt-deux pieds au dessus du lieu où elle a son égout, & y porter par un Evier à fleur de Rez de Chaussée les eaux pluviales & particulieres de sa maison.

ARTICLE XVI.

On peut aussi ouvrir des vûës sur une ruë & sentier public, encore qu'il n'y ait six pieds de distances entre les maisons étans des deux côtez de la ruë & sentier.

ARTICLE XVII.

La convention faite entre les proprietaires des maisons étans des deux côtez d'une ruë ou sentier, par laquelle

laquelle ils s'obligent respectivement, où l'un d'eux, de n'avancer leurs bâtimens qu'à certaine distance de la ruë ou sentier est valable.

Si intercedat solum publicum vel via publica, servitutes altius tollendi non impedit. L. 1. D. de servit. urb. Et on a vû sur ce sujet deux grands Procés, l'un pour une maison scise en la ruë qui va de la ruë des Lombards en celle de Quinquampois.

ARTICLE XVIII.

On peut aussi acquerir des Servitudes pour des bâtimens qui ne sont encore faits, où les charges de Servitudes.

La difficulté a été prévûë & décidée en la Loy 22. & 23. ss. 1. *ff. de servit. urba.*

ARTICLE XIX.

Le proprietaire d'un heritage sur lequel le voisin a droit de vûë, peut élever sur son fonds des bâtimens & planter des arbres, pourvû qu'il y ait six pieds de distance entre le mur faisant separation des heritages des parties, & le bâtiment élevé de nouveau douze pieds de distance entre le mur & le pied des arbres.

La Loy quod autem 7. ff. de servitutibus urb. præd. arbor non ita in suo statu permanet propter motum naturalem.

Arbor lumini officit quominus cœlum videri possit l. si arborem 17. D. ead. La distance de douze pieds semble necessaire à cause de l'étenduë des branches.

ARTICLE XX.

Et si dans le Tître de la Servitude il a été convenu qu'on ne pourra obscurcir, ou donner empêchement aux vûës du voisin, le proprietaire de l'heritage laissera les lieux en l'état qu'ils étoient lors de l'imposition, sens y faire aucun plant d'arbres ny bâtiment nouveau, & sans pouvoir aussi élever les anciens bâtimens.

In servitute ne luminibus vel prospectui officiatur, non est jus vicino inuitis nobis altius edificare atque ita minuere lumina nostrorum ædificorum. L. 4. D. de Sert. urb. & gratiorem aspectum impedire L. inter Servitutes 15. D. eod.

Cette derniere Loy fait difference entre les Servitudes *ne luminibus & ne conspectui officiat.* En la Loy *ædificia 12. D. eod.* il est permis de mettre des pots avec des fleurs *& viridia*, lors qu'il n'y a qu'une simple Servitude *ne luminibus officiatur, secus in servitute prospectus*, mais la subtilité de ses distinctions ne conviennent pas à nôtre usage.

ARTICLE XXI.

Le Proprietaire d'un heritage qui ne joint à un chemin public, peut contraindre l'un des voisins à luy donner une issuë pour enlever les fruits de son heritage à l'endroit le moins dommageable, encore qu'il puisse d'ailleurs les enlever par eau, en indemnisant neanmoins le voisin du dommage qu'il pourra souffrir à cause du passage pris sur son heritage.

Arrêt en l'Audience de la Grand' Chambre du premier Mars 1622. plaidant Chamillart & Germain.

ARTICLE XXII.

En mur moitoyen l'un des voisins ne peut, sans l'accord & consentement de l'autre, faire fenêtre & autres ouvertures pour vûës, même à verre dormant ou autrement, en quelque maniere que ce soit.

C'est l'Article 199. de la Coûtume, suivant lequel il est necessaire de pourvoir à cause de la diversité des autres Coûtumes.

ARTICLE XXIII.

Mais si aucun a un mur appartenant à luy seul, joignant sans moyen à l'heritage d'autruy, il y peut ouvrir les fenêtres & vûës à neuf pieds de haut, au dessus du Rez de Chaussée pour le premier étage, & de sept pieds de haut pour les autres étages au dessus, le tout à fermaille & verre dormant.

C'est l'Article 200. de la Coûtume, qui peut régler la diversité des autres Coûtumes. Voyez le reste en la page quatre.

ARTICLE XXIV.

Fertmaillé est un treillis dont les ouvertures ne peuvent être que de quatre poulces en tout sens. Et verre dormant, c'est un verre attaché & scellé qu'on ne peut ouvrir.

C'est l'Article 201. de la Coûtume, duquel j'ay ôté le mot de Plâtre, parce qu'il n'est point en usage en la plus grande partie de la France.

ARTICLE XXV.

Et neanmoins si le mur moitoyen ou particulier joint à un Cemetiere, le voisin pourra faire des vûës de telle hauteur & largeur que bon luy semblera, avec fermaille & verre dormant; sauf à les boucher au cas que ceux qui auroient la direction de Cemetiere en fasse élever un bâtiment à l'endroit des vûës.

Plusieurs Coûtumes parlent de treillis de fer & de verre dormant, sans expliquer ce que c'est.

Sur l'ARTICLE XXV.

Le Cemetiere est une espece de lieu public, & comme c'est, dormitorum non viventium, *personne n'a interêt de se plaindre des vûës; & neanmoins les Arrêts ont ajoûté la condition du Fermaille & verre dormant, pour ôter la liberté d'y jetter des imondices, & de faire paroître des actions indécentes lors que l'on fera des Prieres pour les Morts.*

Arrest du 17. *Janvier* 1609. *pour le Cemetiere de saint Innocent. Autre Arrest du dernier Juin* 1609. *pour le Cemetiere de saint Eustache.*

ARTICLE XXVI.

Chacun peut dans un mur à luy appartenant avoir des vûës au dessus de la couverture de la maison voisine à telle hauteur que bon luy semble, sans fermaille ny verre dormant.

C'eſt l'Article 202. de la Coûtume, *ſcilicet jure ſuo & proprio non titulo ſervitutis.*

ARTICLE XXVII.

Il peut auſſi dans ſon mur ouvrir des fenêtres & vûës ayans leur aſpect ſur l'heritage du voiſin, pourvû qu'il y ait ſix pieds de diſtance entre le mur & les vûës & fenêtres, ont été faites & l'heritage du voiſin.

ARTICLE XXVIII.

Il peut auſſi avoir des vûës & fenêtres ayant leur aſpect de côté ſur l'heritage voiſin, pourvû qu'il y ait deux piés de diſtance entre la jouë de la fenêtre étant du côté du voiſin & l'heritage appartenant au voiſin.

ARTICLE XXIX.

Mais il eſt loiſible au voiſin d'élever à ſes dépens le mur moitoyen ou le mur particulier à luy appartenant, de telle hauteur que bon luy ſemble, ou de planter des arbres ſur ſon fonds, pourvû que les branches n'avancent point ſur le mur moitoyen.

Cum eo qui tollendo obſcurat vicini, cedes nulla competit actio, ſi non & ſerviat l. cum eo 9. de Servit. urban.

ARTICLE XXX.

Tous murs ſeparans les maiſons, courts, jardins & autres heritages appartenans à differents proprietaires, ſont réputez moitoyens, s'il n'y a tître ou marque au contraire. C'eſt l'Article 211. de la Coûtume.

Article XXXI.

Les filets, planites, corbeaux, attentes & autres marques laissées dans un mur, faisant separation des maisons des deux voisins, ne sont suffisantes pour attribuër à l'un d'eux la proprieté de la totalité, ou d'une portion de mur, si les filets, planites & autres marques ne sont accompagnées de pieces sortans du mur.

C'est l'Article 214. de la Coûtume, & de plusieurs autres Coûtumes.

Article XXXII.

Entre les proprietaires d'une même maison, qui ont leurs portions distinguées par étages, chacun entretiendra l'aire & les planches au dessus, avec les murs à proportion de la hauteur de son étage. Et celuy qui aura le grenier entretiendra l'aire, les murs des environs, avec la couverture ; & tous ensemble contribuëront aux réparations & entretenement des fondations.

Article XXXIII.

Qui fait étable ou écurie contre un mur moitoyen il doit faire un contremur de huit poulces d'époisseur, & de hauteur jusques au Rez de la Mangeoire. C'est l'Article 188. de la Coûtume.

Article XXXIV.

Les contremurs seront faits à chaux & à sable.

ARTICLE XXXV.

Aucun ne peut enfoncer des cheminées & âtres dans le corps du mur moitoyen : & pour les appliquer contre le mur, il doit être fait un contre-mur de tuillots, ou autre chose suffisante de demy pied d'époisseur.

La derniere partie de cét Article est prise de l'Article 189. de la Coûtume, & la premiere partie est induite par une conséquence necessaire du même Article de la Coûtume : & neanmoins l'expression de la premiere partie de cét Article est necessaire pour corriger quelques Coûtumes particulieres qui permettent d'enfoncer une cheminée dans le corps du mur moitoyen, ce qui est dangereux à cause des accidens du feu ; joint que cela ne se peut faire sans endommager le mur moitoyen, puisque dans la Coûtume de Paris, & dans le Droit commun des autres Coûtumes, on doit faire un contre-mur pour appliquer une cheminée contre le mur moitoyen.

ARTICLE XXXVI.

On ne peut faire appliquer de nouveau une cheminée contre le mur moitoyen, à l'endroit où les poultres de la maison voisine se trouvent posées d'ancienneté.

Cét Article n'est point dans la Coûtume de Paris, mais plusieurs autres l'ordonnent, & il semble juste & necessaire pour prévenir les accidens du feu.

ARTICLE XXXVII.

Si les proprietaires de deux maisons posent leurs poultres en même endroit, chacune poultre ne pourra exceder la moitié de l'épaisseur du mur moitoyen, mais si les poultres sont posées en differens endroits elles pourront comprendre l'épaisseur entiere du mur.

L'Article 207. de la Coûtume ne permet en tout cas de mettre les poultres qu'à my-mur, & l'usage present est conforme à l'Article du Tître.

ARTICLE XXXVIII.

Aucun ne peut faire fours, forge & fourneau, du côté du mur moitoyen, s'il ne laisse un demy pied de vuide & intervale entre le mur moitoyen & le dehors du mur, du four, forge & fourneau, & doit avoir le mur un pied d'épaisseur.

C'est l'Article 190. de la Coûtume. *L. quidam hiberus 13. D. de Servit. urbano præd. quia flamma torretur pareis communis.*

ARTICLE XXXIX.

Qui veut faire aisances & puits contre un mur moitoyen, il doit faire un contremur d'un pied d'épaisseur, même lors qu'il y a des conduits de terre

Sur l'ARTICLE XXXIX.

L'Article 191. *de la Coûtume, duquel a été pris le present Article, veut que dans l'épaisseur du mur de quatre pieds, soient compris les anciens murs : Mais l'experience*

cuite, ou d'autre matiere, & où le voisin auroit d'ancienneté de son côté un puits ou aisances proches & dans la distance de deux pieds du mur moitoyen, celuy qui a fait de nouveau un puits ou aisances doit faire un mur de massonnerie de quatre pieds d'époisseur, sans y comprendre l'époisseur des autres murs. Voyez la glose à la marge.

a fait connoître que cette époisseur n'étoit pas suffisante, & toutes les autres Coûtumes requierent dix pieds de distance entre les puits & les aisances des maisons voisines, ce qui ne peut être observé à Paris & aux autres Villes où les maisons sont pressées.

Transcrire. les Articles de la Coûtume de Paris 192. 193. *en ajoûtant, & autres Villes & Bourgs clos de murs*, 194. 195 196. 197. 198. 203. 204. 205. 206. 207. 208. 209. 210. *en ajoûtant que pour faire à ses dépens un mur de separation, on peut prendre sur le voisin la moitié du fonds necessaire pour la fondation du mur, comme cela est décidé par plusieurs Coûtumes, à cause des fraudes de ceux qui attendent que le bâtiment soit fait pour obliger le voisin de recevoir l'estimation du fonds & des bâtimens; & ainsi ils conservent leur fonds entier: ce qui est souvent de consequence*, 211. 212. 213. 214. *Cloaques, Citernes*, 217.

ARTICLE XL.

On ne peut mettre sur un heritage des hayes vives ou seches qu'à la distance d'un pied & demy de l'heritage voisin.

ARTICLE XLI.

Aucun ne peut planter d'arbres sur son heritage qu'il n'y ait quatre toises de distance entre le pied de l'arbre & l'heritage voisin.

ARTICLE XLII.

On ne peut faire sur son heritage un puits, citerne, aisances ny cloaques, qu'il n'y ait un contremur d'un pied du côté du voisin: Et s'il y a déja, du côté du voisin, aucun des ouvrages de la qualité susdite, on n'en pourra faire un nouveau qu'à dix pieds de distance, où bien faire un contremur de trois pieds d'épaisseur.

ARTICLE XLIII.

La Servitude dûë à une maison ou autre heritage appartenans par indivis à divers Particuliers, ne peut être éteinte par Prescription ny par convention pour aucuns des Proprietaires; mais le Droit subsistant pour un seul il demeure conservé pour tous les autres.

Sur l'ARTICLE XLIII.

Voir si cét Article ou autre semblable a été écrit sous le Titre des Servitudes.

C'est la décision de la Loy, *Si quis cedes* 30. *de D. de Servit. urb. l.* 8. *l.* 10. *&* 13. C. *de Servit quia jus est individuum.*

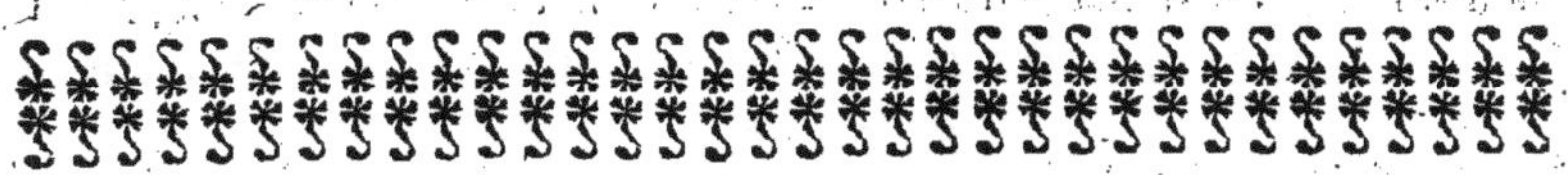

DE LA CONFUSION que produit l'extinction des Droits, Actions & Hypotecques.

LEs Droits, Actions & Hypotecques, peuvent être purgez & éteints non seulement par la Prescription, mais aussi par la Confusion, sur laquelle on proposera icy quelques Articles, sauf à les expliquer separement, si on le juge à propos aux matieres particulieres où peuvent tomber les questions de ladite Confusion.

L'extinction des Droits & Hypotecques qui se font par le moyen de la Confusion, est fondée sur l'incompatibilité de deux qualitez contraires, qui se rencontreroient en un même sujet, *si debitor heres extiterit creditori, confusio hereditatis perimit petitionis actionem.*

Leg.75. Dig. de Solut. & aliis. Cette Régle est établie dans la Loy 2. §.18. *Dig. de hereditatis vel act. venditas.* Et ensuite il y a une exception remarquable.

Dans le cahier des Fiefs ont été proposées les questions concernant la Confusion des mouvances Feodalles & des redevances Censuelles, quand elles se trouvent entre les mains du Seigneur duquel elles dépendent.

Pour le fait des Successions, il y a une autre question qui est frequente & a été jugée diversement, & pour laquelle il y a encore un Procés indecis au Parlement.

Un particulier proprietaire d'une maison scise en la campagne, chargée de 200. liv. fonciere, rachetable ou non, car on croit que cela ne fait rien pour la difficulté, se marie avec la creanciere de la rente, & de ce Mariage sont issus deux enfans, lesquels aprés avoir recueilli les successions de leur pere & mere décedent sans enfans, l'un Majeur l'autre Mineur, laissans pour heritiers des parens Collateraux Paternels & Maternels, les Maternels n'endiquent la rente de 200. liv. dûë sur la métairie comme étant un propre de leur ligne: les Paternels ausquels la métairie est échûë, soûtiennent que la rente est demeurée éteinte par la raison de la confusion és personnes des enfans, lesquels s'étans trouvez en même temps proprietaires de la rente & de la métairie qui en étoit chargée, la concurence de ces deux qualitez de creancier & de debiteur, qui sont incompatibles, a éteint de plain droit la charge de la rente.

1. Pour la moitié de la rente qui apartenoit à l'enfant Mineur décedé en minorité, il y a plus de difficulté, pource que la confusion est une espece d'alienation qui est interdite aux Mineurs.

2. Mais pour la portion de celuy qui étoit Majeur lors de son décez, & même des le temps qu'il a recueilly les successions de ses pere & mere, il se trouve diversité de sentimens non seulement pour les rentes foncieres & réelles, mais aussi pour les rentes constituées à prix d'argent, & même pour les

Mr. le Prêtre en la 2. Centurie, cap. 95. Brodeau sur Loüet. litt. f. n. 5.

3.

dettes personnelles, lors qu'elles sont accompagnées d'hpotecques.

D'une part, la régle de la confusion est certaine & generale pour toutes sortes de droits & actions. Monsieur Loüet, litt. f. n. 5. Et Monsieur le Prêtre en la deuxiéme Centurie chap. 95. inclinent fort à cette opinion.

Mais ceux qui prennent l'opinion contraire rétraignent l'effet de la Confusion aux simples actions personnelles, & prétendent que les charges réelles & foncieres, même les rentes volantes, & les dettes pour une fois payer, qui sont assistées d'hypotecques, ne sont point sujettes à la Loy de la Confusion: C'est le sentiment de Maître Julien Brodeau.

Et pour apuyer leur avis, ils se servent de la Loy, *debitor sub pignorè Dig. ad trebell.* Voicy l'espece & les termes. *Debitor sub pignorè creditorem heredem instituit, eumque rogavit restituere hereditatem filio testatoris, cum nollet adirè superstam, jussu Prætoris adiit & restituit cum emptorem pignoris non inveniret, desiderabat permitti sibi, jurè postriminij possiderè.* Et le Jurisconsulte répond que par l'adition d'heredité, l'obligation étoit demeurée confuse, mais qu'il peut retenir le gage pour ce qu'il le possede comme creancier, & non en qualité d'heritier, & même qu'il se peut vendiquer d'entre les mains de l'heritier, & que *propter pignus remanet naturalis obligatio, quia verum est ei non fuisse solutam pecuniam:* Et neanmoins la Loy en l'espece d'un creancier qui avoit pris l'heredité *jussu prætoris*, pour en faire au même temps la restitution à l'heritier Fidei Commissaire : & comme le creancier ne tiroit aucun avantage de l'heredité, il n'eût pas été juste sous prétexte d'une adition d'heredité forcée & contrainte de luy faire perdre sa dette : & d'ailleurs en l'espece de cette Loy, l'obligation de la restitution du Fidei Commissaire, en consequence de laquelle la confusion a été empêchée & aneantie, précedoit l'adition d'heredité laquelle pouvoit faire la confusion de la dette, ce qui ne peut être appliqué à nôtre espece en laquelle la separation que l'on prétend des Propres paternels & maternels, dépend de la succession échûë depuis la Confusion & l'extinction de la rente.

Et pour montrer que la Confusion éteint veritablement & effectivement, non seulement les Droits personnels, mais aussi les réels & immobiliers, il y en a deux textes en Droit.

Le premier est la Loy *in omnibus* 43. *Dig. de solutionibus, in omnibus speciebus liberationum etiam accessiones liberantur : puta & ex promissores, hypothecæ, pignora.* Le second est en la Loy. 1. *Dig. quemadmod. semitu amitt.* qui use de ces termes, *servitutes prædiorum confunduntur si idem utrius que predij Dominus esse cœperit*; *&* *la Loy si quis ædes Dig. de Servit. præd. urb.* passe plus outre, car aprés avoir étably la Confusion & l'extinction de la Servitude, lors que les deux maisons se trouvent entre les mains du même proprietaire, venant ensuite à vendre separément *nominatim imponenda est servitus alioquin liberæ veniunt.*

Et neanmoins Maître René Chopin estime que quand la confusion se fait *bonorum commutione separabili & pristinam in causam revocabili*, la Confusion cesse du moment que le cas de la separation arrive. 5.

Ce qui est veritable & sans difficulté en termes de Droit lors que la separation des Droits se fait *ex causa antiqua* : Par exemple, si la rente échûë aux enfans par la succession de la mere, avoit été substituée par les prédecesseurs de la mere au cas que la posterité vint à manquer, chacun demeure d'accord que la confusion cesseroit en consequence de la substitution Fidei Commissaire, qui seroit anterieure à la confusion ; mais la separation de la rente & de la métairie étant demandée par la seule consideration de la distinction des heritiers des Propres paternels & maternels des enfans qui est une Cause nouvelle & posterieure à la Confusion, on soûtient qu'elle ne peut faire revivre une rente qui étoit demeurée par la Confusion. *De Privileg.*

Et par la resolution de la difficulté cy-dessus proposée, servira de Loy & de décision pour quantité de questions semblables qui arrivent tous les jours entre les heritiers des Propres de differente ligne, & entre les heritiers des Propres, & les heritiers des meubles & acquêts. 6.

Pour le Don mutuel des biens de la Communauté fait entre le mary & la femme. 7.

Le mary ayant élevé un bâtiment entier sur l'heritage de sa femme, il est constant qu'aprés le décés de la femme, il peut de son chef à cause de son Droit de Communauté reprendre sur les biens de la femme le my-denier de ce qui a été tiré de ladite Communauté pour faire lesdits bâtimens, mais ayant demandé à joüir de l'autre moitié de la somme employée aux bâtimens, ou bien de la moitié des bâtimens en vertu du Don mutuel, il en a été debouté par Arrêt raporté dans nos livres, car pour la joüissance de la moitié des bâtimens elle ne pouvoit être pretenduë, pource que la superficie suit le fonds qui étoit propre à la femme, & ne pouvoit consequemment entrer dans le Don mutuel.

Et pour la joüissance de la moitié de l'argent, elle n'étoit point aussi raisonnable, parce que cette moitié que la femme étoit fondée de prendre dans la Communauté, étoit demeurée confuse en sa personne, & ne subsistoit plus lors que le don Mutuel a commencé de prendre son effet par le décez de la femme.

8. Et la même chose a été jugée par Arrêt donné en la quatriéme Chambre des Enquêtes pour les deniers tirez de la Communauté, & employez au rachat d'une rente qui avoit été créée par la femme avant son Mariage ; la moitié desquels deniers a été ajugée au mary par droit de Communauté, & debouté de la joüissance de l'autre moitié qu'il demandoit comme donataire mutuel, d'autant que dés-lors du rachapt cette derniere moitié étoit demeurée éteinte & confuse en la personne de la femme.

Et ce

Et ce qui est remarqué par les deux Articles précedens pour les bâtimens faits pendant le mariage sur les Propres de la femme, & pour le rachapt des rentes qu'elle devoit en son particulier, & ainsi observé contre la femme pour les bâtimens faits sur les propres du mary, & pour les rachapts faits du temps de la Communauté des rentes créés par le mary avant le mariage, desquels bâtimens & rachapts on donne seulement à la femme ce my-denier en qualité de Commune, & non la joüissance de l'autre moitié comme Donataire mutuelle, comme étant icelle moitié éteinte & confuse en la personne du mary. 9.

Pour la Communauté il s'est presenté d'autres difficultez qui dépendent aussi de la régle de la Confusion: Il est constant par l'Article 246. de la Coûtume, que les immeubles donnez à l'un des conjoints par mariage par un parent Collateral ou par un étranger, entrent dans la Communauté, neanmoins un particulier qui étoit Creancier du mary de 50. liv. de rente constituée avant le mariage, ayant legué au mary la rente qu'il luy devoit, par Arrest il a été jugé que la rente n'entroit dans la Communauté, parce que le Legs n'étoit pas fait directement à la Communauté, mais avant que d'y entrer il avoit passé à la personne du mary en laquelle la rente étoit demeurée éteinte par la concurrence des deux qualitez de Creancier & Debiteur qui faisoit la confusion & l'extinction de la rente, car en cette rencontre il faut feindre deux instans, l'un de l'acceptation du Legs & 10.

delivrance d'iceluy faite au mary, & l'autre de la Transmission qui dépendoit du second instant, n'a pû être fait à cause qu'au premier instant la dette s'est trouvée aneantie par le moyen de la Confusion.

11. Et sur ce même principe de la Confusion une pareille difficulté a été décidée par Sentence Arbitrale. Par un Contract de Mariage il avoit été convenu que chacun des Conjoints payeroit separément ses dettes ; Et suivant le même Contract tous les deniers mobiliers qui pourroient échoir à chacun des Conjoints, devoient entrer dans la Communauté. Pendant le Mariage la mere de la femme luy rend compte de la Tutelle, & par la clôture du compte la mere se trouve creanciere de douze mil livres aprés la dissolution du mariage arrivée par le prédecez du mary, ses heritiers demandent à la Veuve la moitié dudit reliqua de compte, comme étant une dette passive de la Veuve, créée avant son mariage, & laquelle devoit entrer dans la Communauté, aussi-bien que les autres Droits mobiliers de la même succession, comme étant une dette active, échûë à la Veuve durant le mariage par la Succession de sa mere : Et neanmoins par Sentence Arbitrale la Veuve fut déchargée d'icelle demande ; d'autant que les dettes actives de la Succession maternelle n'étoient entrées dans la Communauté que du chef & par le moyen de la femme, en la personne de laquelle la somme dont étoit question étoit demeurée éteinte par la raison de la Confusion.

Et ce qui a été observé sur les cinq précedens Articles, & la décision qui sera donnée sur iceux & conçûë en termes generaux, réglera une infinité de questions pareilles qui se presentent tous les jours dans les comptes & executions des Dons mutuels, & dans les partages des Communautez. 12.

De la solidité & division des Dettes actives & passives.

Arrêt de la Grand' Chambre du douze Mars 1612. plaidant Laizeron & Dolet, qui a jugé que deux personnes obligées à rendre une promesse de 1000. liv. à faute d'y satisfaire, l'un étoit quitte en payant cinq cens livres.

ENtre plusieurs qui ont stipulé ou promis une somme en argent, ou autre chose consistante en nombre, poids & mesure, l'obligation se divise entre les creanciers & aussi entre les debiteurs, selon le nombre des personnes, par portions égales, pourvû qu'il n'y ait point de convention contraire.

Si aucuns des debiteurs se trouvent insolvables, ou qu'ils ayent été restituez pour cause de minorité ou autrement, l'obligation demeure inutile pour leur regard, & les autres ne peuvent être recherchez que pour leurs portions personnelles.

En Droit, *si plures sint obligati*, sans faire mention de la solidité *quisquè in solidum conveniri potest & tenetur. l. 3. §. 1° Dig. de duob. reis, ubi si duo rei facti sunt, potest vel ab uno eorum solidum peti, hoc est enim duorum eorum, ut unus quisquè eorum sit in solidum obligatus, possit que ab alterutro peti*; mais par l'authentique, *hoc ita qui cod. de duobus reis*, qui est tirée de la Novelle 99. cap. 1° quand il y a clauses de solidité l'obligation est neanmoins divisible, & chacun des obligez ne peut être poursuivy que pour sa portion personnelle, sinon en cas d'insolvabilité ou de restitution des coobligez.

Si conjuncti disjunctim commixti sint conjuncti unius personæ potestate fungitur. l. 34. Dig. de leg. 1o.

Le mary & la femme qui interviennent avec d'autres dans un Contract, Obligation ou Promesse, ne sont considerez que pour une seule personne, si le contraire n'a été convenu par clause expresse.

Par Arrêt en la quatriéme des Enquêtes au Raport de Monsieur de Vertamont pere du dernier decedé, il fut jugé pour un nommé Thierment que le mary avec sa femme & un tiers s'étant obligez solidairement sans indemnité de part n'y d'autres, le mary & la femme ne devoient que moitié; la datte de l'Arrêt a été obmise, mais il est certain: J'avois écrit pour le mary & la femme.

Bacquet, Droits de just. chap. 21. n. 136.

Chacun des debiteurs qui se sont obligez solidairement pour être poursuivy & contraint pour le tout, encore que dans l'acte il n'ayent point renoncé aux Benefices de division & de discussion.

Les dettes passives d'une succession sont divisées de plein droit entre les heritiers, & ne peut l'un d'eux être poursuivy pour la part de son Coheritier, pourvû que par le partage il ne luy ait été baillé aucuns immeubles, ou qu'avant l'action contre luy intentée il ait été dépossedé de ceux compris dans son partage par un déguerpisement ou saisie réelle faite pour une dette passive de la succession ou autre alienation necessaire.

On exclud les alienations volontaires, d'autant que la condition du Creancier qui avoit une action hypotequaire & solidaire ne peut être empirée, *facto debitoris*.

L'heritier ne peut se décharger de l'action hypotequaire contre luy formée pour les portions de ses Coheritiers en abandonnant sa portion indivise dans les heritages communs, ou ceux qui luy sont échûs par partage.

Jus hereditatis non scinditur nec potest pro partè agnosci, & pro partè repudiari, leg. 1. Dig. de acqui. vel. omitt. hared.

Les heritiers de celuy qui s'étoit obligé de faire

Voir si on décendra jusqu'à ce détail.

quelque chose laquelle ne peut être executée pour partie, peuvent être poursuivis solidairement chacun pour le tout, sauf à recours des uns contre les autres.

Et le semblable sera observé entre les personnes qui se sont obligez conjointement à une chose qui ne peut être divisée. Mais si dans l'acte il y a une peine stipulée en argent ou autre chose qui puisse être divisé, chacun des heritiers & des coheritiers peut le décharger en payant sa part de la peine.

Les réparations civiles & amendes pour crimes, & les dépens ajugez pour tenir lieu de réparations civiles, peuvent être demandez solidairement à chacun des accusez, sauf son recours contre les autres.

Voyez la 341. decision de Jean de Maresf. en crime, la condamnation est solidaire.

Les dépens en matiere criminelle ajugées purement & simplement, & ceux ordonnez en matiere civile sont divisez entre les parties condamnez, & ne peut l'une des parties être poursuivie pour les portions des autres.

Les provisions d'alimens en matiere civile & criminelle, & les Amendes ajugées pour crime, & les Amendes du fol Appel, de Requête civile, ou pour d'autres causes en matieres Civiles, peuvent être demandées solidairement à chacune des Parties condamnées, sauf le recours des uns contre les autres.

Pour la solidité des provisions d'alimens, Arrêt du quatriéme Août 1633. en l'Audience de la Grand' Chambre, plaidans .... pour l'Amende civile, la décision est certaine pour l'Amende du fol Appel. Bacquet Droits de Justices, chap. 17. n. 25. tient l'avis contraire à l'Article. Monsieur Brodeau sur Loüet, litt. c. n. 35. est de pareil avis que Bacquet, & cite Joannet Galli, décision 131. mais la décision est mal cottée.

Par Arrêt du 17. Septembre 1617. en l'Audience de la Chambre des Vacations, Président Monsieur de Verdun, l'Amende du fol Apel fut déclarée solidaire, afin d'empêcher les frais du Receveur des Amendes, s'il étoit obligé d'agir en partie contre chacun des condamnez pour sa part.

Aviser si on laissera l'Article comme il est proposé, & aussi si on fera difference en cas de poursuite contre l'un, d'agir contre les autres, ou si on en admettra la division.

La demande des interêts à l'un des debiteurs, ou à l'un de plusieurs heritiers, qui peuvent être poursuivis solidairement, vont aussi contre les autres, & la poursuite faite contre l'un interrompt la Prescription à l'egard des autres.

En droit, *inter plures reos stipulandi vel promittendi*, la poursuite faite par ou contre l'un d'eux, profitoit aux autres pour ce que la solidité étoit sous entenduë, & il se trouve un Arrêt qui a étendu cela aux coheritiers, mais cela a été corrigé par la Novelle 99. cap. 1. & plus encore par nôtre usage. Loüet lett. §. ch. 2.

Ces trois Articles semblent conformes à nôtre droit François. Aviser neanmoins s'il y a quelque chose à corriger où ajoûter.

En matiere de Servitudes, Droits honorifiques &

autres ſemblables qui ne peuvent recevoir de diviſion, la minorité ou l'interruption faite par l'un de ceux auſquels ils appartiennent empêche la Preſcription contre les autres.

Mais lors qu'il s'agît d'une ſimple hypotecque qui eſt commune & diviſible entre pluſieurs creanciers ou coheritiers, la minorité & l'interruption faite par aucuns d'iceux ne profite aux autres.

Les Cautions judiciaires en matiere Civile & Criminelle, peuvent être contraints ſolidairement de ſatisfaire à ce qu'ils ont promis, ſauf auſſi le recours des uns contre les autres.

Entre Aſſociez chacun d'eux peut être contraint ſolidairement au payement des Dettes paſſives, & pourſuivre la totalité des effets & Dettes actives de la Societé.

DISCUSSION,

Discussion, Déguerpissement.

LEs Coûtumes de Normandie & d'Auvergne donnent la faculté au Creancier d'agir directement contre le détenteur des heritages qui luy sont hipotecqués, même de faire saisir réellement les mêmes heritages sans condamnation & action préalable, ce qui aporte une grande incommodité au commerce des heritages, car les Princes & grands Seigneurs & les autres personnes qui ont des constitutions de rentes, ne peuvent disposer d'un poulce d'heritage scitué dans l'une desdites Provinces, sans pourvoir en même temps au rachapt de toutes les rentes par eux dûës: & d'autre part il se trouve peu d'aquereurs qui veulent prendre sur eux la charge personnelle de toutes les dettes & hipotecques de son vendeur.

En l'Article 101. de la Coûtume de Paris, on a ajoûté en la derniere réformation que le benefice de la Discussion à l'égard du tiers détenteur n'a point de lieu pour les rentes constituées à prix d'argent; & afin d'authoriser cette proposition on a ajoûté l'Article précedent, lequel confond les rentes constituées à prix d'argent avec les rentes foncieres, & donne aux creanciers des rentes constituées une espece d'action personnelle contre ledit tiers acquereur, qui est un paradoxe contraire aux plus certains principes de la juriſprudence, comme il a été remarqué par Maître Charles Loiſeau en ſon traité du Déguerpiſſement, liv. 2. chap. 6. & ſuivans.

Il y a quelques autres Coûtumes en petit nombre, qui diſpenſent le Creancier de la Diſcuſſion lors qu'il agit contre le tiers détenteur de l'heritage qui luy eſt ſpecialement hipotecqué.

Et comme entre nous & dans le Droit Romain on ne fait point de difference entre les hipotecques generalles & ſpeciales, & que les rentes conſtituées n'ont aucun privilege par deſſus les autres dettes, la diſtinction deſdites hipotecques a été rejettée.

Et dans les Coûtumes qui ne diſpoſent point de la Diſcuſſion, elle a été reçûë par l'uſage & authoriſée par les Arrêts comme étant le Droit commun de la France. Et il ſera aviſé s'il ne ſeroit pas à propos de faire une Loy generale pour ce regard, & d'établir par toute la France le benefice de la Diſcuſſion, introduit par la Novelle 4. chap. 2. d'où a été tirée l'authen. *hoc ſi debitor 2. c. de pign. & hip.* ſous les modifications ſuivantes & autres, qui pourront être ſupplées & expliquées pour retrancher les Procês frequens qui ſe font pour ce regard.

2. Que la Diſcuſſion ne peut être oppoſée contre le creancier d'une rente fonciere & de Bail d'heritage, dûë à cauſe de l'heritage poſſedé par le tiers détenteur.

3. Pour les rentes de Don & Legs aſſignez ſur leſdits heritages.

Pareillement pour les autres dettes qui ont une 4.
hipotecque privilegiée sur l'heritage acquis par le tiers possesseur, car le creancier a droit de preference sur l'heritage.

Ny pour raison des heritages dont le creancier est 5.
en possession par forme d'engagement & antichrest, qui a depuis passé entre les mains du tiers détenteur, il ne seroit pas juste de le renvoyer sur d'autres, dans la discussion desquels il ne viendroit que dans l'ordre de son hypotecque; & cela a été jugé par divers Arrêts.

N'y aussi pour les terres sur lesquelles par une 6.
convention particuliere a été assigné le payement du fonds & des interêts des sommes, arrerages & rentes dont on fait demande.

La Discussion cesse aussi quand l'heritage a été 7.
saisi réellement sur le detteur, avant la vente qui en a été faite au tiers détenteur.

Et lors que le detteur est absent, & son insuffisance 8.
& le desordre de ses affaires sont publiques.

C'est une maxime certaine que les immeubles sci- 9.
tuez hors de la France ne sont point sujets à Discussion.

Mais quelques-uns ont prétendu que pour trouver 10.
un temperament dans la diversité des Coûtumes, on pourroit ordonner que la Discussion n'est point necessaire pour les biens scituez hors le ressort du Parlement. Comme aussi il est bien rude à un creancier qui a prêté de bonne foy sur l'assurance des hipotec-

ques qu'il a vûës à sa porte, sous prétexte que les hipotecques qui ont passé en main tierce à son déçû & sans sa participation, de l'obliger à discuter des terres scituées en Dauphiné & en d'autres lieux où la Discussion est fort difficile, à cause de l'éloignement du peu d'habitude qu'a le creancier en des lieux écartez; des grands frais qu'il faut faire pour cela, de la diversité des formes & solemnitez qui s'observent en chaque Province; du peu de seureté qui trouve dans les Decrets & Adjudications des autres Parlemens, & de la puissance & authorité que les Princes & grands Seigneurs s'attribuënt dans les Provinces. Toutes lesquelles circonstances ne se trouvoient pas dans le Droit Romain, qui a introduit la Discussion, & lequel n'avoit qu'une seule Loy & une seule forme de procedures.

11. On a soûtenu autrefois que la Discussion des biens des Princes n'est point necessaire, & neanmoins il se trouve des anciens Arrêts qui ont jugé le contraire.

12. Il est constant dans l'usage que le creancier est obligé de discuter seulement les immeubles qu'il trouve en la possession de son detteur, & non ceux qui sont possedez par des tiers acquereurs, car si l'alienation précede le tître du tiers détenteur qui est poursuivy en déclaration d'hipotecque, la Discussion des heritages possedez par le premier acquereur seroit inutile, parce qu'au même temps il se pourvoiroit pour la garantie contre le dernier acquereur, sans imposer cette charge au creancier.

L'usage commun restraint aussi la Discussion aux immeubles, & dispense le creancier de discuter les meubles, droits & effets mobiliers du debiteur. 13.

Et si les immeubles sont en litige, le creancier n'est point obligé d'en faire la poursuite & discussion. 14.

La Discussion est une défense de Droit qui doit être proposée par le tiers détenteur, & ne peut être supléée par le juge. 15.

Le tiers détenteur poursuivy en déclaration d'hipotecque doit indiquer les immeubles du debiteur principal, qu'il prétend être sujets à Discussion : & aprés la discussion faite des immeubles par luy indiqués, si le creancier n'a pû être payé le tiers détenteur n'est recevable à faire une seconde indication. 16.

Anciennement les frais des poursuites & procedures necessaires pour parvenir à la Discussion des biens du detteur principal étoient avancés par le creancier, sauf à luy son recours contre le tiers détenteur en cas que par l'évenement il n'en pût être remboursé sur les fonds & les fruits des choses discutées. Mais à present on commence à obliger le tiers détenteur d'avancer une somme au creancier pour faire la Discussion, sur ce que l'on n'estime pas raisonnable de surcharger le creancier de l'avance desdits frais, outre le dommage qu'il souffre par l'éloignement de son dû. 17.

Quand l'heritier est poursuivy personnellement pour telle part & portion, qu'il est heritier & hippotecquairement pour le tout, il ne peut éloigner l'éfet 18.

de l'action & de la condamnation hipotecquaire par le benefice de la discussion, à cause de la concurrence de l'obligation personnelle.

19. Mais s'il abandonne les immeubles qui luy sont échûs, ou qu'avant l'action il les ait alienés, l'action hypotecquaire ne peut être exercée contre luy, sauf au creancier à se pourvoir sur les immeubles abandonnés contre le tiers détenteur qui possede les autres.

20. Par l'Article 109. de la Coûtume de Paris, celuy qui a pris un heritage à la charge d'un Droit de Cens ou d'une redevance annuelle, il peut renoncer au bail Déguerpir, & abandonner l'heritage, encore qu'il ait promis personnellement payer la rente, & obligé tous ces biens : Pour ce, dit la Coûtume, que telle obligation ne s'entend & n'a effet que tandis qu'il est proprietaire; car, comme dit la Loy, il n'est pas juste qu'une personne demeure contre sa volonté dans une obligation perpetuelle sans avoir faculté de s'en dégager; & cette même faculté de Déguerpissement passe à plus forte raison à l'heritier du preneur & à celuy qui a acquis l'heritage du premier, à la charge de sa redevance, suivant la disposition expresse de l'Article 110. de la même Coûtume.

Mais pour faire un Déguerpissement valable, la Coûtume en l'Article 109. desire.

1. Qu'il soit fait en jugement.

2. Que la partie, c'est à dire le bailleur ou ceux qui sont en ses droits soient presens ou apellez.

3. Que le preneur qui Déguerpit paye tous les arrerages de la rente échûs avant le Déguerpissement. Et encor le terme suivant, ce qui peut être entendu & expliqué diversement pour un quartier ou pour une portion de l'année, quand le payement d'icelle est divisé en plusieurs termes par le Contract ou pour une année entiere, ce qui semble plus juste afin que le bailleur ait un temps competent pour disposer de l'heritage. Mais il semble à propos de décider cette difficulté.

4. Que le preneur laisse lors du Déguerpissement l'heritage en aussi bon état & valeur qu'il étoit au temps de la prise, toutes lesquelles conditions semblent trés justes & necessaires. Mais le même Article 110. de la Coûtume de Paris ajoûte deux circonstances qui empêchent le Déguerpissement.

La premiere que le preneur ait promis mettre quelque amendement sur l'heritage & qu'il ne l'ait point fait.

Et la seconde, qu'il se soit obligé de fournir & faire valoir la rente, & a obligé tous ses biens.

Or à l'égard de la derniere condition elle est in- 23.
connuë aux autres Coûtumes, & c'est plûtôt un piege qu'une raison veritable & solide qui puisse empêcher le Déguerpissement. Et comme les baux à reste se font ordinairement dans la Campagne, il n'y a aucun Païsan ny Praticien de Village qui ignore ce que signifient ces mots, fournir & faire valoir.

Pour l'obligation de mettre amendement sur l'he- 22.

ritage est assez intelligible, mais depuis quelques années quelques-uns s'en sont servis pour empêcher la liberté du Déguerpissement, en chargeant le preneur de quantité d'amendemens ausquels il est impossible de satisfaire.

23. Et quelques-uns estiment qu'il suffit au bailleur de reprendre son heritage au même état qu'il étoit lors de la prise, avec les amendemens si aucuns ont été faits sur icelui sans aucun remboursement, & que pour n'avoir fait tous les amendemens exprimez dans le bail, le bailleur puisse empêcher l'effet du Déguerpissement n'y avoir action pour ce regard contre le preneur.

24. Le preneur pour se décharger de la rente en laissant à un tiers le même heritage sous les mêmes charges & conditions portées par le bail à rente : Ce qui peut être induit de l'Article 110. de la Coûtume & a été ainsi jugé par Arrêt ; car au lieu qu'és autres Contracts l'obligation personnelle prévaut, & l'hipotecque est considerée comme l'accessoire dans les baux à rente, l'obligation hipotecquaire est la principale, & du moment que l'heritage passe en main tierce, l'obligation personnelle comme accessoire suit, & est transmise en la personne de l'aquereur.

25. Me Charles Loiseau en son traité du Déguerpissement, qui a toûjours passé pour trés-docte & judicieux, a remarqué que le Déguerpissement dans sa propre signification ne convient qu'aux rentes foncieres de bail d'heritage, ce que l'abandonnement fait par un tiers

tiers acquereur pour se décharger des simples hipotecques dont il est parlé és Articles 101. 102. 103. de nôtre Coûtume, doit être qualifié du nom de delaissement par hipotecque, & de fait les Docteurs n'usent pas du mot de Déguerpissement dans les termes de renoncer & delaisser, & neanmoins dans les autres Coûtumes le Déguerpissement est appliqué indistinctement aux rentes foncieres & autres simples hipotecques.

L'Article 101. permet au tiers détenteur pour se décharger de l'action hypotequaire contre luy intentée, de delaisser & abandonner l'heritage.

L'Article 102. le décharge de la restitution, pourvû qu'il abandonne l'heritage.

L'Article 103. oblige le tiers détenteur qui Déguerpit aprés contestation à la restitution des fruits, sinon à payer les arrérages échûs du temps de la détention.

Et l'Article 104. explique la forme de la contestation en Cause : ledit Article peut être transcrit pour servir de Loy generalle dans toutes les Coûtumes ; surquoy il y a plusieurs observations à faire.

Que lesdits Articles ne parlent point du délaissement, lequel neanmoins pour être valable doit être 1.
fait non point par une simple procedure, mais par un Acte judiciaire, ou au Greffe par la Partie presente, ou par un Procureur fondé de procuration specialle, & l'Acte signé de la Partie ou du Procureur.

L'Article 102. desire qu'avant le délaissement l'ac- 2.

quereur ait sommé son garand, qui est le vendeur de l'heritage, & que le vendeur luy defaille de garantie, c'est-à-dire, qui soit en demeure de luy fournir les pieces & moyens pour se défendre de l'action hypotéquaire.

Quid. Les delais de l'Ordonnance, suivant la distance. Mais la Coûtume ne définit pas combien de temps il faut laisser passer depuis l'écheance de l'assignation donnée au garand, avant que d'abandonner l'heritage; ce qui est neanmoins important & necessaire.

3. Le même Article 102. parle du tiers acquereur qui a acquis sans la charge de la rente, pour laquelle il est poursuivi & dont il n'avoit point de connoissance, peut être verifiée; & il semble que la preuve doive être faite par écrit & par des Actes publics & autentiques signez dudit tiers détenteur.

Et même il semble que lesdits Actes doivent être contenus au Contract d'aquisition, car pour gagner par l'acquereur les fruits de l'heritage, il suffit d'avoir aquis de bonne foy; & que la survenance de la mauvaise foy & de la connoissance des hypotecques par des Actes faits hors jugement, n'empêche pas le gain des fruits jusques à ce que le creancier ait agy en Justice.

Et supposé que le creancier ait porté son action en justice, cette poursuite ne profite qu'à luy seul, & la joüissance de bonne foy continuée à l'égard des autres.

Quelques-uns ont pris avantage de ces termes dont l'acquereur n'a point eû connoissance, pour faire croire que l'acquereur qui avoit connoissance de la rente n'a point la faculté d'abandonner l'heritage, laquelle proposition a été condamnée ; car si le preneur qui a acquis à la charge d'une rente a la liberté de déguerpir l'heritage, cela reçoit moins de difficulté à l'égard du tiers acquereur, qui n'est point obligé à la rente pour laquelle il est poursuivy, & auquel on n'impute autre chose sinon d'avoir eû connoissance de la rente avant son acquisition : Et si on examine le texte de l'Article la question qu'il décide ne va pas à sçavoir si l'acquereur peut ou non abandonner l'heritage pour se décharger de la rente : mais en quel cas en abandonnant l'heritage pour se décharger de la rente il est tenu ou non à la restitution des fruits, & résout qu'il peut retenir & conserver les fruits par luy perçûs depuis le jour de sa détention, pourvû qu'il renonce à l'heritage avant contestation en cause, & qu'il eût acquis l'heritage de bonne foy sans avoir eû auparavant connoissance de la rente qui luy est demandée : Et delà on peut induire par un jugement contraire que si lors de son acquisition il n'étoit pas en bonne foy pour avoir eû connoissance de la rente, il doit en quittant l'heritage rendre les fruits par luy perçûs, qui est la seule peine qui luy est imposée par la Coûtume.

Et en cas de restitution des fruits pour avoir eû connoissance de la rente, ou pour avoir abandonné l'heritage aprés la contestation, quand la Coûtume Article 102. donne le choix à l'acquereur ajourné en déclaration d'hipotecque, de retenir les fruits en payant les arrerages échûs de son temps, est une disposition singuliere de la Coûtume de Paris, laquelle d'ailleurs ne parle que des rentes & non des autres dettes, de maniere qu'il sembleroit plus à propos d'ordonner absolument la restitution des fruits en l'un & l'autre cas de la Coûtume ; sçavoir quand on a acquis de mauvaise foy avec connoissance de l'hipotecque, & quand on abandonne l'heritage aprés contestation.

Addition à ce Titre de la Discussion.

Arrêt en l'Audience de la Grand' Chambre 17. Decembre 1628. plaidant Brodeau & Chamillart.

LE creancier qui a fait condamner un tiers acquereur, Discussion préalablement faite, peut differer la Discussion autant qu'il luy plaira.

Car si l'heritage étoit demeuré entre les mains du principal debiteur, le creancier eût agy quand bon luy eût semblé ; sa condition ne devant être empirée par une alienation faite à son insçû.

La Novelle 4. chap. 2. dit qu'il faut discuter *reum principalem & fidejussores at correi debendi sunt vicè mutui fidejussoris Cujacius ad africanum*, où il traite la question selon le Droit ancien qui a été corrigé par la Novelle.

Si de deux obligez solidairement l'un aliene quelque heritage ; on demande si le creancier qui agit hipotequairement contre le tiers acquereur sera tenu de discuter non seulement les heritages restans entre ses mains, mais tous les heritages du coobligé qui n'a rien aliené.

Pour les rentes foncieres il est constant que le creancier peut s'adresser à son fonds qui se trouve entre les mains d'un tiers acquereur sans Discussion.

La femme qui a pris la Communauté ne peut être poursuivie hipotecquairement pour la moitié d'une part, par la succession de son mary, d'une dette à laquelle elle n'a parlé qu'à la charge de la Discussion.

La Discussion des hipoteques speciales avant les generales n'est point necessaire.

Dans le Traité de Mr. le Maître.

Il y a encor un point à expliquer sur l'Article 104. de la Coûtume, lequel porte que contestation en cause est quand il y a un Réglement sur les demandes & défenses des parties, ou bien quand le défendeur est défaillant & debouté de deffenses, car aprés le debouté des défenfes le défendeur ayant interjetté Apel, & aprés une procedure de trois années s'étant fait restituër contre le debouté des défenses, il a prétendu que n'y ayant ny réglement ny debouté de défenses, il avoit la faculté de quitter l'heritage sans restitution des fruits ; & au contraire il a soûtenu que la contumace étant de son fait, la restitution contre le debouté de défenses luy donnoit bien la liberté de se défendre au fonds, mais que la restitution étoit aquise du jour du debouté de défences ; laquelle difficulté s'étant presentée plusieurs fois, elle a été jugée diversement.

DES DONATIONS.

PErsonne ne peut donner entre vifs les meubles ou immeubles à tître universel de quotité ou particulier, s'il n'est majeur de 25. ans accomplis & en pleine santé d'esprit & de corps au temps de la Donation.

Et neanmoins le mineur qui a obtenu Lettres de Benefice d'âge enterinées en Justice, ou qui est marié, peut avant l'âge de 20. ans accomplis disposer de ses meubles ; & peut aussi sans Benefice d'âge & avant qu'être marié en disposer par son Contract de Mariage.

La Donation faite par un mineur à un autre mineur, est nulle.

Femme mariée ne peut donner entre vifs aucune chose, meuble ou immeuble, en la presence de son mary, sans l'authorisation expresse & speciale de sondit mary.

Et neanmoins la femme separée de biens en cas du refus du mary de l'authoriser, pourra avec l'avis des trois proches parens de ladite femme & sous l'authorité de Justice, donner entre vifs ses meubles ou immeubles, ou portion d'iceux, à ses enfans ou aucuns d'eux en faveur de mariage, pour les pourvoir des charges & pour assigner des pensions à ses filles Religieuses.

Les Donations faites par les furieux & imbeciles d'esprit depuis le jour auquel leur maladie a commencé sont nulles, encore qu'ils n'ayent point été mis en curatelle.

Et sont nulles pareillement les Donations faites par les prodigues, dans les trois mois avant la premiere procedure faite contre eux en Justice pour les mettre en interdiction.

Les Donations entre vifs faites dans les 40 jours avant le décez du donateur sont nulles : & pareillement celles faites par les personnes gisantes au lit malades de la maladie dont ils décedent. Par ceux qui sont atteints d'hydropisie, ou qui à cause du mal de calcul se disposent à souffrir l'operation de la taille, encore que les uns & les autres survivent plus de quarante jours aprés la Donation.

Quelques-uns ont été d'avis de comprendre au nombre des malades les femmes enceintes, d'autant que les donations faites par elles en cet état ont pour objet l'aprehension de la mort, attendu même que la liberté de disposer par Testament leur demeure toute entiere.

Celuy qui est entré dans un Monastere en intention de se faire Religieux, quoique majeur de 25. ans, ne peut même avant la prise de l'Habit donner aucune chose au Monastere où il reside, n'y aux autres Monasteres du même Ordre, pour quelque cause & en quelque maniere que ce soit.

Il ne peut aussi disposer entre vifs de ses biens meubles & immeubles au profit de ses parens ou des étrangers, vendre ny alliener ses immeubles à quelque personne que ce soit.

Déclarons nulles toutes les Donations faites par les disciples au profit de leurs maîtres & pedagogues durant le cours de leur instruction, par les Cliens & Parties, au profit de leur Avocat, Procureur, Solliciteur, & autres ausquels ils ont confié la conduite de leur Procez ou leurs papiers, jusqu'à ce que les Procez ayent été terminez & les papiers rendus.

Par les Apprentifs & Garçons de boutique, Serviteurs & Servantes, Domestiques, au profit de leur Maître & Maîtresse durant le temps de leur service.

Et par ceux qui ont été sous la Tutelle, Curatelle, Bail & garde d'autruy, au profit de leurs Tuteurs, Curateurs, Gardiens & Baillistes, durant le cours & temps de leur gouvernement & administration.

Et à l'égard desdits Tuteurs & Curateurs, & des Gardiens & Baillistes qui sont comptables, la prohibition continuëra jusqu'à ce qu'ils ayent rendu & fait clore & apurer le compte de leur administration.

Les Donations faites par les personnes de la condition susdite durant le temps cy-dessus ordonné, aux enfans & décendans pere & mere & ascendans desdits Tuteurs & Curateurs, Gardiens & Baillistes, ou à d'autres personnes interposées, du chef desquelles ils puissent tirer avantage desdites dispositions.

N'entendons neanmoins comprendre en cette pro-

hibition

hibition les Donations faites aux pere & mere, ayeul & ayeule des Donateurs; lesquelles Donations sont valables nonobstant que lesdits ascendans ayent été chargez de leur Tutelle, Curatelle, Bail & Garde, & qu'ils n'en ayent rendu compte.

La Coûtume de Paris en l'Article 231. ajoûte une condition pour les pere & mere, pourvû qu'ils ne soient remariez, laquelle disposition singuliere; & sera avisé si elle sera ajoûtée, lors principalement que le donateur qui est issu d'un premier lit a des freres germains issus du même mariage, en faveur desquels on peut dire que la prohibition doit continuër.

L'Ordonnance rejette pareillement les Donations faites aux enfans des Tuteurs, Curateurs & Gardiens & Baillistes; du nombre desquelles on pourroit retrancher ceux qui sont freres ou sœurs du Donateur qui ont pû meriter de leur chef la liberalité, lors principalement que le Donateur n'a point de freres ou de sœurs germains.

Sera aussi à propos de régler sur les Articles précedens concernans les incapacitez des Donataires, en les déclarant aussi incapables des dispositions testamentaires avec la difference des Avocats, Procureurs & Solliciteurs, d'avec les Medecins, Chirurgiens & Apotiquaires. Sinon il faut prendre garde d'user des mêmes termes au titre des Donations, & en celuy des Testamens, d'autant que la difference des termes pourroit donner cause à une diversité de sentimens.

Les Donations faites aux enfans nez d'une conjonction adulterine, inceſtueuſe, ſacrilege, ne vaudront que juſqu'à la concurence d'une penſion annuelle & mediocre, juſqu'à ce que leſdits enfans ſoient en état de gagner leur vie. Et à l'égard des meres deſdits enfans nous les déclarons indignes & incapables de recevoir aucune gratification de la part de ceux qui les ont entretenus, en quelque maniere & ſous quelque prétexte que ce ſoit.

Pour les Donations entre mary & femme, celles faites entre vifs, même les mutuelles, ſont nulles en païs de Droit écrit, & ne produiſent aucun effet ſi elles ne ſont confirmées par la mort ſans revocation précedente, c'eſt-à-dire que les Donations entre vifs ne ſubſiſtent point en païs de Droit écrit, mais ſeulement celles qui ſont faites à cauſe de mort.

En païs coûtumier la pluſpart des Coûtumes prohibent toutes les diſpoſitions entre mary & femme, entre vifs & teſtamentaires.

Et neanmoins les unes & les autres ſont permiſes és Coûtumes de Touraine, Anjou, Poitou & Maine, & en quelques autres voiſines, en petit nombre, particulierement en cas d'exiſtence.

Mais par des Turbes faites és villes d'Angers & du Mans, on a ſoûtenu que les donations ſimples & non mutuelles ſont réprouvées és Coûtumes deſdites Provinces, & pareillement celles qui viennent de la part de la femme : Et l'uſage marqué dans leſdites Turbes eſt ſi douteux & incertain que l'on n'en peut tirer aucune maxime certaine.

Les mêmes Coûtumes qui prohibent les Donations entre mary & femme, reprouvent aussi les avantages faits aux enfans l'un de l'autre issus d'un précedent mariage: Et quoy qu'en la Coûtume de Paris le contraire ait été étably par l'usage aprés cinquante Procés formez sur ce sujet; si on examine l'Article 285. de ladite Coûtume, on demeurera d'acord qu'il avoit été fait pour condamner les Donations de cette qualité.

Pour les Donations mutuelles elles sont reçûës constamment en la Coûtume de Paris & en plusieurs autres Coûtumes, lors que les conjoints n'ont point d'enfans de leur mariage commun ny de leur precedent mariage; mais elles produisent plusieurs Procés. Et bien que dans l'esprit de la Coûtume elles doivent être égales, neanmoins dans l'usage il y a une inégalité trés-grande.

1° La Donation mutuelle pour être valable elle doit être insinuée; & neanmoins qui est seule capable d'agir peut neanmoins faire d'insinuation.

2° Si la Donation n'est point insinuée elle est nulle arrivant le prédecez de la femme, & si elle survit elle peut s'en prévaloir en la faisant insinuër dans les quatre mois du jour du décez du mary.

3° On ne peut donner mutuellement que des biens de la Communauté, *&* *ideo* quand les heritiers de la femme renonçent à la Communauté pour faire la reprise des biens de la deffunte suivant la clause du Contract de Mariage, le Don mutuel demeure inutile au mary survivant ; & toutefois en cas de survivance de sa femme on a jugé qu'elle pouvoit reprendre tout ce qu'elle a ameubly & mis dans la Communauté, elle ne laisse pas de joüir des meubles & conquêts de la Communauté en vertu de son Don mutuel.

4° Si le mary n'a point laissé de Propres, ou que le revenu de ceux qu'il a laissez n'est pas suffisant pour asseoir & payer le courant du Doüaire, il arrive souvent que les arrerages du Doüaire qui s'accumulent, par succession de temps absorbent le fonds des biens sujets au Don mutuel.

5° Le Don mutuel présupose une égalité reciproque & necessaire, neanmoins il arrive certains cas esquels le Don mutuel peut être augmenté ou affoibly au préjudice de l'un des conjoints.

Si le mary fait de grands bâtimens & autres impenses sur ses propres, le my-denier en est dû à la femme par droit de Communauté, mais l'autre moitié demeure confuse en la personne du mary, & les Arrêts ont jugé que la femme donataire mutuelle n'en peut demander la récompense comme étant une superficie qui prend la nature du fonds qui est propre, & neanmoins si les bâtimens n'eussent point eté faits les deniers se fussent trouvez dans la Communauté, & eussent été sujets au Don mutuel.

Et la même chose arrive pour les rentes qui étoient dûës par le mary avant le mariage, lesquelles étant rachetées du temps & des deniers de la Communauté, la Veuve peut bien demander le my-denier par droit de Communauté, mais l'autre moitié qui eſt demeurée éteinte en la perſonne du mary par la raiſon de la confuſion, n'entre point dans le Don mutuel.

Et d'autre part le mary peut avantager ſa femme en bâtiſſant ſur ſes fonds, ou rachetant des rentes par elles créés avant ſon mariage.

6° Et ce qui eſt encore conſiderable eſt que le Don mutuel étant permis quand l'un des conjoints le deſire, le refus fait de l'autre part eſt capable de produire un divorce, ou du moins un refroidiſſement dans les eſprits.

Et depuis dix ans on a vû dans Paris trois exemples, leſquels avant le Don mutuel le mary & la femme avoient vécu en grande union, ſur l'eſperance que l'un d'eux avoit de tirer un Don mutuel, & du moment qu'il a été fait rendu irrevocable par l'inſinuation, le mépris fait par le mary de la perſonne de ſa femme ont fait de grands deſordres dans leurs familles.

C'eſt pourquoy en la Coûtume de Poitou les Dons ſont révocables, même au moment du décez du prémourant, par un ſimple Acte ſignifié par un Sergent.

Mais d'autre part cela étant reçû, celuy qui aura ſigné un Don mutuel en intention de le révoquer en cas de prédecez, abuſera de la foy & de la bonté de l'autre des conjoints qui a crû faire une diſpoſition ſerieuſe.

Sur ces principes & obſervations quelques-uns ont

eſtimé qu'il ſeroit à propos d'abroger toutes les Donations entre vifs entre mary & femme, ſimples & mutuelles, attendu que dans ces diſpoſitions la volonté n'agit pas avec la liberté neceſſaire : Et comme la femme ne peut donner entre vifs ſans l'authorité de ſon mary, le mary ne peut en termes de Droit être *auctor in rem ſuam*, & ſi la femme ne peut donner valablement au mary, le même doit être obſervé à l'égard du mary ; ſauf à ajoûter ſous le tître des Teſtamens ou en celuy des Donations ce que l'on jugera à propos ſur les propoſitions ſuivantes.

Permettre les diſpoſitions teſtamentaires entre mary & femme és païs de Droit écrit, même en cas d'exiſtence d'enfans, ſauf la legitime deſdits enfans.

Et en païs de Coûtume admettre auſſi les diſpoſitions teſtamentaires au cas & avec les conditions, ſous les modifications & pour la nature & quotité des biens dont chacune Coûtume permet de diſpoſer entre les conjoints, ſoit entre vifs ou par Teſtament, par diſpoſition ſimple ou mutuelle.

Permettre auſſi les diſpoſitions teſtamentaires de la femme au profit des enfans du mary d'un premier lit, & du mary au profit des enfans iſſus du premier mariage de la femme, pourvû que le Donateur n'ait point d'enfans du mariage commun ou d'un précedent mariage, à proportion de ce que la Loy & les Coûtumes particulieres permettent de diſpoſer par Teſtament entre mary & femme.

Les avantages faits par le mary aux pere & mere,

& autres aſcendans de ſa femme, ſuppoſé même qu'elle ne ſoit leur heritiere, & ceux faits aux parens collateraux de ladite femme deſquels elle eſt heritiere preſomptive, doivent être réduits à la même qualité & quotité de biens dont le mary peut diſpoſer en faveur de ſa femme : & le même ſera obſervé pour les avantages faits par la femme aux parens du mary en directe & collateralle.

Es Coûtumes qui permettent au mary & à la femme de diſpoſer reſpectivement au profit l'un de l'autre des biens communs entr'eux, n'aura point d'effet lors que la femme ou ſes heritiers renonceront à la Communauté.

Pourvoir auſſi en ce cas pour la diſpoſition des Droits qui demeurent confus aux deux cas cy-deſſus remarquez au cinquiéme Article des obſervations faites ſur le Don mutuel, pour ſçavoir ſi l'uſage obſervé & authoriſé par les Arrêts doit être ſuivy ou s'il doit être corrigé, mais en l'un & en l'autre cas la déciſion & expreſſion en doit être faite, car comme cela dépend du ſimple uſage lequel eſt inconnu à pluſieurs, ils ſemble neceſſaire de le rendre public & certain par une Ordonnance.

Les Donations univerſelles des biens preſens & à venir ne tiendront que pour les immeubles qui appartiendront aux Donateurs au temps de la donation, & non pour les acquiſitions poſſeſſoires.

Les Donations univerſelles de meubles ne vaudront que pour les meubles, droits & effets mobiliers qui appartiendront au temps d'icelles donations aux Donateurs, desquels meubles, Droits & effets mobiliers, inventaire sera fait & attaché à la minute de la Donation, à peine de nullité.

Ne seront faites à l'avenir aucunes Donations à cause de mort, & les Donations entre vifs lesquelles en certaines Coûtumes & païs de Droit écrit tenoient lieu de Donation, à cause de mort, ne vaudront ny pour disposition entre vifs ny comme Donations à cause de mort.

Toutes Donations seront acceptées par les Donataires presens en personnes ou par Procureur fondé de Procuration speciale, qui demeurera annexée à la minute de la Donation.

Les mineurs étans en âge de puberté sont capables d'accepter leurs Donations sans l'assistance d'un Tuteur ou Curateur.

Les Tuteurs ou Curateurs, Gardiens & Baillistes des mineurs, & les pere & mere, ayeuls & ayeules, en qualité de Tuteurs & Curateurs, peuvent respectivement accepter les Donations faites à leurs mineurs, enfans & petits enfans étans en minorité, au dessous ou dessus de l'âge de puberté.

Et en cas de refus, absence ou demeure desdits Tuteurs & Curateurs, & des autres personnes de la qualité susdite, permettons à celuy qui voudra faire la Donation de faire pourvoir par authorité de justice, avec nôtre Procureur du Siege ordinaire du domicile du Donateur, d'un Curateur ausdits mineurs,

pour

pour accepter en leur nom & à leur profit les Donations qui leur seront faites, sans qu'il soit besoin d'un avis & assemblée de parens pour ce.

Les Donations faites par les Tuteurs, Curateurs, pere, mere, ayeul & ayeule, au profit des mineurs, sont nulles & demeureront sans effet si elles ne sont acceptées par le subrogé, Tuteur ou Curateur desdits mineurs, ou par un Curateur créé à l'effet de ladite acceptation en la forme cy-dessus; & ne pourront audit cas lesdits mineurs prétendre aucun recours, dommages & interêts contre les Donateurs à cause du défaut de ladite acceptation.

Femme mariée ne peut accepter aucune donation sans l'authorité de son mary, si elle n'est separée de biens ou authorisée par justice au refus du mary.

Les Donations faites à des personnes absentes, le Nottaire ou autre ayant pouvoir acceptant pour elles, pourront être acceptées par les Donataires, hors la presence des Donateurs, pourvû que les acceptations soient faites au pied d'une Grosse & expedition de la Donation dans deux mois accomplis du jour de la Donation : desquels Actes d'acceptations seront expediées des Grosses, & icelles annexées dans deux autres à la Minutte de la Donation: le tout à peine de nullité.

Neanmoins les Donations faites par Contract de mariage en faveur de ceux qui se marient, & de l'un d'eux ou des enfans qui doivent naître du mariage, & de leurs décendans, n'ont besoin d'acceptation expresse.

Deffendons aux Nottaires qui recevront les donations de se dessaisir des Minuttes d'icelles, & des Procurations & Actes d'acceptation qui auront été jointes, à peine de nullité des Donations, d'interdiction contre les Nottaires de l'exercice de leurs Charges pour un temps, & de privation d'icelle en cas de recidive.

Les donations faites entre vifs des choses immeubles, en proprieté ou par usufruit de tous les meubles du Donateur, du total ou d'une portion par quotité de certaine espece de meubles, & d'une somme particuliere; & pour laquelle on prétend se pourvoir sur les immeubles du Donateur, même celles faites aux enfans & autres personnes non encore nées: Et pareillement les donations faites aux enfans & autres décendans en ligne directe en avancement d'hoirie: Celles faites en faveur de mariage, onereuses, remuneratoires, & pour quelque autre cause que ce soit, seront insinuées & enregistrées au Greffe du Siége Royal, dans lequel le Donateur a son domicile au temps de la Donation & au Greffe des Sieges Royaux de l'assiette de chacun des immeubles compris en la Donation, & ce à peine de nullité, même à l'égard des seconds Donataires & des heritiers legataires, & ayant cause du Donateur.

Les Donations faites & acceptées en jugement sont nulles, si elles ne sont insinuées sur le Registre ordinaire des Insinuations.

Les insinuations selon l'usage commun doivent

être faites au Greffe Royal ordinaire, & par une Déclaration du Roy verifiée en Parlement, quand les immeubles sont scituez dans le détroit des Prevôtez & Châtellenies l'insinuation y doit être faite sans distinguer si les personnes où les choses données sont de condition Noble ou roturiere, & si la Prevôté est assise dans une Ville où il y a Bailliage ou Senechaussée, où bien Siege particulier, il est en la liberté des Parties de faire l'insinuation en l'un ou l'autre Siége, à son choix, ce qui rend la fin & l'usage des insinuations inutile à cause des grands frais & des difficultez de la recherche. C'est pourquoy plusieurs estiment que les insinuations devroient être faites au Greffe des Sieges principaux ou particuliers des Bailliages & Senéchaussées, sauf à pourvoir à l'indemnité des Greffes des insinuations des Prevôtez & Châtellenies.

Les mineurs ne seront relevez du deffaut d'insinuation, sauf à eux à se pourvoir pour leurs dommages & interêts contre leur Tuteur & Curateur qui ont négligé de la faire.

L'insinuation des Donations sera faite dans quatre mois à compter du jour de la donation, & si la donation est faite à une personne absente sans sa Procuration, le delay de quatre mois ne commencera que du jour de l'acceptation faite par le Donataire en personne ou par un Procureur fondé de Procuration speciale.

Pour l'insinuation des donations faites par Contract de Mariage, les quatre mois courent du jour du Contract, & non du jour de la benediction nuptiale.

Selon l'usage ancien pour insinuër aprés les quatre mois il faloit avoir un nouveau consentement du Donateur, & en cas de refus on agissoit contre luy en justice, & on obtenoit jugement portant permission de faire l'insinuation; mais depuis cette procedure a été abrogée & l'insinuation jugée valable aprés les quatre mois, sans nouveau consentement ny jugement, avec cette distinction que l'insinuation étant faite dans les quatre mois, la donation prenoit son effet contre les tiers acquereurs & creanciers du Donateur du jour de la datte d'icelle, au lieu qu'étant insinuée hors les quatre mois, la proprieté des choses données n'est acquise au Donataire du jour de l'insinuation.

Mais de ce dernier usage il en arrive un autre inconvenient, qui est que les Donateurs qui veulent bien donner & neanmoins ont peine de se dépoüiller de leurs biens, cherchent des moyens indirects pour tenir les Donations secrettes au préjudice des tiers acquereurs & creanciers: c'est pourquoy plusieurs estiment que pour prévenir en fraudes il seroit à propos d'ordonner.

Que les insinuations faites aprés les quatre mois, qui est le temps fatal de l'Ordonnance, ne seront valables sans consentement nouveau du Donateur, par un Acte qui sera mis au pied de la minutte & de la Grosse de la Donation.

Que l'insinuation n'étant faite dans le second delay le Donataire sera déclaré déchû purement & simplement du benefice de la donation, & n'en pourra recevoir d'autre de la part du Donateur *in odium & pœnam fraudis.*

Exceptez neanmoins les donations faites entre le mary & la femme par le Contract de mariage, pour lesquelles le delay des quatre mois à l'égard de la femme & de ses heritiers ne commencera à courir que du jour de la dissolution du mariage, & en cas de separation de biens du jour du jugement qui a ordonné ladite separation, soit qu'il y en ait Apel ou non.

Que pendant le second & premier delay accordé au Donataire, pour faire l'insinuation il ne sera au pouvoir du Donateur de révoquer la donation, & neanmoins les allienations qui auront été par luy faites, & les hypotecques par luy créés dans l'entretemps qui aura cours depuis la donation jusqu'au jour de l'insinuation tiendront au profit des acquereurs & creanciers, sauf au Donataire à se pourvoir pour son recours sur les autres biens du Donateur.

Les donations dûëment acceptées & insinuées sont valables sans désaisine, saisine, vest & devest, nantissement, prise de possession réelle, & les autres solemnitez ordonnées par certaines Coûtumes ausquelles nous avons dérogé pour ce regard.

Donner & retenir ne vaut lorsque le Donateur se reserve la liberté de disposer de la chose donnée.

Et neanmoins la donation faite avec retention d'usufruit durant la vie du Donateur, ou pour un certain temps, eſt vallable.

Les donations dont l'execution & la reſolution dépend d'une condition qui dépend du fait & de la volonté du Donateur ou du Donataire, ſont nulles.

Celles faites au cas que le Donataire ſurvive le Donateur, & ſous autres conditions caſuelles qui dépendent d'un évenement incertain, ſont valables.

Meubles & immeubles donnez par pere & mere & autres aſcendans, à leurs enfans & décendans, ſont réputez donnez en avancement d'hoirie.

Pere & mere en mariant leurs enfans, & leur faiſant quelques avantages en faveur de mariage, peuvent convenir que le ſurvivant deſdits pere & mere joüira de la portion hereditaire de l'enfant Donataire dans tous les biens meubles, acquêts & Propres du prédecedé, ſi mieux n'aime le Donataire rendre au ſurvivant la moitié de ce qu'il a reçû en faveur de mariage.

Et ſi l'enfant Donataire abandonne au ſurvivant de ſes pere & mere la jouiſſance de ſa portion hereditaire, ledit ſurvivant ſera tenu raporter à la décharge dudit Donataire ce qu'il a recû en avancement de la ſucceſſion du prédecedé, ou moins prendre, & la quitter des arrerages & interêts des dettes paſſives és autres charges de la ſucceſſion.

Le Donataire univerſel de quotité ou particulier

n'eſt tenu des dettes du donateur qu'à proportion & juſques à la Concurence de la valeur des biens dont il a amendé, pourvû qu'il ait fait inventaire des meubles, titres & papiers qui luy ont été delaiſſés, ſans qu'il ſoit obligé de prendre des lettres de Benefice: l'uſage deſquelles nous avons abrogé & défendu par ces preſentes.

Les donations entre vifs faites par les étrangers, bâtards, & ceux qui n'ont point d'heritiers legitimes, valent pour la totalité des biens du Donateur, même dans les Coûtumes eſquelles les donations entre vifs ſont rétraintes à certaine qualité de quotité de biens.

Le mary ne peut diſpoſer par Teſtament des biens de la Communauté qu'à proportion de la part qu'il eſt fondé de prendre en icelle, mais il peut donner entre vifs la totalité d'iceux à telle perſonne que bon luy ſemble, autres que ſes parens.

On peut donner la totalité d'un heritage Propre, ſuppoſé même qu'il faſſe la totalité des Propres, ſcis en une Coûtume qui ne permet la diſpoſition des Propres que pour une certaine quotité, pourvû que les Propres ſcis és autres Coûtumes ſoient ſuffiſans pour parfournir les portions entieres des Propres qui doivent être réſervées aux heritiers ſuivant la diſpoſition de chacune Coûtume.

Mais celuy qui a des Propres paternels & maternels, ne pourra diſpoſer de chacune eſpece d'iceux qu'à proportion de ce qui luy eſt permis par les Coûtumes où ils ſont ſcituez.

Les Donations faites par Contract de Mariage aux enfans à naître d'iceluy, sont valables & n'ont besoin d'acceptation.

Toutes les donations qui comprennent la quatriéme partie des biens du Donateur & au dessus, demeurent révoquées de plein droit par la naissance du premier enfant qui survient au Donateur depuis la donation, supposé même que la donation soit faite par Contract de mariage autre que celuy du Donateur, nonobstant toutes dérogations expresses & tacites, & autres conventions contraires: Et si l'enfant qui a donné cause de ladite révocation décede du vivant du Donateur ou du Donataire, ou l'un d'eux, la donation ne reprend sa force & vigueur.

Si lors de la donation le Donateur a des enfans naturels qui soient depuis legitimez par le moyen du mariage fait entre leur pere & mere, du moment dudit mariage, les donations faites auparavant par leur pere & mere du quart de leurs biens & au dessus en faveur d'autres personnes, demeurent aussi revoquées de plein droit.

Les donations faites par Contract de mariage demeurent aussi nulles de plein droit, si le mariage ne s'est point ensuivy.

Les avantages & donations faites entre les futurs époux depuis le Contract de mariage sont nulles, & pareillement les donations faites entr'eux avant le Contract de mariage, si elles ne sont confirmées par ledit Contract.

Les

Les donations faites à ceux qui aspirent à l'Ordre de Prêtrise, pour leur tître Presbiteral, seront insinuées, à peine de nullité.

Des Donations à cause des secondes Nopces.

LA femme Veuve ayant un ou plusieurs enfans, ou enfans de ses enfans, ne peut donner directement ou indirectement par le Contract du second mariage, ou autrement, entre vifs, ou par Testament, pour quelque cause que ce soit, à son second mary ny à ses enfans issus des précedens mariages, pere & mere & autres parens dudit mary, de ses biens, meubles & immeubles, propres ou acquêts, plus grande portion que celle dont l'un des enfans de la Donatrice amendera de sa succession.

La réduction de la donation sera faite eû égard aux biens & au nombre des enfans que la Donatrice aura lors de son décez, tant du premier lit que des autres mariages suivans.

Si lors du décez de la Donatrice tous ses enfans du premier degré sont décedez, & qu'aucun d'eux ait laissé des enfans, la donation sera réduite à la portion personnelle que chacun des petits enfans prendra dans la succession de leur ayeule.

Mais si aucun des enfans du premier degré sont vivans, & les petits enfans issus des autres enfans prédecedez, admis par representation de leurs pere &

mere à la succession de leur ayeule, en ce cas la réduction sera faite sur le pied des portions que les enfans au premier degré, & chacune branche des petits enfans prendront dans la succession de la Donatrice.

Et s'il se trouve de l'inégalité entre les portions des enfans & petits enfans en chacun des cas cydessus exprimez, la donation faite au second mary sera réduite à raison de la portion de celuy des enfans ou petits enfans issus du premier lit, ou du second lit, qui amendera le moins des biens de la Donatrice.

Et neanmoins si aucun desdits enfans ou petits enfans avoit moins que la legitime, la donation sera réduite à proportion de la legitime, supposé même que le suplément d'icelle ne soit point demandé par celuy qui ne l'auroit entiere.

Si tous les enfans du premier lit décedent du vivant de la mere, on ne demande point la réduction de la donation faite au second mary ; les enfans du second mariage ne pourront de leur chef requerir ladite réduction.

Ce qui sera retranché des avantages faits au second mary sera divisé également entre le mary Donataire & les enfans du premier & du second lit, en telle sorte que le second mary prenne autant que l'enfant qui aura le moins dans les biens de la Donatrice.

Entre les enfans qui font nombre pour régler la portion du second mary, ne sont compris ceux qui ſont décedez ou qui ont fait vœu de Religion du vivant de la mere ; n'y pareillement ceux qui ſont exclus de ſa ſucceſſion par indignité, incapacité, exheredation ou excluſion de la Coûtume.

Les enfans du premier lit qui auront demandé leur legitime ou le ſupplément d'icelle ſur les biens de leur mere, ne pourront requerir la réduction des avantages faits au ſecond mary, ſinon entant qu'ils feroient préjudice à la legitime.

Et s'ils renoncent à la ſucceſſion de leur mere ils pourront demander que les Donations & avantages faits au ſecond mary ſoient déclarez communs & partagez entre luy & les enfans du premier & du ſecond lit qui ſe trouveront vivant lors du décez de la mere, pourront entrer en ordre d'hipotecque ſur les immeubles de la mere par concurrence, chacun pour ſa portion du jour du Contract de donation.

Les donations faites aux enfans nez & iſſus du ſecond mariage, ne tombent dans la prohibition ſuſdite.

Mais celles faites par le Contract du ſecond mariage, ou autre diſpoſition précedente ou ſubſequente aux enfans à naître dudit mariage, ſont reductibles comme les avantages faits au ſecond mary.

Au nombre des donations & avantages faits aux ſeconds maris, n'entrent les preſens, dons & avantages faits au mary par les parens de la ſeconde femme. Mais entre leſdits avantages ſont compris les avantages, les préciputs & gains de ſurvie, de qualité qu'ils ſoient accordez au ſurvivant.

Les donations mutuelles & égales, & tous autres avantages faits par le Contract du ſecond mariage, ou par des diſpoſitions particulieres entre vifs & teſtamentaires, ou autrement, en quelque maniere ou pour quelque cauſe que ce ſoit, même le Droit de Communauté & de Societé és païs où elle n'a point de lieu, & lors que le ſecond mary en tire avantage & les conventions extraordinaires faites en faveur du ſecond mary, pour le Reglement de la Communauté és Coûtumes où elle eſt reçûë.

Les ameubliſſemens des Propres & acquêts pour entrer dans les Communautez de biens où elles ſont reçûës, & dans les Societez contractuelles entre mary & femme, ſuppoſé même que la convention ſoit égale & reciproque.

Et à l'égard des meubles & effets mobiliers qui appartiennent à la femme paſſant en ſecondes Nopces, ils tiendront nature de Propres & ſeront repris & diſtraits de la Communauté & Societé contractuelle ſans autre convention, à la reſerve de la ſixiéme partie d'iceux, qui pourra entrer en ladite Communauté & Societé, pourvû que dans le Contract de mariage n'y ait point de convention portant réduction de l'ameubliſſement à une moindre ſomme ou quotité qu'avant la celebration du mariage, inventaire exact & fidelle ſoit fait de la totalité des meubles & effets mobiliers, tîtres & papiers de la femme; que le mary de ſa part porte dans la Communauté & Societé des meubles & effets mobiliers de pareille valeur, & qu'aprés la dissolution de la Communauté & Societé la femme & ses enfans ayent la faculté en renonçant de prendre franchement & quittement ce qui aura été porté en icelle de la part de la femme.

Si par le Contract du second mariage il est stipulé que la femme payera separément les dettes par elle contractées auparavant ; en ce cas tout ce qu'elle aura porté dans la seconde Communauté de ses meubles & effets mobiliers entrera au nombre des avantages faits au second mary.

Et ce qui a été ordonné cy-dessus touchant les femmes Veuves qui se remarient, sera aussi executé contre les maris lesquels ayant des enfans d'un premier lit passent en des secondes Nopces : Et contre les uns & contre les autres pour les avantages faits par ceux qui s'engagent en des troisiéme & autres mariages.

Dans les donations faites par les maris en faveur des femmes qu'ils épousent en secondes Nopces, ou autres Nopces, outre les préciputs, gains & survie, droit de Societe & de Communauté de biens és lieux où elle n'est point donnée par la Loy ou par la Coûtume ; & les conventions extraordinaires de la Coûtume, ameublissemens & autres avantages cy-dessus exprimez. Outre sont compris entre lesdits avantages l'augment du Dot en païs de Droit écrit, & les Doüaires préfix en païs Coûtumiers, lors que le mary ne possede aucuns immeubles lors du second mariage.

Et s'il en a le Doüaire préfix est réputé avantage, & en ce qu'il excede le Doüaire Coûtumier, eu égard à ce que l'usufruit de l'augment du Dot, & le Doüaire préfix ou l'excedant d'iceluy peut valoir, à raison de l'âge de la femme au jour du décez du mary.

Les pere & mere qui passent en secondes Nopces sont tenus de reserver à leurs enfans issus du premier mariage tous les biens meubles & immeubles acquis au pere par les dons & liberalitez de sa premiere femme, & à la mere par les dons & liberalitez de son premier mary.

Au nombre desdits Dons & liberalitez sont compris les gains de survie, les donations mutuelles & égales, & tous autres avantages faits par le Contract du second mariage, ou par des dispositions particulieres entre vifs & Testamentaires ou autrement, en quelque maniere ou pour quelque cause que ce soit les ameublissemens des Propres & acquêts; & pareillement les meubles & effets mobiliers mis en Communauté au cas & en la maniere cy-dessus exprimée, le droit de Societé & Communauté accordé és lieux où elle n'est point reçûë, les conventions extraordinaires pour le réglement de la Communauté Coûtumiere, les augments de Dot & Doüaire donné en proprieté, & non les presens des Nopces & autres si aucuns ont été faits durant le mariage à celuy qui a survécu par les parens du prédecedé.

Et pour le préciput accordé au survivant sur les biens de la Communauté Coûtumiere ou conventionnelle, il doit aussi être réservé & rendu aux enfans du premier lit pour le pere survivant, seulement pour moitié, quand les enfans ont accepté la Communauté, & par la mere survivante, aussi pour la moitié lors qu'elle a pris la Communauté, & pour le préciput entier lorsqu'elle a rénoncé à la Communauté, & que le préciput luy a été accordé audit cas de rénonciation.

Les avantages que les pere & mere passans en secondes Nopces, ou autres Nopces, sont obligez de réserver à leurs enfans issus des précedens mariages, appartiennent pour le tout aux enfans qui se trouvent vivans lors du décez du pere ou mere Donataire, & aux décendans des autres enfans qui sont décedez auparavant, pour être partagez entr'eux par souches, privativement aux enfans qui sont décedez sans enfans du vivant du Donataire.

Les biens donnez par le pere à la mere qui a depuis passé à de secondes Nopces, sont considerez és personnes des enfans du premier lit comme paternels, & ceux donnez par la mere au pere qui a passé à des secondes Nopces comme biens maternels; & neanmoins ils retournent & sont acquis ausdits enfans, encore qu'ils renoncent aux successions de leur pere & mere.

Pour la reprise & réstitution des choses données les enfans ont hypoteque sur les biens du pere ou de la mere, qui en doit faire la restitution du jour du décez du Donateur.

PRÆTERMISSA.

EXaminez ſi dans les Arrêts il a été pourvû ſur les queſtions ſuivantes.

Si l'inſinuation des donations ſimples des biens preſens & à venir, & des donations mutuelles faites aux lieux de la ſcituation des immeubles qui appartenoient au Donateur au temps de la donation, eſt ſuffiſante pour les acquiſitions poſterieures.

Et dans quel temps l'inſinuation, ſuppoſé qu'elle ſoit jugée neceſſaire, doit être faite pour les acquêts poſterieurs à la donation.

Pour l'interruption de la preſcription des cinq années pour les arrerages des rentes conſtituées à prix d'argent, l'Ordonnance requiert une demande judiciaire; ce qui ſemble juſte, quoique l'uſage ſe contente d'un ſimple Exploit de commandement. Et on pourroit ajoûter la preſence de deux Records, avec expreſſions de leurs noms, ſurnoms, qualitez & domiciles, & la ſignature deſdits Records, tant en l'Original qu'en la Copie; à peine de nullité.

Et que l'Exploit ſoit ſuivy de procedures & d'une condamnation contradictoire, ou par defaut bien & dûëment, par un Exploit ſigné de deux Records: comme deſſus.

Aviſer ſi on preſcrira le temps pour obtenir la Sentence & pour la faire ſignifier; & ſi la ſignification ſera neceſſaire pour les Sentences contradictoires.

Si en

Si en consequence de la donation faite à un particulier avant son mariage, des biens presens du Donateur, & de ceux qu'il aura au jour de son décez, les acquêts faits par le Donateur durant le mariage du Donataire, & qui sont échûs au Donataire par le décez du Donateur arrivé durant le mariage même, doivent entrer en sa Communauté. D'une part on peut dire que la donation des biens presens & à venir contient en effet deux donations, l'une des biens presens & l'autre des biens à venir, qui n'ont rien de commun, en telle sorte que la premiere peut être conservée en abandonnant la derniere; & partant la donation des biens à venir ayant pris son effet, & les acquêts compris dans la même donation se trouvant faits durant la Communauté du Donataire.

D'autre côté il faut considerer que le titre de l'une & de l'autre donation est anterieure au mariage & à la Communauté du Donataire.

La donation faite à un des conjoints avant le mariage, au cas qu'il survive le Donateur, entre dans la Communauté, au cas que le Donateur décede durant le cours d'iceluy.

DES TESTAMENS en païs Coûtumier.

IL n'y a aucune matiere qui produisent tant de Procez que celles des dispositions Testamentaires, pour lesquelles consequemment il importe d'établir certaines régles generales.

Il n'y a aucune Coûtume qui n'ait une forme particuliere pour la solemnité des Testamens, de maniere qu'une personne qui se trouve hors le lieu de son domicile & ne peut sçavoir la forme des Testamens observée au lieu où il se rencontre, est contraint de confier à un Nottaire de Village, le plus souvent fort ignorant, l'état de la validité de sa disposition; & si les limites d'un Bailliage ou Senechaussée sont contentieux, comme cela se rencontre encore aujourd'huy pour quantité de Villages scis entre les villes de Paris & Meaux, dont la Coûtume n'est pas encore certaine, on ne sçait qu'elle forme prendre pour faire un Testament valable.

C'est pourquoy il sembleroit à propos d'ordonner une ou deux formes generales pour tous les Testamens des Païs Coûtumiers.

Hors la ville & fauxbourgs de Paris, un Nottaire & Tabellion, & certain nombre de Témoins; & dans la ville & Fauxbourgs de Paris, deux Nottaires auſquels à cauſe du peu de fidelité d'aucuns Nottaires on pourroit ajoûter un ou deux Témoins.

La Coûtume de Paris & quelques autres permettent au Curé de la Paroiſſe du lieu de recevoir les Teſtamens, & quelques-unes donnent le même pouvoir à ſon Vicaire, avec cette condition qu'autant que les Vicaires reçoivent aucun Teſtament ils prendront des Lettres de Vicariat par écrit, & les feront regiſtrer au Greffe Royal où en la juſtice ordinaire du lieu; à quoy ils n'ont jamais voulu obeïr: & neanmoins on a eû pour eux cette indulgence que de confirmer les Teſtamens par eux reçûs.

Aviſer s'il n'eſt pas à propos de renouveler cét Article, même d'obliger les Curez de faire regiſtrer leur acte de priſe de poſſeſſion, afin que leur pouvoir ſoit certain & aſſuré, & à faute de ce faire caſſer les Teſtamens qui ſeront par eux reçûs ſans aucune exception, pour quelque cauſe que ce ſoit, ſi ce n'eſt que des à preſent on trouve plus à propos de retrancher ce pouvoir aux Curez & aux Vicaires.

L'Article 289. de la Coûtume de Paris requiert que les Témoins Teſtamentaires ſoient mâles, âgez de vingt ans accomplis & non Legataires, leſquelles qualitez ſemblent juſtes & neceſſaires, auſquelles on pourroit ajoûter quatre autres conditions; ſçavoir.

Qu'ils ne ſoient domeſtiques n'y parens au quatriéme degré du Teſtateur, n'y des Legataires, n'y Religieux ou portant l'habit de religion, qu'ils ſçachent ſigner & ſignent actuellement le Teſtament.

Les précautions de dicté, nommé & relû, & les expreſſions des mots ſans ſujettion, & les autres ſolemnitez ſemblables, requiſes par aucunes Coûtumes, ont été inventées à bonne fin, mais elles ſont devenuës inutiles par la malice des hommes, car dans les Teſtamens faux, ſuggerez & étudiez, on n'oublie jamais les ſolemnitez neceſſaires, & au contraire il arrive ſouvent qu'elles ſont obmiſes par l'impericie ou négligence de ceux qui reçoivent les Teſtamens legitimes & faits de bonne foy.

Mais la principale & plus ſeure précaution contre les ſujettions des Teſtamens ſeroit de rejetter tous les Teſtamens faits durant la derniere maladie; car il eſt arrivé que des malades qui avoient le cerveau préoccupé, ont dicté des Teſtamens comme s'ils euſſent eû le cerveau abſolument libre, & neanmoins étans venus en convaleſcence n'avoient aucune memoire de ce qu'ils avoient fait.

Et ce qui eſt plus frequent & ordinaire un malade accablé de mal eſt obſedé par ſes domeſtiques ou par d'autres perſonnes parentes & étrangeres, & preſſé avec tant d'inſtance, que pour ſe delivrer de leurs importunitez frequentes & prendre le temps de penſer à ſa conſcience, ou pour l'apprehenſion en cas de refus d'être privé des ſecours dont il a beſoin, il eſt contraint de diſpoſer en la forme que l'on deſire, ce qui eſt fort éloigné de l'intention des Loix, leſquelles deſirent en cette occurence *certum animi judicium.*

Et aſſez ſouvent c'eſt un amy ou Confeſſeur qui reçoit la diſpoſition de la bouche du malade, & la porte au Nottaire qui écrit ſur la table, en telles formes & ſous telles conditions que celuy qui dicte au Nottaire juge à propos. Et cependant on ferme la porte de la chambre, & l'entrée du logis eſt interdite à tous ceux qui ſont ſuſpects à ceux qui ont pratiqué le Teſtament.

Et ce qui eſt plus important on a veu depuis vingt ans dans Paris deux Teſtamens conſiderables, que l'on ſçait avoir été faits & dreſſez aprés la mort du Teſtateur, par la corruption & facilité des Nottaires, & la déclaration feinte de la part du Teſtateur de ne pouvoir ſigner à cauſe de ſon indiſpoſition.

La Coûtume de Normandie, qui communément eſt appellée la Sage Coûtume, réprouve les Teſtamens s'ils ne ſont faits trois mois avant le décez du Teſtateur, & ſi ce temps ſemble trop long, on peut le réduire à quarante jours, qui eſt le temps définy par la Loy, pour remarquer l'état de la derniere maladie, où à tel autre temps que l'on jugera à propos.

Et ſi on objecte que pluſieurs ont de la peine de penſer à la mort & à une diſpoſition de derniere volonté, lors qu'ils ſont en pleine ſanté, on peut répondre que les Teſtamens ne ſont point neceſſaires, & que la Loy en fait pour ceux qui n'en font point. Et d'ailleurs quand la Loy ſera faite chacun pourvoira de bonne heure à l'execution de ſes volontez;

& s'il ne le fait, on luy peut imputer avec la Loy *quare se ita aretavit.*

Et pour les Testamens faits en santé, pourvoir à ceux des personnes qui ne sçavent signer ou qui ne le peuvent faire par quelque accident de maladie ou quelque autre empêchement, & apporter en ce cas quelques solemnitez & précautions surabondantes qui puissent empêcher les supositions des personnes, & les autres surprises dont on peut user en cette rencontre.

Les Testamens Holographes passent pour Droit commun au païs Coûtumier, & ont été reçûs par divers Arrêts dans les Coûtumes qui n'en disposent point.

Mais si on juge à propos de régler un temps certain avant le décez pour faire un Testament, aviser s'il seroit à propos d'assujettir ces Testamens Holographes à quelques reconnoissances.

La Coûtume de Normandie qui reprouve toutes sortes de Testamens, s'ils ne sont faits trois mois avant le décez, n'a point aporté de précaution contre l'antidate qui peut être faite en un Testament Holographe, pour gagner le temps de la Coûtume.

Et si on objecte que difficilement durant le cours d'une derniere maladie un particulier peut écrire de sa main le texte d'un Testament, on répondra que l'on a vû plaider en l'Audience de la Grand' Chambre l'espece d'un Testament Holographe qui ne contenoit autre chose : Je fais un tel mon legataire universel ; fait le tel jour.

Il n'y a à preſent aucun Teſtament, quoi que légitime & revêtu des ſolemnitez neceſſaires, qui ne ſoit debattu, & traverſé par une infinité de conteſtations avant que les Légataires puiſſent obtenir la délivrance de leurs Legs. Et afin de pourvoir à ces longueurs & à ces conteſtations, aviſer s'il ſeroit à propos d'établir une maniere de miſſion en poſſeſſion, & à cette fin permettre aux executeurs du Teſtament au nom des Légataires particuliers, & aux Légataires univerſels *per modum quoti vel certi generis bonorum*, de faire aſſigner les heritiers legitimes, & en cas d'abſence le Procureur du Roy ou Fiſcal, à comparoir dans trois jours par devant le Juge ordinaire en ſon domicile, & ſur le premier défaut, ou tout au plus tard ſur le ſecond, donner la proviſion pour le Teſtament à la caution juratoire des Légataires, ou bien en baillant caution ſi le Juge le trouve à propos, ſuppoſé même que le Teſtament ſoit debattu de faux, ſi ce n'eſt qu'il ſe trouve dans le Teſtament une nullité évidente pour laquelle il y ait lieu de joindre la proviſion au principal; le tout ſans attendre les délais ordinaires pour la preſentation des Procureurs, n'y que l'on puiſſe pour le fait de ladite miſſion en poſſeſſion, ſe ſervir de la miſſion en poſſeſſion.

Et pour ce que depuis les dernieres années & dans les pourſuites faites pour l'execution des Teſtamens, & la délivrance des Legs, on a commencé dés l'entrée de la cauſe à prendre des Lettres d'examen affutur, & de faire oüir des Témoins pour préparer des preuves testimonales contre les Testamens, il sembleroit à propos de défendre l'éxamen affutur dans les causes des Testamens, sauf en exàminant l'affaire au principal & autre connoissance de cause ajuger si la preuve des faits articulez de part & d'autre est recevable ou non.

Institution d'heritiers est necessaire pour la validité d'un Testament és païs de Droit écrit, & quand elle est faite en païs Coûtumier; elle vaut par forme de Legs jusqu'à la quantité des biens dont le Testateur peut disposer par les Coûtumes.

Les formes prescrites par le Droit Romain pour les solemnitez des Testamens Mytiques & Mucupatifs & pour les Codiciles sont justes, & il n'est point à propos d'y toucher, au contraire on les peut confirmer & approuver par l'authorité du Roy.

Les Testamens contiennent les institutions d'heritiers & toutes autres sortes de dispositions, & la presence de sept Témoins est necessaire, & les Codiciles sont reçûës pour les autres dispositions, à la réserve de l'institution d'heritier, & le nombre de cinq Témoins est suffisant.

Mais pource que les clauses Codicillaires, expresses ou tacites, inserées dans les Testamens, on les convertit en Codicilles, & par termes Précaires & obliques, on admet dans les Codicilles des institutions d'heritiers par maniere de Fidei commis, ce qui produit souvent des Procés sur la qualité & sur les effets desdites clauses Codicillaires & Fidei commissaires, on pourroit ordonner.

Que les Testamens contenans des institutions d'heritiers ne seront valables s'ils ne sont faits en presence de sept Témoins, nonobstant toutes les clauses Codicillaires & autres qui pourroient y être inserées.

Et que les Codicilles n'auront effet que pour des Legs particuliers, nonobstant les clauses Fidei commissaires qui pourront y être ajoûtées.

Le Testament Mystic & secret doit être redigé par écrit, mais le Testament Nuncupatif étoit valable *etiam sine scriptura*, & cela a été ainsi observé en France avant l'Ordonnance de Moulins, qui a rejetté la preuve par Témoins pour toutes choses au dessus la somme de cent livres; & en ce temps-là aprés le décez du Testateur on assembloit devant le Juge les Témoins qui étoient vivans, & sur leur raport on arrêtoit les dispositions qui avoient été faites par le Testateur; mais cette forme de disposer qui étoit dangereuse & sujette à beaucoup de surprises & suppositions a été corrigée, & les Testamens Nuncupatifs ont été rédigez par écrit & signez des Témoins Testamentaires.

Et pource qu'il reste quelques lieux particuliers esquels on prétend encore faire valoir l'ancien usage des Testamens Nuncupatifs *sine scriptis*, il semble à propos & necessaire d'abroger cét usage par une Loy expresse.

Par le Droit Romain le Legataire peut être Témoin dans le Testament qui contient le Legs fait à son profit, d'autant que dans les Testamens on consideroit principalement l'institution d'heritiers & fort peu les Legs particuliers : Et pource qu'il est dangereux de confier la Foy & la solemnité d'une disposition aux personnes qui en peuvent tirer avantage, il semble juste de rejetter le témoignage des Legataires, & de n'admettre pour Témoins dans les Testamens tant en païs de Droit écrit qu'en païs de Coûtume, que ceux de la qualité cy-dessus exprimée en l'Article trois.

Pour l'âge de faire Testament il est réglé par le Droit pour les mâles à quatorze ans & pour les femelles à douze ans ; ce qui étoit tolerable entre les Romains qui étoient si jaloux de leur liberté & de l'execution de leurs volontez. Mais en France où nous considerons fort les heritiers légitimes, c'est un âge bien foible & susceptible de toutes sortes d'impressions & peu capable de faire le choix de ses heritiers.

Même pour les anciens Propres, par lesquels il semble que l'âge de vingt-cinq ans est necessaire.

Et pour les meubles & acquêts l'âge de vingt ans accomplis.

Il y a deux autres occurences qui forment tous les jours de nouvelles matieres de Procez, & dans lesquelles on peut dire avec verité que l'on interprette la disposition du Testateur contre sa propre volonté.

La premiere vient de la régle qui dit qu'une même personne ne peut décider *pro parte testatus & pro parte intestatus*, de maniere qu'avenant le prédécez de tous les heritiers instituez, celuy qui a été institué en une somme particuliere emportera l'heredité entiere; & il s'est vû au Parlement un Procez sur le sujet d'un Testament fait en la ville d'Aurillac, païs de Droit écrit d'Auvergne, par lequel un particulier qui avoit sept enfans les avoit tous instituez en des portions inégales, avec clause de substitution vulgaire entr'eux. Il avoit deux Oncles & quatre Neveux issus de deux freres ausquels il n'avoit rien donné, mais il avoit laissé à une petite Niéce la somme de quarante livres à tître d'institution particuliere. La Contagion s'étant mise dans la maison du Testateur les sept enfans moururent avant le pere : Et ensuite le pere étant décedé la petite Niéce en qualité d'heritiere Testamentaire emporte l'heredité entiere à l'exclusion des Oncles & des Neveux, à quoy le Testateur n'avoit jamais porté sa pensée.

Et l'autre cas procede du Droit d'accroissement, par lequel entre plusieurs qui sont conjoints *re & verbis portiones deficientium vel nocentium*, passent aux autres par Droit d'accroissement, encore que le Testateur ne l'ait point ordonné. Aviser s'il seroit à propos d'ordonner que les portions particulieres qui deviendront caduques par le prédécez ou refus d'aucuns des hommes instituez, ou des Legataires, demeureront aux hommes legitimes à l'exclusion des autres instituez & Legataires, lesquels se contenteront des portions qui leur ont été ordonnées par le Testament.

Suite des Testamens pour les païs de Coûtume.

EXaminer dans les cahiers des propositions & Arrêts si on a reglé les portions des propres, dont les Coûtumes permettent de disposer à cause de mort.

Et si les décisions suivantes, qui sont toutes fondées sur des Arrêts, y sont entieres.

Es Coûtumes qui rétraignent les dispositions des propres faites entre vifs ou à cause de mort, à une portion desdites propres.

On peut donner & léguer le Corps entier d'un propre, pourvû que les autres propres trouvez dans la succession du Donateur ou Testateur, soient suffisans pour remplir la valeur des portions des propres, dont les Coûtumes interdisent la disposition.

On peut aussi donner & léguer tous les propres scituez en une Coûtume, pourvû que dans les autres Coûtumes il se trouve des propres suffisans pour fournir autres hommes les portions de tous les propres, dont la disposition est prohibée par les Coûtumes.

La totalité des propres paternels & maternels peut aussi être donnée & léguée, pourvû que dans les propres de l'autre ligne les hommes trouvent la valeur des portions de tous les propres qui leur sont reservez par les Coûtumes ; mais en ce cas, les hommes de la ligne des propres, dont le Donateur ou Testateur a disposé, doivent prendre sur les propres de l'autre ligne la récompense de la portion de leurs propres, qui sont entrez dans la disposition au delà de ce qui est permis par la Coûtume.

Il semble à propos, & même necessaire, de régler si les immeubles scis en païs de Droit écrit, ou en Coûtume, qui donnent la liberté de disposer de tous les propres étans avenus par succession ou disposition en ligne directe, ou par les autres voyes qui font & établissent les propres de ligne, doivent être compris dans la masse des propres pour régler la disposition des autres propres.

Jusqu'à present je n'ay point vû que cette prétention ait été jugée par Arrêts, n'y même icelle ait paru en Justice, & même il semble qu'elle est contraire à l'Article suivant qui a été tiré de la Jurisprudence des derniers Arrêts.

Si le Donateur ou Testateur a disposé de tous les propres scis és Coûtumes qui en rétraignent la disposition, ou de partie d'iceux au delà de ce qui est permis par lesdites Coûtumes, le Donataire & Légataire ne pourra demander sur les meubles & acquêts la récompense de ce qui sera retranché de la disposition des Procez.

Celuy qui ne laisse aucun parent capable de recueillir la succession, peut disposer entierement entre vifs & par Testament de tout ses propres au préjudice du Roy & du Seigneur Haut-justicier, nonobstant la restriction ordonnée par la Coûtume de la scituation d'iceux.

La disposition de la totalité des propres est pareillement licite nonobstant la prohibition de la Coûtume, lors qu'ils sont donnez ou léguez à tous ceux qui étoient capables de les recuellir à tître successif, sans que les parens en degré plus éloigné, ou ceux du même degré qui sont exclus par la Coûtume de la succession des biens dont on a disposé, puissent se plaindre du Legs & Donation, n'y en demander la réduction.

Mais s'il n'y a aucuns parens de la ligne, d'où viennent les propres, l'heritier des meubles & acquêts qui est apelé par la Coûtume à la succession des propres peut demander la réduction de la Donation & du Legs d'iceux, s'ils excedent la portion dont la Coûtume permet, la disposition.

Des substitutions Fidei commissaires.

PAr l'Article cinquante neuf de l'ordonnance d'Orleans du mois de Janvier 1560. verifiée au Parlement, toutes les substitutions qui seroient faites à l'avenir ont été réglées à deux degrez aprés l'institution & premiere disposition, icelle non comprise.

Et par l'Article cinquante-sept de l'Ordonnance de Moulins du deux Decembre 1560. verifiée au Parlement le vingt-trois du même mois, les substitutions faites avant l'ordonnance d'Orleans ont été rétraintes au quatriéme degré outre l'institution.

L'une & l'autre Ordonnance parlent des substitutions faites tant par des Testamens que par des Contracts entre vifs. Mais on a demandé si pour régler les Fidei commis à deux ou quatre degrez il faut considerer la datte de l'acte qui contient la substitution, ou le temps auquel a commencé la jouissance du Donataire ou institué qui a été chargé de substitution.

On demeure d'accord dans les Parlemens des Provinces de Droit écrit, que la plus longue durée de Fidei commis doit être terminée à quatre degrez au delà de l'institution, mais il y en a peu qui aprouve les deux degrez de l'Ordonnance d'Orleans.

Et au Parlement de Bordeaux les quatre degrez sont recûs pour les maisons illustres & Nobles, & les deux degrez entre roturiers, ce qui desire un Reglement.

Au Parlement de Toulouse on compte les degrez par génération, de maniere que tous les Freres bien qu'ils recueillent le Fidei commis, successivement les uns aprés les autres, ne sont comptez que pour une tête.

Et d'ailleurs chaque personne fait un degré, ce qui ne reçoit point de difficulté lors qu'un frere est Donataire ou institué, & qu'aprés luy le Fidei commis passe à l'un de ses freres.

Mais si le Fidei commis passe à plusieurs freres l'un aprés l'autre, c'est la difficulté à résoudre.

La question la plus frequente & difficile & celle qui produit plus de Procez, c'est celle des substitutions qui ne sont pas expresses, mais induites par des conjectures de volonté, & entr'autres la condition *si sine liberis*; que l'on convertit en une disposition Fidei Commissaire, avec le concours & assistance d'autres clauses tirées du même Testament, car du moment que l'on parle de conjectures de volonté, chacune des parties se donne la licence de les trouver à son sens, & les Juges peuvent prendre tel party que bon leur semble. C'est pourquoy plusieurs estiment que pour couper racine aux Procez de cette qualité, il seroit bon d'établir suivant les régles & les principes du Droit que la condition ne dispose point, & de n'admettre aucune substitution sinon en faveur des personnes qui sont apelées par une clause ou disposition expresse.

Un Legs fait à un pere & à ses enfans est une disposition expresse & formelle, en consequence de laquelle quelques-uns estiment que la gratification doit être partagée entre le pere & les enfans personnellement & par têtes : d'autres veulent que les enfans dont il est en nom collectif ne doivent être considerez que pour une seule tête, & la plus saine opinion va à dire que les enfans *non concurunt cum patre*, & qu'il en a été fait mention *per modum vulgaris*, au cas que le pere decede avant le Testateur, & aussi *per modum Fidei commissi*, pour obliger le pere de conserver aprés son décez chose leguée à ses enfans.

Mais

Mais si la disposition est faite par une Donation entre vifs qui a un effet present, plusieurs estiment que le pere en doit prendre moitié purement & sans charge de Fidei commis, tous les enfans l'autre moitié. C'est ce qu'il importe de régler d'autant que telles dispositions sont frequentes, & jusqu'à present on n'a point vû de décision certaine sur ce sujet.

L'Ordonnance de Moulins en l'Article cinquante & un, veut que les substitutions soient publiées en jugement à jour de plaidoirie, & enregistrées en Greffes Royaux plus prochains des lieux des demeurances de ceux qui ont fait lesdites substitutions.

Ces termes plus prochains semblent devoir être interpretez du Siége Royal du domicile du Donateur ou Testateur seulement, encore que selon la distance des lieux il paroisse plus éloigné.

Il faut encore faire la Publication judiciaire au Siége Royal de la scituation des terres & heritages compris en la substitution.

Le deffaut de Publication n'anulle pas la substitution en faveur de celuy qui est chargé de substitution & de ses heritiers au préjudice des substituez, attendu que la diligence de la Publication doit venir de sa part & non pas des substituez, qui bien souvent ne sont pas encore au monde.

Mais l'obmission de la Publication sert aux étrangers qui ont acquis de bonne foy des instituez & premiers substituez, ou leur ont baillé leur argent, sans avoir eu connoissance de la charge de Fidei commis.

Ce qui cause plus de Procez sont les distractions proposées de la part de ceux qui doivent faire la restitution du Fidei commis.

En quelques Parlemens on juge qu'en attendant la liquidation des détractions, celuy qui doit faire la restitution doit demeurer saisi, & en d'autres on donne la provision au substitué.

La détraction des deux quarts étoit inconnuë en Droit, & est une invention des Canonistes, laquelle neanmoins a passé en usage commun contre les maximes du Droit Civil.

Pour la légitime elle ne peut être contestée, non plus que le remboursement des dettes passives.

Mais si l'heritier ou Donataire, chargé de substitution, ne fait point d'inventaire, il semble avoir tacitement renoncé à la détraction de la legitime.

Et en effet il ôte les moyens au substitué de verifier la répletion de la legitime.

Quelques-uns ont estimé plus à propos pour faire cesser les differens frequens qui sont trouvez tous les jours & ne peuvent être éclaircis qu'avec beaucoup de temps & de frais, sur le sujet des détractions de rétraindre les Fidei commis aux seules terres & fonds d'héritages, & de laisser tous les meubles & les rentes constituées pour acquiter les charges de la succession.

Si ce n'est en tout cas que dans les deux mois, à compter du jour du décez de celuy qui a fait ce Fidei commis, l'institué n'ait fait un inventaire exact & entier avec le Procureur du Roy du Siége du domicile du deffunt, de tous les meubles & effets mobiliers, tîtres & papiers de la succession, contenant aussi la prisée des meubles : lequel inventaire sera fait par devant un Notaire, en presence de deux Témoins, dont il sera laissé minutte chez le Nottaire signée de luy, du Procureur du Roy & des autres parties interessées, si aucune y a, & une expedition d'iceluy laissée au Greffe du même Siége, & que dans le même inventaire l'institué fasse sa déclaration qu'arrivant l'ouverture du Fidei commis il demande le remboursement des charges de la succession, desquelles il sera aussi fait mention dans l'inventaire, du moins de celles qui seront lors apparentes.

Les fruits perçûs par l'institué avant l'ouverture du Fidei commis ne diminuent point la légitime en directe, mais ils l'imputent sur la quarte Falcidie Trébellianique qui se levent sur les Fidei commis en collateralle & par les étrangers.

La quarte Falcidie dûë sur les Fidei commis peut être prohibée par le Testament, & par la Donation qui contient le Fidei commis.

Abroger les légitimes des graces qui se donnent en quelques Parlemens au profit des premiers substituez en ligne directe, si ce n'est que l'on veuille un Droit general & commun par tout.

Quand & comment les biens substituez peuvent être affectez aux conventions matrimoniales des femmes.

En la cause de Tournon deffunt Monsieur Talon Avocat general soûtint qu'en chacun des degrez l'hipotecque des femmes étoit recevable, & neanmoins jusqu'alors cette hypotecque n'avoit lieu qu'au premier degré en faveur de la femme de l'institué ou Donataire.

Et de plus cela a toûjours été rétraint à la restitution de la Dot & Donation à cause des Nopces, qui répond au doüaire que l'on donne aux femmes en païs Coûtumier.

Et par les derniers Arrêts on y aura encore ajoûté les bagues & joyaux, & le reste du gain de survie.

De la légitime des enfans.

EN Droit écrit la légitime est réglée au tiers ou à la moitié des biens des pere & mere, selon le nombre des enfans.

Laquelle proportion a été blamée par plusieurs Docteurs, à cause de l'inégalité qui s'y rencontre, car quand il y a six enfans, la portion héréditaire de chacun d'eux devroit être moindre que lorsqu'il n'y a que quatre enfans, & neanmoins la légitime est égale en l'un & l'autre desdits cas, & réduite à une once des biens de la succession.

Et lorsqu'il y a cinq enfans, la légitime de chacun d'eux est d'une once, & du quint en un autre once, & consequemment plus forte que celle du cas de quatre enfans qui ne va qu'à une once.

Mais la proportion établie & réglée par la Coûtume d'Orleans, qui donne la moitié de la portion qui eût apartenu à chacun des enfans si le pere ou la mere n'eussent point de disposé, est plus juste & facile à régler.

Quelques Coûtumes portent expressement que la légitime doit être réglée selon la raison écrite, & les autres n'en disposent point: & celle-cy entr'autres à Senlis & à Troyes, par un usage non écrit, qui est neanmoins certain & constant, on suit la quotité ordonnée par la Coûtume de Paris, dont il est à propos de faire réglement.

Et de finir si en tout le païs Coûtumier on pouroit établir la même legitime, principalement dans les Coûtumes qui ne contiennent aucune disposition pour ce regard.

Pour les Coûtumes de Touraine, Anjou, Maine, Poitou & Angoumois, la légitime consiste aux deux tiers des propres, & en defaut de propres aux deux tiers des acquêts, & s'il n'y a eu propres n'y acquêts à la moitié des meubles.

Et quand les propres sont peu considerables la Coûtume de Poitou permet aux enfans de faire le Cumul, c'est-à-dire de joindre ensemble les propres & les acquêts, & de prendre pour leur légitime le tiers de l'une & de l'autre espece de biens.

Et dans les autres Coûtumes on prétend que ce Cumul est en usage, pour raison dequoy on a vû dans le Palais depuis trente ans grand nombre de Procez sur ce sujet, principalement en Angoumois à cause que la Coûtume de ladite Province ne parle point dudit Cumul, & aussi dans la Coûtume de Poitou, parce que l'Article qui ordonne ledit Cumul y ajoûte certaines conditions qui sont mal expliquées.

Pour régler le nombre des enfans qui doivent être considerez dans la computation de la légitime.

On considere l'état des enfans lors du décez du pere & de la mere respectivement.

Les Religieux Profex qui ont fait profession du vivant des pere & mere, ne font point de nombre.

Les enfans exheredez pour causes justes qui n'ont point été reçûs à partages.

Quid, des enfans condamnez par Coûtumace à la mort, ou à un Bannissement perpetuel.

Les absens dont on n'a point reçû de nouvelles sont réputez morts du jour de l'absence, suivant la Doctrine commune des Arrêts.

Mais pour établir la présomption de la mort, combien faut il de temps d'absence ?

Pour les enfans qui renoncent à la succession *nullo dato*, leurs portions accroissent à l'heredité & ne font point nombre.

Mais ceux qui ont renoncé *aliquo dato*, plusieurs estiment qu'il faut donner le choix aux légitimaires de comprendre les avantages faits aux autres enfans dans la masse des biens sujets à la légitime, & de comprendre les enfans avantagez au nombre des enfans.

Ou bien de rejetter lesdits enfans à cause de leur rénonciation du nombre des enfans, & ne point aussi comprendre dans la masse des biens ce qui a été donné ausdits enfans.

Quand il est question en defaut d'autres biens de prendre la légitime des enfans qui n'ont rien reçû sur les Donations faites aux autres enfans, il semble juste & c'est l'avis commun des Interprettes de nos Coûtumes, & de la salle du Palais, qu'il faut s'adresser aux dernieres Donations qui ont fait l'inoficiosité avant que de toucher aux premieres, lesquelles n'eussent point fait de préjudice aux autres enfans si elles fussent demeurées seules.

Par la Doctrine de l'Arrêt de saint Vaast, & des autres qui ont suivy, les enfans peuvent demander leurs légitimes sur les choses données à leurs freres & sœurs sans faire acte d'heritiers, n'y que ce qui leur est ajugé pour leur légitime soit sujet aux dettes des pere & mere.

Cela ne s'accorde pas avec les principes de Droit, mais l'équité y est toute entiere.

Depuis trente-deux ans la légitime des aînez dans les biens feodaux comprend le préciput & la portion avantageuse toute entiere.

On remarque que dans la Coûtume de Paris &

en plusieurs autres Coûtumes, les Articles qui ont étably les Droits & prérogatives des aînez ne sont point colloquez sous le tître des successions, mais sous le tître des Fiefs comme étant *extra causam bonorum.*

Le premier Arrêt qui a decidé cette question c'est celuy donné pour la terre de Favieres en faveur de Gedeon de Bois-des-Cours ; le pere avoit un fils du premier lit au préjudice duquel par le Contract de son second mariage il donna la terre de Favieres à tous les enfans qui viendroient du second mariage.

Pendant le second mariage le fils du premier lit meurt, & ensuite le pere étant decedé, les enfans du second lit demandent que la terre de Favieres fut partagée également entre les enfans du second lit, & remontrerent que leur frere aîné ne pouvoit contester l'execution d'une Donation faite par le Contract de Mariage dont il étoit issu. L'aîné de sa part accordoit l'execution de la Donation en luy accordant la distraction de sa légitime, pour laquelle il demandoit le Château de ladite terre de Favieres & la moitié au surplus de ladite terre, qui composoit la portion avantageuse qui luy étoit assignée par la Coûtume : Cela fut ainsi jugé par Arrêt donné en la Grand' Chambre de l'Edit sur l'instance, le quatorze Aoust 1629.

Autre pareil Arrêt donné sur instance en ladite Chambre en la Maison de Vie, par lequel la Donation faite aux puînez a été confirmée sans préjudice de la de la légitime de l'aîné, que l'on déclare par le même Arrêt être le Château & sa portion avantageuse dans le reste de la terre.

Cette question fut agitée au Procez de la Maison de Sourdis, en la cinquiéme des Enquêtes, au raport de Monsieur Petau, touchant la Donation de la terre de Mamci faite par Madame de Montagnac, en faveur du Sieur de la Chapelle l'un de ses puînez : Il y avoit des particuliarités en l'affaire, mais on prétend que la question susdite fut agitée & résoluë en faveur de l'aîné.

Enfin la question ayant été traitée en l'Audience de la grand Chambre, elle fut aussi jugée en faveur de l'aîné, suivant les Conclusions de deffunt Monsieur Talon.

Il y a Arrêt donné en la premiere Chambre des Enquêtes, qui a jugé le préciput & la portion avantageuse demandée par l'aîné en qualité d'heritier du pere, préferable au Doüaire Coûtumier demandé par les puînez en vertu de la Coûtume & du Contract de Mariage des pere & mere.

Aviser si on suivra cette Jurisprudence en faveur des aînez, ou si on la changera : mais il importe d'avoir une Loy certaine pour cela.

DES SUCCESSIONS.

CHacune a ses Loix particulieres pour les successions directes & collaterales, & neanmoins il y a des principes generaux lesquels il importe de régler pour servir à toutes les Coûtumes.

C'est une régle generale & commune à toute la France que le mort saisit le vif, son plus proche heritier habile à luy succeder tant en ligne directe que collateralle.

Et neanmoins il semble juste de confirmer & renouveller cette décision pour corriger l'injustice de certaines Coûtumes particulieres qui donnent à l'aîné la Saisine de toute la succession, & réduisent les puînez à se pourvoir par une simple action, laquelle pour l'ordinaire ils sont contraints d'abandonner pour n'avoir dequoy satisfaire aux procedures & parer aux vexations des aînez.

Cette décision est encore importante pour trancher les difficultez qui arrivent souvent en certaines Coûtumes, touchant les successions des enfans aînez ou puînez qui décedent avant partage, & la validité des allienations, hipoteques, & dispositions faites de leur vivant, car en ordonnant qu'ils sont saisis de Droit cela emporte avec soy par une conséquence necessaire la faculté d'aliener, hipotequer, disposer & de transmettre le Droit qu'ils ont par indivis à leurs heritiers légitimes, dont toutefois on pourra faire une expression particuliere.

Sur la concurence des ayeuls, ayeules, dans les successions de leurs petits enfans, avec les freres & sœurs, neveux & niéces du deffunt, en païs de Droit écrit, il se fait une masse de tous les biens d'une succession laquelle se divise par têtes entre les ayeuls & ayeules, & les freres & sœurs des petits enfans décedez, neveux & niéces, mais dans les païs de Coûtume aprés avoir séparé les propres pour les heritiers de la ligne d'où ils sont provenus, & pour le reste des biens qui consistent en meubles & acquêts, il importe de régler à qui ils doivent être baillez & delaissez.

Et afin de faire connoître la conséquence de la question, posons l'espece d'un Marchand ou d'un autre particulier, les biens duquel consistent en droits & effets mobiliers. Il décede laissant plusieurs enfans, & ensuite un ou plusieurs desdits enfans venans à déceder & laissant des ayeuls & des ayeules, & des freres & sœurs, & des neveux & niéces, desquels autres freres & sœurs prédecedez il est certain que suivant la Coûtume de Paris, & quelques autres Coûtumes semblables, l'ayeul & l'ayeule emporteront la succession entiere des meubles & la totalité des acquêts qui peuvent avoir été faits par ceux dont la succession est ouverte, à l'exclusion des freres & sœurs du deffunt, comme étant la ligne directe ascendante préferable à la collaterale ; & en ce faisant leur portion actuelle du travail du pere des deffunts passera du chef de l'ayeul entre les mains des freres & sœurs dudit particulier, à l'exclusion des propres enfans qui se trouvent survivans, & si l'ayeul ou l'ayeule sont du côté maternel, le travail du pere passera à une famille étrangere.

Et on a passé jusqu'à ce point dans le Procez concernant les successions des enfans du sieur Bourlon de l'Artillerie, de prétendre qu'il n'étoit pas au pouvoir de l'ayeule de renoncer aux successions de ses petits enfans, comme étant un avantage indirect fait au préjudice & fraude de la Coûtume, en faveur des petits enfans survivans, lesquels ont été contraints de composer & d'abandonner une partie des biens pour sauver l'autre ; c'est pourquoy en diverses Coûtumes on a exclus absolument les ayeuls & ayeules des successions de leurs petits enfans : & quelques autres Coûtumes qui semblent plus raisonnables ont rétraint l'exclusion des ayeuls & ayeules, tandis qu'il y a des décendans issus des enfans au premier degré, qui sont décedez avant leur pere & mere : Et c'est ce qui a besoin d'une décision nouvelle pour servir de Loy en tous les païs Coûtumiers.

La même difficulté se rencontre dans la collaterale entre les oncles & tantes, & les neveux & nieces de la personne decedée, lesquels par l'Article 339 de la Coûtume de Paris sont apellez concuremment comme étans en pareil degré; & neanmoins la condition des neveux semble plus favorable, & à cette fin il faut présupposer que le deffunt a laissé des propres naissans venans de ses pere & mere, des propres anciens & des meubles & acquêts procedans de son travail & industrie. Pour les propres naissans au Procés d'entre Montreüil & Martin, dans la succession de laquelle on a déja jugé en la cinquiéme des Enquêtes, au raport de Mr. le Boult, en faveur des neveux contre les oncles, sur ce qu'on a estimé que dans les biens de cette qualité il étoit juste de preferer les neveux, qui sont enfans & decendans de l'acquereur, à l'oncle qui est frere dudit acquereur; & bien que la question ait été décidée nettement, comme l'on ne se rend pas volontiers à un premier Arrêt, il importe d'établir une Loy certaine, & pour les autres questions suivantes.

Pour les propres anciens par le même Arrest on a admis à la succession d'iceux l'oncle & le neveu concurremment, & neanmoins plusieurs avis alloient à exclure pareillement l'oncle de la succession desdits propres anciens; car ayant déja partagé ses propres avec son frere qui étoit pere du deffunt, on n'estimoit pas raisonnable de l'admettre au partage & à la participation de la portion des propres qui étoit échûe à son frere au préjudice des décendans de sondit frere. Et pareillement on estimoit que pour les meubles & effets mobiliers le neveu qui étoit de la famille où ces meubles avoient été épargnez & amassez, étoit plus favorable que l'oncle ; & en un mot que la ligne décendante étoit preferable à l'aſcendante dans les ſucceſſions collaterales auſſi-bien que dans les directes.

Régler la préference prétenduë pour le double lien. En Droit, les freres & ſœurs de pere & mere que l'on apelle Germains, ſont preferez aux ſimples Conſanguins & ſimples Uterins ; & cela a été ſuivy par quelques-unes de nos Coûtumes.

La Coûtume de Paris en l'Article 240. & d'autres Coûtumes, rend la condition de tous les freres & ſœurs égales, ſans conſiderer la duplicité du lien.

Mais il y a d'autres Coûtumes qui paroiſſent plus juſtes en ce qu'elles donnent une ſimple portion aux freres & ſœurs conjoints d'un ſeul côté, & une portion double à ceux qui ont l'avantage du double lien.

Le tout en ce qui concerne les meubles & acquêts, ſans toucher aux propres anciens & naiſſans qui doivent être conſervez dans la ligne d'où ils ſont venus, ſans conſiderer le ſimple ou double lien.

Tant y a qu'il importe d'établir une Loy certaine & generale pour toutes les Coûtumes, pour prévenir les fraudes & déguiſemens qui ſont recherchez tous les jours pour changer les biens d'une Province en une autre, à cauſe de la diverſité des diſpoſitions d'icelles.

L'ordre des repreſentations dans les ſucceſſions directes & collaterales, deſire auſſi une Loy generale & commune pour toutes les Coûtumes.

Dans toutes les plus anciennes Coûtumes il n'y

avoit point de representation, même en ligne directe, & de cela il en reste une marque dans la Coûtume de Meaux que l'on a négligé de faire réformer lors que l'on a travaillé à la réformation des autres Coûtumes, & en quelques Coûtumes particulieres de Picardie; lesquelles Coûtumes veulent qu'en directe si le fils aîné décede avant son pere, laissant un fils, le petit fils qui vient à la succession de son ayeul par la representation de son pere, ne prenne dans les biens feodaux qu'une portion de puînez, & que le preciput & le plus avantageux donné à l'aîné par la Coûtume, passe au second fils comme plus proche en degré, à l'exclusion de son neveu fils de l'aîné; ce qui est contraire aux principes les plus certains du Droit Romain, & de la France Coûtumiere ; & oblige les peres pour assurer aux descendans de l'aîné, en cas de prédecez d'iceluy, les avantages qui luy sont dûs, d'y pourvoir par des donations entre vifs, & par d'autres précautions indirectes qui sont incommodes aux peres, & causent pour l'ordinaire des inimitiez & des Procez entre les enfans.

A quoy il est facile de pourvoir en admettant la representation infinie en ligne directe, en donnant à ceux qui y sont reçûs les mêmes droits, portions & prérogatives que la personne representée eût pris si elle eût survécu.

Et neanmoins aviser s'il y a quelque exception à faire pour raison des biens feodaux, si le fils aîné prédecedé n'a laissé que des filles, dans les Coûtumes où la fille du fils aîné en venant par representation est excluse des Droits d'aînesse.

Pour la collateralle, la répresentation est réglée dans nos Coûtumes en quatre differentes manieres.

Car celles qui sont demeurées dans les termes de leurs anciennes dispositions & n'ont point été réformée, rejettent absolument la representation en collaterale.

Et neanmoins dans lesdites Coûtumes le moindre acte de volonté contraire en quelques formes qu'il soit conçû, passe pour un rappel & vaut non seulement pour la portion des biens dont les Coûtumes permettent de disposer entre vifs ou par Téstament, mais pour donner la qualité d'heritier & la portion hereditaire toute entiere dans les meubles, acquêts & propres.

L'exclusion absoluë de la representation en collateralle avoit lieu en l'ancienne Coûtume de Paris ; ce qui a été corrigé par la nouvelle Coûtume & par toutes les autres réformées, lesquelles à l'éxemple du Droit Romain ont admis la representation au premier degré en collaterale entre les freres & sœurs du deffunt & les enfans des freres & sœurs prédecedez.

D'autres Coûtumes ont porté la representation jusques au degré des arriere-neveux.

Et quelques unes, comme celles du Perche, Maine, Anjou, Touraine & Poitou, donnent la representation infinie en collaterale comme en directe ;

recte ; ce qui produit souvent des Procez dans la recherche de l'origine & succession des generations, & des degrez éloignez.

Et pourquoy tant de diversité en une matiere qui doit être égale & uniforme.

Quand les degrez de la representation en collateralles auront été réglez, il reste une difficulté qui a été agitée entre tous les Docteurs & Interpretes de Droit sur l'explication de la Novelle 118. chap. trois, & soûtenuë avec opiniâtreté de part & d'autre ; sçavoir si la representation doit avoir son effet *in gradu æquali.*

Cela ne reçoit point de difficulté en directe en laquelle on a toûjours succedé par souches & non par têtes, mêmes lors que les heritiers se trouvent en degré égal.

Et la même chose est observée en collateralle lors qu'il y a inégalité de degré, qui est le veritable cas de la representation, du secours de laquelle les parens qui se trouvent en degré plus éloigné ont besoin pour prendre la place des personnes qu'elles representent.

Mais lors que les collateraux se trouvent en pareil degré la Novelle 118. ne décide pas nettement cette difficulté, & comme les Interpretes de Droit ont pris des partis differens sur cette question dans la France Coûtumiere, Me Charles du Moulin en son apostille sur quelques Coûtumes, suivant l'avis de Zarius, a soûtenu que l'on doit succeder par souches, même au cas d'inégalité de degré. Et d'autres au contraire soûtiennent que la representation est inutile en cette rencontre, & que tous les heritiers qui se trouvent en pareil degré doivent partager par têtes, & il semble que cela a été décidé contre l'avis de du Moulin par les Articles 321. 322. & 328. de la Coûtume de Paris, qui ont été ajoûtées, sçavoir une partie de l'un & l'autre entrez en la derniere & réformation de ladite Coûtume.

Par la Novelle 118. chap. trois, la representation des neveux a été introduite non seulement pour leur donner la capacité de succeder avec leurs oncles, mais aussi pour les exclure lors que les neveux ont le double lien, & les oncles ne sont joints que d'un seul côté, qui est un point à décider tant pour les païs de Droit écrit que pour ceux des Coûtumes.

Et particulierement pour les biens feodaux scis és Coûtumes, dans lesquelles comme il s'en trouve plusieurs, les mâles excluent les femelles.

La Coûtume de Paris en l'Article 323. admet la representation des neveux pour concourir & succeder avec leurs tantes, & non pour les exclure.

Ce qui a donné cause à trois Procez de conséquence qui ont été portez au Parlement depuis vingt ans, dans lesquels il s'est trouvé des difficultez inextricables, & qui ne peuvent être decidées de part & d'autre sans tomber en des contradictions évidentes contre le texte de la Coûtume, & lesquelles ne peuvent être évitées sinon en admettant l'exclusion de la tante avec la representation.

L'Article 322. de la Coûtume de Paris porte que les mâles venans d'une fille & ſuccedant par repreſentation ne prennent rien dans les biens feodaux, non plus que leur mere eut fait quand il y a des freres. Et delà quelques-uns ont voulu induire par un ſens contraire que les filles venans d'un frere doivent prendre part dans la ſucceſſion des Fiefs comme leur pere eut fait s'il eut ſurvécu ; & cela a été ainſi expliqué dans les Coûtumes d'Orleans : ce qui a produit pluſieurs Procés en la Coûtume de Paris & en d'autres Coûtumes, ſur le ſujet deſquelles les avis & déliberations du Palais ont été que dans l'eſprit de nos Coûtumes, au cas de repreſentation, il ne ſuffit pas d'être iſſu d'un mâle, mais il faut encore avoir la capacité perſonnelle & la qualité de mâle pour ſucceder en collaterale à des biens feodaux.

Par l'Article 337. de la Coûtume de Paris, conforme en ce point à quelques autres Coûtumes, les Religieux & Religieuſes Profex ne ſuccedent point à leurs parens, ny le Monaſtere pour eux ; ce qui merite d'être confirmé par une Ordonnance publique, émanée de l'authorité Souveraine, en ajoûtant dans la même excluſion pour le repos des familles.

Ceux qui ont porté l'habit de Religion dans le Monaſtere, aprouvé durant l'eſpace de temps qui ſera aviſé aprés l'âge de ſeize ans accomplis, encore qu'il n'aparoiſſe d'aucune acte de profeſſion par écrit.

Et pareillement ceux qui ont porté d'Hermite, durant le temps que l'on jugera à propos.

Que les Religieux promûs à l'Episcopat sont aussi incapables de recueillir les successions ouvertes depuis leur promotion.

Et neanmoins pourront recevoir de leurs parens à tître de Legs ou Donations des meubles servans à leur usage en pleine proprieté, & des immeubles par usufruit & joüissance viagere seulement.

Les biens meubles & immeubles possedez par les Religieux promûs à l'Episcopat, au jour de leur décez à tître successif viennent à leurs plus proches parens, à l'exclusion du Monastere où ils ont fait Profession, des Chapitres & Fabriques de leurs Eglises, & des Hôpitaux de leurs Dioceses.

Par l'Article 344. de la Coûtume de Paris, le mineur qui se porte heritier simple ne peut exclure l'heritier par benefice d'inventaire qui est en plus proche degré; & delà on peut induire que le majeur qui prend la qualité d'heritier simple peut exclure le parent en degré plus proche qui a pris la succession par benefice d'inventaire.

Ce qui a été souvent contesté en la Coûtume de Paris, & és autres Coûtumes, sur ce que l'on n'a pas jugé raisonnable sur le caprice d'un parent éloigné qui n'a rien à perdre, d'obliger l'heritier presomptif de se porter heritier pur & simple, ou d'abandonner la succession.

On ne peut pas dire que la qualité d'heritier par benefice d'inventaire soit odieuse, puisqu'elle vient de la providence de la Loy: Et la constitution de l'Empereur Justinien qui a introduit ledit benefice d'inventaire, ne parle point de l'exclusion dont est question.

Mais tout ce que l'on peut desirer de l'heritier beneficiaire c'est de faire aposer le seel dans les vingt-quatre heures du jour du décez, de faire un inventaire entier & exact dans les deux mois suivant, & de le faire clore en justice dans la huitaine suivante, & d'aporter toutes les autres précautions que l'on jugera necessaires pour la conservation des droits & interêts des Creanciers.

Et comme le benefice d'inventaire n'a été reçû que pour deux fins, l'une pour empêcher que l'heritier soit poursuivy pour les charges de la succession au delà des forces, & l'autre pour empêcher la confusion des droits qu'il a à prendre sur la succession. Pour le surplus il n'y a point de difference entre l'heritier pur & simple & l'heritier beneficiaire, quand il s'agit de régler le payement de ses dettes passives dans la masse d'icelles, on mêle & confond ses dettes particulieres avec celles du benefice d'inventaire.

On jugeoit autrefois que l'heredité qui avoit été prise une fois sous benefice d'inventaire ne pouvoit être répudiée, & que *semel hæres numquam desinit esse hæres.*

Et sur le même principe l'enfant qui s'étoit déclaré heritier par benefice d'inventaire, étoit obligé de raporter tout ce qu'il avoit reçû en avancement d'hoirie, & d'en tenir compte aux creanciers de la succession beneficiaire, à cause de l'incompatibilité des qualitez d'heritiers & donataire en directe.

Et pareillement les enfans heritiers beneficiaires ne pouvoient demander le Doüaire dans les Coûtumes où il est propre aux enfans.

Mais depuis quelques années on a changé cette jurisprudence, les enfans ont été reçûs à renoncer au benefice d'inventaire, même sans Lettres de Restitution, & ce faisant ils retiennent & conservent les donations à eux faites en avancement d'hoirie.

Et pareillement le Doüaire és lieux où il est propre aux enfans.

Par l'Article 330. de la Coûtume de Paris, quand il n'y a aucuns heritiers du côté & ligne d'où sont venus les propres, ils appartiennent à l'heritier plus proche de l'autre côté & ligne, ce qui doit à plus forte raison être suivy par les acquêts & pour les Droits mobiliers, lesquels regulierement sont deferez pour le tout à l'heritier plus proche du sang: Et neanmoins la Coûtume d'Anjou & du Maine portent qu'en collaterale les meubles se divisent en deux lignes, l'une paternelle & l'autre maternelle, & qu'en défaut de l'une desdites lignes le Seigneur du Fief prend la moitié des meubles & acquêts, au lieu de la ligne défaillante. Et les mêmes Coûtumes rendans la raison de cét usage heteroclite, disent que cela a été ordonné à cause de la representation infinie, laquelle la raison est futille & de nulle consideration, & l'usage étably par lesdites Coûtumes contraire à nos principes, suivant lesquels les meubles n'ont point de ligne, & le Seigneur ne peut prétendre par droit de desherence aucuns biens meubles & immeubles, propres ou acquêts, tandis qu'il se trouve un parent en quelque degré & de quelque ligne que ce soit.

Et au reste il seroit important de régler la forme des partages entre les coheritiers, à cause de la diversité des Coûtumes, car en quelques lieux les puînez font les Lots & l'aîné choisit; & en d'autres l'aîné fait les Lots & les puînez choisissent: & sur le refus de les agréer on vient à la refaite d'un Lot principal, composé des deux tiers du bien.

Laquelle forme cause plusieurs Procés, & fait pour l'ordinaire des Lots fort incommodes, par le dessein que celuy qui les fait peut avoir de prendre ses avantages.

Et d'autre part la confection des Lots par des Experts, aprés des estimations prealables, est plus longue & difficile, mais la seureté & la justice paroît y être plus grande.

On pourroit aussi retrancher quantité de Procés en ordonnant les partages avantageux ou égaux, selon la condition des biens, Nobles ou roturiers, & non par la qualité du deffunt ou de ses heritiers, entre lesquels il s'en trouve souvent de Nobles & de roturiers apellez à une même succession.

Et d'ailleurs la difference des Nobles & des Annoblés pourroient être retranchées si le partage Noble étoit reçû seulement.

Plusieurs Coûtumes réduisent les portions hereditaires de tous les puînez à un simple bienfait; comme celle de Ponthieu pour tous les puînez & toutes especes de biens, celles d'Anjou & du Maine pour les puînez, mâles seulement, & toutes especes de biens.

Et celle de Bretagne pour les puînez mâles, filles, dans les neuf anciennes Baronnies, & pour tous les Fiefs scituez en la même Province qui se trouvent entre les mains de l'un des anciens Barons; lesquelles Coûtumes sont injustes, & peuvent être corrigées en confirmant les grands avantages donnez par les mêmes Coûtumes aux aînez, & assurant aux puînez en pleine proprieté les petites portions qui leur sont ordonnées par usufruit & simple viage.

Addition au Titre des Successions.

IL y a tant de diversité dans les Coûtumes pour le reglement des Droits des aînez dans les biens feodaux & roturiers, qu'il ne faut point esperer d'établir une Loy generale & uniforme pour ce regard, à cause de la confusion que cela pourroit aporter dans les grandes maisons & dans celles des Gentilshommes.

Et neanmoins il y a quelques points sur lesquels il semble que l'on pourroit, avec l'agrément commun & pour le soulagement des sujets du Roy, former quelques Articles particuliers pour retrancher les contestations

testations frequentes qui arrivent tous les jours sur cette matiere.

Les préciputs & avantages donnez par les Coûtumes aux aînez demeureront retraints dans les biens feodaux, & appartiendront indifferemment aux personnes Nobles & roturiers.

La premiere partie de l'Article est conforme à la disposition expresse de la Coûtume de Paris & de la plus grande partie des autres Coûtumes, & partant on peut dire que c'est le Droit commun de la France Coûtumiere, & partant.

Elle réduit pour les rotures le partage au Droit commun du Droit écrit.

Et comme c'est le Droit nouveau & singulier des Fiefs qui a introduit la difference des Droits des heritiers dans les partages, il semble juste & necessaire de renfermer les avantages des aînez & des mâles dans les biens de cette nature.

L'autre partie du même Article retranche les questions frequentes & arduës touchant la difference des nobles & des Annobles.

S'il faut que la Noblesse ait fait souche ou non.

Si les enfans nez avant le tître de Noblesse acquis par le pere par ses Charges dans les Compagnies Souveraines, ou par les Mairies & Echevinages, ou par Lettres d'Annoblissement bien & dûëment verifiées, doivent joüir du privilege de Noblesse comme étans issus du sang roturier.

Ou en tout cas exclure des preciputs & avantages

accordez aux aînez, les autres enfans issus depuis l'acquisition de noblesse.

On fait encore cesser la question pour la contribution des dettes entre les roturiers, lors que les Fiefs & quantité d'autres questions semblables qui consument les biens des successions en frais de Procés, lesquelles peuvent être assoupies par l'Article susdite.

La fille qui vient de son chef à une succession directe ou collaterale, ne joüira des droits & avantages accordez aux aînez dans les biens feodaux.

Et neanmoins en ligne directe si la fille vient à la succession de ses ayeul & ayeule par representation de son pere avec ses tantes, ou avec ses cousines issuës de niales ou de filles, elle prendra dans les biens feodaux les mêmes préciputs & avantages qui eussent appartenu à son pere s'il eût survécu.

Quid, Si la fille du fils aîné trouve dans la concurrence du même partage un oncle mâle, ou un cousin issu d'un oncle mâle.

Cette difficulté a été plusieurs fois agitée, & n'a pas encore trouvé une resolution certaine, & neanmoins il semble qu'en directe la representation donne le privilege du sexe avec l'avantage du degré.

Quand le fils aîné est incapable de succeder par exheredation, marque les autres cas exprimez ailleurs, celuy qui se trouvera le plus âgé aprés luy lors de l'ouverture de la succession paternelle ou maternelle, & en son defaut son fils aîné, prendra les préciputs & droits d'aînesse.

Si du vivant du pere ou de la mere le fils aîné a renoncé à ses droits & prérogatives d'aînesse purement, ou en faveur du second fils gratuitement, ou moyennant récompense, supposé même qu'elle soit modique & qu'elle n'excede point la portion d'un puîné, celuy qui se trouvera le second lors de l'ouverture de la succession paternelle ou maternelle, prendra les préciputs & avantages de l'aîné.

Et au cas que la renonciation de l'aîné soit faite aprés le décez du pere ou de la mere gratuitement, ou moyennant recompense, les préciputs & avantages qu'il étoit fondé de prendre, acroissent également aux autres enfans sans prérogative d'aînesse.

Ces Articles semblent conformes à l'opinion de Maître Charles du Moulin, & sont necessaires pour concilier les Articles 27. & 310. de la Coûtume de Paris qui semblent contraires, ou du moins non suffisamment expliquez, & pour accorder les avis des Commentateurs des Coûtumes qui sont partagez sur cette question.

Es Coûtumes qui donnent à l'aîné les deux tiers des biens feodaux lors qu'il n'y a que deux enfans, & la moitié au cas qu'il y ait plusieurs enfans excedans le nombre de deux, les enfans qui ont renoncé du vivant du pere ou de la mere à leurs successions futures, ou qui sont incapables de succeder par exheredation, & ne doivent être comptez au nombre desdits enfans.

Et si au jour de l'ouverture de la succession il y a

trois enfans & que l'un des puînez renonce, la portion de l'aîné demeurera réduite à la moitié, nonobstant la renonciation.

Cét Article semble necessaire pour prévenir les fraudes des aînés, lesquels pour acroître leur portion avantageuse peuvent s'accommoder avec l'un des puînés, & moyennant une recompense secrette le faire renoncer & se tenir aux avantages par luy reçûs de ses pere & mere, & prendre delà occasion de demander les deux tiers des biens feodaux, à cause que l'Article seize de la Coûtume parle des enfans venans à la succession.

* En païs Coûtumier au fils aîné.

A. En chacune des successions de pere & mere.

B. Et en chacune Coûtume appartient un Hôtel & Manoir tenu en Fief, destiné par le deffunt.

C. Pour son logement & habitation, avec toutes ses appartenances & dépendances.

D. Et la basse court servant à l'usage dudit Seigneur, encore que le fossé du Château ou quelque chemin public soit entre deux.

E. Et tout l'enclos, pourpris & préclôtures joignantes & attenantes audit manoir Seigneurial, supposé même que dans lesdits préclôtures il y ait plusieurs separations de murs & de hayes, pourvû qu'il n'y ait point de chemin public entre deux.

F. Et si dans ledit enclos & préclôture sont compris les logemens ordinaires du Fermier, de sa famille & de ses bestiaux : & les granges & greniers où ledit

Fermier a accoûtumé de resserrer ses grains, foins & autres fruits, ils appartiendront aussi à l'aîné.

Sont aussi compris dans le preciput de l'aîné le G.
moulin, le four, le pressoir, bannaux ou non bannaux, étant dans l'enclos dudit préciput.

Et s'il y a plusieurs manoirs Seigneuriaux dépen- H.
dans d'un même Fief, ou de differens Fiefs, assis dans une même Coûtume, l'aîné prendra celuy que bon luy semblera.

Dans le Fief acquis durant la Communauté des I.
pere & mere, le fils aîné comme heritier du pere prendra la moitié du manoir Seigneurial, enclos & préclôtures, & comme heritier de la mere l'autre moitié.

Si esdites successions de pere & mere, ayeul & ayeule, il n'y a qu'un seul Fief, consistant en un manoir, basse court & préclôtures, sans autres appartenances, au fils aîné seul appartient la totalité dudit Fief, sans qu'il soit tenu de bailler recompense à ses puînés, supposé même que dans la succession il n'y ait point d'autres biens sur lesquels les puînez puissent prendre leur legitime ou le Doüaire.

Cet Article est contraire à l'Article 17. de la Coûtume, & neanmoins necessaire à cause de la nouvelle jurisprudence établie depuis quarante ans par les Arrêts, lesquels suivant l'avis de Me Charles du Moulin en une apostille sur l'ancienne Coûtume d'Orleans, qui se trouve dans le grand Coûtumier, aprés la nouvelle Coûtume d'Orleans, ont jugé que la legitime de l'aîné dans les biens feodaux comprenoit sa portion toute entiere : Et delà il faut conclure que le preciput de l'aîné ne peut être sujet à la legitime des puînez, n'y consequemment au Doüaire.

A. & B. Cela est de droit commun, & observé sans contredit.

C. Ces mots ont été ajoûtez pour prévenir les supercheries des aînez, entre lesquels on en a vû qui ont opté pour manoir Seigneurial le corps d'un moulin pour s'approprier du revenu entier du moulin ; & d'autres qui ont demandé les logemens d'une ferme pour rendre le reste de la ferme inutile. Etant à observer qu'il y a des petits Fiefs où l'Hôtel Seigneurial est de peu de consequence, & bien que telles prétentions ayent été condamnées, il est bon de prévenir pareilles contestations.

On ne parle pas de la destination des anciens Seigneurs, ains de celle du dernier décedé, comme étant celuy qui doit donner la Loy à succession.

D. Est pris du texte de l'Article 13. de la Coûtume : j'ay seulement ajoûté le mot de chemin pour explication.

E. La totalité de l'enclos paroîtra d'abord extraordinaire en la Coûtume de Paris, qui ne donne qu'un arpent de jardin ; mais d'autre part il sera observé.

1°. Qu'entre les Coûtumes il y en a pour le moins les deux tiers qui donnent à l'aîné les préclôtures entieres. Et comme dans le temps present on essaye de donner à toute la France autant que faire se pourra des Loix communes, celle-cy est du nombre de celles que l'on peut faire sans péril.

2°. Examinant l'affaire par le merite du fonds, il est à propos de considerer que l'Article treize qui donne seulement un arpent de Jardin est de l'ancienne Coûtume rédigée en l'année 1510. au temps de laquelle les Jardins étoient de petite étenduë, & un arpent faisoit un Jardin fort considerable, mais à present que chacun veut avoir de grands enclos on peut-dire avec verité que la Coûtume de Paris qui renferme & rétraint l'enclos du préciput de l'aîné à un arpent, & les autres Coûtumes semblables, sont injustes, ou du moins fort incommodes, car suposé que le parc & les préclôtures soient grandes comme à Grosbois, Chevreuse, Cheilly, Gouy & autres, l'aîné pour conserver le parc entier est obligé de donner la récompense aux puînez en terres du même Fief, suivant l'Article treize de la Coûtume de Paris, & en ce faisant il faut qu'il démembre & énerve les principales pieces de sa terre pour retenir un enclos, le revenu duquel ne peut qu'à peine suffire pour l'entretenement des murs & Jardins & des autres décorations du parc.

Et s'il admet ses coheritiers au partage de ce qui est compris dans le parc, il n'est plus maître de son enclos, & on a vû depuis quinze ans dans le partage de la terre de Monsieur Géran fait entre feu Monsieur le Comte de saint Géran dernier décedé & Madame la Duchesse de Vantadour sa sœur, que ledit Sieur de saint Géran qui n'avoit selon la Coûtume de Bourbonnois que trente toises de Jardin tout autour du corps du bâtiment, a été contraint d'abandonner à ladite Dame de Vantadour la moitié de ſon parc, parce que dans le reſte de la terre il n'a pû trouver dequoy récompenſer la moitié dudit parc, lequel partage a incommodé l'un & l'autre des copartageans, ſçavoir l'aîné en ce qu'il a un coproprietaire dans le lieu de ſon divertiſſement, & la puînée, en ce que pour ſon partage on l'a obligée de prendre la moitié d'un parc dont elle ne retire pas dequoy entretenir les murs de clôture.

Et ce qui eſt obſervé cy-deſſus touchant les parcs de grande étenduë, peut être appliqué à ceux de moindre conſideration, dans leſquels les puînez ſouffriront peu de préjudice quand ils ſeront privez de la portion qu'ils pourroient, ſuivant la Coûtume, prendre en iceux, & l'avantage de l'aîné ſera plus honorable qu'utile; Ce tout *ſalus ſaniori & ſuperiore judicio.*

F. Cela eſt de Droit commun.

G. L'Article cy-deſſus eſt contraire à l'Article quatorze de la Coûtume, lequel a toûjours paru extraordinaire en ce que l'aîné n'eſt pas Maître de ſon enclos & baſſe court, & de plus les puînez qui prennent part au profit des moulins, fours & preſſoirs, contribuënt ſeulement aux frais des moulans, tournages & travaillans du moulin, & des corps du four & preſſoir, bannaux, & non au corps du moulin, n'y aux bâtimens ſous leſquels le four & le preſſoir ſont bâtis.

H. & I. Sont de Droit commun, & conformes à l'uſage.

Obſervation

Observation concernant les actes d'heritier.

Cum debitum paternum te exolluisse alleges : pro portione hæreditaria agnovisse te hereditatem defuncti non ambigitur.

Cette Loy peut recevoir deux interpretations differentes, selon la diversité de la punctuation.

Car les deux points étans mis aprés le mot *alleges*, il demeure constant que l'heritier presomptif, en payant les dettes du deffunt, il fait acte d'heritier, avec cette condition & restriction que quand les autres heritiers auroient renoncé à la succession il ne pourroit être contraint au payement des dettes de la succession que pour sa portion virile & personnelle, comme si tous ceux qui étoient apellez à la succession avoient fait acte d'heritier.

A l'exemple de celuy qui avoit pour heritier un mineur, ledit mineur s'étant fait relever de l'aprehention de l'heredité, le majeur ne demeure heritier que pour la portion personnelle. *L. cum hereditate 55. ff. de acquir. vel omitt. hereditate.*

Et cette maniere de punctuation se trouve dans le cours de l'Impression Civile, dans le cours de Duaren, & dans celuy de Godefroy.

Et neanmoins quelques-uns estiment que les deux points qui font la section de la periode, doivent être posez aprés les mots *pro portione hereditaria*, pour dire que le payement des dettes d'une succession ne donne la qualité d'heritier sinon lors que le payement est fait *pro portione hereditaria*, lesquels termes induisent necessairement la qualité, laquelle présomption est fondée sur ce que la constitution doit être prise. La

Sçavoir si on a pourvû à cette prétention par les Articles.

Loy 2. C. *de Jure deliberandi*, est de l'Empereur Alexandre du 7. des ides de Février, sous le Consulat de Maxime II. & de Tollianus : Et se trouve repetée en la Loy *parentibus* 8. *ff. de inofficioso testamento.* En ces termes.

Qui autem agnovit judicium defuncti eo quod debitum paternum pro hereditaria portione persolvit, accusare patris volontatem quam probavit, non potest. Laquelle Loy, au terme qu'elle est conçûë, fait connoître que pour approuver le Testament, ou se donner le tître ou la qualité d'heritier, il est necessaire que l'aprobation du Testament & le payement de la dette doit être fait non purement & simplement, *sed pro portione hereditaria.*

En la Coûtume de Nivernois au tître des Successions Article vingt-six, qui paye les dettes & frais funeraires du deffunt, s'il est habile à succeder il est réputé heritier.

En ce cas il y a immixtion dans les biens.

Mais Coquille sur le même Article rétraint cette disposition quand le payement est fait des biens hereditaires. Et en son livre de l'Institution au Droit François, au tître des successions page 315. & 316. il improuve ladite Coûtume, parce que chacun peut payer dévolez dettes d'autruy, & les lais & frais funeraires peuvent être payées *officio pietatis.*

En la Coûtume de Bourbonnois Article 325. quand aucun habile à succeder *ab intestat*, paye creantiers legats, ou fait autre acte d'heritier, il est réputé heritier.

Et Me.. Charles du Moulin sur cét Article use de ces termes, *nisi in funeralibus & perituris*.

La Coûtume de Paris Article 317. semble restraindre l'acte d'heritier en l'immixtion & joüissance, mais on peut dire qu'il a été adjoûté en la derniere réformation de la Coûtume, pour décider seulement la question si l'heritier présomptif qui est créancier peut prendre de soy-même des biens hereditaires pour le payement de son dû, sans faire acte d'heritier.

Des Institutions Contractuelles.

EN Droit les institutions d'heritiers ne peuvent être faites que par un Testament solemnel, *pactis enim vel Codicillis non datur neque aufertur hereditas.*

Mais par le Droit ancien de la France qui est observé tant en païs coûtumier qu'és païs régis par le Droit écrit, les institutions d'heritiers contractuelles ont été reçûës & authorisées lorsqu'elles sont faites par Contract de Mariage, d'autant qu'entre nous les Contracts de mariage sont susceptibles de toutes sortes de conventions.

Id. Que par tous Contracts de Mariage tant de l'instituant que de l'institué, & tous autres Contracts de Mariage.

Et comme les conventions des Contracts de Mariage sont immeubles, il est juste que les institutions d'heritier faites par les Contrats de cette qualité soient fermes & stables & non sujettes à changement.

Et neanmoins en ce point il semble à propos de distinguer le Droit d'institution, avec l'effet d'icelle.

Pour le Droit d'institution il est irrevocacable, même du consentement de l'institué, pour les raisons qui ont été touchées dans le précedent Memoire.

Et de plus l'institution saisit quand au Droit la personne en faveur de laquelle elle est faite, pour la pouvoir transmettre par l'institué à ses heritiers au cas du prédecez dudit institué, du vivant de celuy qui l'a faite.

Aviser si la transmission sera rétrainte aux enfans & décendans en ligne directe, comme en Droit, *spes fidei commissi transmittitur in directo*, ou si la transmission sera communerable aux collateraux, & même aux ayant cause.

Mais pour l'effet de l'institution qui garde les biens, on peut retrancher toutes les difficultez qui ont été proposées en obligeant l'institué de se contenter des biens qui se trouveront entre les mains de celuy qui a fait l'institution au jour de son décez, & par ce moyen il aura la liberté de vendre, hypotequer & disposer de ses biens, *quia viventis nulla est hereditas*, & autrement il n'y auroit point de difference entre les Donations de tous biens presens & à venir, & les institutions contractuelles, si on ôtoit à celuy qui a fait l'institution le pouvoir de disposer de ses biens : & neanmoins ces deux especes de dispositions, sçavoir les Donations & les institutions Contractuelles, lesquelles ont toûjours passé dans le Droit commun de la France pour deux dispositions differentes, chacune desquelles a ses régles particulieres, mais on a toûjours observé que celuy qui a institué & choisi un heritier par Contract de Mariage, ne peut faire un heritier un Donataire ou Legataire *per modum quota.* Qui diminuë le Droit de l'heritier institué.

Et outre on pourra retraindre toutes les dipositions entre vifs, ou à cause de mort au sixieme, ou à telle autre quotité de biens que l'on jugera à propos.

Item, pour les déclarations d'heritier, promesse de conserver la portion hereditaire &c.

Aviser si lors qu'il y aura une déclaration de fils aîné & principal heritier, on interdira l'alienation des biens feodaux en ce qu'elle pourroit diminuer le Droit d'aînesse, où bien si la liberté d'aliener doit être entiere en ce cas pour la raison que l'on peut augmenter le Droit d'aînesse par des acquisitions nouvelles des biens feodaux.

Observer d'établir par une Loy generale la validité des institutions Contractuelles en toutes Provinces de Droit écrit & de Coûtume, afin que la liberté donnée de changer & allíener les biens ne puisse préjudicier à l'institué.

Des Renonciations des Successions à échoir.

Il y a quatre ou cinq Coûtumes contraires, mais il importe de faire une Loy generale & uniforme pour prévenir & retrancher les differens qui arrivent tous les jours quand les pere & mere ont des biens en deux Coûtumes, l'une desquelles admet l'exclusion & l'autre la rejette.

Et dans la Province d'Auvergne ces differens sont frequens, à cause qu'une partie de la Province est régie par la Coûtume, où les filles dotées & appanées sont excluses. Et le surplus par le Droit écrit qui improuve & condamne telles exclusions; & d'ailleurs on ne fait aucun préjudice aux droits de pere & mere, puisque on leur laisse la liberté de stipuler la renonciation.

LEs filles appanées & dotées ne seront excluses des successions de leurs pere & mere, si dans le Contract de Mariage il n'y a une clause expresse de renonciation.

L'avantage d'une joüissance par usufruit ne suffit pas, n'y d'une nuë proprieté sans joüissance. Aviser si l'expression de l'Article est suffisante.

Les renonciations des filles Nobles & roturieres, majeures & mineures, aux successions de leurs pere & mere à écheoir sont valables, mêmes és Coûtumes qui prohibent les avantages faits à aucuns des enfans au préjudice des autres, pourvû qu'elles soient faites dans les Contracts de Mariage, que les filles alliées selon leur condition & qu'elles ayent reçû par les mêmes Contracts de mariage quelques avantages en pleine proprieté.

Et neanmoins elles demeureront sans effet si le mariage a été dissolu par impuissance, ou que les pere & mere soient décedez avant la benediction nuptiale, & si les deux ont stipulé la renonciation & que l'un soit décedé avant la celebration du mariage, la renonciation tiendra pour le suivant & demeurera ſans effet pour la ſucceſſion du prédecedé.

Si la ſomme promiſe à la fille qui a renoncé, ou partie d'icelle, eſt payable à un ou pluſieurs termes, elle viendra aux ſucceſſions de ſes pere & mere qui ſeront décedez avant le payement du dernier terme: Et ſi l'un des pere & mere qui ſeront décedez avant l'autre depuis le payement du dernier terme, la renonciation ſera nulle pour la ſucceſſion qui ſera ouverte avant le payement, & valable pour l'autre. Loüet. R num. 8.

L'Article qui nonobſtant la renonciation de la fille peut demander le ſupplement de ſa legitime......qui a été mis ſous vingt-deux autres tîtres.

Es lieux où la préterition des enfans annule les Teſtamens des pere & mere, ils ne laiſſeront d'être valables, nonobſtant la préterition de la fille qui a renoncé.

La fille qui a renoncé ne peut être rapelée aux ſucceſſions de ſes pere & mere, ny recevoir par Don & Legt aucune portion de leurs biens par quotité, encore que les autres enfans y ayent donné leur conſentement, ſauf aux pere & mere à faire à la fille qui a renoncé des Donations & Legs particuliers tels que bon leur ſemblera, ſuivant la Loy ou la Coûtume, par laquelle les biens des pere & mere doivent être réglés.

Si la fille qui a renoncé décede avant ſes pere & mere.

Mais ſi les pere & mere n'ont laiſſé autres décendans, la fille qui a renoncé & ſes décendans ſeront préferez aux collateraux.

Es Coûtumes où en deffaut de mâles la fille aînée prend des avantages & Droit d'aînesse, la renonciation par elle faite aux successions de ses pere & mere n'est valable, si lors du décez de celuy, à la succession duquel elle a renoncé, il n'y a aucun enfant mâle.

La fille qui a renoncé en faveur de ses freres, ou d'aucuns d'eux, arrivant le décez de ceux en faveur de qui la renonciation est faite, n'est point excluse des successions de ses pere & mere.

Mais s'ils ont survêcu leurs pere & mere, encore qu'ils renoncent à la succession, la renonciation de la fille tiendra.

Les renonciations faites par les filles au profit des mâles, ou de l'un d'eux, passent aux décendans des mâles si leur pere est decedé avant l'ouverture des successions des pere & mere ausquelles la fille a renoncé.

La renonciation de la fille qui a été mariée depuis le décez de ses pere & mere par ses ayeuls ou ayeule, n'est valable.

Si par le Contract de Mariage des pere & mere, ou d'aucuns de leurs enfans, ils ont promis de ne faire avantage à aucun d'eux au préjudice des autres, la renonciation de la fille ne sera valable : & si lors du Contract de Mariage de la fille qui a renoncé, elle a recueilly quelque succession, Legs ou Donation, la renonciation n'aura aucun effet pour ce regard.

La renonciation faite par la fille par son Contract de

de mariage à des successions échuës, & à écheoir, moyennant une somme ou autre avantage sans déclarer ce qui a été donné pour........ est nulle pour le tout. Mais si par le même Contract de Mariage on a distingué ce qui a été donné pour chacune succession, la renonciation sera valable pour la succession à échoir, & nulles pour les successions échûës.

Arrest en l'Audience de la Grand' Chambre du 25. Février 1621 plaidant Mauguin & Gillot.

Si par le Contract de Mariage la fille a renoncé aux successions à échoir de ses pere & mere, freres & sœurs, & autres collaterales, la renonciation n'aura effet à l'égard des successions collaterales que pour les biens recueillis par les freres & sœurs, neveux & niéces, des successions, ou par la liberalité de ceux qui ont stipulé.

Le contraire a été jugé par deux Arrêts, en l'un desquels j'avois écrit sur le sujet de la succession d'un frere qui n'avoit eû des successions de ses pere & mere qui avoient stipulé la renonciation de leur fille, que la somme de 10000. livres, & avoit laissé de son épargne plus de 120000. livres, neanmoins on commence à douter de cette proposition, & plusieurs s'écrient & soûtiennent le contraire, attendu même que telles renonciations ne sont point favorables, comme étans contraires au Droit commun.

La portion de la fille qui a renoncé accroît à la succession, & seront les biens des pere & mere partagez entre les autres enfans, comme si la fille étoit décedée avant ses pere & mere.

D'autant que la renonciation doit avoir le même effet que le decés de la fille.

Si la renonciation est faite en faveur du fils aîné, il prendra la portion que la fille eut eûë dans les biens des successions de ses pere & mere si elle n'eut point renoncé, à la charge de raporter, & imputer par lui ce qui a été donné à la fille en faveur de mariage, si mieux n'aime le fils aîné pour se décharger du rapport abandonner à la masse de la succession le benefice de la renonciation.

Cet Article est conforme à l'Arrêt prononcé en robe rouge le 23. Decembre 1619. pource que ce Droit vient aux mâles par une espece d'avantage & liberalité, laquelle regulierement n'est point sujette aux Droits d'aînesse.

Et au cas que la renonciation soit faite en faveur de tous les mâles, ils auront aussi la faculté d'abandonner à la succession le benefice de la renonciation, si mieux ils n'aiment raporter à la succession ce qui a été donné à la fille, auquel cas tous les mâles partageront la portion de la fille également, & sans prérogative d'aînesse.

Si tous ceux en faveur desquels la renoncation a été faite, décedent sans enfans du vivant des pere & mere, elle n'aura aucun effet.

En Droit la renonciation faite à des successions à échoir, même par les filles dans leurs Contrats de mariage, sont nulles *l. 3. de Collat. l. pactum quod dotali. 15. cons. de pactis*, mais le contraire a été décidé en France en consequence du Chapitre *quamvis de pact. in 60.* lors que la renonciation a été accompagnée de serment, laquelle condition du serment a été rejettée entre nous, & neanmoins la disposition reçûë. Et comme cette constitution ne parle que des filles, les mâles sont demeurez dans le Droit commun : On pourra neanmoins trouver des exemples pour les renonciations faites par les puînez mâles, mais il n'y a aucun Parlement qui ait authorisé les renonciations des mâles.

La Renonciation faite par les enfans mâles aînez & puînez aux successions non encore échûës des pere & mere & autres directes & collaterales, ne sont valables.

DES ABSENS.

L'Absent est réputé mort du jour qu'il n'a plus paru dans le monde, & de la derniere nouvelle qui a été reçûë de son état & condition.

Et neanmoins on ne peut partager ses biens ny demander compte des fruits & revenus d'iceux à ceux qui en ont eu l'administration, ny sa femme avoir la délivrance de son doüaire, sinon dix ans aprés son absence ou la derniere nouvelle de son état & condition.

Et audit cas les heritiers ne pourront entrer en joüissance de leur partage, ny recevoir les effets appartenans à l'absent, n'y pareillement la femme joüir de son doüaire sinon aprés avoir baillé bonne & suffisante caution reçûë en Justice avec nos Procureurs Generaux ou leurs Substituts, de raporter en cas de retour tout ce qui a été reçû.

Ladite Caution demeurera déchargée lorsqu'il y aura trente ans à compter du jour de l'absence ou de la derniere nouvelle, & si la demande pour le partage, reddition de compte & délivrance de doüaire n'est faite qu'aprés lesdites trente années, sera donné jugement pur & simple & deffinitif, sans bailler Caution.

Et neanmoins la femme de l'absent ne pourra contracter Mariage, même aprés lesdites 30. années, si elle n'a reçû des nouvelles certaines de la mort de son mary.

Si durant le temps de l'absence les creanciers veulent se pourvoir par les voyes de Justice sur les biens de l'absent pour le payement de leur dû, durant les dix premieres années, il sera créé un Curateur à l'absent : & si aprés lesdites dix années les biens de l'absent ont été partagez entre ses heritiers présomptifs du jour dudit partage, les poursuites seront continuées ou commencées contre lesdits heritiers.

DES HIPPOTHEQUES.

Il y en a une troisiéme qui est celle acquise par Sentence. Les Chassier des Hippothéques & adjudications par Decret. Loiseau l. 5. chap. 4. & tr. du Deguerp.

NOus avons en France deux sortes d'Hypotéques, l'une apellée Légalle & Tacite, parce qu'elle dépend absolument de la prévoyance de la Loy, & non d'aucune Convention expresse. L'autre est l'Hypotéque conventionnelle, laquelle dépend des conventions faites entre le Creancier & le Debiteur.

1. Bon. *Vide lib. 3. tit. 19. l. 1. C. theod. l. 15 ff. de curr. suero.*

La premiere Hypotéque Légale est donnée au Mineur, contre son Tuteur & Curateur, pour le compte que ledit Tuteur & Curateur est obligé de rendre de son administration, & dépend du jour de l'Acte de Tutelle & Curatelle.

2. Bon.

Et si la joüissance des biens du Mineur a commencé avant l'Acte de Tutelle ou Curatelle, comme il arrive souvent à l'égard des pere & mere du Mineur, le survivant desquels demeure pour l'ordinaire saisi de tous les biens communs entre luy & ses enfans, en ce cas, on donne au Mineur l'Hypotéque du jour de l'ouverture de la succession du premier mourant des pere & mere, encor que la Tutelle ou Curatelle n'ait été donnée au survivant que long-temps aprés.

3. Bon. *L. 19. §. 1. l. 20. 21.*

Et par cette raison si un parent ou un étranger sans avoir été donné pour Tuteur ou Curateur en la forme ordinaire s'eſt ingeré dans la joüiſſance & l'administration des biens du Mineur, l'Hypotéque eſt acquiſe ſur ſes biens au profit du Mineur du jour que ce particulier a commencé de faire la fonction de Protuteur, & de s'immiſcer dans l'administration des biens du Mineur.

22. 25. ff. l. 42. tit. 5 de rebouc. jud. poſſ.

donnent un privilege ſur les biens du Protuteur qui ne paſſe point aux heritiers du pupil.

Elles donnent auſſi au ſecond autant, & à l'imbecile un privilege ſur les biens de leurs Curateurs.

Si le Tuteur donné en juſtice a baillé à une tierce perſonne une Commiſſion ou Procuration pour gerer & administrer les biens du Mineur, il eſt conſtant que le Tuteur eſt reſponſable du fait du Commiſſaire, & que le Mineur a ſon action ouverte contre le Tuteur & une Hypotéque certaine ſur ſes biens du jour de l'acte de Tutelle pour le fait & l'administration du Commiſſionaire : & le Tuteur ſe trouvant inſolvable on ne doute point que le Mineur ne puiſſe agir ſoit de ſon chef ou comme exerçant les actions de ſon Tuteur & debiteur contre le Commiſſionaire, *actione negot. geſtor.* 4.

Mais ſans hipotéque.

Mais la queſtion a été de ſçavoir ſi le Mineur a Hypotéque ſur les biens du Commiſſionaire, & de quel jour. 5.

On ne peut demander Hypotéque ſur les biens du Commiſſionaire du jour de l'acte de Tutelle, attendu qu'il n'y eſt dénommé, qu'il n'a commencé ſon maniment que long-temps aprés.

Mais le Mineur prétendoit prendre ſon Hypotéque du jour que le Commiſſionaire avoit commencé son administration comme ayant fait la fonction de Protuteur.

Si l'acte ou Procurattion en vertu de laquelle le Commissionaire a geré est passée par devant Notaires, il semble que le Mineur peut avoir, non pas de son chef, mais comme exerçant les Droits de son Tuteur, une hipotéque sur le bien du Commissionaire du jour & datte de ladite Procuration.

Mais hors ce cas le Mineur n'a qu'une simple action *negot. gest.* sans pouvoir prétendre de son chef participer ny du chef de son Tuteur aucune Hypotéque sur les biens du Commissionaire.

6. Bon. Dans l'action de Tutelle & dans l'Hypotéque d'icelle, entre ce qui a été geré & reçû par le Tuteur par une continuation de fonction, depuis la fin de la Tutelle jusques à ce qu'il ait rendu & fait clore & apurer son compte.

7. Bon. Baquet, des droits de justice, chap. 2. n. 413. & 414. Le Tuteur & Curateur n'a Hypotéque sur les biens du Mineur pour le remboursement de ce qu'il a avancé pour ledit Mineur, sinon du jour du jugement de condamnation donné à son profit aprés la clôture & appurement du compte.

8. L'autre Hypotéque Légalle est pour la restitution des deniers Dotaux, & pour les autres conventions matrimonalles de la femme, comme sont.

Le Doüaire Préfix.

Le Préciput.

Bon. Le Remploy des Propres aliénez.

L'indemnité des dettes ausquelles elle s'est engagée.

Pour tous lesquels Droits dans l'usage commun lors qu'il y a un Contract de Mariage passé par devant Nottaires ou autre personne publique ayant pouvoir d'instrumenter, ou des Articles reconnus par devant Notaires ou autre personne publique, l'hipotéque est acquise de ce jour-là.

Quid. Pour les Contracts de Mariage des enfans de famille & des Mineurs, fait en l'absence de leurs pere & mere, Tuteurs & Curateurs & parens, avant la bénédiction nuptiale. 9. Le mariage étant bon le reste suit.

L'Hypotéque est aquise à la femme du jour du Contract de Mariage ou de la reconnoissance des Articles faits par devant Notaires, même pour le remploy des Propres & l'indemnité des dettes où elle a parlé, supposé même qu'il n'y ait aucune convention expresse à cét égard dans le Contract ou Articles de Mariage. 10. Bon.

Si le Contract de Mariage est fait hors les états du Roy il importe de régler qu'il ne donne point Hypotéque sur les biens de France, parce que les Hypotéques dépendent du Droit Civil & particulier de chacun état. 11. Cela paroît raisonnable, quelques-uns n'en sont pas d'avis.

Contract de Mariage passé hors la France ne porte hypoteque sur les biens qui sont en France, jugé le 7. Septembre 1621. Montholon 136. Bouquier lettre c. 17. fol. 33. rapporte deux Arrêts contraires.

Brodeau sur Loüet 64. ff. n. 15. Fevret Traité de l'abus, chap. 6. n. 7. & suivans.

Loyseau. Des Offices, l. 1. chap. 6. n. dernier.

Brodeau sur Paris, Art. 107. n. 2. & Art. 164. n. 9.

Tronçon sur Paris, fait une distinction de la Dot, du Doüaire & des autres avantages, comme Donations, Préciputs.

Mais la bénédiction nuptiale faite hors la France 12.

est du Droit des gens, & conséquemment capable de produire une Hypotéque Légale, comme il sera expliqué cy-aprés.

13. Bon. S'il n'y a aucun Contract & Article de Mariage il n'y a point de réponse de la Dot mobiliaire ny Doüaire préfix ny préciput : & à l'égard du Doüaire coûtumier il est réel & il se poursuit par maniere de revendication, contre ceux qui détiennent les heritages sujets audit Doüaire, & consequemment l'Hypotéque est inutile pour les Droits susdits.

14. Usage tacite depuis les états de 1614. Et à l'égard du remploy des Propres & de l'indemnité des dettes, les Arrêts ont donné pour cela à la femme une hypotéque Légale & Tacite du jour de la benediction nuptiale.

15. Bon. Et dans l'ordre des Hypotéques & Collocations pour le droit & hypotéque de la femme.

On commence par la restitution des deniers dotaux de la femme, comme étant le bien de la femme.

16. Bon. Le Doüaire préfix vient ensuite comme étant subrogé, au lieu du Doüaire coûtumier qui est donné par la Coûtume, & ne peut suivant l'Article 249. être en gage ny diminué par le fait des pere & mere, & par cette raison on le juge préferable au préciput qui vient d'une pure liberalité & au remploy des Propres, & à l'indemnité des dettes qui dépendent du fait de la femme & d'une cause posterieure au mariage.

Il y a un Arrêt du Parlement de Dijon du 2. Janvier 1682 qui confirme un Arrêt du Parlement de Paris du 25. Juin 1663. contre lequel on avoit pris Requête Civile, par lequel Arrêt du Parlement de Paris on a confirmé la Sentence des Requêtes de l'Hôtel, qui a préferé le Doüaire à la dette, c'étoit un Doüaire préfix entre les Directeurs des Creanciers des Sieurs de Nouveau, les Sieurs Dalla & de la Vieuville.

Le

Le préciput y est colloqué immediatement aprés le Doüaire, comme étant acquis dés l'instant du Contract de mariage. 17.

Le remploy des Propres allienez sur le préciput, comme étant dû par la Coûtume, & étably dans le temps de la réformation de la Coûtume. 18.

On croit le remploi préferable au préciput, & il y en a un Acte de Notorieté donné au Châtelet. Dans le Journal des Aud. 13. page 860.

Et la derniere Collocation est pour l'indemnité des dettes, qui a été introduit par un usage nouveau contre l'ancienne jurisprudence, sur ce que l'on présume que son obligation n'est pas absolument libre, & qu'elle n'y est entrée que pour prévenir la dissention d'entre elle & son mary, qui étoit inévitable en cas de refus. 19.

Si la femme s'oblige avec son mary depuis un traité fait par le mary avec ses creanciers, depuis l'ouverture de la faillite de son mary, les Arrêts ont jugé qu'elle ne pouvoit en ce cas se servir du privilége de son hypotéque. 20. Bon.

La même chose a été ordonnée pour les obligations ausquelles elle est entrée peu de jours avant ladite faillite, à cause de la présomption de fraude. 21. Bon.

Idem, pour les obligations faites depuis la Sentence de separation de biens donnée entre elle & son mary, & pour celles creés depuis l'Exploit de demande pour ladite separation; car si elle a eû assez d'authorité pour agir en justice contre son mary en une affaire qui ne pouvoit luy être agreable, elle a pû avec 22. Bon.

plus de liberté refuser son obligation & sa signature.

23. Un mary avec sa femme & une tierce personne s'étans obligez solidairement, un particulier & ensuite le Creancier en vertu de son obligation solidaire s'étant fait payer de son dû sur les biens de la femme dans l'ordre, & la discution des biens du mary, la femme s'étant opposée pour la repetition de ce qu'elle avoit payé, deux questions furent agitées & jugées par Arrét donné en la quatriéme chambre des Enquêtes: la premiere si entre les debiteurs l'obligation étoit divisible par tiers ou par moitié, & jugé que dans l'obligation le mary & la femme ne faisoient qu'une tête; & comme dit la Loy *vincis vice personæ fungebantur*.

24. A consulter pour la consequence.

Et l'autre que la femme s'étant obligée conjointement pour son mary & pour un tiers, quoique l'obligation fut solidaire, elle ne pouvoit pas prétendre & entrer en ordre sur ses biens pour l'indemnité du jour de son Contract de Mariage, que pour la moitié de la somme qui étoit dûë personnellement par son mary, & non pour l'autre moitié qui étoit à recouvrer contre le detteur étranger, elle pouvoit bien comme étant aux Droits du creancier *ex jure cesso*, exercer l'obligation solidaire contre son mary, & sur ses biens, mais l'hypotéque du jour de l'obligation étoit inutile à cause des hypotéques anterieures; & à l'égard de son Contract de Mariage il fut jugé qu'elle ne pouvoit valoir que pour la portion personnelle de la dette qui étoit à recouvrer sur son mary.

25. Les Hypotéques données aux femmes du jour du

Contract de Mariage ou de la benediction nuptiale pour le remploy des Propres & indemnité des dettes ne sont pas régulieres, car l'Hypotéque n'étant qu'accessoire de l'obligation personnelle, ne peut selon les principes de Droit lui donner un être, en un temps auquel l'obligation personnelle n'étoit pas encor conçûë.

Si par le Contract de Mariage la femme avoit permis d'aliener ses biens pour les affaires de son mary, d'intervenir dans les obligations qui seroient par lui contractées, c'est le cas auquel en termes de Droit l'hypotéque pourroit être prétenduë du jour du Contract de Mariage, parce que par la clause d'iceluy l'alienation des biens de la femme & son intervention dans les obligations du mary étoit devenuë necessaire, autre chose des aliénations & fidejussions absolument volontaires, lesquelles régulierement ne peuvent produire Hypotéque sinon du jour quelles sont faites. 26. Ceci est tiré de la loi 1. & la loi *qui à renum ff. qui potiores.* Faux par l'Arrêt de Coigner.

Les Coûtumes de Bretagne & de Normandie ne donnent Hypotéque à la femme pour le remploy des Propres alienez que du jour des Contracts d'aliénation, & entre nous l'Hypotéque du jour du Contract & bénédiction nuptiale a été étably par une jurisprudence nouvelle. 27.

Mais la Coûtume pourvoit d'ailleurs à la sureté des femmes en ce qu'elle leur permet de reclamer dans l'an aprés la dissolution du mariage contre les alienations de leurs Propres, & d'évincer les aquereurs si ce n'est que le remploy des deniers des alienations ait été pleinement fait & assuré du vivant du mary.

Et pour les obligations & fidejussions faites par le mary, la même Coûtume les casse & annulle.

Et la répetition des Hypotéques données aux femmes du jour du Contract de Mariage, & en defaut d'iceluy du jour de la benediction nuptiale, est fort incommode au mary.

Car elle soûmet l'état, la condition & la fortune du mary au caprice & à la fantaisie de la femme, laquelle faisant refus de s'obliger avec son mary, un homme riche d'un million demeure sans crédit à cause que les premieres obligations du mary ausquelles la femme n'a point parlé, peuvent être aneanties par des obligations posterieures du mary & de la femme, ausquelles on donne du chef de la femme une Hypotéque du jour du Contract de Mariage. Et supposé qu'il n'y ait point de mauvaise humeur de la part de la femme si elle est mineure de vingt-cinq ans, & incapable de s'obliger, le mary se trouvera dans l'impuissance d'emprunter dix écus, à cause des obligations que la femme parvenuë en majorité pourra faire avec son mary au préjudice & à la ruïne des Creanciers particuliers de son mary, quoique anterieurs en Hypotéque.

Et même l'avantage des Hypotéques que l'on donne aux femmes pour le remploy des Propres, & l'indemnité des dettes ausquelles elles interviennent ne les met pas à couvert & causent bien souvent les ruïnes en ce qu'elles se rendent plus faciles à s'obliger & à vendre leurs Propres, sur l'esperance d'entrer les premiers en ordre sur les biens de leurs maris pour leur remboursement. Et quand il arrive du desordre dans les affaires des maris il se trouve que la priorité de l'Hypotéque accordée aux femmes ne sert qu'à leurs Créanciers, & ne donnent aucune utilité ausdites femmes.

Quelques-uns avoient proposé d'établir pour Droit commun & géneral les précautions données pour ce regard par la Coûtume de Normandie, qui sont.

1°. Interdire & casser absolument toutes les oblitions des femmes.

2°. D'annuler aussi les ventes des Propres, si le mary de son vivant, du consentement de sa femme, n'en a fait un remploy certain & assuré.

On pourroit neanmoins apporter une exception & permettre aux femmes mariées l'alienation & disposition de leurs Propres pour marier & pourvoir leurs enfans.

Mais comme ce changement est grand & important, il est necessaire de l'examiner à plein, prévoir tous les inconveniens qui peuvent arriver de part & d'autre, & y pourvoir par les précautions que l'on jugera les plus utiles pour le bien commun & particulier des sujets du Roy.

Il y a une troisiéme Hypotéque Légale & Privilegiée établie par les Articles 161. 162. 171. de la Coûtume de Paris, en faveur des proprietaires des maisons sur les ustensilles d'Hôtel & autres meubles du Locataire trouvez dans les mêmes maisons. Cét Article est tiré du Droit.

28. Sauf à en faire une Loy generale.

L. 4. ff. de pactis, & autres vulgaires.

Leg. certi, sur laquelle Mr. Cujas prend le mot dévolu pour une volonté expresse.

29. Bon en païs Coûtumier, suivant la Coûtume de Paris. Le privilege du proprietaire sur son Fermier, semble devoir être étendu au delà d'une année de loyer, & pour tout ce qui est dû du même bail sur les grains procedans des terres, mais sur les meubles *in vectu & illata*. Pour les loyers des maisons de Paris il ne peut avoir que trois quartiers, & pour les Fermes des champs qu'une année.

L'Article 171. de la Coûtume de Paris ajoûte : & Fermes des champs, ce qui n'étoit pas observé dans le Droit Romain sans convention expresse, d'autant que les fruits provenus des labeurs & semences du Fermier sont suffisans pour assurer les prétentions & Fermages du Bail. Et par Arrêt donné en la Coûtume de la Rochelle, qui ne contient aucune disposition pour ce regard & doit être réglée par le Droit commun, il a été jugé que le proprietaire d'une Ferme de la campagne n'avoit point de Privilege *super in-vectis & illectis*.

30. Bon. Le même Article 171. outre le Privilege sur les meubles qui ont occupé la maison, donne encore au propriopríetaire, le Droit de fuite & la faculté de rechercher ses meubles, encor qu'ils soient transportez hors ladite maison.

Et par Arrêt il a été jugé que le proprietaire pouvoit suivre les meubles de son locataire qui avoient été transportez dans une autre maison, & exercer sur iceux son Privilege, même au préjudice du proprietaire de l'autre maison où ils avoient été trouvés.

Mais il sera observé que ces meubles avoient été recherchez pendant trois mois aprés que le locataire étoit sorti de la premiere maison.

31. Bon. Autre Hypotéque Légale contre les Officiers pour ce qui est dû & ajugé à cause de la fonction & exercice de la charge, sçavoir.

Privilege sur l'office & sur les autres biens du jour de la reception.

Et le Roy a pareillement Hypotéque pour tout 32. Bon. En deliberer.
ce qui lui est dû par ses Officiers & Commissionaires comptables, Fermiers, Receveurs des Domaines, fermes & autres Droits apartenans à sa Majesté ; sçavoir, Privilege sur l'office & sur les éfets Mobiliers de l'Oficier, & encor sur les acquêts par lui faits depuis qu'il est entré en exercice, & sur les autres immeubles du jour de la reception de l'Office & de la délivrance de la Commission & bail à ferme.

Nous avons une sixiéme Hypotéque Légale qui est 33. Bon.
introduite en France par l'Ordonnance de Moulins Article trente-trois, & par la premiere déclaration faite sur icelle, lesquelles donnent Hypotéque sur les biens des parties condamnées par Sentence ou par Arrêt du jour des Sentences de condamnation s'il n'y en a point d'apel, ou que sur l'apel elle soit confirmée par Arrest.

Et si la Sentence est infirmée & la condemnation 34. Bon.
moderée par Arrêt, il est constant dans l'usage que l'Hypotéque n'est aquise que du jour de l'Arrêt, suivant le texte de l'Ordonnance qui donne l'Hypotéque du jour de la condemnation en dernier ressort.

Mais il s'est presenté une espece particuliere en la- 35.
quelle le créancier ayant obtenu Sentence de condemnation de la somme de 12000. liv. sur l'apel du debiteur, la Sentence fut infirmée, & par forme de nouveau jugement la condamnation réduite à 10500.

liv. Pendant l'instruction l'apel crée plusieurs dettes par diverses obligations & Contracts qui étoient vraysemblablement frauduleux, mais comme la fraude ne peut être justifiée dans la discussion des biens du debiteur, les dettes intermediaires créées durant l'apel furent préferez & absorberent tous les biens du debiteur : d'une part on disoit que l'Hypotéque de la Sentence devoit subsister jusques à concurence de la somme portée par l'Arrêt : mais d'autre part on montroit que le créancier ne pouvoit se plaindre que de soy-même pour avoir demandé une somme plus grande que celle qui lui étoit veritablement dûë.

36. On en doute. L'Ordonnance parle des Sentences & Jugemens en termes Generaux, laquelle conséquemment doit être suivie pour toutes sortes des Sentences, même pour celles données par Juges incompetens.

Et pour les Sentences données dans les Justices des Seigneurs pour les jugemens donnez par defaut & coûtumace, lors qu'ils ont été signifiez au domicile du detteur.

Du jour de la prononciation. Régler si l'Hypotéque est aquise du jour de la prononciation du jugement par defaut, ou seulement du jour & datte de la signification d'iceluy.

Pour les Hypotéques conventionelles, il en sera parlé cy-aprés.

Autres

Autres questions touchant les Hypotéques, pour sçavoir s'il est à propos d'en parler, ou de partie d'iceux.

ON demeure d'accord que pour la restitution des deniers Dotaux il y a une Hypotéque aquise du Contract de Mariage, & en defaut de Contract de Mariage du jour de la bénédiction nuptiale és païs tant de la Coûtume que de Droit écrit.

Et dans les Provinces de Droit écrit du ressort du Parlement de Paris, on donne à la femme pour la restitution de sa Dot, un Privilege sur les meubles & effets mobiliers de son mary.

Mais au Parlement de Toulouse & aux autres Parlemens de Droit écrit, on donne à la femme la préference sur les immeubles au préjudice des creanciers anterieurs au Contract de Mariage, mais le texte de la constitution fait connoître qu'elle a été accordée par l'Empereur plûtôt par importunité que par raison de Justice.

Et au fonds la consequence en est trés-dangereuse, en ce qu'elle donne au mary le pouvoir par un Contract de Mariage fait sur la fin de ses jours, & par la reconnoissance & Quittance d'une grande constitution dotale de conserver tous ses biens sous le nom de sa femme, au préjudice des créanciers.

Si pour la provision alimentaire ajugée à une fem-

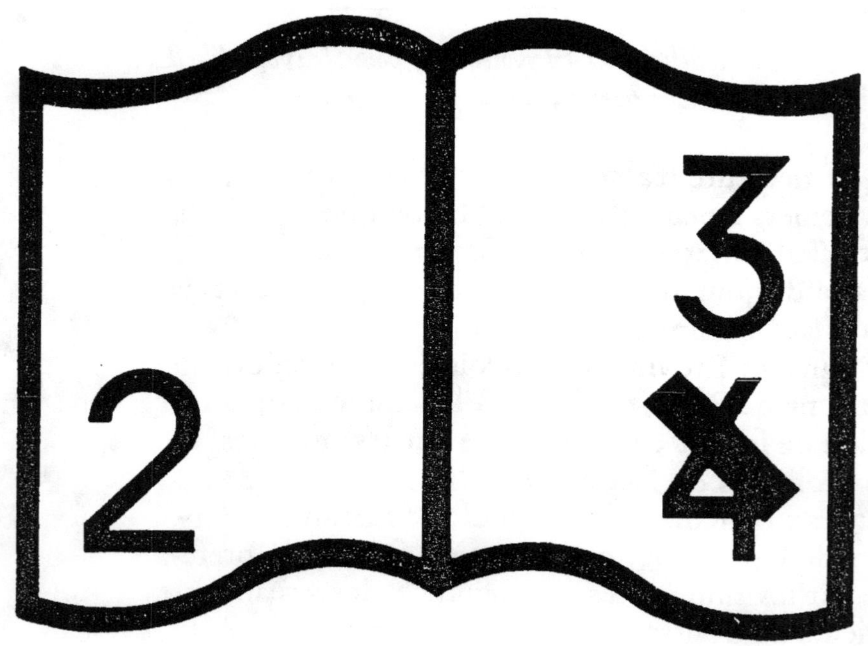
2
3
4

me séparée des biens, elle doit avoir une Hypotéque pareille à celle de son Doüaire.

Si pour les interêts dûs & morts du jour de la demande judiciaire, & pour les dépens, l'Hypotéque doit être prise du jour du Contract & obligation.

L'Hypotéque pour la garantie & pour l'exemption d'un partage, se prend du jour dudit partage s'il est passé par devant Notaires.

L'Hypotéque des créanciers particuliers des heritiers se transfere sur les biens compris dans les lots de leur debiteur, mais s'ils ont fait des saisies & oppositions avant le partage ils y doivent être apelez pour conserver les interêts de leurs debiteurs.

Les Sentences données és Cours Ecclesiastiques, & les Contracts passez par devant des Notaires Apostoliques, ne donnent point d'Hypotéque.

Les baux à longues années.

Les boutiques & échopes étans du Domaine du Roy aquises par engagement, sont susceptibles d'Hypotéque, même de la suite par Hypotéque quand elles ont passé en main tierce.

Pour entrer par subrogation aux Droits & Hypotéques d'un ancien créancier, deux choses sont necessaires, l'une que dans l'Obligation & Contract de prest, l'employ doit être stipulé par clause expresse à l'effet de ladite subrogation, & l'autre que dans la Quittance baillée par le premier Creancier, ou par un Acte fait au pied, à l'instant d'iceluy, qui ne puisse être expedié separément, comme étant & faisant partie de la Quittance, il y ait déclaration expresse que le payement a été fait des deniers du second Creancier, & que le debiteur consente ladite subrogation d'Hypotéque.

Si le Fidejusseur qui paye de ses deniers entre de plein Droit aux hypotéques & privileges du creancier sans autre clause de cession & subrogation.

Si le Testament passé par devant Notaires donne Hypotéque aux légataires & Fidei commissaire, sur les biens du Testateur.

Si les biens des Titulaires & Commendataires des Benefices sont hipotéquez du jour de leur prise de possession au payement des charges imposées sur les mêmes benefices, & au rétablissement des bâtimens d'iceux.

Que le Contract passé avant midy, mais passé dans l'ordre des Hypotéques avant celuy qui est fait aprés midy, ou qui ne désigne point le temps de devant ou aprés midy.

Et si des deux Contracts faits l'un contient l'heure particuliere en laquelle il a été fait, & l'autre dit simplement qu'il a été fait avant midy, on leur donne d'ordinaire la concurrence d'hypotéque, d'autant qu'en cette matiere on divise le jour en deux parties, l'une de devant midy, l'autre aprés midy.

Le Creancier fondé en Contract ou obligation, qui assiste comme Témoin à un second Contract & le signe, ne perd pour cela son hypotéque, mais s'il intervient dans le Contract comme present, sa presence emporte une renonciation tacite à son hypotéque.

Fors dans les Contracts de mariage ausquels l'intervention des parens & amis n'est point considerable, comme étant une simple presence d'honneur & de civilité.

Des Hipotéques Conventionnelles.

1. Bon. LEs Hypotéques Conventionelles sont fondées sur les conventions & Contracts faits entre les Créanciers & le debiteur, lesquels termes des conventions & Contracts présuposent un acte commun fait entre deux parties, & un consentement mutuel & réciproque: Et neanmoins dans l'usage ordinaire une obligation, un Contract de constitution, un bail & tous les actes faits par le debiteur seul en l'abscence du créancier, ne laissent de produire & fonder une Hypoteque au profit du créancier du jour & datte desdits actes & Contracts.

2. Bon. Mais il faudroit mettre l'article dans l'hypotéque tacite. Et par la même raison on tient pour constant qu'une Procuration & Commission passée par devant Notaires, portant pouvoir à un particulier de recevoir ou d'administrer quelque chose, donne l'Hypotéque du jour de la Procuration & Commission, quoique faite en l'absence du Procureur & Commissionaire.

3. Si le pouvoir de la Procuration & Commission est limité à un certain temps, & qu'aprés icelui le Procureur & Commissionaire continue sa récepte & administration, on demande de quel jour on prendra

l'Hypotéque pour la derniere administration : & la même question a été formée pour l'Hypotéque des baux, des maisons & heritages de la campagne qui ont été continuez par tacite réconduction, la difficulté fondée sur ce que la Loy *item quæritur* §. *qui impleto florati cond.* parlant de la réconduction tacite, dit que les gages & Hypotéques du bail *videntur durare*, au moyen dequoy quelques-uns ont estimé que l'Hypotéque des loyers & fermages échûs du temps de la réconduction, doit être pris du jour du premier bail.

Et neanmoins en la Loy *qui ad certum* au même tître, il est dit que le proprietaire *intelligitur ex integro locare*; en la Loy *legem* C. *eod.* le Fermier & locataire qui continuë la joüissance *locationem una cum vinculo renovare videtur*, c'est-à-dire que la réconduction est considerée comme un nouveau bail qui produit une nouvelle obligation & Hypotéque, non point par maniere d'Hypotéque tacite & légale, mais en vertu du premier bail qui se renouvelle par un tacite consentement, avec les mêmes assurances & Hypotéques contenuës au premier. Bon.

Ce qui est si veritable que si le bail étoit fait sous seing privé, & consequemment sans Hypotéque, il n'y auroit point aussi d'Hypotéque pour la réconduction. Bon.

L'opinion commune du Palais en cas de reconduction, va à donner seulement du jour de la reconduction une Hypotéque semblable à celle du premier bail.

4. Par les Articles soixante-trois & soixante-six de l'Ordonnance de 1539. les lettres obligatoires passées sous Scel Royal, sont executoires par tout le Royaume, & celles qui sont passées sous Scel authentique, c'est-à-dire Seigneurial, sont aussi executoires contre les obligez ou leurs heritiers, & sur leurs biens en quelques lieux ou lesdits heritiers soient demeurans & leurs biens scituez, pourvû qu'au jour de l'Obligation les obligez fussent domiciliez dans le détroit de la Justice, sous le Scel de laquelle l'obligation a été passée, laquelle Ordonnance a été transcrite dans les Articles 164. & 165. de la Coûtume de Paris.

Mais par les termes de l'Ordonnance & de la Coûtume il est évident qu'elles ne disposent que du Droit d'execution, parce que c'est-à-dire des saisies, executions & contraintes, lesquelles ne peuvent être faites en vertu d'un Contract & obligation passée sous un Scel Seigneurial, si lors d'icelle l'obligé étoit domicilié hors le détroit dudit Scel & Seigneurie : & neanmoins il se trouve un Arrêt donné depuis vingt ans en la troisiéme Chambre des Enquêtes, qui a jugé qu'un Contract & obligation passée sous le Scel Seigneurial ne donne point d'Hypotéque sur les biens de ceux qui n'étoient domiciliez dans les lieux sujets audit Scel, lequel ayant été imprimé aporta une grande confusion par toute la France, & fut cause de plus de 3000. Sentences poursuivies & obtenuës par les créanciers contre leurs debiteurs afin d'assurer & aquerir les Hypotéques.

Et cette même difficulté s'étant depuis presentée en la premiere Chambre des Enquêtes, Mrs. de ladite Chambre jugerent à propos d'assembler deux Conseillers de chacune des autres Chambres, & par leur avis fut donné un Arrêt contraire au premier de la troisiéme, & jugé que les Contracts & obligations passées sous Scel Seigneurial donnent Hypotéque contre les personnes & sur tous les biens des obligez, même de ceux qui n'avoient lors desdites obligations & actes leur domicile sous ledit Scel. Mais sur ce que l'on a prétendu qu'il y avoit quelque chose à redire dans la forme & en la clause de ladite Assemblée, on doute encor dans le Palais & dans les Provinces de cette proposition.

L'Arrêt de la premiere est bon, il faut en faire un article.

Dans l'origine des rentes constituées, les Contracts de constitution étoient considerés comme Contracts de vente, par lesquels le debiteur se dépoüilloit de la proprieté d'une partie de ses heritages jusques à la concurence du fonds de la rente, pour transmettre ladite proprieté & la faire passer entre les mains du créancier, & delà vient que dans les Contracts de constititution les Notaires usent encor aujourd'huy des termes, vend & constituë, & que le debiteur se désaisit de ses biens & en saisit le créancier.

Et sur ce même principe la Coûtume de Senlis és Articles 272. & 275. oblige le créancier d'une rente de faire ensaisiner le Contract de constitution pour luy donner Hypotéque, laquelle Saisine est une solemnité requise par les Articles 211. & 235. de la mê-

5. Ou ôter toutes sortes de nantissemens dans les Coûtumes même qui en parlent, suivant l'article 71. de l'Edit d'établissement des Greffes, d'enregistrement d'oppositions, où n'y point toucher.

me Coûtume pour les Contracts de vente & donation, & autres actes translatifs de proprieté.

Le même Article 275. ajoûte qu'en concurence de deux Contracts de constitution, l'un desquels est ensaisiné, celuy qui a la Saisine, quoique de datte posterieure, doit être préferé dans l'ordre des Hypotéques au premier Contract de constitution qui n'est point ensaisiné.

Et l'Article 273. porte qu'entre plusieurs constitutions de rente qui ne sont pas ensaisinés, elles viennent entr'elles par contribution au sol la livre.

Et neanmoins dans la suite du même Article elles sont préferées aux dettes pour une fois payer, crées par des Contracts & obligations des dettes posterieures, ce qui cause de grands embarras & des contestations fréquentes dans les ordres.

Car si dans l'ordre des dettes il se trouve un Contract de constitution non ensaisiné pour suivre la régle établie par la Coûtume, le dernier Contract de constitution par le Privilege de la Saisine doit entrer en ordre avant la premiere constitution qui n'est point ensaisinée, & neanmoins l'obligation qui a une datte métoyenne doit être colloquée aprés la premiere constitution & avant la derniere, ce qui est incompatible & a donné lieu à des Enquêtes par turbes, l'une par Monsieur Roüillier & l'autre par Monsieur Hotman Conseillers en la Grand' Chambre, nonobstant lesquelles on a vû depuis dix ans dans les Consultations & dans les Chambres quatre Procez d'ordres des biens scituez

ſcituez en ladite Coûtume, les frais deſquels ont conſumé le prix entier des heritages décrétez.

Et ce qui a été ordonné par la Coûtume de Senlis pour la Saiſine des Contracts de conſtitution de rente, eſt pratiqué dans les Coûtumes de Laon, de Rheims, Ribemont, Amiens, Montreüil, Chauny, Ponthieu, Boulonnois, Peronne & Roye, leſquelles pour acquerir Hypotéque requierent un nantiſſement pour toutes ſortes de dettes, à la réſerve des Tutelles des Mineurs & les Dots & Doüaires des femmes, avec cette difference que pour la Saiſine en la Coûtume de Senlis, & pour le nantiſſement en la Coûtume de Montreüil, il n'eſt point dû des Droits Seigneuriaux.

Les autres Coûtumes ne diſent point s'il en eſt dû ou non, à la réſerve de la Coûtume d'Amiens, qui oblige le créancier qui veut aquerir l'Hypotéque de payer pour le nantiſſement ſur les biens feodaux le quint denier de ſon dû, & ſur les rotures le troiſiéme denier.

On ne doute point que l'avance ne doive être faite par le créancier qui veut acquerir l'Hypotéque par le nantiſſement, mais on doute ſi le debiteur étoit tenu d'en faire le rembourſement en quel temps & comment.

Quelques-uns eſtiment que cette ſolemnité ayant 1.
été recherchée par le creancier pour ſa ſeureté ſans ſtipulation précédente, ce qui a été payé au Seigneur n'eſt ſujet à répétition.

D'autres au contraire ſont d'avis que ce ſont frais 2.

& loyaux coûts, dont le remboursement est dû dés l'instant du Contract aussi-bien que les salaires des Notaires.

3\. Plusieurs croyent que le remboursement doit être differé lors du rachat de la rente, & la difficulté a été

4\. de sçavoir si le créancier peut demander le remboursement des droits tout entiers, même de la remise qui luy a été faite, comme cela se pratique au Retrait Lignager.

La premiere & la deuxiéme difficulté ont été décidées par Arrêt donné en l'Audience de la Grand' Chambre le cinquiéme Janvier 1615. à l'avantage du créancier.

L'autre difficulté est demeurée indécise.

En l'ancienne Coûtume de Paris par les Articles cinquante-huit, cinquante-neuf, soixante & soixante & un, il étoit dû des lots & ventes pour les constitutions de rentes faites à prix d'argent: mais dans l'apostille de du Moulin sur l'Article cinquante-huit de l'ancienne Coûtume, qui fut subrogé au lieu des quatre susdits, il est fait mention qu'un particulier ayant obtenu du Roy Henry II. des lots & ventes qui étoient dûës pour les constitutions des rentes ausquelles on avoit donné une assination ou Hypotéque sur des maisons à Paris, étant en la censive du Roy, cela fit une grande émotion qui obligea le Prevôt des Marchands & Echevins de se pourvoir au Parlement, lequel par Arrêt du dix May 1557. ordonna que les 4. Articles cy-dessus seroient rayez, & qu'au lieu d'iceux ſeroit ajoûté à ladite Coûtume un autre Article cotté cinquante-huit, portant qu'il n'eſt dû lots & ventes n'y profits de Fiefs pour rentes conſtituées à prix d'argent ſur des maiſons & heritages aſſis en la Prevôté & Vicomté de Paris, n'y pour la conſtitution n'y pour le rachat, avec un retentum qui fut mis au Greffe pour être délivré à ceux qui le demanderoient, portant que pour les ventes volontaires & adjudications par Decret faites à charge d'une rente, les droits Seigneuriaux ſeront payez tant pour le prix payé en argent qu'à cauſe du fonds & capital de la rente, ce qui eſt juſte, en ce cas la rente *fungitur vice pretij*.

Ce qui a été ordonné par l'Arrêt pour la Coûtume de Paris, peut être étendu aux autres Coûtumes, l'Hypotéque reçûë ſur le ſeul conſentement des parties, attendu qu'il s'agit d'un Droit commun & general, fondé en une raiſon univerſelle qui eſt égale en toutes les Coûtumes.

Et neanmoins il faut demeurer d'accord que les nantiſſemens s'ils étoient faits ſans les ſcrupules & formalitez extraordinaires requiſes par aucunes Coûtumes de Picardie, & ſans payer les droits Seigneuriaux, étoient utils en leur origine, parce que en chacune juſtice Royale & Seigneuriale, le Greffier étoit obligé de tenir ſon Regiſtre particulier deſdits nantiſſemens, ſur lequel le créancier avant que prêter ſon argent pouvoit s'éclaircir des Hypotéques qui avoient été déja crées par le debiteur ſur ſon immeuble.

Mais cette précaution ne garentiſſoit point des hypotéques tacites des Mineurs sur les biens de leurs Tuteurs, ny de celles des femmes de leurs maris, pour leurs conventions matrimoniales, lesquelles ne consistoient anciennement qu'en la restitution des deniers dotaux & en la constitution du Doüaire prefix.

Mais à present que l'on donne au remploy des Propres alienez & à l'indemnité des dettes ausquelles la femme a parlé, le Privilege de l'Hypoteque legale, du jour du Contract de Mariage, & en défaut de Contract du jour de la bénédiction nuptiale, la précaution du Registre des nantissemens est absolument inutile, à cause dés que les Contracts de constitution des rentes & les obligations qui peuvent être faites par le mary & la femme conjointement, n'ont point de bornes.

Et d'ailleurs aprés l'Hypotéque donnée par l'Ordonnance de Moulins aux Sentences & Arrêts, on ne peut trouver sur le Registre des nantissemens aucun éclaircissement de l'état des dettes & Hypotéques du debiteur.

Et même l'usage des nantissemens est fort affoibly & presque aneanty, car pour se dispenser des formalitez de nantissemens requises par les Coûtumes de Picardie, & du payement des Droits Seigneuriaux où ils peuvent être prétendus, au lieu de faire des obligations & Contracts de constitution, on fait de simples promesses de payer ou de constituer rente, & trois jours aprés on fait donner Sentence portant reconnoissance de la promesse, & condamne de passer Contract de constitution, sinon que la Sentence vaudra Contract.

De maniere que cette matiere a besoin d'un régle-ment & d'une Ordonnance generale pour toute la France.

Il y a d'autres Articles qui sont certains entre ceux qui sont consommez dans les affaires, & neanmoins ne laissent pas de faire quantité de Procez à cause que les Praticiens & Avocats de Province n'envoyent rien par écrit dans les Ordonnances ny dans les Coû-tumes. 6.

Les sommes, mêmes celles qui sont ajugées dans les ordres aux femmes mariées pour les deniers do-taux, préciput, Doüaire en argent & sans retour, rem-ploy des Propres, sont distribuez en sous-ordre entre les créanciers de la femme par ordre d'Hypotéque, pourvû qu'ils se soient opposées au Greffe avant le Scel du Decret, avec expression particuliere pour être distribuez sur les Droits & collocations de la femme. 7. Bon.

Il seroit fort difficile de donner une raison solide & décisive de cét usage, & tout ce que l'on peut dire *sic vivitur*.

Mais les mêmes deniers se distribuent par l'ordre des Saisies & oppositions, & en cas de déconfiture par contribution. Bon.

Si l'opposition est posterieure au Sceau du Decret, ou si au lieu d'une opposition au Greffe on se con-tente d'une simple saisie & Arrêt entre les mains du Receveur des Consignations. Bon.

A considerer, étant fâcheux que la forme emporte le fond.

Ou si l'opposition n'exprime point qu'elle est formée sur les droits de la femme.

Et le même est observé encor que le Decret soit poursuivy sur le mary & la femme conjointement, lors que l'heritage saisi appartient au mary seul; & comme cette difference est peu connuë aux Procureurs, eux & leurs parties sont bien souvent surpris en ce point, même dans l'incertitude & difficulté de sçavoir si l'heritage appartient au mary & à la femme, ou s'il est commun entre eux.

7. *Leg. Lucius titius 13. ff. quique in pig.* L'ordre des imputations est expliqué nettement par Mr. Brisson, *l. 1. de solut. & liberat. sect.* 10. 243. *& seqq.*

Le capital & les interêts de la Dot, le fond & les arrerages du Doüaire, le principal & les interêts du prix d'une vente, le principal & les arrerages d'une rente, & le principal & interêts du contenu en une promesse ou obligation, ont une même & seule hypotéque, & neanmoins lors qu'il s'agit de régler entre le creancier & le detteur l'ordre & l'imputation des payemens libellez.

Il y a grand nombre d'Arrêts qui semblent absolument contraires, neanmoins la diversité de cette jurisprudence peut être conciliée par une distinction.

Bon.

Car quand il s'agit d'une constitution dotalle, d'un Doüaire du prix d'une vente, & d'une rente, & de toutes les autres dettes qui produisent interêt de plein droit, sans implorer l'office du Juge & sans demande judiciaire, l'imputation du payement se fait 1° sur les arrerages, d'autant que la clause & la production d'iceux étant aussi ancienne que le principal, c'est le cas auquel on peut appliquer la regle *prius in usurus deinde in sortem.*

Mais pour des dettes contenuës en des promesses & obligations, & autres sommes, dont l'interêt n'est dû que *ex mora & officio judicis*, comme la dette principale est plus ancienne que la cause des interêts, l'imputation des payemens se fait sur le principal avant les interêts. 8. Bon.

Le tout pourvû qu'en l'un & l'autre cas les quittances des payemens ne soient point libellées, car quand elles expriment l'imputation il faut suivre ce qui a été convenu entre les Parties.

Mais dans les ordres & distributions s'il ne se trouve assez de fonds pour payer le principal, & les interêts ou arrerages entre plusieurs personnes, lesquelles se trouvent diversement interessées, les unes pour le principal & les autres pour les interêts.

Comme entre mary & la femme, l'un desquels est creancier du principal, & la communauté des interêts, & entre les heritiers mobiliers & immobiliers du creancier.

Quelques-uns estiment qu'il faut suivre le même ordre & la même régle qui a été cy-dessus marquée, pour l'imputation des payemens.

Les autres au contraire, que le principal comme le plus noble & privilegié doit être payé le premier, & que la tarre doit tomber sur les interêts.

Et plusieurs se persuadent que le principal & les arrerages comme concurrens en hypotéque doivent participer à ce qui est touché, & porter concurremment la tarre du defaut de fonds, par forme de contribution au sol la livre.

Par contribution au sol la livre pour toutes sortes d'interêts, même ceux qui viennent des promesses & obligations.

La convention posterieure faite entre le creancier 9. Bon.

& le detteur, comme si la somme dûë par obligation ou autre Contract est convertie en constitution de rente, il n'y a point de novation d'hypotéque : mais la derniere confirme la premiere, si ce n'est que la novation soit établie par clause expresse.

10. Bon. Constant en Droit, *tot. lic. de separ.* Bon. Les Creanciers du défunt, même les simples Chirographaires, & ceux qui n'ont qu'une action, sont préferez sur les immeubles de leur detteur avant les creanciers particuliers de l'heritier, sans qu'il soit necessaire de faire une demande précise pour la separation de l'heredité.

11. *Leg. Paulus ff. de pign.* Et aussi les Creanciers du défunt n'ont hypotéque sur les immeubles de l'heritier du detteur que du jour du tître nouvel passé par l'heritier, où de la Sentence obtenuë contre luy.

12. Cela s'entend aussi-bien des Sentences que des Arrêts. En matiere Criminelle l'hypotéque pour les réparations Civiles & dépens est acquise du jour du jugement diffinitif.

Aviser si on pourroit donner l'hypotéque du jour du jugement de Contumace, encor qu'il soit informé dans la suite & en haine de la Contumace.

Mais sur tout pourvoir à rejetter & déclarer nulles toutes Donations & autres dépositions, ventes & alienations qui pourroient avoir été faites par les accusez & coupables, depuis le crime commis.

Et aviser si on ajoûteroit point les dspositions & alienations qui pourroient être faites quelques jours auparavant, dans la vûë & pensée du crime.

13. Si l'obligation, quoique faite en minorité, a été confirmée

firmée par Sentence ou par Arrêt, si l'hypotéque doit être prise du jour de l'obligation ou du jugement seulement.

Et supposé qu'il n'y ait ny acte de ratification ny jugement, & que l'obligation demeure confirmée par le temps, à faute de s'être pourvû contre icelle dans les dix ans de la majorité, de quel jour l'hypotéque peut être prétenduë.

Ces questions ont été fort agitées & diversement jugées, mais à present la plus commune opinion de la Sale du Palais va à donner l'hypotéque du jour de l'obligation, parce que les voyes de nullité n'ont point de lieu en France, & quand la restitution demandée par le mineur n'a point réüssi l'obligation demeure valable; & lors que le mineur n'a point reclamé contre l'obligation, il seroit fort difficile de trouver un autre temps pour asseoir l'hypotéque. Bon.

Les Contracts & Obligations faites par des Procureurs fondez de Procuration speciale, donnent hypotéque non pas du jour de la Procuration, qui n'est qu'un préparatoire pour parvenir à l'obligation, mais du jour du Contract qui a été fait en vertu de la Procuration.

14. Si l'obligation est bonne en vertu du pouvoir general, elle emporte l'hypotéque avec elle : mais si l'obligation n'est qu'en consequence de la ratification, l'hypotéque ne se prendra que de ce jour-là.

Mais si la Procuration ne contient qu'un pouvoir general, ou que sans Procuration une personne traite comme se faisant fort d'un autre, il semble que l'hypotéque ne peut être prétenduë que du jour de la ratification faite par un acte authentique passé par devant Notaires.

15. Cedulle de main portant promesse de payer ou faire quelque chose, ne peut porter hypotéque que du jour de la confession faite par acte judiciaire ou par devant Notaires, ou du jugement portant reconnoissance, ou du jour de la dénegation, pourvû que par aprés elle soit verifiée.

Bon. C'est l'Article 107. de la Coûtume de Paris, qui parle de la reconnoissance faite en jugement; mais pour trancher les difficultez qui peuvent naître de ces termes, & prévenir les antidates qui sont faciles dans les significations des procedures, il semble que le mot par acte judiciaire soit plus propre.

16. Dans les lieux qui sont régis par la Coûtume ou par le Droit écrit, meubles n'ont point de suite par hypotéque quand ils sont hors la possession du detteur. C'est l'Article 170. de la Coûtume de Paris.

17. Bon. Mais il seroit à propos de limiter un temps. Et neanmoins le vendeur d'une chose mobiliaire peut la poursuivre en quelque lieu qu'elle soit transportée, pour être payé du prix pour lequel elle a été venduë, pourvû que la vente soit faite sans jour & sans terme, sur l'esperance d'être payé promptement. Et si le vendeur a donné terme, & que la chose soit saisie sur l'acheteur par un autre creancier, le vendeur est preferé sur la chose à tous autres creanciers: Mais si la chose a passé en main tierce, le vendeur n'a point de suite ny de préference sur icelle.

Ce sont les Articles 176. & 177. de la Coûtume de Paris.

18. bon. Un transport de dettes actives mobilieres, & de

rentes constituées, ne saisit & ne transmet au Cessionnaire le droit des choses cedées sinon du jour de la signification qui en a été faite au detteur : c'est l'Article 108. de la Coûtume.

Les deniers provenans de la vente des meubles & provenans des dettes actives mobilieres saisis sur le detteur, seront distribuez par ordre d'hypotéque és païs de Droit écrit, & dans les Coûtumes qui contiennent une disposition expresse pour ce regard. Et dans les autres Coûtumes les deniers procedans de la vente des meubles & du recouvrement des dettes actives mobilieres, seront distribuez entre les saisissans & opposans par contribution au sol la livre.

Aviser s'il ne seroit pas à propos pour les Exploits 19. Bon.
de Saisies & Executions, Saisies réelles & Arrêts, Oppositions & Significations de Transports, d'obliger les Sergens d'avoir deux Records resseans & domiciliez, de déclarer leurs noms, surnoms, qualitez & domicile, & les faire signer les Originaux & les Copies des Exploits.

Le prix de la vente de la superficie des grands bois 20. Bon.
doit être distribué par ordre d'hypotéque entre les Creanciers du vendeur, pourvû que les saisies & oppositions ayent été faites avant la coupe des bois : mais si les saisies & oppositions sont faites aprés ladite coupe, les deniers seront distribuez par contribution.

Et si lors des saisies & oppositions les bois sont Exploitez en partie & le reste debout; le prix de la vente sera distribué comme meubles à proportion de la valeur de ce qui a été coupé, & le reste payé par ordre d'hypotéque.

21. Bon. Le prix de la vente d'un heritage ou rente étant encor entre les mains de l'acquereur, sera distribué entre les creanciers du vendeur par ordre d'hypotéque.

Il y a des Arrêts pour & contre, mais le plus grand nombre est conforme à la proposition cy-dessus, afin de prévenir le circuit des actions en déclaration d'hypotéque.

Il reste pour achever le cahier des hypotéques deux Articles importans, l'un pour le Benefice de Discussion, l'autre pour le Déguerpissement.

Addition & réformation au titre des Hypotéques.

VOir si les Articles du titre des Hypotéques sont conformes ou dissemblables aux Articles suivans, & se régler sur le present Memoire qui est, à mon avis, plus exact que le précedent.

ENTRE CREANCIERS.

Contrelettres, quoique faites & reconnuës par devant Notaires ou en jugement, ne porteront hypotéque & n'auront aucun effet sinon entre ceux qui les auront passées & leurs heritiers, & non contre des tierces personnes qui auront contracté avant ou depuis la datte desdites Contrelettres.

Le Notaire ou Tabellion qui recevra des Contracts sans déclarer les hypotéques qu'il peut avoir de son chef sur les biens des personnes obligées, par le même Contract il en demeurera déchû à l'égard des autres Parties.

Cet Article est inutil à Paris, & sera facilement éludé à cause du grand nombre de Notaires, en faisant passer le Contract par un autre Notaire confident: mais l'Article pourra servir aux autres lieux.

Il sera tenu pareillement de déclarer & notifier aux Parties les Hypotéques acquises à autres personnes, par des Contracts par luy reçûs durant l'année immediatement précedente, à peine de tous dépens, dommages & interêts.

Cet Article est nouveau & paroît rude, & peut donner occasion de découvrir le secret des familles.

Quand il y a prorogation tacite ou expresse d'un Bail, Commission, ou autre Acte de pareille qualité, l'hypotéque pour le temps de la prorogation commence seulement du jour de la prorogation.

Les immeubles alienez à tître de vente ou échangez, sont hypotéquez par privilege aux conventions & conditions du Contract tant en principal qu'interêts, encor qu'il n'y ait stipulation expresse d'hypotéque ny de privilege.

Il y a un Arrêt contraire donné il y a soixante ans contre Monsieur de la Trimoüille, par lequel dans l'ordre du prix par luy auparavant vendu, il fut debouté du privilege par luy prétendu, à faute d'avoir reservé & stipulé le Privilege.

Mais le contraire a été depuis observé & passe pour

conſtant au Palais, fondé ſur la déciſion de la Loy 2. *D. de reb. corn. qui ſub nu. vil. cura ſunt non alien.* laquelle neanmoins ſemble inutile pour la déciſion de la queſtion.

Car la Loy premiere au même tître parle en l'eſpece d'un mineur, lequel par le Contract d'acquiſition d'un heritage avoit hypotéqué le même heritage au payement du reſte du prix. Ulpien avoit répondu que l'hypotéque conventionnelle eſt une eſpece d'alienation qui eſt interdite au mineur; *nam*, dit-il, *ubi Dominum quæſitum eſſe minori caput non poteſt obligari*, laquelle opinion eſt reprouvée par Paulus en la Loy 2. *DD. illud videtur movere quod cum Domino pignus quæſitum eſt & ab initio obligatio in hæſit*, c'eſt à dire que l'obligation d'hypotéque fait partie de la convention, laquelle ne peut être diviſée; & ſi le mineur prétend ſe faire décharger de l'Hypotéque, il faut qu'il renonce à l'acquiſition faite à ſon profit: Surquoy il y a deux obſervations à faire.

1° Qu'en l'eſpece de ces deux Loix il ne s'agit que d'une ſimple hypotéque, & n'eſt point parlé de privilege.

2° Que l'hypotéque étoit conventionnelle, & neanmoins invaluir; & a été jugé ainſi perpetuellement.

Le privilege eſt acquis au vendeur de plein droit, ſans ſtipulation.

Le vendeur qui a reçû une partie du prix ſera préferé pour le reſte ſur la totalité de l'heritage.

Les ouvriers qui ont travaillé au bâtiment ou rétablissement d'un édifice, sont aussi preferez pour leur dû tant en principal qu'interêts. Mr. Loüet lett. T. num. 20.

Le creancier qui a baillé l'argent pour payer le prix de l'aquisition, ou des ouvrages & bâtimens, doit aussi être payé par privilege tant du principal que des interêts, pourvû que dans l'Article de prêt l'employ ait été stipulé ; & que dans la Quittance du payement, ou dans un autre Acte étant ensuite conçû aux termes & à l'instant, il soit fait mention expresse que les deniers procedent du creancier, encor qu'il n'y ait aucune clause de subrogation d'hipotéque ou privilege.

Quand à la suite d'un Contract, Quittance ou Acte, de quelle qualité qu'il soit, il y a un autre acte conçû aux termes & à l'instant, les Notaires ne pourront les delivrer separement à peine d'en répondre en leurs noms des dépens, dommages & interêts des Parties.

Le vendeur pour le reste du prix de la vente est preferé aux creanciers, qui a prêté l'argent pour payer le surplus du prix, supposé même que le vendeur ait subrogé le creancier en ces droits & privileges, si ce n'est que la concurrence ou preference ait été expressement accordée par le vendeur.

Et le semblable sera observé entre les ouvriers qui ont travaillé à un bâtiment, & les creanciers qui ont prêté de l'argent pour payer partie des ouvrages.

Entre plusieurs creanciers qui ont privilege les uns sur le fonds & les autres sur la superficie, ventilation sera faite du fond & de la superficie pour être payé par privilege sur la chose.

Et si le prix du fonds n'est suffisant pour payer tout ce qui est dû aux creanciers privilegiez sur le même fonds, ils seront préferez pour le reste sur la superficie, aprés que les creanciers privilegiez de la même superficie auront été préalablement payez ; & préalablement & pareillement les creanciers privilegiez sur la superficie, seront préferez sur le fond, auront été préalablement payez.

L'heritier par benefice d'inventaire qui paye une dette de la succession, ne succede à l'hypotéque ny au privilege du creancier s'il n'a pris une cession & subrogation expresse de ses droits.

Le Fidejusseur qui acquitte la dette à laquelle il s'est obligé, demeure subrogé de plein droit aux droits, hypotéques & privileges du creancier, mais il ne pourra s'aider de cette subrogation, même de la conventionnelle ou judiciaire du creancier, pour les sommes à luy dûës pour autres causes.

Mr. Loüet lett. Et, n. 38. & 39. & lett. D. num. 40. l. 2. ff. de Fidejuss.

Ce qui est dit icy du Fidejusseur est aussi observé du deuxiéme creancier, *qui habet jus afferendi*, dans Monsieur Loüet, lett. Et, num. 38. & 39. mais comme cela n'est pas en usage en païs Coûtumier, sçavoir s'il est à propos d'en parler.

Addition

Addition au titre des Hypotéques, sur les questions proposées depuis huit jours au Palais.

LE vendeur d'un heritage ou d'une rente sera preferé sur les deniers qui en proviendront pour ce qui luy reste dû du prix de la rente, même aux Créanciers qui ont baillé l'argent pour payer. Loüet c. h. n. 21.

Le vendeur d'un heritage ou d'une rente viendra en ordre sur les deniers qui proviendront des choses venduës pour le reste du prix de la vente, concurremment avec les Créanciers qui ont baillé leur argent pour payer le surplus du prix, pourvû que les Créanciers ayent pris cession des droits & Hypotéques du vendeur.

Mais si les Créanciers n'ont qu'une simple subrogation d'Hypotéque le vendeur sera preferé, encore que dans les Quittances des payemens à luy faits des deniers des Créanciers, il n'ait point reservé la préference des Hypotéques, parce que personne n'est présumé avoir consenty une subrogation contre soy-même sans contention expresse.

Et la même préference sera donnée à celuy qui aura pris la cession des droits du vendeur, contre les Créanciers qui n'auront qu'une simple subrogation d'Hypotéque.

Entre plusieurs Créanciers qui ont baillé leur argent pour payer le prix d'un heritage ou rente, ils seront payées concurremment entre eux, & sans considerer la priorité ou posteriorité de leur Hypotéque, *privilegia non ex tempore æstimantur, sed ex causa & si ejusdem tituli fuerunt concurrunt, licet diversitate temporis in his fuerint. l. 32. derebus austi. ind. post. dig. lib. 42. tit. 5.*

J'estime que l'on a dû régler la maniere d'être subrogé aux hypotéques d'un creancier ancien ou privilegié.

Cét Article est conforme à l'usage commun, & fondé sur ce brocard vulgaire du Droit *si privilegiatus agas contra privilegiatum non utitur privilegio.* Et neanmoins il ne laisse pas d'avoir ses inconveniens. Voicy l'espece qui fut proposée : une maison venduë 30000. livres, l'acquereur emprunte de Pierre 10000. livres, avec stipulation d'employ au payement de la maison & subrogation aux Hypotéques du vendeur ; le tout executé, & ainsi le Créancier se persuade avoir une seureté toute entiere. Un mois aprés l'acquereur emprunte de Bonaventure les 20000. livres qui restoient a payer du prix de l'acquisition, avec les mêmes suretez d'employ & subrogation ; le debiteur laisse passer trois années sans payer les arrerages, la maison est saisie réellement, le Decret par les fuites du debiteur dure quatre années, pendant lesquelles les arrerages des deux rentes courent, lesquels avec les frais du Decret & le droit de Consignation consomment la moitié du prix de la maison. Pierre comme premier en Hypotéque veut être preferé, Bonaventure l'empêche suivant la regle susdite que les privileges viennent en concurence, sans considerer la datte des Hypotéques ; Pierre replique que les deux privileges étant égaux il ne les falloit point considerer, mais suivre l'ordre des Hypotéques *contrà judicatum*, & ainsi Pierre qui étoit le premier créancier a perdu la moitié de sa dette.

Quæritur, pour l'Hypotéque, ce qui a été souvent agité sur l'espece de la Loy *quoties*, laquelle semble en quelque sorte inutile, en donnant une Hypotéque sur l'heritage acquis par le Cessionaire.

A l'égard des créanciers, constant suivant l'Arrêt de le Cointe, que les arrerages échûs avant la signification du transport peuvent être saisis par les Créanciers du Cédant, & leur appartiennent.

Charondas, sur la fin de la Coûtume, Arrêt 1. pag. 549.

L'on peut conclure que la prescription ne doit commencer contre les Créanciers que du jour de la signification, qui équipole à une prise de possession *sine possessionè non currit prescriptio.* Joint qu'avant la signification le transport de même secret & inconnu.

Entre le Cédant & le Cessionaire il semble juste de donner l'Hypotéque sur les biens du Cédant du jour du transport, car l'exploit ne peut donner d'Hypotéque, il y a plus de difficulté pour sçavoir si l'Hypotéque vaudra sur la rente cedée & de ce qui est dit cy-dessus sur la Loy *quoties dig. de rei vindicatione.*

Des Transports des rentes & dettes actives mobilieres.

CE tître a été redigé par Articles pour faciliter l'intelligence & l'examen de la matiere & non pour servir de décisions, lesquelles d'abord paroissent difficiles & desirent une aplication trés-exacte.

On ne parle point icy des rentes foncieres & de bail d'heritage qui sont réelles & doivent être réglées par les principes établis pour les heritages, mais seulement des rentes crées à prix d'argent, qui sont personnelles & suivent la personne du créancier.

1. Le simple transport d'une dette active mobiliere & d'une rente constituée à prix d'argent, ne saisit & n'a effet à l'égard du detteur & des autres tierces personnes que du jour qu'il a été bien & dûëment signifié, & copie baillée au detteur.

Nota, que la substance de cét Article est prise de l'Article 108. de la Coûtume de Paris.

Le terme de simple est dans le texte de la Coûtume, & n'est pas inutil pour marquer la difference du transport qui est demeuré au terme de la simple convention faite entre le Cédant & le detteur, & de celui qui a été signifié.

Il est parlé d'une dette active mobiliere qui est le sujet & la matiere ordinaire des transports, & a été ajoûté d'une rente constituée, laquelle étant immeuble on a soûtenu autrefois qu'elle n'étoit comprise sous le nom de transport qui s'aplique d'ordinaire aux dettes actives mobilieres, que l'on apelle en Droit *nomina actiones*, mais qu'elle entroit dans la classe des ventes & alienations: & c'est l'une des questions agitées au Proces & jugée par l'Arrest de le Cointe.

On a mis à l'égard du detteur conformement à l'Article de la Coûtume, c'est-à-dire le payement fait au Cédant par le detteur eſt valable nonobſtant le Tranſport, quand il n'a pas été ſignifié au detteur, ce qui n'a jamais été révoqué en doute, car aux termes que l'Article eſt conçû il ſemble avoir été fait à l'égard du detteur.

Mais on ajoûte ſi le defaut de ſignification étoit conſiderable à l'égard des créanciers du Cedant, ou d'un ſecond Ceſſionaire & autres tierces perſonnes: Et c'eſt l'autre queſtion jugée par l'Arrêt de le Cointe du vingt-quatre Novembre 1595. qui ſe trouve imprimé & inſeré dans le premier volume du Coûtumier General, aprés la Coûtume de Dourdan & avant les Ordonnances de la ville de Mets, qui a jugé 1° que la ſignification étoit neceſſaire même à l'égard des tranſports des rentes conſtituées. 2° Que le tranſport étoit bon à la verité pour le principal de la rente, mais que les arrerages échûs avant la ſignification du tranſport avoient pû être ſaiſis par les creanciers du Cédant.

Le contraire avoit été jugé aux Requêtes du Palais, mais ſur l'Apel le Procés ayant été porté en la troiſiéme des Enquêtes on prît l'avis de toutes les Chambres, qui ſe trouva contraire à la Sentence; & enſuite le Raporteur & un autre Conſeiller s'étans tranſportez au Châtelet pour s'informer de l'uſage, on aſſembla quinze Juges, ſix Avocats & ſix Procureurs, qui faiſoient enſemble vingt-ſept, du nombre deſquels il y en eût vingt & un qui atteſterent que l'uſage commun étoit contraire à la Sentence: & ſur leurs avis fut donné Arrêt sur l'une & l'autre question.

2. Et neanmoins nonobstant le defaut de signification le transport est valable & a son éfet au profit du Cessionnaire contre le Cedant, pour agir en garantie personnellement contre luy & ses heritiers successeurs universels.

3. Formalités inutiles à cause du Controlle. Le transport doit être passé par devant Notaires & signifié à la personne ou au domicile du detteur, par un Sergent, assisté de deux Records âgez de vingt ans accomplis, non parens, alliez ny domestiques du Cédant, du Cessionnaire, ny du Sergent. L'Original & la Copie de l'Exploit signez du Sergent & des Records, & être fait mention de la résidence ordinaire du Sergent, du lieu où il a été immatriculé, des noms, surnoms, qualitez, domicile des Records, & de la personne à qui l'Exploit a été laissé; à peine de nullité.

4. Le payement fait au Cédant avant la signification du Transport est valable, & le debiteur est quitte & liberé.

5. Le creancier du Cédant, même celuy qui a une hypotéque posterieure au Transport, peut faire saisir & arrêter la somme cedée & les arrerages de la rente échûs avant la signification du Transport, & sera préferé au Cessionnaire sur ce qui restoit à payer par le detteur lors de la Saisie & Arrêt, & peut aussi se pourvoir pour le payement de son dû sur le principal de la rente si elle étoit en nature au jour de la Saisie.

Nota, que la proposition de la premiere partie de l'Article faisant mention des dettes actives mobilieres,

& des arrerages des rentes échûës avant la ſignification du Tranſport eſt certaine, & conforme à l'Arrêt de le Cointe.

Mais à l'égard du fonds de la rente, ce qui eſt ordonné à la fin de l'Article, & par les Articles ſix & ſept, eſt nouveau.

L'Arrêt de le Cointe n'en parle point, car ce n'étoit la conteſtation, mais celuy qui l'a rédigé inſinuë tacitement que l'uſage authoriſé par l'Arrêt n'alloit pas juſques au fond de la rente.

Mais ſuppoſant la régle établie par le même Arrêt, que le Tranſport même pour les rentes ne ſaiſit que du jour de la ſignification, tout ce qui eſt propoſé par les Articles cinq, & ſix, & ſept, ſemble juſte & neceſſaire.

La ſignification du Tranſport équipole à une priſe de poſſeſſion: Or en la Loy *quoties C. de rei vindicat*, en concurrence de deux acquereurs d'un heritage on ne conſidere point la datte des Contracts, mais le temps de la priſe de poſſeſſion; & delà il s'enſuit que la ſignification eſt neceſſaire pour la perfection du Tranſport; & de plus cela va au devant de quantité de fraudes qui ſe commettent tous les jours par le moyen des Tranſports ſimulez que l'on met au jour quand on veut fruſtrer des creanciers legitimes qui ont contracté de bonne foy en un temps auquel le Tranſport étoit inconnu.

La Preſcription de dix & vingt ans ne commence ſon cours en faveur du Ceſſionnaire que du jour de la ſignification du Tranſport. 6.

Nota, pour commencer une Prescription la possession est necessaire, puisque la Prescription n'est autre chose que l'assemblage de plusieurs années de possession : Or il a été remarqué cy-dessus que la signification du Transport est une espece de prise de possession.

7. Si avant la signification du Transport d'une dette active mobiliere, ou d'une rente créée à prix d'argent, la même chose est delaissée à une autre personne à quelque tître que ce soit, même par don & legs particulier, celuy qui aura le premier fait signifier son tître au detteur sera préferé à l'autre.

Nota, que l'argument tiré de la Loy sur le cinquiéme Article, confirme la proposition du septiéme Article.

8. Ce qui a été ordonné sera observé pour toutes les rentes constituées à prix d'argent, même pour celles qui ont leur payement assigné sur le revenu de certains heritages, si ce n'est que le Cessionaire fasse voir par écrit & par un Acte public avoir joüy de l'assignat plus d'une année avant la Saisie & Arrêt faits à la requête du creancier du Cédant.

Nota, que les rentes düës par assignat n'ont point plus de privilege que les autres rentes, mais la joüissance actuelle & effective par an & jour, semble autant & même plus forte qu'un Exploit de signification.

9. Celuy qui a cedé une dette active mobiliere, ou une constituée à prix d'argent, sans parler de la garantie,

rantie est neanmoins garant que la chose cedée est veritablement & legitimement dûë.

Nota, que le Juge de la matiere de l'Article 9. & des suivans, est en la Loy *si nomen ff. de hered. vel. act. vend. si nomen sit distractum celsus scribe locupletem esse debitorem non debere prestare nisi aliud convenit.*

La garentie de Droit c'est *debitum subesse.*

La garentie de fait va à la solvabilité du detteur.

Me. Charles Loyseau a fait un traité singulier & fort exact de la garentie des rentes.

Et entre les œuvres de Me. Jean Bacquet, il y a un traité des transports des rentes sur l'Hôtel de Ville.

On n'a point distingué les rentes constituées à prix d'argent d'avec les dettes actives mobilieres, parce que les unes & les autres sont dettes pures, personnelles, sujettes par conséquent aux mêmes régles.

Si le Transport est fait avec clause, la clause sans garantie, ou avec la simple garantie de ses faits & promesses du Cédant, il demeurera neanmoins garant de l'existence & validité de la dette, si ce n'est qu'il justifie que le vice ne procede pas de son fait, & de ceux dont il est heritier, donataire, légataire universel, & que lors du transport il étoit en bonne foy & avoit sujet de croire que la dette étoit veritable & legitime. 10.

Le Cédant est garant de la solvabilité du detteur au temps du transport, si le transport a été fait avec la clause simple de garantie, & n'est garant de l'insolvabilité depuis survenuë. 11.

T t

12. Si outre la clause de garantie le Cédant s'est obligé de fournir & faire valoir la dette active ou la rente par lui cedée, il demeure garant de l'insolvabilité du detteur, tant pour le passé que pour l'avenir.

13. Et neanmoins il ne peut contraindre le Cédant au payement de la dette ou rente par luy cedée, sinon discussion préalablement faite des biens du detteur principal, encor que le Cédant se soit obligé de payer en son nom tant en principal qu'arrerages, si ce n'est qu'il soit dit aprés un simple commandement, auquel cas la discussion n'est point necessaire.

Nota, que l'Arrest prononcé en robes rouges l'a ainsi jugé nonobstant la promesse de payer en son nom, mais en l'espece de la cause il n'étoit dit aprés un simple commandement en 1602. L'Arrêt est dans Montholon.

14. Si avant le Transport les immeubles du detteur principal avoient été par luy alienez ou saisis par authorité de Justice, le Cessionaire aura en cas d'insolvabilité son recours contre le Cédant, nonobstant que la Prescription du tiers acquereur ait été accomplie, ou le Decret interposé depuis le Transport : mais si l'alienation ou la saisie réelle ont été faites depuis le Transport il n'y aura aucun recours de garantie, nonobstant la clause de garantir, fournir & faire valoir, même de payer en son nom, en faisant voir que le Cessionaire pouvoit être payé par une opposition formée au Decret, ou par une interruption de la possession du tiers acquereur.

La promesse de garantir les retranchemens qui pourront être faits sur les rentes dûës par les Corps & Communautez des Villes & autres semblables, est vallable & oblige le Cédant de payer en son nom ce qui sera retranché. 15.

Le detteur pourra compenser avec le Cessionaire toutes les sommes qui se trouveront luy être dûës par le Cédant, légitimement & sans fraude, & se servir de toutes les autres exceptions qui ont pû être opposées avant la signification du Transport. 16.

Si à l'un de plusieurs heritiers a été transporté par une tierce personne quelques droits ou actions à prendre sur la succession commune, il peut être contraint d'en faire part à ses coheritiers, en remboursant les sommes qui auront été par luy payées veritablement & sans fraude, avec les frais & loyaux coûts. 17.

L'offre de remboursement doit être faite dans six mois du jour que le Transport aura été bien & dûëment signifié, en la forme cy-dessus ordonnée, à chacun des heritiers, sinon ils en demeureront déchus de plein droit sans qu'il soit besoin d'aucun jugement ny sommation. 18.

Entre plusieurs coheritiers, si aucuns ne veulent participer au Transport, il sera en la faculté du Cessionaire d'admettre les autres pour partager également entre eux & le Cessionaire les droits à luy cedez, ou de leur en donner seulement leurs portions contingentes, en remboursant à proportion le prix du Transport. 19.

20. L'heritier des Propres qui a acquis de son coheritier aux Propres sa portion hereditaire, n'est tenu d'en faire part aux autres heritiers de la même ligne, & le semblable sera observé entre les heritiers des meubles & acquêts, entre ceux qui sont apellez à la succession universelle de tous les biens d'un défunt.

21. L'heritier des Propres sera tenu de faire part à ses coheritiers des droits par luy acquis des heritiers des meubles & acquêts, & des heritiers des Propres d'une autre ligne; & l'heritier des meubles & acquêts tenu de faire part à ses coheritiers des droits par luy acquis des heritiers des Propres, le tout dans le temps & en la maniere ordonnée par les précedens Articles.

22. Le Transport de la Succession d'un homme vivant est nul, supposé même qu'il y ait donné son consentement.

23. Et le semblable sera observé pour tous autres droits non encore acquis, & qui dépendent de l'évenement d'une condition incertaine.

24. Le Cessionaire des heritages & autres droits immobiliers & mobiliers, de quelque nature & qualité qu'ils soient étant en litige, peut être contraint par celuy sur lequel le transport a été pris de le subroger en ses droits, en remboursant au Cessionaire ce qu'il a effectivement payé pour le prix du Transport, avec les loyaux coûts, & les frais & dépens faits depuis la signification du transport, *L. 22. C. mandati.*

25. Le remboursement doit être fait dans six mois aprés la signification du Transport faite en personne au domicile en la forme cy-dessus, & le temps passé les droits

cedez demeureront assurez au Cessionaire sans jugement ny sommation.

Si dans le delay de six mois le Procés est jugé, l'offre du remboursement pourra être faite dans le reste du temps du delay.

Déclarons nuls & vicieux les transports d'heritages & tous autres droits immobiliers & mobiliers étans en litige, faits à des Juges, Avocats, Procureurs, Greffiers, Huissiers & à leurs Clercs, & aux Sergens, Solliciteurs & autres personnes employées au ministere de la justice, en leur nom ou sous le nom des personnes interposées, supposé même qu'elles soient poursuivies ailleurs qu'és Sieges où les Cessionaires font l'exercice de leur charge, voulons que les Cessionaires demeurent déchûs des droits par eux acquis sans repetition des sommes payées, & que les fins & conclusions de ceux contre lesquels les Transports ont été pris leur soient ajugez, avec dépens, dommages & interêts contre le Cédant & le Cessionaire solidairement, à la charge du recours du Cédant contre le Cessionaire, & sauf aux Juges à condamner le Cessionaire à une Amende arbitraire envers nous, eû égard à la qualité de l'affaire.

Des Propres réels.

LA qualité des Propres naturels est considerable à l'égard des Communautez de biens entre mary & femme, des Successions, des Dispositions & des Retraits, & il est à propos en établissant des régles touchant cette espece des biens, d'examiner & d'exprimer s'il y a quelque exception à faire pour quelqu'une des quatre matieres susdites.

Toutes les Coûtumes qui établissent la qualité de Propres, disent absolument que c'est un immeuble échû par Succession, dont il est à propos de faire une Loy generale, & afin de décider plusieurs doutes sur ce sujet il est necessaire de marquer.

1. Que cela comprend la Succession directe ascendante, aussi bien que la décendante.

2. Les Successions collateralles aussi-bien que les directes.

3. Non seulement les anciens Propres, mais aussi les acquêts du défunt, lesquels étans échûs par Succession, même ascendante ou collateralle, prennent la nature de Propres en la personne de son heritier.

Pour les immeubles échûs à titre de Legs ou de Donation, anciennement on jugeoit.

1. Que les immeubles laissez à un parent, quoiqu'en degré éloigné, par un Legs ou Donation universelle, étoient propres au Légataire ou Donataire,

d'autant que les dispositions universelles tiennent lieu d'institution d'heritier.

2. Que les immeubles laissez par un Don ou Legs particulier à l'heritier présomptif, tenoient nature de Propre ancien en sa personne comme étant une espece d'anticipation de Succession, si c'est par donation entre vifs, & proprement espece ou même effet que la Succession si c'est legs ou donation à cause de mort, & même cela s'entend en ce qui excedoit la portion *pro qua erat successurus.*

Même il se trouve des Arrêts qui ont donné & conservé la qualité de Propres aux immeubles laissez à tître particulier à un parent en degré éloigné, d'autant que le choix d'un parent fait connoître que le Testateur & Donateur a désiré conserver l'immeuble dans la famille, principalement lors qu'il s'agissoit d'un Propre ancien.

Mais tout cela a été changé par la derniere jurisprudence des Arrêts en consequence de l'Article 246. de la Coûtume, qui distingue les donations faites en directe d'avec celles qui sont faites en collaterale, ou par des étrangers, & veut que les premiers soient Propres, encor que le Donateur n'ait point ajoûté cette condition, & que les dernieres tiennent lieu d'acquêts si la Donation n'est faite, à la charge que l'immeuble donné à l'un des conjoints luy tienne nature de Propre.

Mais il est à observer que l'Article est sous le tître de la Communauté, & il applique sa définition à la Communauté; c'est pourquoy on a estimé autrefois,

& encor à present quelques-uns tiennent que la disposition dudit Article ne doit être étenduë aux successions, dispositions & retraits lignagers, & même qu'il importe au public de conserver dans les familles par la qualité de Propre ses immeubles qui en sont provenus.

Pour les Donations faites en ligne directe aux enfans & autres décendans, on demeure d'accord, & ledit Article 246. le décide formellement, que les immeubles donnez tiennent lieu de Propre, encor que cela ne soit pas exprimé dans la Donation.

L'Article parle absolument & indistinctement de Donations faites en ligne directe ; & pour celles qui sont faites aux enfans & autres décendans cela n'a jamais reçû de difficulté. Et l'article 26. ajoûte que le fils ne doit que la bouche & les mains au Seigneur de Fief, pour le Fief qui luy a été baillé en directe en payement de la somme qui luy avoit été donnée & promise en faveur de mariage: Et la raison de cette disposition se trouve dans l'Article 178. de la Coûtume, qui porte que tous les meubles ou immeubles donnez par pere & mere à leurs enfans, soient reputez donnez en avancement d'hoirie.

L'Article 26. parle du Fils & d'une somme promise par Contract de mariage, mais l'expression de la personne & de la qualité du Contract n'empêche pas que la définition de l'Article ne puisse être appliquée aux filles & aux Donations faites hors les Contracts de mariage.

Mais

Mais comme la Coûtume ne parle que de l'exemption des profits de Fief, il importe d'expliquer & de décider si les immeubles donnez par les pere & mere à leurs enfans, en payement d'une somme en argent promise auparavant, doit être considerée comme Propre ou acquêt.

Pour les donations faites aux ascendans il semble que cela doit passer par les mêmes régles, puisque l'Article 246. parle absolument des Donations en ligne directe sans distinguer l'ascendante ou la décendante, & les Articles 3. & 4. de nôtre Coûtume, exemptent également des profits des Fiefs, dûs en cas de succession, les ascendans & les décendans.

Pour les Donations faites en collaterale, supposé que l'on juge qu'en quelque cas l'immeuble donné à un parent doive tenir lieu d'acquêt, voicy une question qui a été plusieurs fois agitée, & non encor suffisamment décidée, pour n'être plus mise en contestation.

Un frere donne à son frere une terre par Donation, à la charge d'une substitution Fidei commissaire en faveur des décendans du Donataire, en préférant les mâles aux filles, & entre les mâles, l'aîné au puîné; le fils aîné du donataire ayant recüeilli la terre en vertu du Fidei commis, on a demandé si elle tenoit lieu de Propre ou d'acquêt en sa personne, car son titre est la donation faite par son oncle, qui est une disposition collateralle, & conséquemment la chose donnée de nature d'acquêt : au contraire, on disoit qu'à la verité le droit du substitué venoit originairement de l'oncle, mais qu'ayant reçû la terre par *manum patris*, c'est une imitation de la succession directe, laquelle a transferé la chose en qualité de Propre.

Quand un Propre ancien a été ajugé au Roy ou à un Seigneur Haut-justicier par un droit de confiscation, & rendu aux heritiers présomptifs de qui l'avoit confisqué, on a demandé si és personnes desdits heritiers il conservoit sa qualité de Propre, ou si c'est un acquêt en conséquence du don & remise faite en leur faveur par le Roy ou par le Haut-justicier.

Il y a un Arrêt remarqué par Monsieur René Chopin, qui a jugé la qualité de Propre comme étant plûtôt une grace & remise qu'une véritable donation, & l'Arrêt de Vatan a jugé au contraire que c'étoit un acquêt; mais il est à observer qu'en l'espece du premier Arrêt, la remise avoit été faite aux enfans personnes, à l'égard desquels la continuation de Propre est plus facile & favorable; mais en l'espece de l'Arrêt de Vatan, le don avoit été fait à la sœur du défunt.

Si durant la Communauté l'heritage qui étoit propre dans la famille, & dans lequel le mary ou la femme avoit part, est licitée avec son coheritier, soit qu l'on admette aux encheres des étrangers ou non, que la totalité de l'heritage demeure au mary ou la femme, on a douté.

Si la part ancienne du mary ou de la femme retient la qualité de Propre, ou si elle est de natur d'acquêt en vertu de la licitation, qui est un nouveau titre; ce qui fait la difficulté c'est que la licitation est une vente judiciaire, & bien que réguliere-ment une personne ne puisse acquerir de soy-même, neanmoins on peut dire que c'est la Justice qui vend & adjuge.

Et dans la resolution de cette difficulté, on peut décider si en la personne d'un heritier par benefice d'inventaire, qui se rend adjudicataire de l'heritage qu'il avoit trouvé dans la succession, ledit heritage doit être consideré comme Propre ou acquêt.

En la premiere espece de l'alienation cy-dessus proposée, l'on demande si la portion du coheritier, dont le mary s'est rendu adjudicataire, doit tenir nature de Propre en la personne de celui qui avoit l'autre portion, comme étant accessoire de la premiere & ayant été adjugée en conséquence d'icelle, du moins en rapportant à la Communauté le prix qui a été payé pour la portion acquise.

Ou si la portion du coheritier est un acquêt commun au mary & à la femme, qui doit être partagé entr'eux avec les autres effets de la Communauté.

Sçavoir si l'heritage retiré par Retrait Lignager, ou par Retrait de my-denier entre le survivant des deux conjoints, au nom duquel le Retrait a été exercé.

Mais la même Coûtume oblige l'heritier des Propres de rembourser à l'heritier des aquêts le prix de l'heritage; laquelle condition a été réprouvée & rejettée par toutes les autres Coûtumes : car comme toute personne peut diminuër ses propres en les alienant, il doit avoir la liberté de les acroître en exerçant un Retrait Lignager, & comme cette action lui est donnée en qualité de parent afin de conserver l'heritage dans la famille, plusieurs estiment qu'il doit conserver en la personne du Rétrayant la qualité de Propre sans charge de remboursement, & plusieurs Coûtumes l'ordonnnent ainsi, & excluënt l'heritage de la Communauté, en raportant neanmoins à la Communauté le prix qui en a été tiré pour l'execution du Rétrayant.

Et neanmoins d'autres Coûtumes donnent à l'heritage retiré la qualité d'aquêt, & veulent qu'il entre dans la Communauté ; c'est ce qui est à régler afin d'établir une Loy generale & uniforme pour ce regard.

Il est constant que les bâtimens & ameliorations faites sur un Propre, suivent la nature du fonds.

Et neanmoins si durant la Communauté on a fait des impenses & ameliorations sur l'heritage Propre de l'un des conjoints, celui auquel apartient l'heritage doit rapporter à la masse de la Communauté les deniers qui en ont été tirez pour lesdites impenses, soit sujet à remboursement entre les heritiers des Propres & des aquêts.

Mais si dans le partage de la Succession commune un heritage est demeuré dans le lot de l'un des coheritiers, à la charge d'une soute même considerable.

L'opinion la plus commune est que l'heritage entier est Propre, & que les heritiers des Propres lui succedent pour le tout, sans rien rembourser à l'heritier des meubles & acquêts, nonobstant que la Communauté dans laquelle la soute a été prise, ait été indemnisée par le raport ou déduction qui a été faite sur la part de la Communauté, qui apartenoit à celui auquel l'heritage est échû par partage.

Dautant que le titre de son droit de proprieté est un partage de succession, & conséquemment c'est un Propre; & comme on peut diminuër ses Propres par des alienations & dispositions, on les peut aussi accroître par des voyes ordinaires & légitimes.

Et neanmoins comme cette difficulté a été quelquefois proposée & poussée en Justice, il est juste de la décider.

Le fonds du doüaire coûtumier échû aux enfans est Propre suivant l'Article 255. de la Coûtume, qui peut être étendu aux autres Coûtumes qui donnent la proprieté du doüaire aux enfans.

Mais quelle qualité doit avoir l'heritage delaissé aux enfans en payement du doüaire préfix.

Sçavoir s'il est Propre quand le doüaire consistoit en une rente & aquêts, si le doüaire étoit d'une somme pour une fois payer, suivant l'Article 259. de la Coûtume.

Quand par le Contrat de Mariage on ameublit la totalité ou une partie des Propres des conjoints par mariage, on tient communément que la portion prise dans la Communauté par celuy qui a ameubly les heritages, continuë en sa personne son ancienne qualité de Propre, pource que l'ameublissement n'a été fait que pour donner à l'autre des conjoints une portion dans les mêmes heritages ; & il se trouve un Arrêt du deuxiéme d'Aoust 1622. donné à l'Audience, qui a jugé que dans le partage de la Communauté la totalité de l'heritage étant achevée à celui qui a fait l'ameublissement, il lui étoit propre pour le tout ; & neanmoins ce cas n'est point exprimé par les Coûtumes.

Si le mary donne à sa femme un heritage par leur Contrat de Mariage ou par donation particuliere és Coûtumes où elles sont permises, & que le même heritage passe aux enfans issus du Mariage, en qualité d'heritiers de leurs pere & mere ; aprés le decez desdits enfans, le pere succede audit heritage comme venant de lui, nonobstant que ce fut un Propre naissant paternel audits enfans, suivant un ancien Arrêt prononcé en Robes rouges ; laquelle décision a besoin d'être renouvellée ou changée, à cause que dans les Provinces elle y est incertaine & peu connuë.

Idem, pour les Donations faites par la femme ou mary.

L'action pour le remploy des Propres alienez durant le mariage, desire des décisions certaines.

Pour l'étendre en toutes les Coûtumes, même en celles qui n'en parlent point.

Pour assigner la reprise d'iceluy sur les biens de la Communauté, & subsidiarement en défaut d'iceux sur les Propres du mary, nonobstant toutes les conventions & Coûtumes contraires, n'étant pas juste de donner lieu au mary d'avantager sa femme en ne faisant pas ledit employ. 2.

Pour donner ledit remploy en argent & non en fonds, si ce n'est que les deniers provenus de l'alienation des Propres soient remployez en aquêts, d'autres immeubles faits par les deux conjoints, avec déclaration expresse que le prix desdits aquêts provient desdites alienations de Propres. 3.

Pour sçavoir si pour ledit remploy la femme a Hypotéque du jour du Contract de Mariage, & en defaut d'iceluy du jour de la bénédiction nuptiale, ou seulement du jour de l'alienation. 4.

S'il y a quelque distinction à faire entre les alienations volontaires & necessaires, comme sont les Rachats des rentes & les Retraits Lignagers, Feodaux & Conventionels. 5.

AUTRES QUESTIONS CONCERNANT LA Succeſſion active, c'eſt-à-dire la capacité de ſucceder aux Propres réels & naturels.

Leſquelles il eſt important de décider, à cauſe des Procés frequens qu'elles produiſent tous les jours.

EN païs de Droit écrit la qualité de Propre eſt inconnuë, & il ne ſe fait qu'une ſeule maſſe de tous les biens du défunt, meubles & immeubles, qui ſont déférez à l'heritier en degré plus proche, ſelon l'ordre étably par la Novelle. 115.

Mais aux Provinces coûtumieres, il y a trois uſages differens pour la ſucceſſion des Propres.

Car à Chartres & autres Coûtumes voiſines il n'y a que deux lignes, l'une paternelle & l'autre maternelle, ſans remonter plus haut ny chercher l'origine des aquiſitions.

Au contraire, és Coûtumes de Melun, Dourdan, Montargis, Touraine & autres ſemblables, pour avoir la capacité de ſucceder à un Propre, il eſt neceſſaire d'être iſſu en ligne directe du premier aquereur qui a mis l'heritage dans la famille, & pour cette raiſon leſdites Coûtumes ſont apellées Soucheres, parce qu'elles ne reconnoiſſent autres heritiers des Propres que ceux qui ſont de la ſouche, & décendent du premier aquereur.

Et s'il

Et s'il ne se trouve aucun parent de cette qualité les Propres sont joints dans la masse des meubles & acquêts, & deferez à ceux qui se trouvent les plus proches en degré : & suivant cette proposition il y a Arrêt en la Coûtume de Dourdan, qui ajuge au pere la succession des Propres maternels, pour ne s'être trouvé aucun parent de la souche maternelle issu du premier aquereur, & neanmoins en la Coûtume de Touraine il y a Arrêt contraire, qui a ajugé audit cas les Propres maternels aux heritiers collateraux paternels, à l'exclusion du pere.

Mais la Coûtume de Paris és Articles 226. & 229. a choisi une voye moitoyenne, & requiert pour succeder à un Propre que l'on soit parent du premier acquereur en ligne collaterale.

La plusspart de nos Coûtumes portent que Propre ne remonte, & sur ce fondement en l'ancienne Coûtume de Paris, peres & meres n'étoient capables de succeder aux immeubles par eux donnez à leurs enfans en faveur de mariage, ny pareillement aux sommes destinées pour être employées en achapt d'heritages; & de cela il y a Arrêt contre Mr. le premier President le Maître; mais pour corriger cet erreur, fut ajoûté en la derniere réformation de la Coûtume l'Article 313. portant que les pere & mere succedent aux choses par eux données.

Et pour les Propres de l'autre ligne, s'il ne se trouve aucun parent collateral de la ligne de l'aquereur, on les donne ordinairement aux pere & mere.

Mais comme le texte de l'Article 312. qui dit que propre ne remonte, est general, & que l'exception de l'Article suivant, est limitée aux choses par eux données, il semble necessaire d'expliquer & decider cette question.

On est encor en doute si l'ayeul paternel est capable de succeder à ses petits enfans aux immeubles, qui n'ont point été donnez aux petits enfans de la part de l'ayeul, mais par son fils qui étoit pere desdits petits enfans, à cause que l'Article parle seulement des choses données par celuy qui demande la succession des petits enfans.

L'Article 313. ayant été ajoûté pour exception à l'Article précedent, dit bien que les ascendans succedent aux choses par eux données, ce qui exclud sans difficulté les parens collateraux en degré plus éloigné; mais si le fils donataire de son pere a laissé plusieurs enfans, on demande si l'ayeul succedera aux choses données pour la portion du petit fils décedé, à l'exclusion des freres & sœurs dudit petit fils.

Le même Article parle des Donations faites aux enfans: il seroit bon de comprendre celles faites aux petits enfans.

Si l'ayeul paternel a donné directement un immeuble à ses petits enfans, sçavoir si aprés le déceds desdits Donataires, l'ayeul comme Donataire sera preferé à son fils qui étoit pere desdits Donataires & plus proche en degré; & la difficulté procede de ce que l'Article 313. fait remonter les immeubles non par droit de reversion, ains par droit de succession en laquelle le pere est préferable à l'ayeul, car l'Article use du mot succeder.

On peut aussi expliquer que la mere est capable de succeder à un immeuble donné à son fils par un oncle maternel, avec cette condition que la chose donnée tiendroit nature de Propre au Donataire, attendu que la mere est de la ligne d'où vient l'heritage, qui est un autre cas auquel le Propre peut remonter.

Mais tout ce qui a été ordonné par la Coûtume touchant la succession des Propres en faveur des ascendans, même pour les choses par eux données, n'ôte pas la liberté au Donataire de disposer desdites choses données, suivant l'Arrêt du 16. Février 1615, touchant le Testament de Me Jean Varnin Avocat au Grand' Conseil.

Quels biens sont meubles & quels immeubles.

IL s'est presenté depuis quelques années plusieurs questions importantes en païs coûtumier, où il y a Communauté des biens entre mary & femme, à cause que dans le Contract de Mariage n'avoit fait de sa part aucune stipulation de Propre, & les mêmes difficultez peuvent arriver lors qu'il n'y a point de Contract de Mariage, & dans les occurences de successions mobilieres & des Legs universels des meubles.

La premiere pour les bagues & joyaux, anciennes

tapisseries & meubles précieux des grandes maisons, sçavoir s'ils entrent de plein droit dans les Communautez, Successions & Legs universels des meubles, & s'il faut une convention & clause particuliere pour les en exclure.

Idem. Pour les beneaux servans à la culture des terres de la Campagne, soit que le proprietaire les fasse valoir par ses mains ou par le ministere d'un Fermier.

Et pour les beneaux baillez aux Fermiers des terres, soit que le croît profit & revenu soit confus dans le prix de la ferme; ou que le proprietaire en retire un revenu & profit particulier.

Pour les Navires & autres Vaisseaux de mer.

Pour les cabaux & fonds de négoce.

La régle generale veut que toutes ces choses soient considerées comme meubles, qui est leur veritable qualité; mais le plus souvent ceux qui se marient ne pensent point à la consequence des droits de cette qualité, & n'en donnent pas l'intelligence à ceux ausquels ils confient leurs interêts.

Et pareillement ceux qui disposent de leurs meubles, ou qui laissent des heritiers de differente qualité, ne font point de reflexion sur la nature de leurs biens.

On peut joindre les Articles 88. 89. 90. 91. & de la Coûtume de Paris, qui contiennent des définitions concises & fort intelligibles touchant la distinction des meubles & immeubles, & peuvent retrancher beaucoup de Procés quand on en fera une Loy generale à cause de la diversité des Coûtumes, principalement pour l'ameublissement des fruits.

On pourroit encore ajoûter ce qui est décidé en quelques autres Coûtumes que les Baignoires & autres ustenciles des pressoirs, les huches & autres ustenciles des Moulins sont censez immeubles, & faire partie desdits Pressoirs & Moulins.

Les cuves qui peuvent être dés-assemblez, sont meubles.

Les Articles suivans, quand ils auront été discutez, éclaircis & décidez, peuvent aussi amortir quantité de Procés.

Les loyers des Maisons, Moulins, Forges & Greffes, les arrérages des rentes & les autres fruits cueillis, s'aquerent, & sont ameublis successivement de jour à autre.

Le prix des bois qui doivent être exploitez à la main par le Propriétaire ou par le ministere d'un Fermier ou d'un Marchand, est aquis & ameubli dés le premier jour de Novembre, pour la coupe qui doit être faite jusqu'au mois de May.

Les Fermages des autres heritages de la campagne sont acquis & ameublis du jour que les fruits, lesquels sont dûs, ont été separez du fond.

Les arrérages de Censive & redevance Seigneuriales & les rentes foncieres, sont aquis & ameublis du jour de l'écheance des termes ausquels il sont payables.

Les profits de Fiefs sont aquis & ameublis du jour que les mutations pour lesquelles ils sont dûs, sont ouvertes.

Les rentes constituées à prix d'argent sont immeubles jusques au jour du rachapt d'icelles.

Les deniers procedans des rachapts des rentes dûës aux mineurs, furieux, insensez, & autres personnes étans sous la curatelle d'autruy, & à ceux étans en interdiction, & le prix des alienations volontaires ou necessaires de leurs autres immeubles, jusques à ce que lesdits mineurs ayent passé l'âge de vingt-cinq ans accomplis, & la cause de la curatelle & interdiction des autres cessée.

Les Offices, de quelque nature & qualité qu'ils soient, sont reputez immeubles.

Les Domaines du Roy & les heritages des particuliers allienez sous faculté de rachat, sont considerez de nature immeuble, & doivent être partagez comme s'ils eussent apartenu au defunt en pleine proprieté, pourveu que lors de l'ouverture de la succession il n'y ait point eû de demande formée en justice pour le retrait ou rachat desdits Domaines & heritages, sans que l'action formée depuis le déceds du proprietaire pour les retirer leur puisse donner une autre qualité, afin d'ôter les dissentions qui pourroient naître entre les heritiers, à cause des pratiques qu'aucuns d'eux pourroient faire au préjudice des autres, & dans la diversité de leurs interêts pour raison dudit Retrait.

Mais si l'action pour Retrait & rachat desdits Domaines & heritages a été formée du vivant du proprietaire, & que dans la suite elle réüssisse, plusieurs estiment que le remboursement doit être raporté par un effet retroactif du jour de la demande, & consideré comme un effet mobilier dans la succession.

Aviser s'il seroit à propos de fixer un temps certain, dans lequel l'action doit être formée avant le déceds, à cause des pratiques qui peuvent être faites par des heritiers presomptifs durant le cours d'une maladie.

Des Propres pour le païs de Droit écrit.

EN droit on ne distingue point les Propres & les aquêts dans les successions ny dans les dispositions entre vifs & testamentaires.

Cette distinction n'est point necessaire pour les Communautez entre mary & femme, ny pour les Retraits Lignagers, attendu que l'un & l'autre Droit étoient inconnus en Droit Romain.

Et neanmoins nous avons plusieurs Loix qui approuvent & autorisent les dispositions Fidei commissaires *ne fundus de familia exeat.*

Et l'Empereur Constantin dans la Loy *ex qua* 22. C. *de adminiſt. tut.* oblige de conserver dans la famille les maisons des mineurs, dans lesquelles se trouvent les images de leurs ancêtres.

Mais en France on a toûjours eû grand soin de ne point laisser sortir des familles les terres & heritages anciens qui y ont pris racine, & pour cette raison quand les Docteurs Ultramontains parlent des successions & des loyers des Propres, ils disent que c'est *jus proprium gallia.*

Le soin que l'on avoit en Droit de conserver les biens dans les familles, par la Loy 33. *ff. de minoribus*, qui admettoit une espece de Retrait Lignager. Et par la Loy du Dion *C. de Conſt. empt. viad.* qui en fait mention.

Pour le Païs coûtumier il n'y a aucune Coûtume qui n'en parle, & pour les Provinces de Droit écrit dans le ressort du Parlement de Bordeaux où le Droit Romain passe pour Droit commun, il y a plusieurs Coûtumes particulieres esquelles les successions des Propres sont reçûës en faveur des heritiers de la ligne, au préjudice des parens plus proches du sang.

Dans la partie d'Auvergne regie par le Droit écrit, le Retrait Lignager est reçû sans contredit; il y a lieu pareillement en plusieurs Bailliages ou Sénéchaussées de la Province de Lyonnois.

Et les substitutions Fidei commissaires, qui sont si frequentes & ordinaires dans tous les Parlemens de Droit écrit, n'ont été principalement inventées que pour conserver les terres & les autres biens dans les familles dont ils sont provenus; mais elles ont double incommodité, l'une en ce qu'ils ôtent aux substituez la liberté de disposer & aliener, & l'autre en ce que dans la suite des dégrez de substitutions qui ont été prevûs par les Testateurs, il arrive souvent que l'ordre des successions légitimes, pour les Propres, est troublé, lesquels inconveniens n'arrivent point dans les successions des Propres.

Cét Edit est nommé communément l'Edit des Meres.

Par l'Edit donné à saint Maur au mois de May 1567. le Roy Charles IX. a témoigné en termes exprez, qu'il desiroit & entendoit que dorénavant dans le païs de Guienne, Languedoc, Provence, Dauphiné, & autres Pays regis par le Droit écrit, les Propres ne remontent & ne soient ôtez de l'estoc, tige & souche, dont

dont ils ſont dérivez ; parce que cela étoit cauſe de la perte & deſtruction de beaucoup de bonnes maiſons & familles anciennes ; & enſuite il exclud les meres des ſucceſſions de leurs enfans, & régle la légitime que leſdites meres pourroient prétendre ſur les biens de leurs enfans.

Mais comme l'Edit fut fait ſur la vûë d'une occurence particuliere, en laquelle une mere étoit ſur le point de prendre dans la ſucceſſion d'une ſienne fille, en bas âge & fort infirme, pluſieurs grandes terres que la fille avoit trouvées dans la ſucceſſion de ſon pere, on s'eſt contenté de pourvoir à ce qui concernoit le fait particulier de ladite ſucceſſion, ſans régler les autres cas ſemblables qui peuvent produire les mêmes inconveniens qui ont donné cauſe à l'Edit.

DES PRESCRIPTIONS.

L'Une des principales fins de l'Ordonnance que l'on propose de faire, est de donner autant que faire se pourra, sans plainte & sans murmure, une Loy generale à toute la France, & de quelques usages particuliers extraordinaires qui se sont introduits en quelques lieux contre l'ordre du Droit commun.

Et neanmoins il semble à propos de distinguer les usages locaux qui ont leurs raisons particulieres, d'avec ceux qui sont absolument erronées & contraires aux principes de nôtre Jurisprudence. Et afin d'expliquer & établir plus clairement par un exemple, c'est une maxime certaine en Droit écrit & en païs coûtumier, que dans les successions legitimes la representation est infinie en ligne directe. Et neanmoins nous avons trois ou quatre Coûtumes esquelles quand le fils aîné decede devant son pere, ne laissant que des filles, lesdites filles venant par representation de leur pere à la succession de leur ayeul, ne prennent point les preciputs & droits d'aînesse dans les biens feodaux; lesquelles Coûtumes doivent être suivies, quoique contraires à l'usage des autres Coûtumes & au Droit commun de la representation, comme ayant été établies afin d'en conserver, és personnes des mâles avec le nom & les armes de la maison, les principalles terres de la famille.

Mais en la Coûtume de Meaux, quand le fils aîné décede avant son pere, laissant un mâle, le petit fils venant par representation de son pere à la succession de son ayeul, ne prend qu'une portion de puîné, & le plus âgé de ses oncles prend les préciputs & avantages de l'aîné ; ce qui ne peut être fondé que sur l'ancienne maxime qui appelloit à la succession le plus proche, & rejettoit la representation en ligne directe.

Et comme cette proposition a été corrigée dans le Droit Romain & dans toutes les autres Coûtumes, il semble que la disposition de la Coûtume de Meaux pourroit être corrigée en ce point, & que la même distinction pourroit être suivie pour toutes les Coûtumes qui contiennent des dispositions singulieres contre l'ordre du Droit commun.

Et d'autant que la raison des Prescriptions est commune & égale à toutes les Coûtumes, & qu'il n'y a aucune raison particuliere pour laquelle lesdites Prescriptions doivent être plus étenduës en une Province qu'en un autre, il semble que l'on peut faire pour cela une Loy generale pour être observée en tous les Etats & Païs sujets à l'obeïssance du Roy.

La Prescription de dix ans entre presens, & vingt entre absens, a été aprouvée & reçûë favorablement entre les Romains, comme étant juste & nécessaire pour donner le repos aux familles des tiers acquereurs.

Elle est encore observée sans contredit en France en toutes les Provinces de Droit écrit, & de soixante Coûtumes generales, ou environ, qui donnent la Loy à nos Provinces coûtumieres, il n'y en a que cinq qui réduisent toutes les prescriptions à trente ans, qui sont Normandie, Orleans, la Marche, Bourbonnois & Auvergne, les habitans desquelles Provinces ne peuvent recevoir un plus grand soulagement que l'établissement de la prescription de dix & vingt ans, comme étant un moyen capable de retrancher quantité de Procez, & d'assurer la paix & le repos dans les familles.

Et aussi quelle apparence de faire une Loy égalle pour un tiers détenteur qui a acquis de bonne foy & payé effectivement le prix de l'heritage, & un usurpateur lequel sans titre & sans cause s'est .... dans l'heritage de son voisin.

Et dans la Province d'Auvergne qui est régie en partie par le Droit écrit & en partie par la Coûtume, on a vû depuis trente ans plus de dix Arrêts interlocutoires touchant la situtation des heritages, à cause que dans le Procés Verbaux de la Coûtume il y a plus de soixante Paroisses que l'on dit être situez partie en Droit écrit & partie dans la Coûtume, sans en faire autre distinction.

Et les mêmes Coûtumes qui ont étendu toutes les Prescriptions à trente ans, veulent que la Prescription de trente années coure contre les Mineurs, qui est un autre erreur, pource que les personnes de cette qualité qui n'ont la liberté d'agir en Justice, ont toûjours été exempts des Prescriptions légales, & réduisent la Prescription de trente ans à dix & vingt ans, & exceptent les Mineurs de la prescription. On peut par ce temperament & par une espece de compensation réduire les choses au Droit commun.

Nous avons trois autres Coûtumes, qui sont celles de Touraine, Anjou & Maine, qui ont passé à une autre extremité, & retraint la Prescription de dix ans, & la réduit hautainement à cinq ans.

Et comme cette Prescription est fort courte, les constitutions de rente sont peu usitées dans lesdites Provinces, & au lieu d'icelles on se sert d'obligations usuraires, exigibles, à la volonté du créancier, dans lesquelles on fait l'interêt pendant le terme du payement des Contracts pignoratifs, qui sont incommodes au créancier & toûjours préjudiciables au detteur, à cause que les fruits des heritages qui sont engagez au créancier sont toûjours estimez à leur moindre valeur; ce qui n'arriveroit point si la Prescription de dix à vingt ans étoit reçûë à ces trois Coûtumes: & sur le sujet du même terme de cinq ans il s'est presenté un autre question, sçavoir si le temps d'iceluy devoit être doublé à l'égard des absens. Il se trouve un Arrêt donné il y a vingt-cinq ou trente ans en la quatriéme Chambre des Enquêtes, qui a jugé qu'il faloit doubler le temps contre les absens.

Il y a d'autres Arrêts contraires en la Grand' Chambre, qui ont assujetti les absens audit tenement de cinq ans. Et encore à present on tient dans la Salle du Palais que la question est douteuse.

L'effet de la Prescription de dix & vingt ans est double, car elle assure à l'acquereur la proprieté de l'heritage contre ceux qui pourront prétendre quelque Droit dans le fonds d'iceluy.

Et de plus elle affranchit le même heritage des Hipotéques que les précedens propriétaires peuvent avoir crées & assignées sur iceluy.

Les Articles 113. & 114. de la Coûtume de Paris, admettent la Prescription tant pour les heritages que pour les rentes, lesquels termes comprennent generalement toutes sortes d'immeubles.

Ils desirent un juste titre sans expliquer la qualité d'iceluy. Il sera avisé s'il seroit à propos de marquer & décider la question suivante.

Le titre préheredé, & les Legs & Donations universelles, sont titres justes & légitimes, & neanmoins il est constant en Droit & selon nôtre usage, qu'ils ne peuvent servir de fondement à une prescription de dix & vingt ans, pource que le vice de la possession du detenteur passe à ses heritiers, & autres successeurs à titre universel, lesquels ne peuvent commencer de leur chef une nouvelle possession, & continuënt celle de leurs predecesseurs.

Autrefois on a douté en Droit si la Donation à titre particulier étoit un titre légitime & capable de commencer une prescription, mais cette difficulté a été decidée par l'Empereur Justinien dans la Loy *super C. de long. temp. præscript.*; où il est dit : *Prespicus jure sansimus, vi sive ex donatione, sive ex allia causa lucrativa bona fide quis per decem vel viginti annos rem detinuise probatur longi temporis exceptio sine dubio & competat, nec occasione lucrativæ causæ appellatur.*

Et neanmoins il se trouve un Arrêt du mois de Juillet 1650. donné entre les nommez Scarron & Détrapes, que la prescription de dix & vingt ans n'est recevable *in donatione rei alcinæ.*

La même Loy *super*, ajoûte une circonstance qui est certaine en Droit, & n'est point exprimée dans nos Coûtumes, que le tiers détenteur peut se servir *per modum accessionis*, du temps de la possession de son auteur qui avoit acquis l'heritage de bonne foy à titre particulier.

C'est à titre que le tiers détenteur étant inquieté, peut se servir de la Prescription acquise de son temps, si elle est suffisante & entiere, ou joindre à sa possession celle de son auteur, qui avoit aussi acquis de bonne foy à titre particulier.

Et à plus forte raison le détenteur qui est inquieté, peut se prévaloir de la possession de celuy par les mains duquel il avoit recueilli l'heritage en qualité d'heritier donataire ou légataire universel, ou par quotité.

Les Articles 113. & 114. de la Coûtume de Paris, pour la Prescription de dix & vingt ans, requiert la bonne foy, laquelle est suffisante au temps de l'acquisition ; & c'est une maxime certaine en Droit & dans l'usage de nos Coûtumes, que la mauvaise foy survenuë depuis n'empêche & n'interrompt point la Prescription, nonobstant que la disposition commune soit contraire.

Mais la Loy *si aliena res* 10. *ff. de usu. cap. & usurp.* décide que la mauvaise foy survenuë depuis le Contract d'acquisition & avant la prise de possession, empêche la Prescription : & il se trouve un ancien Arrêt du 21. Juillet 1592. donné en l'Audience de la Grand' Chambre qui l'a ainsi jugé, & neanmoins plusieurs sont d'avis contraire, & que cette proposition qui étoit bonne dans le Droit Romain, suivant lequel *non nudus conventionibus sed traditionibus dominia rerura transferebantur*, ne s'accomode à l'usage commun de la France coûtumiere & de Droit écrit, où la proprieté de l'heritage est transmise à l'acquereur par l'autorité de la seule convention, sans autre Tradition ny prise de possession. Joint qu'il est aussi assez souvent fort difficile d'avoir une preuve certaine du temps auquel l'acquereur a commencé sa joüissance. C'est un Article important à régler.

On a encore douté si une simple sommation ou déclaration faite par écrit à l'acquereur de la part du créancier ou proprietaire de l'heritage, sans donner Assignation, est suffisant pour constituër l'acquereur en mauvaise foy.

La Loy 2. C. *de præscript. long. temp.* desire *possessionem non interruptam in quietudine litis.* Et la Loy 4. C. *quibus non*

obij.

obij. long. temp. præser. parle de *possessione inconcussa sive controversia* : Et suivant ce texte a été donné Arrêt dans l'Audience de la Grand' Chambre, suivant les Conclusions de deffunt Monsieur Talon, au profit de Maître Jean-Marie Lhôte Avocat, par lequel l'hypotéque prétenduë par un Creancier, a été déclarée prescrite par une joüissance de dix années entre presens, quoique dans les deux premieres années le Créancier eut fait signifier audit sieur Lhôte acquereur par un simple acte fait hors jugement & sans assignation, la datte & la cause de l'Hypotéque dudit Créancier.

La Prescription est de dix années entre presens, & de vingt entre absens.

La Loy derniere C. *de præser. long. temp.* dit que pour régler la presence & l'absence, il ne faut point considerer la situation de l'heritage, ains les domiciles tant du detenteur de l'heritage que de celuy qui prétend un Droit de proprieté ou d'Hypotéque sur le même heritage.

Et qu'ils sont réputez presens, si les domiciles des deux parties *petentis & possidentis sunt in uno loco*, il est *in una Provincia*, & qu'ils doivent être considerez absens quand ils sont demeurans en diverses Provinces.

Entre nous quelques uns estiment que pour faire la distinction de la presence & de l'absence, il faut suivre les Bailliages & Senéchaussées, & les autres s'attachent aux fins & limites des Coûtumes.

La Coûtume de Paris en l'Article 116. use de ces

termes : *Sont reputez presens, ceux qui sont demeurans en la Ville, Prevôté & Vicomté de Paris.*

Mais ces termes n'expliquent pas assez la proposition, car en disant absolument que ceux-là sont réputez presens qui ont leur domicile en la Prevôté & Vicomté de Paris, en prenant le texte de l'Article à la rigueur de la lettre, on pourroit conclure par un sens contraire que le demandeur & le tiers detenteur étans tous deux demeurans hors la Coûtume de Paris ils devroient être réputez absens; ce qui n'est pas neanmoins veritable, car supposez que l'un & l'autre fussent domiciliez en une même Coûtume voisine, la prescription de dix ans suffisoit, quoiqu'ils fussent demeurans hors le détroit de la Prevôté & Vicomté de Paris, puisqu'ils sont domiciliez en une même Coûtume & Bailliage.

Et d'ailleurs quand l'Article parle de ceux qui sont demeurans en la Prevôté & Vicomté de Paris, on ne voit pas si les réformateurs qui ont ajoûté de nouveau l'Article, ont prétendu parler de la Coûtume de Paris ou de la Jurisdiction du Châtelet, qui est le Siége de la Prevôté & Vicomté de Paris. Ce qui meriteroit une observation particuliere.

Chacun sçait que sur les frontieres de la Coûtume de Paris & de Meaux, il y a plusieurs villages qui ressortissent au Châtelet de Paris, & sont neanmoins de la Coûtume de Meaux : & il y a d'autres Fiefs & villages que l'on ne sçait pas encore s'ils sont de la Coûtume de Paris ou de Meaux, de maniere que dans les partages on est contrait de les régler pour une moitié par la Coûtume de Paris, & pour l'autre moitié par la Coûtume de Meaux, qui est une des raisons pour lesquelles on ne peut régler le temps de l'abscence par la distinction des Coûtumes.

Joint que cette regle ne peut être établie pour les lieux régis par le Droit écrit, où il n'y a point de Coûtumes.

Ny pareillement pour les Provinces qui sont régies en partie par le Droit écrit, & en partie par Coûtume, comme sont les Provinces d'Auvergne & de basse Marche.

Et la même difficulté se rencontre dans les Marches communes de Bretagne, Poitou & Anjou, qui sont sujettes à deux Coûtumes.

Et d'autre part il y auroit de la difficulté à régler la presence & l'absence par la difference des Bailliages & Senéchaussées, attendu qu'il y a plusieurs Provinvinces, en chacune desquelles il y a plusieurs Bailliages & Senéchaussées, & une seule Coûtume comme en Poitou, Anjou, Touraine & autres. Nous voyons les Bailliages de Peronne & de Mondidier & Roye, sujets à une seule & même Coûtume. Et depuis quelques années a été donné Arrêt en la troisiéme Chambre des Enquêtes qui a ordonné qu'il seroit informé par Turbes sur l'usage & commune observance, sçavoir si des particuliers demeurant l'un à Peronne & l'autre à Mondidier, devoient être considerez presens ou absens touchant le fait de la Prescription.

Dans cette question qui paroît difficile & ne peut être réglée si nettement qu'il ne s'y trouve quelques inconveniens ; quelques-uns avoient proposé de régler la presence à l'absence en fait de Prescription par la distinction des Bailliages & Senéchaussées generales de chacune Province, sans considérer les Coûtumes locales, avec cette condition & explication que si dans une même Coûtume generale il se trouvoit plusieurs Bailliages & Senéchaussées, ils ne seroient considerez que pour un seul Bailliage & Senéchaussée.

Pour les Marches communes de Bretagne, Poitou & Anjou, selon l'ancien usage la prévention régloit la Coûtume, c'est-à-dire que le premier des deux avoit la liberté de se pourvoir par devant tel Juge qu'il vouloit & obligeoit le defendeur de suivre la Coûtume du lieu de la Jurisdiction qui avoit été par luy choisie pour le choix de la Jurisdiction.

C'est le Privilege des Marches communes, mais il y avoit de l'injustice de donner la liberté à celuy qui prévient de prendre la Coûtume qui luy est plus favorable. Par les derniers Arrêts on a jugé que sans s'arrêter à la prévention, le fonds du different seroit decidé pour moitié par une Coûtume, & pour moitié, par l'autre Coûtume. Aviser.

1. Si on suivra la même regle dans les Prescriptions pour admettre celle de dix ans pour moitié, & celle de vingt ans aussi pour moitié.

2. S'il seroit à propos d'établir par l'Ordonnance

ce qui a été reglé par les derniers Arrêts pour les jugemens des differens mûs & à mouvoir entre les habitans desdites Marches communes, en y faisant valoir les deux Coûtumes également & par moitié.

La Coûtume de Paris reçoit bien la Prescription de dix ans entre presens & vingt ans entre absens, mais elle n'a pas prevû le cas qui est remarqué & décidé par la Novelle 119. chap. 8. d'où a été tirée l'authentique, *quod si quis* C. *de præscript. long. temporis*, lors que les deux parties ont été presentes & domiciliées en un même lieu durant quelque temps, l'une d'icelle a transferé & établi son domicile en une autre Province, autant que le temps necessaire pour la Prescription des dix années ait été accomply : & neanmoins dans l'usage commun on suit la disposition de ladite Novelle, laquelle admet en ce cas la Prescription de dix années, à la charge de doubler le temps qui manquoit desdits dix années, lors que l'une des parties s'est retirée en une autre Province.

Et comme cela ne se trouve point exprimé dans la Coûtume de Paris ny dans les autres Coûtumes, il semble à propos de faire une Loy generale, afin que personne n'en doute plus.

Les Articles 113. & 114. de la Coûtume de Paris n'admettent la Prescription de dix & vingt ans qu'entre les personnes âgées, c'est-à-dire majeurs. Mais comme elle n'exprime point l'âge de la majorité ny l'âge necessaire pour souffrir le cours de la Prescription, il semble à propos de la fixer à l'âge de vingt-cinq ans accomplis, qui eſt le temps auquel la Loy & les Coûtumes donnent le pouvoir de faire des alienations, au nombre deſquelles on peut comprendre la Preſcription paſſive.

Il n'y a point de Preſcription ſans poſſeſſion, laquelle doit être publique & évidente à ceux contre leſquels on veut ſe prévaloir de la Preſcription ; & l'Article 115. de la Coûtume de Paris apporte une exception à la Preſcription, qui ſemble juſte & peut paſſer en Droit commun, lors que celui qui a droit de proprieté ou d'hipotéque ſur la choſe alienée a eû juſte cauſe d'ignorer l'alienation, parce que celui qui l'a faite eſt demeuré en poſſeſſion de l'heritage par le moyen d'un bail ou location d'iceluy, retention d'uſufruit, conſtitution de précaire, & autre convention ſemblable, & veut la Coûtume le cours de la Preſcription pendant le temps de cette détention & joüiſſance.

L'Article 117. de la Coûtume de Paris, porte, qu'en matiere de Doüaire la Preſcription commence à courir du jour du décez du mary ſeulement.

Lequel temps ſeulement a donné cauſe à un nombre preſque infini de Procés qui ont été diverſement jugez par Arrêt, & encore à preſent il n'y a point de maxime certaine pour ce regard.

C'eſt une choſe certaine que les Decrets & les Preſcriptions marchent d'un même pied, & hors le privilége des Mineurs qui ſont exceptez des Preſcriptions, ſont ſujets à la Loy & à l'autorité des Decrets, tout ce qui tombe en Prescription peut être purgé par Decret, & ce qui peut être Decreté est aussi prescriptible; & par cette raison les préjugez des Decrets donnez en l'un des cas, peuvent être apliquez à l'autre. Avant la réformation de la Coûtume on doutoit si le doüaire pouvoit être prétendu par les enfans du jour du décez de leur mere quand le pere survit; & c'est la raison pour laquelle en la derniere réformation de la Coûtume on a ajoûté l'Article 117. qui porte que le Doüaire commence à courir du jour du déceds du mary, avec cette diction taxative seulement, pour marquer qu'arrivant le prédecez de la femme, le Doüaire n'est point ouvert au profit des enfans, attendu que la mere n'a le Doüaire que par usufruit, & qu'il faut attendre la mort du pere, lequel seul, comme propriétaire du fonds des heritages sujets au Doüaire, en peut faire l'ouverture par son déceds.

Mais arrivant le prédecez du pere, on a ajoûté si du vivant de la mere, qui joüit par usufruit du Doüaire, le Droit des enfans peut-être purgé par le Decret ou par la Prescription; & c'est le cas auquel il se trouve grand nombre d'Arrêts contraires. D'une part, on prétendoit que du vivant de la mere Doüairiere le Droit des enfans est inutile & incapable de produire aucuns fruits, & que le mot seulement ajoûté par les reformations, marquoit que la decision dudit Article ne pouvoit être appliquée à l'autre cas du prédecez de la mere, & qu'ils avoient un sentiment contraire quand le mary décede le premier. Et d'autre part on disoit que l'usufruit de la mere n'empêche pas que le fonds de la proprieté du Doüaire ne soit acquis aux enfans, & consequemment sujettes aux Loix des Decrets & des Prescriptions.

Et sur le fondement de ces mêmes raisonnemens sur l'interpretation de l'Article 259. de la Coûtume, portant que le Doüaire d'une somme, pour une fois payer, venuës aux enfans, est réputée mobiliere, & perd la nature de Doüaire & passe aux heritiers mobiliers; quelques Arrêts ont jugé que la mere comme heritiere mobiliere de ses enfans, succedoit aux portions d'un doüaire de cette qualité, qui étoit échû aux enfans en nuë proprieté par le decez de leur pere: Et d'autres Arrêts ont prononcé le contraire.

Et pour trouver temperamment dans la diversité de cette Jurisprudence, plusieurs ont estimé les enfans étans majeurs que les Decrets & les Prescriptions avoient leur effet tout entier, même du vivant de la mere, & que le Doüaire est acquis aux enfans des l'instant du deceds du pere, soit que la mere survive ou non.

Lors que les enfans sont mineurs, il est constant que la Prescription ne peut courir contre eux; mais comme les Decrets purgent aussi les Droits des mineurs, on a pareillement jugé au cas sudit que les Decrets sont valables & obligatoires contre eux.

1. Quand la mere n'est point obligée en son nom à la dette pour laquelle la saisie réelle a été faite, ou aux dettes des créanciers opposans, car en ce cas rien ne l'em-

ne l'empêche de s'opposer pour ses enfans.

Et quand elle seroit obligée à aucune des dettes, le Decret ne laisse de purger le Droit des enfans doüairiers, lors qu'ils sont sous la tutelle d'un parent autre que la mere, lequel Tuteur a pû & dû s'oposer pour la conservation des interêts de ses Mineurs, à peine d'en répondre en son propre & privé nom.

Mais si la mere est Tutrice de ses enfans, & qu'elle soit obligée en son nom aux dettes du saisissant & des opposans, elle n'a garde de s'oposer pour le doüaire de ses enfans, parce que cela empêcheroit la collocation des creanciers, lesquels ne pouvans entrer en ordre, retomberoient sur ses bras & ne manqueroient d'exercer leur contrainte contre elle. Et en ce cas singulier quelques Arrêts ont jugé que l'interêt & le privilége des Mineurs étoit préférable à l'autorité publique des Decrets; & c'est ce qui merite d'être examiné & décidé, comme étant ces questions frequentes & ordinaires.

L'Article 118. de la Coûtume de Paris, reçoit & autorise la prescription de trente ans sans tître & sans bonne foy, ce qui est conforme au Droit Romain & au Droit commun de toutes nos Coûtumes.

Par le Droit Romain les Mineurs au dessus de pupillarité étoient sujets à la prescription de trente années, sauf à se servir du benéfice de restitution; mais la Coûtume de Paris par ledit Article 118. n'admet la Prescription que contre les personnes âgées, c'est-à-dire contre les majeurs de vingt-cinq ans, ce qui est conforme au Droit commun* de toute la France.

En la Loy *cum notissimi C. præscript. 30. vel. 40. annor.* le tiers détenteur peut se deffendre de l'action hypotequaire contre luy intentée, aprés le décez du debiteur, par la Prescription de trente années ; mais lors que l'action a été commencée du vivant du detteur, la Prescription de quarante ans est necessaire ; & à l'égard du detteur & des heritiers, l'action hypotéquaire étant jointe à la personnelle, dure quarante ans.

Et pour ce qui concerne l'interêt du detteur & de ses heritiers, le cours de la Prescription pour l'action personnelle étant reglé à trente ans, il n'y a point d'apparence que l'hypotéquaire, qui est necessaire & dépendante de la personnelle, dure plus long-temps que l'action principale.

Dans les Coûtumes qui réduisent toutes les Prescriptions à trente ans, ont demeuré d'accord que ladite Prescription de quarante ans n'y est point reçûë.

Et l'Article 118. de la Coûtume de Paris qui est conçû en termes généraux, absolus & indefinis, ne parle que de la Prescription de trente années.

Et neanmoins on doute encore à present dans la Salle du Palais, si pour l'action hypotéquaire la Prescription de quarante ans est recevable & necessaire en ladite Coûtume, à cause de la diversité des Arrêts rapportez par aucuns Arristographes, par lesquels on prétend que la Cour à prononcé, sçavoir par les uns pour l'affirmative, & par les autres pour la négative.

Les Prescriptions en leur origine n'étoient que de simples exceptions, par le moyen desquelles le détenteur d'un heritage pouvoit se deffendre & conserver la possession contre ceux qui l'attaquent.

Mais venant à perdre la possession de l'heritage, il n'avoit point d'action pour le vendiquer, non pas même contre un usurpateur qui s'étoit établi sans titre en la joüissance d'icelles. Mais l'Empereur Justinien en la Loy *si quis emptioni C. de præscript. 30. vel 40. annor.* donne l'action de revendication à celui qui avoit acquis la Prescription.

Avec cette distinction, que celuy qui a joüy avec titres & bonne foy par dix ans entre presens, & vingt ans entre absens, pour agir & retirer l'heritage, même des mains du veritable proprietaire ou du créancier qui en joüit *jurè pignoris.*

Mais à l'égard de celuy qui n'a autre titre que la Prescription de trente années, l'Empereur ne luy donne action pour retirer & reprendre l'heritage, que contre celuy qui n'a aucun Droit de proprieté ny d'Hypotéque, & non contre le proprietaire ny contre le créancier qui a Hypotéque sur l'heritage, en le satisfaisant de son dû.

Et neanmoins sur la question, sçavoir si la Prescription donne un simple exception ou bien une simple exception, a été donné Arrêt en l'Audience de la Grand' Chambre, qui donne action à celuy qui avoit acquis par le Benefice de la Prescription la proprieté de l'heritage, même sans tître. C'étoit en la Coûtume de la Marche en laquelle toutes les Prescriptions sont reduites à trente années.

La simple possession ne suffit pas pour former la Prescription, mais pour acquerir la proprieté de l'heritage par le moyen de la Prescription, il est necessaire d'en avoir joüy & de l'avoir possedé comme Proprietaire, *titulo & animo Domini*; & pour cette raison celuy qui a joüy en qualité de fermier, ne peut jamais préscrire la proprieté de l'heritage, puisque les Fermiers *non sibi sed alteri possident.* Il y a une decision expresse en la Loy 2. C. *de præscr.* 30. *vel* 40. *an.* laquelle rejette toutes sortes de Prescriptions.

Et quand depuis la fin de leur bail ils y auroient fait des actes de Proprietaire, cela n'est point considerable, *quia nemo sibi causam possessionis mutare potest.*

Et ce qui est dit du Fermier peut être appliqué a l'usufruitier, au possesseur, précaire, & à toutes les autres personnes qui commencent leurs joüissances en autre qualité que le Proprietaire.

Et le même empêchement passe aux heritiers & successeurs universels desdits Fermiers usufruitiers & précaires, pource que les vices réels & personnels, ou pour mieux dire les causes & vices des possesseurs & de possessions, continuent és personnes des successeurs universels.

Mais les fermiers usufruitiers & précaires, alienent l'heritage à tître particulier, & le transferent à d'autres personnes. Les tiers acquereurs peuvent de leur chef commencer une nouvelle possession, & sur le fondement de leur tître, étant accompagné de bonne foy, se servir de la Prescription de dix & vingt ans.

Le même Article 118 de la Coûtume de Paris qui reçoit & authorise la prescription de trente ans, y ajoûte une condition pourvû que la chose soit prescriptible : & dans les Articles suivans il explique les choses prescriptibles ou non.

L'Article 119. porte que la faculté de racheter les rentes constituées, ne peut être prescrite par quelque temps que ce soit, non pas même par cent ans ; ce qui est sans difficulté.

L'Article 120. dit que la faculté donnée par Contract de racheter heritage ou rente de bail d'heritage, a toûjours ce prescrit par trente ans.

Pour la faculté de racheter à toûjours un heritage, on n'a jamais révoqué en doute qu'elle ne soit prescrite par trente ans.

Mais la Coûtume ne parle point de la faculté de racheter, qui est limitée à un moindre temps, pource que lors quelle fut reformée, on jugea que la grace demeureroit éteinte de plein Droit, du moment que le temps porté par la convention étoit expiré.

Et dans ces graces conventionnelles il y avoit cela de particulier, que le temps qui avoit commencé en la personne d'un majeur, continuoit contre ses hoirs & ayant cause, supposé même qu'ils fussent tous, ou aucun d'eux, mineurs de vingt-cinq ans, suivant l'opinion de la Glose de la Loy. *Æmilius Caran. ff. de Minor.* contre le texte de la même Loy.

Mais sur ce que l'on considere que l'on trouve peu d'acquereurs qui veüillent bailler le juste prix d'un heritage dans l'incertitude de le pouvoir conserver, & que le vendeur qui se flâte de l'esperance de pouvoir facilement racheter son heritage, ne fait point de difficulté de l'abandonner à moins que sa juste valleur; on a obligé les acquereurs d'obtenir, aprés le temps de la grace, un Jugement, portant que dans un certain temps le vendeur seroit tenu de retirer la chose, sinon qu'il demeureroit déchu purement & simplement de la faculté d'y pouvoir rentrer. Et lorsqu'il y avoit appel de la Sentence, le nouveau delay donné par icelle ne commençoit à courir que du jour de l'Arrêt confirmatif. Et depuis on a passé plus outre, car par deux Arrêts donnés en la deuxiéme Chambre des Enquêtes, on a jugé que la grace donnée par un Contract, est prolongée de plein droit jusques à trente ans, où ce compris le temps de la grace conventionnelle.

Et par un autre Arrêt de la cinquiéme Chambre, on a donné trente ans au-delà du temps de la grace portée par le Contract.

Et encore quelques-uns prétendent que le temps des minoritez doit être déduit sur les trente années, & par ce moyen on voit tous les jours des personnes troublées, & en hazard d'être évincées aprés soixante ans de possession paisible.

Et comme les acquereurs & leurs heritiers ont de

la peine de relâcher les heritages aprés si longue joüissance, cette nouvelle Jurisprudence produit quantité de Procez entre les vendeurs & les acquereurs & leurs heritiers, même des recours de garantie entre les heritiers des acquereurs, quelques-fois en deux ou trois dégrez.

Quand le vendeur & ceux qui le representent font voir par écrit que les heritages ont été vendues pour un prix beaucoup moindre que leur juste valeur, eu égard au temps de la vente, ou que dés-lors le revenu ordinaire des heritages étoit plus fort que l'interêt légitime du prix, c'est en ce cas que l'on doit procéder & prononcer avec toute rigueur contre l'acquereur & ceux qui sont en ces Droits à cause de l'usure, vice & nullité du traité.

Mais cessant cette circonstance, il s'emble rude de dépoüiller un acquereur de bonne foy aprés une longue joüissance, sous prétexte que par le Benefice, ou pour mieux dire par le malheur du temps, les heritages sont augmentez de prix.

Mais sur tout il importe d'établir une Loy certaine pour retrancher les Procés qui sont formez tous les jours sur le sujet desdites graces conventionnelles, & d y aporter l'ordre & le temperament que l'on jugera necessaire.

Sur le sujet des Contracts de vente faits sous la faculté de rachat, on peut en passant régler une question qui dépend d'une autre nature, sçavoir s'il est dû des profits de Fief, & des lots & ventes, pour les Contracts de cette qualité.

Quand la Convention de grace passe neuf ans, il est dû des Droits au Seigneur, lesquels sont exigibles dans le temps du Contract.

Mais si le temps de la grace est moindre de neuf ans.

Quelques-uns prétendent que les Droits sont dûs dés l'instant du Contract, & sujets à répetition quand la grace est executée.

D'autres soûtiennent que les Droits ne peuvent être demandez, sinon aprés que le temps de grace est expiré, & qu'à faute de l'avoir exercé, l'acquereur est sensé proprietaire inconventable de l'heritage.

Et il y en a qui veulent que les droits soient acquis au Seigneur du jour du Contract, inconventablement & sans répetition.

Et selon la régle qui sera donnée pour l'execution du temps de la grace, il sera necessaire de donner une Loy certaine pour les Droits Seigneuriaux.

Pour les rentes de bail d'heritages qui ont été stipulées non rachetablées, l'acquereur & ceux qui sont en ces Droits ne peuvent reclamer contre la condition imposée par le Contract de bail, sauf à s'en décharger par la voye du Déguerpissement.

Mais lors que la rente a été crée avec la condition & la liberté du rachat, plusieurs estiment qu'elle doit demeurer rachetable à perpetuité.

1°. Pour ce qui est de la Loy de la convention à laquelle le bailleur s'est assujetty.

2°. A cause de la faveur de la liberation pour laquelle

quelle toutes les Loix ont eû certaine inclination & propension, même quelquefois contre les termes de la convention.

3°. Il importe pour le bien public de s'opposer à la Prescription du rachat des rentes de cette nature, pource que les heritages qui sont libres sont mieux entretenus & mis en valeur que ceux qui sont chargez de rentes, par la vûë que peuvent avoir les proprietaires de Déguerpir & abandonner les heritages pour se liberer des redevances ausquelles ils sont sujets.

4°. Par les Articles 78. & 83. de la Coûtume de Paris pour régler les Lots & ventes & profits de Fiefs, on ne fait point de difference entre les ventes faites à prix d'argent & les Baux à rentes rachetables, pource que l'intention du bailleur est d'avoir de l'argent.

Et si par le Contract on avoit traité par forme de vente, & que pour le prix l'aquereur eût constitué une rente, il est certain que le rachat de cette rente ne pourroit jamais être prescrit, non pas même par Cemans. Et comme le Bail d'un heritage à la charge d'une rente rachetable à perpetuité approche de fort prés de la convention susdite, on peut induire que la Prescription du rachat doit être également rejettée en l'un & en l'autre cas.

Et dans la pensée de ne point retrancher la liberté du rachat ont été donnez plusieurs Arrêts, lesquels prononçans sur la Prescription des rachats des rentes, ont neanmoins permis au Proprietaire de s'en décharger, en payant un denier plus fort que celuy qui avoit été convenu par le Bail à rente, qui est une double contravention à la Loy du Contract.

La premiere, en ce qu'une rente qui avoit été créée à la charge du rachat perpetuel, est déclarée non rachetable.

Et l'autre, en ce que l'on augmente la somme pour laquelle elle doit être rachetable, suivant les termes du Contract.

Enfin c'est une Proposition qui merite d'être discutée & décidée.

L'Article 186. de la Coûtume de Paris parlant des Servitudes Réelles, porte que le Droit de Servitude ne s'acquiert par longue joüissance telle qu'elle soit sans titre, encore que l'on en ait joüy par cent ans, mais la liberté se peut réacquerir contre le titre de Servitude par trente ans, laquelle définition est certaine & comprend toutes sortes de Servitudes, tant celles des maisons & édifices que l'on apelle Urbaines que les Rustiques.

L'Article 121. de la Coûtume de Paris excepte de la Prescription des rachats des rentes celles qui sont assignées sur des maisons scises en la Ville & Faux-bourgs de Paris, que l'on déclare par le même Article être rachetables à toûjours, si elles ne sont les premieres aprés le Cens & Fonds de la rente.

Ces mots de Cens & Fonds de terre sont sinonimes; & dans la même Coûtume ils signifient la redevance primitive & originaire que le Seigneur s'est reservée pour marque de la Seigneurie directe, quand il a aliené & delaissé à ses tenanciers une partie de son Domaine, comme cela est évident par l'Article 74. de la même Coûtume, qui dit que le Seigneur Censier peut faire proceder par voye d'Arrêts au brandon sur les fruits de l'heritage qui luy est redevable d'aucun Cens ou Fonds de terre. Et plusieurs ont estimé que l'Article 121. qui déclare que les premieres rentes aprés le Cens non rachetables, doit être entendu des rentes reservées par le Seigneur Censier, lors qu'il a mis l'heritage hors de ses mains, comme il se trouve quantité de Baux à Cens, lesquels outre le Droit de Censive qui est leger & de peu de conséquence, ont reservé des rentes annuelles, lesquelles par la consideration & en faveur de la Seigneurie directe ne sont sujettes à rachapt lors que dans le tître de leur création elles sont stipulées non rachetables, quoy qu'elles soient assignées sur des maisons scises en la Ville & Fauxbourgs de Paris.

Mais d'autres ont crû que la disposition dudit Article 121. pouvoit être étenduë aux rentes de Bail d'heritages, dûës à des particuliers sur des maisons scises en la Ville & Fauxbourgs de Paris, lesquelles pouvoient être stipulées non rachetables, pourvû que lesdites maisons ne fussent changées envers le Seigneur que du simple Droit de Censive, sans autre rente.

Cette question a été souvent agitée & jugée, mais avec tant de diversité qu'encore à present il n'y a point de régle certaine établie pour ce regard, quoy que l'opinion la plus commune incline pour la liberation & décharge.

Ce qui est ordonné par ledit Article 121. en la derniere réformation de la Coûtume, pour les maisons de la Ville & Fauxbourgs de Paris, avoit été etably auparavant.

SUITE DES PRESCRIPTIONS.

Par une Ordonnance du Roy François I. du mois d'Octobre 1539. pour les rentes assignées sur les maisons, Citez, Villes & Fauxbourgs de la France.

Mais on doute encore à present si cette Ordonnance doit être observée en toutes les Villes, ou seulement és grandes Villes, & qu'elles sont les grandes Villes où l'Ordonnance doit avoir lieu. Chacun demeure d'accord que les Villes où il y a un Parlement, ou quelque Compagnie Souveraine, sont de ce nombre.

Et pour les autres Villes, quelques-uns desirent qu'il y ait conjointement Evêché & Présidial, pour les comprendre en ladite Ordonnance. Et d'autres estiment qu'il suffit qu'il y ait Evêché ou Présidial pour rendre rachetables les rentes assignées sur les maisons des Villes & Fauxbourgs, quoique dans leur premiere création elles ayent été stipulées non rachetable, afin d'exciter les proprietaires de les entretenir en bon état.

L'article

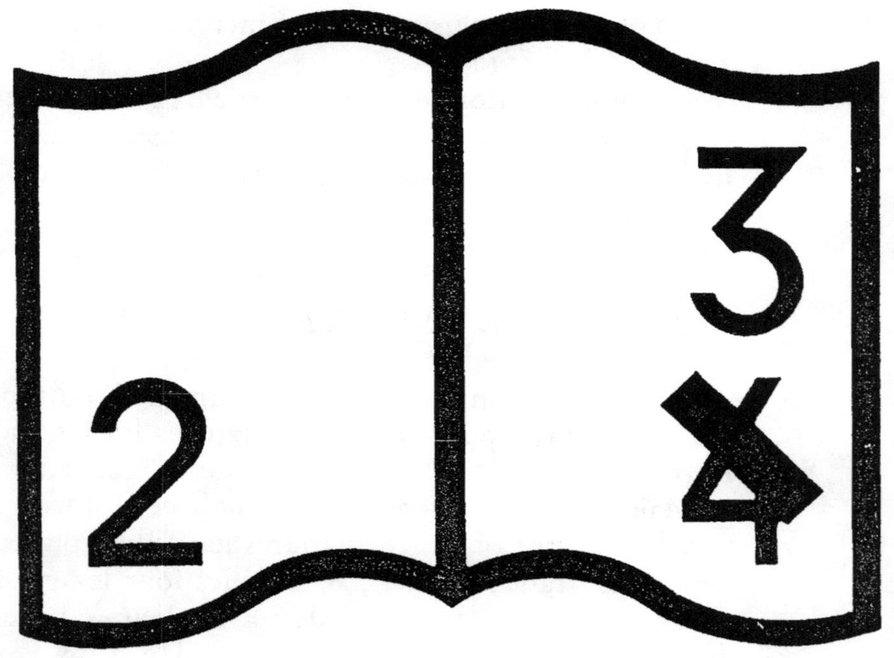

Pagination incorrecte — date incorrecte

NF Z 43-120-12

L'article 122. de la Coûtume de Paris déclare aussi rachetables au denier vingt les Legs pitoyables de rentes, en deniers, grains & autres especes, assignées sur les maisons de la ville de Paris, encore que par la disposition elles soient déclarées non rachetables, en faisant toutefois le remploy en autres heritages ou autres rentes; surquoy il y a plusieurs observations à faire.

La premiere, si le contenu audit article doit être étendu aux autres Villes considerables, de la qualité cy-dessus mentionnée.

La seconde, à expliquer ces mots; LEGS PITOYABLES, lesquels vray-semblablement doivent être appliquez aux Legs faits aux Eglises, Fabriques, Hôpitaux, ou pour des Fondations annuelles.

Et bien que l'article ne parle que des Legs faits par des Testateurs, plusieurs estiment qu'il doit avoir son effet pour les rentes laissées par des Donations, & tous autres Contracts & dispositions entre vifs.

3. L'article porte que les rentes de cette qualité sont rachetables, sans que ledit rachapt se puisse prescrire, ores qu'il fut dit par le Testateur, NON RACHETABLES; lesquels termes peuvent être mieux digerez; & neanmoins il est évident que l'intention de la Coûtume a été de déclarer les rentes de cette nature rachetables à perpetuité, supposé même que par le tître de leur creation elles fussent non rachetables, ou que la faculté de rachapt inserée dans l'acte de Creation n'eût point été exercée dans le temps ordinaire & necessaire pour la prescription.

4. Le prix du rachapt est réglé par l'article au denier vingt, qui sont deux quarts au dessus du taux du denier douze, qui avoit cours lors de la réformation de la Coûtume : Et neanmoins à present que les rentes sont réduites au denier dix-huit, & que la plus grande partie des constitutions de rentes se font au denier vingt, & plusieurs au denier vingt-deux, il semble necessaire de hausser à proportion le prix des rachapts des rentes mentionnées audit article, jusques au denier vingt-cinq ou trente.

5. La fin du même article impose la charge & la necessité du remploy des deniers du rachapt, ce qui est juste, mais il ne prescrit point la forme dudit remploy, & avec quelles personnes il doit être fait.

Pour les villes de Parlement, les personnes de Messieurs les Procureurs Generaux semblent necessaires & suffisantes, avec l'enregistrement au Parlement.

Et pour les autres Villes le remploy pourroit être fait avec les Lieutenans Generaux & Procureurs du Roy, & enregistré au Greffe du Siége Présidial.

L'article n'exprime point si aprés le remploy fait ceux qui ont acheté la rente doivent demeurer à perpetuité garans dudit remploy, ce qui sembleroit fort rude & rendroit la liberté du rachapt inutile, attendu que pour se décharger de ladite garantie on aimeroit mieux laisser courir la rente sur la maison, & ainsi la fin de la prévoyance de la Coûtume demeureroit éludée.

Suivant le Droit commun de la France Coûtumiere il n'y a point de terre ſans Seigneur, & lors qu'il n'y a ny tître, ny déclaration, ny acte de poſſeſſion par lequel on puiſſe connoître la qualité & quotité de la Cenſive dont l'heritage a été autrefois chargé, elle peut être impoſée de nouveau à proportion de celle qui eſt levée annuellement ſur les heritages voiſins de pareille nature : C'eſt ainſi que les Coûtumes en diſpoſent.

Et neanmoins il y a pluſieurs Coûtumes & Provinces eſquelles le Franc-alleu eſt reçû, avec cette difference qu'en quelques-unes il faut un Tître, ou du moins pluſieurs Actes de poſſeſſion anciens & par écrit par l'établiſſement du Franc-alleu.

Et en d'autres lieux comme en Champagne & au païs de Droit écrit, la preſomption eſt pour la liberté & le Franc-alleu, ſi le Seigneur ne raporte la preuve contraire.

L'article 123. de la Coûtume de Paris qui déclare le Cens impreſcriptible, même par cent ans, ajoûte ces mots, QUAND IL Y A TITRE ANCIEN OU RECONNOISSANCE. Dudit Cens & de ces termes, autrefois on a induit & ſoûtenu qu'en cette Coûtume, à faute d'apporter par le Seigneur un tître ou reconnoiſſance du Droit de Cenſive, l'heritage eſt preſumé Franc & Allodial, laquelle opinion a été reprouvée & condamnée par les Arrêts, & les derniers termes dudit article rejettez comme nuls par inadvertance. C'eſt ſelon l'uſage de nôtre Droit commun

& general à Paris, & en toutes les autres Coûtumes qui n'admettent point par une diſpoſition expreſſe & formelle le Franc-alleu ſans tître.

Et dans les lieux où le Franc-alleu eſt reçû de Droit commun, comme en païs de Droit écrit, quand on peut montrer qu'une heritage a été autrefois chargé de Cenſive, c'eſt une maxime certaine qu'il n'en peut être affranchy par la preſcription, pource que le Droit de Cens de ſa nature eſt impreſcriptible.

Il y a ſur ce ſujet un Arrêt celebre donné en l'Audience de la Grand' Chambre, au rôle de Lion, du temps de Monſieur le P. P. De Harlay, pour des heritages ſcis au Beaujolois, par lequel ſur un tître de deux cens ans, lequel on demeuroit d'acord, n'avoit été ſuivy d'aucune poſſeſſion depuis ſix-vingts ans, le tenancier de l'heritage fut condamné de reconnoître payer vingt-neuf années d'arrerages, & continuër à l'avenir la Cenſive mentionnée au tître. Et pour marque que la queſtion avoit été jugée dans la prononciation & le diſpoſitif de l'Arrêt, on ajoûte ces mots : COMME E'TANS LE CENS IMPRESCRIPTIBLE.

Et pour authoriſer cette propoſition on ſe ſert ordinairement de la Loy vulgaire, *Comperit C. de preſcript.* 30. *vel.* 40. *an.* laquelle dit que *Functiones & collationes, publicæ & civiles canones*, ne ſont ſujets à aucune preſcription de quelque temps que ce ſoit. Mais comme les Droits dûs au Souverain & à l'Etat n'ont aucun raport avec nos Droits de Cenſive, qui étoient inconnuës chez les Romains ; il faut conclure que le privilege & l'exemption de la prescription attribuez aux Censives dépend absolument de nôtre Droit François, qui a passé pour Droit commun, même dans les Provinces du Droit commun.

L'article 123. de la Coûtume de Paris porte en terme exprés que le Droit de Cens ne se prescrit par le détenteur de l'heritage contre le Seigneur Censier, encore qu'il y ait cent ans : Ce qui détruit toutes sortes de prescriptions, même les centenaires, qui est la plus longue, & laquelle, selon l'avis des Docteurs, même de Dumoulin, *habet vim tituli & constituti.*

Et neanmoins nous avons quelques Coûtumes irregulieres qui admettent la prescription du Droit de Cens, lesquelles peuvent être abrogées comme étans contraires au Droit commun de la France, même à l'usage des païs du Droit écrit, où la franchise & l'alleodalité a été perpetuellement en usage, à moins que le Seigneur raporte un tître contraire.

Par l'Ordonnance du Roy Loüis XII. du mois de Juin 1510 article trente & un, on ne peut demander que cinq années d'arrerages des rentes constituées : Et par la même Ordonnance l'interruption de ladite prescription ne peut être faite que par une demande judiciaire, c'est à dire que par un Exploit d'assignation suivy d'une procedure faite en justice. Et neanmoins dans l'usage un simple Exploit de commandement sans Assignation passe pour une interruption legitime & suffisante : ce qui est de consequence à cause de la facilité des Sergens qui font hardiment & sans scrupule tels Exploits & antidates que l'on desire. C'est pourquoy il sembleroit à propos de renouveller l'ordre & de prescrire des solemnitez particulieres pour les Exploits de cette qualité, à peine de nullité.

Les articles 125. 126. 127. de la Coûtume, ont introduit une autre prescription d'un an, & de six mois pour les salaires & pour les prix des Marchandises & fournitures y mentionnées, selon la distinction des qualitez des personnes dénommées aux mêmes articles, à compter contre aucuns du jour de la premiere delivrance, & contre les autres absolument du jour de la delivrance, sans expliquer la premiere n'y la derniere. Aviser si l'on pourroit.

1° Faire une Loy égale & établir la prescription d'une année pour toutes les personnes de qualité & professions dénommez esdits articles.

2° Sans considerer la premiere ny la derniere delivrance, fourniture, & exercer, permettre l'action pour tout ce qui a été fait fournir & délivré durant le cours de l'année derniere & immediate qui a précedé l'action.

3° Ajoûter la condition ordonnée par tous les Arrêts d'affirmer en personne, ou par une Procuration speciale, par ceux qui veulent se servir de la Prescription d'avoir payé les sommes qui leur sont demandées; & si la poursuite est faite contre les heritiers

tiers ils seront tenus de faire le serment qu'aucuns apellent de Credulité, c'est à dire qu'ils croyent en leurs consciences que les sommes ont été payées par le défunt. On peut ajoûter les articles concernant les frais, salaires & vacations des Procureurs : sçavoir.

1. Qu'ils ne pourront être demandez aprés trois ans, à compter du jour de la derniere procedure de chacune instance.

2. Que la prescription sera acquise aprés lesdites trois années, nonobstant que les Procureurs ayent occupé & postulé pour les mêmes parties en d'autres affaires.

3. Que les Procureurs seront tenus d'avoir un Registre commun, continué & en bon ordre de toutes les sommes qu'ils receyront de toutes leurs Parties, representer & communiquer lesdits Registres lors qu'ils en seront requis, à faute de ce faire seront déchûs & déclarez non-recevables à demander leurs frais, salaires & vacations, même durant les trois années.

Les articles 113, 114, 117, 118, 120, 123 & 124, de la Coûtume de Paris faisant mention de la prescription de dix ans entre presens, & de vingt ans entre absens, & de trente années, exceptent les privilegiez, c'est à dire les Ecclesiastiques : ce qui ne doit pas être entendu de leurs personnes, lesquelles à l'égard de leurs biens & Droits particuliers sont sujettes aux Loix communes des prescriptions : Mais à l'égard des biens & Droits des Eglises, Benefices, Commanderies ; Monasteres & Communautez séculiers & réguliers, Hôpitaux, Fabriques des Eglises & autres lieux Ecclesiastiques, ne connoissent autre prescription que celle de quarante ans.

Pour les Allienations faites à l'occasion des Subventions accordées au Roy, il y a plus de soixante & dix ans que les dernieres Allienations de cette qualité ont été faites : Et aprés un si long-temps, & aprés divers partages faits entre les heritiers des acquereurs, il y a beaucoup de rigueur de rechercher les Successions de ceux qui ont acquis sous la foy de l'authorité publique, & de troubler des familles par des recours de garantie. Et neanmoins la décision de ce point dépend des traitez & conventions qui seront faites avec le Clergé que l'on sera obligé de suivre.

Pour les autres allienations des fonds & domaines de l'Eglise, on a long-temps douté au Palais, & jusqu'à present il n'y a point de régle certaine pour ce regard, si l'allienation du Domaine de l'Eglise peut être couverte & authorisée par ledit temps.

Si le tître de l'Alienation n'est point representé, & que le détenteur qui est inquieté soit assisté d'une possession publique & continuë de quarante ans, on présume que le tître est juste & legitime, & la possession de quarante ans qui forme une prescription de Droit, suffit pour asseurer le proprietaire de l'heritage contre l'Eglise.

Si le tître paroît & que l'alienation se trouve faite pour une cause legitime, & avec toutes les formes & solemnitez requises par les Ordonnances, elle subsiste d'elle-même, & le proprietaire n'a pas besoin du secours de la prescription pour authoriser son Droit.

Mais si l'Allienation est nulle par le deffaut de la Cause ou des formalitez, on jugeoit autrefois que le vice d'icelles ne pouvoit être purgé par aucune possession, non pas même de cent & deux cents ans; & ce qui a fait dire à Maître Charles Dumoulin, que *satius est non habere titulum quam habere vitiosum.*

Et neanmoins sur ce que l'on a consideré que la possession de cent ans tient lieu de tître, on a jugé en diverses Chambres des Enquêtes qu'une possession de cette qualité étoit suffisante pour couvrir & purger la nullité du tître.

Quelques-uns font distinction des allienations esquelles il ne se trouve autre deffaut que celuy des simples formalitez, d'avec celles dans lesquelles le vice est en la Cause, comme si le Domaine de l'Eglise a été vendu à vil prix; ou que le prix, ou partie d'iceluy, n'est point tourné au profit de l'Eglise, & estiment qu'au premier cas la possession de cent années, & même celles de moindre temps, est suffisante pour purger la nullité du titre; mais au second cas que le dommage souffert par l'Eglise ne peut être couvert par quelque temps que ce soit.

D'autres estiment que les Allienations faites au profit des parens, alliez & domestiques des Titulaires des Benefices, ne peuvent être authorisées par aucune possession telle qu'elle soit. Et pour celles faites aux personnes étrangéres, la prescription de quarante ou de cent ans peut asseurer les acquereurs & leurs heritiers, & leurs successeurs, à titre universel.

C'est une maxime certaine que *vissia possessionum hæredes & omnes successores universales sequuntur*. Mais si l'heritage acquis par un tître défectueux a passé entre les mains d'une tierce personne qui a acquis de bonne foy, sans avoir eû connoissance du tître de l'allienation. Depuis six ans a été donné Arrêt en l'Audience de la Grand' Chambre, qui a reçû la prescription de quarante ans en faveur du tiers acquereur qui est de bonne foy.

Et sera observé qu'en tous les cas où la Prescription sera jugée recevable, le temps qui a couru du vivant du mauvais Administrateur qui a fait l'allienation ne doit être compté suivant le Canon, *si Sacerdotes 16. q. 3.* qui déclare que pour les allienations de cette qualité faites par les Titulaires des Benefices, le cours de la Prescription doit commencer *non ex eodie quotalia scribendo decreverunt*; pource que du vivant du Titulaire qui a alliené, il n'y avoit personne qui fut capable d'agir & de deffendre les Droits de l'Eglise, étant certain de Droit que *contra non valentem agere non currit præscriptio.*

DE LA COMMUNAUTÉ de biens.

1. ES lieux où la Communauté des biens est reçûë par la Coûtume, les conjoints par mariage sont communs du jour de la Bénédiction nuptiale en tous biens meubles, droits & effets mobiliers, presens & à venir, & en dettes mobilieres actives & passives, crées durant le mariage & avant iceluy, & en acquêts, immeubles faits par eux conjointement ou par l'un deux séparement durant & constant le mariage.

Ce sont les Articles 220. & 221. de la Coûtume de Paris.

Du jour de la Benediction nuptiale, pour corriger les Coûtumes qui ne donnent la Communauté qu'aprés l'an & jour, comme la Coûtume n'avoit autre fondement que la demeure commune; ce qui produit tous les jours des contestations & donne cause à plusieurs fraudes, même au préjudice des tierces personnes qui ne peuvent sçavoir si dans l'an & jour le mary & la femme ont arrêté de demeurer separez de biens ou non. La fin de l'Article explique le mot de Conquêt, lequel dans sa veritable & naturelle signification ne peut être expliqué qu'aux acquisitions faits conjointement par le mary & la femme, qui n'est pas l'intention de l'esprit de la Coûtume.

2. La Communauté & les Droits dépendans d'icelle sont réglées par la Coûtume, ou par le Droit du lieu où le mary avoit son domicile lors du Contract de mariage, sans avoir égard à la translation de domicile faite depuis la Benediction nuptiale; si ce n'est que dans ledit Contract il y ait une soûmission expresse à un autre Droit ou Coûtume.

M. Loüet. lett. C. num. 6.

3. Et si durant le Mariage la Coûtume a été changée, les droits de la Communauté doivent être réglées suivant la réformation & non selon l'usage de l'ancienne Coûtume.

Cét Article a été dressé sur un Arrest rapporté par Mr. Bougier, lett. C. num. 5. Or la raison fondée sur ce que l'action hypotéquaire suit les immeubles qui n'entrent point en Communauté.

4. Si le mary & la femme se trouvent obligez avant leur mariage en quelques dettes mobiliaires avec autres personnes sans clause de solidité, les créanciers ne pourront se pourvoir sur les biens de la Communauté que pour la portion seule & personnelle de l'obligé, & non pour celle du coobligé, sauf au créancier à se pourvoir par action hypotéquaire, si aucune il a, pour les portions des coobligez sur les biens de son detteur.

Je n'ay point vû ailleurs la distinction de l'obligation solidaire, mais elle me semble raisonnable, d'autant que la solidité est une dépendance & accessoire de l'obligation personnelle, qui suit les meubles & charges consequemment la Communauté dans laquelle entrent les meubles.

5. Mais lors que les detteurs sont obligez solidairement, le créancier peut se pourvoir sur les biens de la Communauté pour la totalité de sa dette, sauf à la Communauté son recours contre les coobligez.

C'est l'Article 222. de la Coûtume, & l'usage tiré des Arrêts donnés en l'interpretation dudit Article. Voir la Note de Maître Charles du Moulin, sur l'Article 246. de la Coûtume de Bourbonnois, en une autre espece.

6. Si par le Contract de Mariage il est convenu que les conjoints payeront séparément leurs dettes faites avant le mariage, la convention est valable & a son effet entre les conjoints, encore que lors du mariage il n'ait été fait inventaire des meubles & effets mobiliers de celuy du chef duquel précedent les dettes.

7. En deffaut d'Inventaire la Comunauté demeure chargée des dettes envers les créanciers, à la charge

de reprendre au profit de la Communauté sur les biens du mary ou de la femme detteurs ce qui aura été payé au créancier.

8. Celuy des conjoints qui a stipulé que le total ou partie de ses effets mobiliers luy tiendra nature de Propre, est obligé d'en faire inventaire avant la celebration du Mariage par devant Notaires ou autres personnes publiques, en presence de l'autre des conjoints, & s'il est mineur, avec les pere ou mere, ou avec Tuteur ou Curateur; & à faute de ce faire il reprendra seulement ce qu'il justifiera par écrit luy avoir apartenu lors du mariage jusques à la concurence du Propre conventionel.

Arrest du 28. Avril 1646. au raport de Mr. Renard, en la premiere des Enquêtes.

9. Le prix dû à l'un des conjoints lors de la Benédiction nuptiale pour la rente d'un immeuble par luy faite auparavant n'entre point en Communauté, n'y pareillement les Propres conventionnels, & les remplois des Propres dûs à cause d'un précedent mariage, si ce n'est que dans le second Contract de Mariage il y ait convention expresse au contraire.

Cet Article est contraire à l'usage commun, mais il pourvoit aux surprises frequentes que les plus avisez font sous prétexte de cét usage, au préjudice de ceux qui n'ont l'intelligence des affaires.

10. Si avant le mariage l'un des conjoints a acquis un immeuble, le prix dû à cause d'iceluy sera payé sur les biens particuliers de l'acquereur & non sur le fond de la Communauté.

Pour prévenir les fraudes & surprises qui pourroient être faites par l'un des conjoints, au préjudice de l'autre, par des acquisitions secretes.

11. Les dettes passives avant le mariage pour le fonds d'une banque ou négoce de marchandises, suivent le fonds ou négoce, & seront acquittées par celuy des

On a vû un Marchand Espicier à

conjoints qui a créé les dettes, si le fonds de la banque ou négoce a été excepté de la Communauté, & par la Communauté si les effets de la banque & négoce sont entrée en Communauté.

Paris réduit à la derniere necessité, à cause que la Communauté avoit été stipulée de tous les meubles, avec clause que les conjoints payeroient separement les dettes par eux contractées avant leur mariage : car on jugea que le fonds de sa boutique étoit entré dans la Communauté pour n'en avoir été excepté, & neanmoins à cause de la clause de payer separement les dettes il devoit acquiter sur son bien particulier ce qu'il devoit pour les prix des marchandises.

12. L'ameublissement fait de la part d'une fille mineure par son Tuteur parent collateral, est réductible au tiers de tous les biens presens de la mineure, mais s'il est fait par le pere ou par la mere de la mineure en son Contract de Mariage, en presence de trois ou quatre des plus proches parens, la réduction n'en peut être demandée.

13. Si lors du mariage les conjoints sont chargez de quelques Tutelles, ou Curatelles comptables, & par le Contract de Mariage il est convenu qu'ils payeront séparement les dettes par eux crées auparavant, le compte de l'administration tant en recepte que dépence faite avant la Benediction nuptiale doit être vendu, & le reliqua payé par celuy qui étoit chargé de la Tutelle ou Curatelle, & la Communauté est tenuë de compter de l'administration posterieure.

L'usage est certain & constant, mais comme il n'est pas connu de

14. En païs de Droit écrit & és Coûtumes où la Communauté de biens entre mary & femme n'est point reçûë, la societé conventionnelle stipulée par le Contract de Mariage ne comprend que les immeubles, & les meubles acquis durant le mariage, si ce n'est

que

que dans le Contract de Mariage il y ait une convention expresse au contraire.

tous ; il importe de l'ordonner, même à cause des évocations qui viennent de Parlement de Droit écrit.

15. Toutes ces Contrelettres & conventions faites hors la presence des principaux & plus proches parens qui ont assisté au Contract de Mariage, au préjudice de ce qui est convenu & accordé par le Contract, sont nulles, même à l'égard de ceux qui ont signé lesdites Contrelettres.

C'est l'Article 258. de la Coûtume de Paris, qui a été suivi & inseré en d'autres Coûtumes.

16. Les conjoints ne peuvent durant le mariage, par aucun acte de quelle qualité qu'il soit, même en la presence & par l'avis des mêmes parens qui ont assisté au Contract de Mariage, réformer & réduire au Droit commun de la Coûtume le Doüaire, n'y la Communauté ny changer, augmenter, ou diminuër en quelque maniere que ce soit les autres conventions portées par le Contract de Mariage.

C'est la décision celebre de l'Arrêt donné en la famille de Messieurs le Congneux qui a déclaré nulle la Convention faite durant le mariage, en presence des principaux parens; par laquelle on avoit accordé à la femme de participer par moitié à la Communauté, au lieu que par son Contract elle n'en devoit avoir que le tiers.

17. Les acquisitions faites par l'un des conjoints depuis le Contract de mariage & avant la Benediction nuptiale doivent être considerez comme conquêts de la Communauté, si ce n'est que les acquisitions ayant été faites en execution des conventions du Contract de mariage.

Les conventions faites par Contract de Mariage pour le réglement des biens que les conjoints doivent respectivement mettre en compte, & des portions qu'ils doivent prendre, quoique extraordinaires & avantageuses, où l'un des conjoints sont valables sans insinuation. Ce sont *pacta societatis* & non *donationis*.

18. Les Propres à meubles par l'un ou l'autre des conjoints, retiennent la nature des Propres pour la

portion qui en demeure aprés la dissolution de la Communauté à celuy qui a fait l'ameublissement, & sont acquêts pour la part de l'autre des conjoints.

Voir s'il en a été parlé au tître des Propres.

19. Si durant on licite en justice ou à l'amiable un heritage dans lequel un des conjoints avoit une portion indivise, & le mary se rend adjudicataire de la totalité d'iceluy, la portion qui appartenoit à l'un des conjoints luy demeurera Propre, & le surplus appartiendra à tître de conquêt à la Communauté.

20. Et si pendant le mariage l'heritage qui étoit contentieux entre l'un des conjoints & un étranger, demeure ausdits conjoints par Transaction moyennant une somme, la totalité de l'heritage luy tiendra nature de Propre, supposé même qu'avant la Transaction il ne fut point en possession de la portion contentieuse; à la charge de rapporter à la Communauté la somme qui a été payée à cause de la Transaction.

Il y a des Arrêts qui ont jugé que la portion acquise par Transaction d'un étranger, dont le conjoint n'étoit point en possession avoit lieu d'acquêt : mais cela a toûjours fait des Procés sur ce que l'on a prétendu que sous prétexte d'une usurpation injuste le vray proprietaire fut dépoüillé de la proprieté d'une partie de son fonds, & que sans entrer dans la discussion il étoit raisonnable de donner la totalité de l'heritage à celuy qui en avoit déja une portion, en indemnisant la Communauté de ce qu'elle a déboursé.

21. Les meubles, Droits & effets mobiliers échûs à tître de succession à l'un des conjoints durant le mariage entreront dans la Communauté, & les immeubles demeureront Propres ausdits conjoints, & la portion qui doit porter des dettes passives de la même succession seront payées, sçavoir les mobiliaires par la Communauté & les immobiliaires par ledit conjoint, supposé même qu'entre luy & ses coheritiers

toutes les dettes mobiliaires & immobiliaires ayent été payées à proportion de l'émolument, le tout s'il n'y a convention contraire dans le Contract de Mariage.

22. Et neanmoins si par la discussion des effets & des dettes mobiliaires, les dettes se trouvent exceder la valeur des effets, la Communauté demeurera déchargée desdites dettes tant à l'égard de celuy des conjoints qui a recueilli la succession, qu'envers les créanciers d'icelle, en rendant par la Communauté ce qu'elle aura reçû des effets de la succession.

Autrement se feroit un moyen de faire des avantages indirects entre le mary & la femme.

23. Si le mary fait refus d'autoriser sa femme pour recüeillir une succession, & qu'elle la prenne comme autorisée par justice, la femme prendra à son profit particulier les effets mobiliers, & payera les dettes passives, supposé même qu'il y eut plus d'effets que de dettes.

Cét Article merite d'être examiné à cause des avantages indirects qui peuvent être faits par cette voye.

24. Le legs d'une somme en argent ou en d'autres effets mobiliers fait à l'un des conjoints, à la charge que les choses leguez tiendront nature de Propre au legataire, n'entre point en Communauté, supposé même que le legs soit fait par les pere & mere du légataire, ou par un autre parent auquel il devoit succeder, pourvû toutefois que la disposition soit plus utile au légataire que la portion qu'il pourroit prétendre dans la succession.

Cette question est assez frequente en l'Article conforme à l'usage le plus commun, parce que à l'égard de l'autre des conjoints qui est étranger le deffunt ne luy devoit rien.

25. Les acquêts faits durant le mariage en quelques

lieux qu'ils ſoient ſcituez, ſeront réglez à l'égard de la Communauté & de la Societé conventionnelle, ou pour l'excluſion d'icelles par le Droit, ou par la Coûtume à laquelle les conjoints ſe ſont ſoûmis par le contract de Mariage, & en defaut & ſoûmiſſion expreſſe, par la Loy du domicile du mary lors du Contract de Mariage, & non par celle du lieu de la ſcituation deſdits acquêts.

26. Les dons & récompenſes faites par le Roy en argent ou en autres choſes que par Offices & commiſſions, entrent dans la communauté.

Il y a des Arrêts pour & contre, & les derniers vont à l'exclure de la communauté en Direct, & le mettre dans la communauté en Collaterale : Mais quelques-uns ſont d'avis de faire une Loy commune en l'un & l'autre cas, comme étant une eſpece de ſucceſſion rétablie, en levant l'obſtacle de la confiſcation.

27. Le don fait par le Roy, ou par un Seigneur Hautjuſticier, à l'un des conjoints par mariage, de la confiſcation des immeubles d'un parent en ligne directe ou collaterale auquel il eut ſuccedé ceſſant la condamnation, n'entre point en communauté.

Voir ſi l'on expliquera le terme d'äcienneté.

28. Les deniers procedants de la vente des grands Bois qui ont été mis d'ancienneté en coupes ordinaires pour être exploitez en quatre-vingt ou cent années ne ſont point ſujets à remploy.

Ce ſont les Articles 244. & 245. de la Coûtume, qui demeurerent abrogés par le nouvel Article, à cauſe des differens frequens qui ont été formez ſur le ſujet dudit Article.

29. Quand aucune rente dûë par l'un des conjoints, ou ſur les heritages lors de ſon mariage, eſt rachetée du temps & des deniers de la communauté, ladite rente demeure éteinte & amortie, & celuy qui en étoit redevable doit raporter en deniers à la communauté ce qui a été payé en ſon acquit pour le rachat, ou moins prendre.

30. La chose retirée par Retrait Lignager, feodal ou censuel, est propre à celuy des conjoints, au nom duquel le Retrait a été exercé, à la charge de rapporter à la communauté tout ce qui a été payé pour parvenir au Retrait, tant en principal que frais & loyaux coûts.

Voir si cela est dans le tître des Propres, & comment il a été réglé.

31. Les choses retirées par Retrait feodal ou censuel, en vertu de la cession prise par le mary durant la communauté du Seigneur de Fief, appartiennent à la communauté, mais si le Retrait a été exercé durant la communauté en vertu d'une cession prise avant le contract de Mariage, les choses retirées demeureront au Cessionnaire, en rapportant à la communauté les sommes qui ont été tirées pour l'execution dudit Retrait.

32. Ce qui est acquis à prix d'argent durant la communauté dans la Censive, Fief & Seigneurie de l'un des conjoints, est conquêts de la communauté; sauf à luy ou à ses heritiers à exercer l'action du Retrait de my-denier dans un an, aprés la dissolution du mariage.

33. Si durant la communauté le mary acquiert des heritages étant en la Censive du Fief à luy apartenans, ou des Fiefs mouvans d'un autre Fief à luy apartenans, la réünion de la Censive au Fief, & du Fief servant au dominant, est censée faite dés l'instant de l'acquisition pour la moitié que doit prendre dans la communauté, & même pour le tout, si dans la suite la femme ou ses heritiers renoncent à la communauté.

Voir s'il en est parlé dans le tître des Fiefs.

Car l'effet de la renonciation à la communauté réduit les choses au même point comme elles n'avoient point été.

34. Et si l'acquisition est faite d'un heritage étant en la censive de la femme, ou d'un Fief mouvant d'un autre Fief à elle appartenant durant la Communauté, il n'y a point de réünion laquelle ne se fait qu'aprés la dissolution d'icelle, pour la moitié qu'elle ou ses heritiers doivent avoir dans les choses acquises en cas d'acceptation de la Communauté.

35. L'heritage dont l'un des conjoints étoit en possession avant le Mariage, & qui luy a été assuré par Transsaction durant le Mariage, moyennant de l'argent, luy tient nature de Propre en raportant à la Communauté la somme qui a été payée des deniers d'icelle.

36. Mais si l'heritage n'étoit pas entre les mains dudit conjoint avant le Mariage, il sera réputé conquêt.

L'Article est conforme à l'usage, mais il merite d'être examiné à cause que le Droit de celuy des conjoints auquel il a été delaissé par Transaction voloit quelque chose, & est fort difficile d'en faire une juste estimation.

37. Si l'un des conjoints ayant recueilli une succession pour se décharger du payement des legs faits par le deffunt, abandonne à tous les légataires les meubles & acquêts, & la portion des Propres dont la Coûtume permet de disposer, il ne sera dû à l'autre des conjoints aucune récompense à cause de l'abandonnement des meubles, pourvû que l'abandonnement soit utile à l'heritier & fait sans fraude.

C'est l'Article 231. de la Coûtume, lequel ne parle point du

38. Les fruits naturels des heritages propres à l'un des conjoints qui se trouvent pendant par les racines, lors de la dissolution de la communauté, par mort civile ou naturelle, ou par séparation de biens, appartiennent au proprietaire de l'heritage, en rendant

à la communauté les frais des labours, amendemens & semences.

rembour-sement des funerailles & amendemens, *quia fundy partem faciunt L. fundy 17. §. fundo D. de act. empt.* Il semble necessaire d'en faire mention pour les exclure ou les comprendre dans le remboursement.

39. Les Offices de quelle qualité qu'ils soient, dont le mary se trouve pourvû lors de son mariage, n'entrent pas en communauté.

40. Si durant le mariage la charge que le mary exerçoit auparavant par simple matricule ou commission est érigée en titre d'Office, elle est pareillement propre au mary & à ses heritiers en rapportant à la communauté ce qui a été payé pour la création dudit Office.

41. L'Office acquis durant le mariage & dont le mary se trouve pourvû au jour de la dissolution d'iceluy, peut être delaissé à la communauté par le mary, ou par luy retenu en raportant ce qui a été payé des deniers de la communauté, tant pour le traité de l'Office que pour le Droit de Résignation & marc d'or, & frais des Lettres, Reception & Instalation; laquelle option il sera tenu faire dans l'Inventaire des biens de la communauté; & au cas que l'inventaire n'ait été commencé dans .... à compter du jour du décez de la femme, ladite option sera faite au Greffe de la Justice ordinaire du lieu du domicile du mary, sinon il sera en la liberté des heritiers de la femme de laisser l'Office aux perils & fortunes du mary, pour le prix de l'acquisition & des Droits & frais payez en consequence d'icelle, ou d'en poursuivre la licitation en justice.

On ne dit pas du lieu où se fait l'exercice, pource que l'Office peut avoir sa fonction en une jurisdiction extraordinaire, qui n'est capable de connoître d'un Droit ou Communauté: joint que un Officier a trop d'autorité sur un Greffier de son Siege.

42. En cas de prédecez du mary, le prix qui sera retiré de la composition de l'Office acquis durant la communauté, entrera dans les effets d'icelle.

L'Article est tiré de la Loy, *cum mulia C. Debon. quæ liber.* Et d'un Arrêt du 17. Decembre 1610. donné en l'Audience de la Grand' Chambre, de relevée. Chopin du Domaine, page 537.

43. Les Charges, Offices & Commissions données par le Roy au mary durant le mariage, demeurent pour le tout au mary en cas de survivance, à l'exclusion des enfans & autres heritiers de la femme. Mais si le mary en dispose de son vivant, ou s'il décede le premier la recompense qui en proviendra entrera dans la communauté.

C'est l'Article 255. de la Coûtume, qui a été expliqué de la sorte par Sentence Arbitralle & par l'usage.

44. Les sommes & autres choses données par les conjoints par mariage, ou par l'un d'eux en la presence ou absence de l'autre, aux enfans issus de leurs précedans mariages, doivent être raportez à la communauté par le pere ou la mere des enfans donataires, mais les interêts & fruits des choses ne sont sujettes à raport sinon du jour de la dissolution de la communauté.

45. Et le semblable sera observé par les Donations faites aux heritiers présomptifs de l'un des conjoints en collaterale, si ce n'est que dans la Donation l'autre des conjoints ait déclaré expressément qu'il entend donner de son chef.

46. Pour les choses données par les conjoints à leurs enfans communs, on croit que cela sera réglé au tître des raports de partage.

47. Le mary durant le mariage est tenu personnellement

lément & solidairement payer les dettes mobiliaires crées par la femme avant le mariage, mais aprés la dissolution du mariage le créancier se pourvoira seulement pour une moitié contre le mary ou ses heritiers, & pour le tout contre la femme ou ses heritiers, sauf à eux leurs recours pour une moitié contre le mary, s'ils acceptent la communauté, & pour le tout en cas de renonciation.

Art. 221. de la Coûtume. Mr. Bougier en son recueil lett. C. num. 10. & lett. H. num. 1.

Solidairement durant le mariage, pource qu'il en doit moitié de son chef, & l'autre moitié comme Maître & Administrateur des biens de sa femme. Mais aprés la dissolution de la Communauté le mary ne doit que sa moitié, & la femme qui est la débitrice originaire peut être poursuivie pour le tout, sauf à elle le recours contre le mary.

48. La communauté demeure chargée des dettes civiles mobiliaires crées par l'un & l'autre des conjoints avant le mariage, & aussi de celles ausquelles ils sont respectivement obligez par un devoir de pieté & par une obligation naturelle, comme sont les alimens dûs à leurs pere & mere & autres ascendans aux enfans issus de leurs premiers mariages, lorsque leur revenu n'est pas suffisant pour leur subsistance, sans que lesdits conjoints puissent prétendre l'un contre l'autre aucun recours & récompense pour ce regard.

49. Les réparations d'entretenement faits sur le Propre de l'un des conjoints sont chargez de la communauté, mais ce qui a été payé pour les grosses réparations doit être raporté à la communauté par le proprietaire de l'heritage.

Il y a un autre tître où l'on a fait la distinction des separations.

50. Les dépens & frais de Procés qui ont été faits sur le Propre de l'un des conjoints doivent être raportez à la communauté par le proprietaire de l'heritage, si les

Arg. L. quod dicitur penult. D. de Impens. In

frais sont notables & de consequence, eû égard à la qualité de la chose & à la condition des parties. Mais les frais mediocres doivent être compensés avec les fruits de joüissance dont la communauté a amendé.

res. Dot-fait. *Ipsiones ita prestare intelliguntur; ut non jam impendas in eas quam deduces eo minus ex his percepisse videaris quæ autem Inpendia deduci debeant non tam facile in universum. Definit quam persingula ex genere & magne impediorum estimari possunt.*

51. Si durant le mariage est vendu aucun heritage ou rente propre appartenant à l'un ou l'autre des conjoints par mariage, ou quelque rente rachetée, le prix de la rente ou rachat est sujet à remploy, & doit être repris avant partage sur les biens de la communauté, au profit de celuy auquel appartenoit l'heritage ou rente, encore qu'en rendant l'heritage ou recevant le rachat de la rente, il n'eût été convenu du remploy, & il n'y ait eû aucune déclaration sur le fait.

52. Le remploy des heritages alienez & des rentes rachetées ne peut être pris en fonds sur les conquêts de la communauté, si ce n'est que cela ait été ainsi convenu entre le mary & la femme dans le Contract d'acquisition.

53. Le mary & la femme qui sont intervenus dans un Contract de constitution de rente, ou dans une obligation active ou passive, conjointement avec une tierce personne, ne sont considerez que pour une seule personne, & participent par moitié au profit & à la charge de la dette.

Arg. L. plane 34. D. de leg. 1. si conjuncti, disjunctive permixti sunt, conjuncti unius personæ potestate funguntur. Et ainsi jugé par Arrêt donné en la quatriéme des Enquêtes.

54. Pour licitation judiciaire ou conventionnelle

faite entre le ſurvivant des conjoints & les heritiers du prédecedé, ou entre les heritiers de l'un ou de l'autre des heritages acquis durant la communauté, ne ſont dûs lots & ventes, ny autres Droits Seigneuriaux.

55. Si les deniers procedans des alienations des Propres des conjoints faites durant la communauté, n'ont point été remployez en autres heritages, avec déclaration expreſſe du conſentement commun des deux conjoints, ils ſeront repris en argent ſur le fonds de la communauté, & non ſur la portion particuliere du mary, nonobſtant toutes conventions & Coûtumes contraires qui demeurent abrogez par ces preſentes.

56. Pour les queſtions frequentes & diverſement jugées touchant le droit de Relief prétendu, à cauſe du Mariage des Filles & des Veuves : voir dans le titre des Fiefs ſi cela a été examiné & décidé.

57. Les arrérages échûs durant la communauté des rentes, dont le mary & la femme étoient redevables, avant leur Mariage, doivent être pris ſur le fonds de la communauté.

58. Les legs que le mary déclarera par ſon Teſtament être par luy faits pour la décharge de ſa conſcience, ſeront acquitées ſur le fonds de la communauté.

Cet Article eſt de conſequence : aviſer s'il ſera laiſſé, ou ſi on y ajoûtera une négative, ou s'il ſera rayé.

Il faut conſiderer l'inquiétude d'un homme mourant, & que ſans ce ſecours les autres voyes que l'on peut trouver peuvent cauſer des Procés.

D'autre part on peut priver indirectement une femme d'une partie de ſon Droit de Communauté,

59. Homme & femme conjoints par Mariage, mi-

neurs de vingt-cinq ans, sont réputez usans de leurs droits & effets mobiliers de l'administration des fruits de leurs immeubles, & non pour vendre, aliener ny engager le fonds desdits immeubles.

C'est l'Article 225. de la Coûtume.

60. Le mary est Seigneur des meubles & conquêts de la communauté, & peut, sans le consentement de sa femme, vendre, aliener, hypotéquer, & en disposer, entre vifs, à son plaisir & volonté, en faveur de telle personne que bon luy semble, autre que son heritier présomptif & sans fraude; mais il n'en peut disposer à cause de mort.

Article 233. de la Coûtume.

Déduire, c'est le terme de la Coûtume, qui est commuée en demandant & défendant.

61. Le mary est Seigneur des droits mobiliers, possessoires, actifs & passis, procedant du chef de la femme, & peut le mary seul agir sans sa femme, & déduire ses droits en justice en demandant & deffendant.

62. Mais la femme doit être en cause quand il s'agit d'une action réelle, ou d'une action mixte, pour la recision ou restitution en entier contre un Contract d'alienation d'un immeuble de la femme.

Art. 227 de la Coûtume.

63. Il peut aussi faire luy seul les Baux à loyer des maisons & des heritages de la femme; Sçavoir, des maisons assis és Villes & Fauxbourgs d'icelle pour six ans, & des maisons & heritages à la campagne pour neuf ans, & sera tenuë la femme, aprés la dissolution de la Communauté d'entretenir lesdits Baux.

Pource que l'on suppose qu'il peut avoir été fait en

64. Et neanmoins si les Baux ont été faits par anticipation; sçavoir, ceux des Villes plus de neuf mois, & ceux de la campagne plus de dix-huit mois avant la fin des précedens, la femme pourra déposseder les lo-

cataires & fermiers aprés la dissolution de la communauté, supposé même que le temps de l'anticipation soit expiré durant la communauté, pourvû que la femme ne soit point intervenuë dans les Baux.

fraude, où viliori pretio videatur.

65. Des bois taillis appartenans à la femme, le mary ne peut en l'absence & sans le consentement de sa femme avancer les coupes des bois, ny en faire de baux, sinon de ce qui tombera en coupes ordinaires durant le cours de neuf années.

66. Le mary ne peut vendre, échanger, faire partage ou licitation, obliger ny hipotequer le propre heritage de la femme, agir n'y deffendre en justice pour raison d'iceluy sans son consentement.

C'est l'Article 226. de la Coûtume.

67. Mais il peut en l'absence de la femme étant en communauté recevoir les rachats des rentes à elle dûë; mais il ne peut les vendre & échanger, n'y en disposer en quelque maniere que ce soit sans le consentement de sa femme.

Il y a Arrêt qui l'a ainsi jugé, comme étant une Acte de simple administration.

68. Si par la Loy du Bail à Cens ou rente, ou par la disposition de la Coûtume, l'heritage doit tomber en Commise par la cessation du payement du devoir durant trois années consecutives, le propre heritage de la femme ne tombera en Commise par la négligence du mary; sauf au Seigneur & au bailleur de l'heritage de se pourvoir si bon luy semble contre le mary & sur les biens de la communauté.

Prohibita allienatione prohibitur omnis modus quo itur ad alienationem tit. C. de rebus alion. non alien.

Et neanmoins dans Mr. Loüet, lett. F. num. 15. il y a un Arrêt qui a ordonné la Commise contre la femme par le fait du mary, sauf à elle son recours pour les dommages & interêts contre le mary.

69. En tous les païs de Coûtume & de Droit écrit, la femme mariée, majeure ou mineure, même celle qui est séparée de biens, ne peut donner entre vifs, vendre, aliener ny hypotéquer ses immeubles pour quelque cause que ce soit, sans l'authorité expresse de son mary, à peine de nullité tant à l'égard du mary que des contractans.

C'est l'Article 223. & le droit commun de la France, comme le droit Romain en la Loy, *velles nec ne. l. de Donat.* quoy qu'en quelques lieux régis par le Droit écrit on se soit relâché de cette regle majeure ou mineure. *Quia hæc authoritas desideratur, non à minore sed ab uxore.* La separation ne dispense pas de la necessité de l'authorisation. *Datur enim ut bona sua conservet, non ut delapidet.*

70. Le deffaut d'authorisation du mary ne peut être couvert par une ratification posterieure, mais l'authorité doit être donnée dans le même Contract par le mary present ou en vertu de sa Procuration speciale ou generale anterieure audit Contract.

§. 2. Instit. de auct. ho.

71. La simple presence du mary n'est pas suffisante, mais l'authorisation expresse & formelle & necessaire.

Consensus inter rem mariti, respicit authoritas personaque mulieris habilitat. Arg. sur l'Article 427. de l'ancienne Coûtume de Bretagne, glose 3. *In verbo. autho.* Mr. Loüet, lett. 4. n. 9.

72. La femme Marchande publique qui fait un trafic séparé & different de celuy de son mary, s'oblige valablement & pareillement son mary, sans son consentement, pour ce qui dépend de son négoce, même au dessus de la valeur du fonds du négoce.

Ce sont les Articles 234. & 235. de la Coûtume.

73. Le don mutuel fait entre le mary & la femme n'est valable, si la femme n'est authorisée de son mary, & le deffaut d'authorisation rend le don nul de part & d'autre.

Par Arrêt du 28. Aoust 1635. donné sur instance en la Grand' Chambre, au raport de Mr. de Bullion, qui a déclaré contre le mary le Don mutuel nul, à cause du deffaut d'authorisation de la femme. Et comme le Don mutuel est reciproque, la nullité d'une part rend le don nul d'une autre part.

74. Et neanmoins l'obligation de la femme faite ſans l'authorité de ſon mary, pour le délivrer de priſon eſt valable.

75. La femme ſéparée de biens peut, ſans l'authorité de ſon mary, diſpoſer de ſes meubles & effets mobiliers, fruits & revenus de ſes immeubles, agir & être en Jugement & faire tous les actes ordinaires concernans l'adminiſtration de ſes biens.

76. Elle peut auſſi acquerir ſans l'autorité de ſon mary, pourvû que l'acquiſition ſoit faite à prix comptant ; mais ſi elle eſt faite à crédit, elle ne peut s'y engager ſi elle n'eſt authoriſée de ſon mary, ou par juſtice à ſon refus.

77. Si la femme ſéparée de biens deſire diſpoſer de ſes immeubles pour marier ſes filles ou pourvoir ſes mâles de charges, & autres cauſes juſtes & légitimes, elle peut en cas de refus du mary ſe faire authoriſer par juſtice ſur l'avis de trois ou quatre de ſes plus proches parens.

Aviſer ſi la fin de l'Article eſt juſte & neceſſaire.

78. La ſéparation de biens d'entre le mary & la femme n'eſt valable ſi elle n'eſt ordonnée en juſtice avec connoiſſance de cauſe & ſur Enquêtes, la Sentence miſe au Greffe & prononcée en icelle, executée par une ſaiſie & vente ſerieuſe des meubles du mary, ou par un acte public ou authentique regiſtré au Greffe, contenant le payement des Droits & conventions de la femme ou de partie d'icelles, ou par des pourſuites effectives faites par la femme pour le payement de ſes conventions.

Ficti divertii falſa diſſimulatione ſublata L. In rebus 30. C. jure Dotium.

79. La femme séparée doit être payée de toutes les reprises de ses biens qui luy ont été accordés en cas de survivance par son Contract de mariage, mais le Doüaire, habitation, préciput, gain de survie, emmeublement, bagues & joyaux & autres avantages procédant de la liberalité du mary, ne peuvent être demandez qu'aprés la mort naturelle dudit mary, sous les mêmes clauses, charges & conditions portées par le Contract de Mariage, en cas de survivance de la femme.

80. Les créanciers de la femme ne peuvent sans son consentement demander la séparation de biens.

Les saisies & ventes des meubles faites en execution des jugemens des séparations de biens ne sont valables, si les meubles n'ont été effectivement transportez hors la maison du mary & vendus en place publique à jour de marché, & le Procez verbal d'execution & de vente signé de quatre voisins, Officiers, Marchands, ou autres personnes de condition.

Cela regarde l'interêt des creanciers du mary.

81. La pension alimentaire ordonnée à la femme par la Sentence de séparation, en attendant l'ouverture du doüaire, ne pourra exceder la moitié du doüaire accordé par le Contract de Mariage; & si elle demeure chargée des pensions, nourritures & entretenemens de tous les enfans, elle aura pour cette charge l'autre moitié du doüaire, & au cas qu'elle ne retienne avec elle qu'une partie des enfans, elle aura pour leurs pensions, nourritures & entretenemens, une portion du mi-Doüaire, eu égard au nombre de

tous

tous les enfans qui ſe trouveront vivans au temps de la ſéparation.

82. La femme ſéparée de biens ne peut demander les arrerages des penſions deſtinées pour elle & ſes enfans, tandis qu'elle & ſes ênfans auront demeuré dans la maiſon du mary & vécu à la table ; & neanmoins elle ne laiſſera d'avoir les interêts de ſes deniers dotaux & remploy des Propres du jour de la prononciation de la Sentence de ſéparation.

83. Aprés la renonciation & execution forcée ou volontaire de la Sentence de ſéparation, la femme ne peut rentrer en Communauté de biens ſans le conſentement de ſon mary, mais la Communauté peut être rétablie du conſentement commun du mary & de la femme, pourvû que cela ſoit fait par un acte fait au Greffe du Siége ou la Sentence de ſéparation a été donnée, ou par un acte public & authentique paſſé par devant deux Nottaires, ou un Nottaire & deux Témoins, & la minute laiſſée chez le Nottaire, & la groſſe Regiſtrée au Greffe.

Arrêt du 25. Février 1621 en l'Audience de la Grand' Chambre.

84. Par le moyen du rétabliſſement de Communauté, tous les actes faits, auparavant, depuis la ſéparation, demeurent nuls & aneantis, & les choſes réduites au même état comme s'il n'y avoit jamais eû de ſéparation.

85. La femme en cas ſéparation, & les heritiers aprés ſon decez, ne peuvent exercer la contrainte par corps contre le mary, ny contre ſes heritiers pour payement des Droits de la femme, tant en principal qu'interêts.

La mémoire du reſpect dû au mary, le conſerve és perſonnes de ſes heritiers.

86. Si durant le mariage l'un des conjoints est banny à perpetuité hors du Royaume, ou le mary condamné aux Galeres perpetuelles, la Communauté demeure dissoluë du jour de la prononciation de ladite condamnation pourvû qu'elle soit contradictoire; & si elle est par deffaut & coûtumaces, & que la partie condamnée ne se represente point dans les cinq ans, la Communauté ne sera dissoluë qu'aprés la fin desdites cinq années.

87. Aviser si l'on fera un Article pour réserver au survivant des conjoints ce qui luy est accordé en chacune des Coûtumes; sçavoir, aux unes quand il n'y a point d'enfans, comme à Paris par l'Article 238. & encore cela est retraint aux meubles corporels qui se trouvent hors la ville & fauxbourgs de Paris, & aux autres Coûtumes pour toutes sortes de meubles, même en cas d'existance d'enfans.

88. La moitié dûë par les heritiers de la femme des dettes passives de la Communauté doit être acquittée par l'heritier des meubles & acquêts; sans que l'heritier des Propres soit tenu d'y contribuër.

89. Les dépens des Procez Civils & Criminels, & les Amendes & réparations des Procez Criminels ajugez contre une femme mariée, ne se prennent sur la Communauté, mais sur les Propres de la femme, à la charge de l'usufruit du mary durant la Communauté, & sur la part de la femme dans les meubles & conquêts de la Communauté, aprés que la dissolution d'icelle sera arrivée.

Car le droit & la pleine proprieté des biens de la Communauté, est entre les mains du mary. La femme ne peut en Justice charger la Communauté d'aucunes dettes *locus in marito.*

90. Mais les dépens, amendes & réparations des Procez Criminels jugez contre le mary sont pris sur les biens de la Communauté, sinon lors que la peine principale ordonnée contre le mary emporte dissolution de la Communauté, comme celle de mort, ou des Galleres, & bannissement perpetuels.

Nôtre Communauté est une espece de Societé Léonine en laquelle *la* femme participe au profit, & en cas de perte elle s'en retire par le moyen de la renonciation ; & par cette raison il faut soulager le mary autant que l'on peut : & le contenu en l'Article a été décidé par deux Arrêts du 22. Decembre 1615. & 7. Septembre 1624. Le dernier fut prononcé en Robes rouges.

91. La confiscation ordonnée pour crime contre le mary ne comprend que sa moitié des biens de sa Communauté, & non la moitié de sa femme.

Monsieur Loüet C. num. 35.

92. La femme ou ses heritiers qui ont pris la Communauté ne sont responsables des dommages, interêts prétendus à cause de la nullité d'un Contract reçû par le mary qui étoit Nottaire, ou à cause du desaveu fait contre le mary qui étoit Procureur.

Me Jullien Brodeau sur Mr. Loüet lett. N.

La femme, si elle est décedée la premiere, ses heritiers ayant accepté la Communauté, ne pourront être recherchez par les créanciers pour les dettes d'icelles que jusqu'à la concurence de ce qu'ils auront amendé de ladite Communauté, pourvû qu'il ait été fait bon & loyal inventaire dans .... du jour de la dissolution de la Communauté.

C'est l'Article 228. de la Coûtume.

Ajoûter le temps de l'inventaire avec celuy du bénéfice d'inventaire.

Au cas du précedent Article les reprises dûës à la femme & à ses heritiers, seront réglez à proportion de ce qui avoit été accordé aux uns & aux autres en prenant la Communauté.

Cela ainsi jugé par Arrêt, pource que la qualité commune, une fois prise, ne peut être abdiquée.

93. La femme & ses heritiers qui ont renoncé à la Communauté en faisant la reprise de tout ce qui avoit été raporté par la femme, doivent souffrir la déduction de tout ce qu'elle devoit lors du mariage, & qui a été payé des deniers de la Communauté. Mais si la reprise est rétrainte à une portion de ce qu'elle a apporté, toutes ses dettes passives demeurent confuses dans la Communauté, si ce n'est que dans le Contract de Mariage il y ait convention au contraire.

94. Et neanmoins si la femme s'est obligée conjointement avec son mary, l'obligation est valable à l'égard de celuy avec lequel elle a contracté, sauf à elle & ses heritiers son recours d'indemnité contre le mary & sur ses biens.

95. La femme noble ou roturiere peut quand bon luy semble renoncer à la Communauté, pourvû que la chose soit entiere, & qu'elle ne se soit immissée dans les biens de la Communauté, ou payé les dettes d'icelle purement & sans protestation, & que bon & loyal inventaire soit fait dans....... mais à compter du décez du mary, & qu'il ait été affirmé tel, & la fin d'iceluy par la Veuve en personne, ou par Procureur fondé de Procuration speciale, annexée à la minute de l'inventaire.

96. La renonciation doit être faite dans l'inventaire, ou par une acte inseré au pied d'iceluy, dans un mois aprés la derniere vacation dudit inventaire, sans observer les autres solemnitez ordonnées par aucunes Coûtumes ausquelles a été dérogé.

97. Si la veuve est convaincuë d'avoir auparavant l'inventaire recelée & diverti quelques effets de la Communauté, ou disposé d'iceux, ou que dans l'inventaire elle ait obmis sciemment quelques effets considerables, eû égard à la condition des parties, elle demeurera privée de la portion qu'elle eut pû prétendre dans les choses recelées, diverties & obmises, tant par Droit de Communauté, don mutuel ou autrement : & outre elle demeurera commune envers les créanciers & les heritiers du mary.

Arrêt du 30. Juillet 1651, à l'Edit.

98. Si lesdits heritiers ont diverty ou recelé quelques effets de la Communauté, ou favorisé les recelez, divertissemens, & obmissions volontaires faites par le mary, ils demeureront aussi communs à l'égard des créanciers, & tenus au payement des sommes à eux dûës.

99. En cas de prédecez de la femme, ses heritiers ont aussi la faculté de renoncer à la Communauté dans un mois aprés la derniere vacation de l'inventaire qui aura été fait à la diligence du mary, laquelle renonciation sera faite par une acte public & authentique passé par devant Nottaires, dont sera laissé minute, & iceluy signifié au mary par un Huissier ou Sergent, en presence de deux Records, qui signeront l'original & la copie de l'Exploit, avec expression de leurs noms, surnoms, âges, qualité, & demeure.

100. La reprise accordée à la femme en cas de renonciation à la Communauté, des sommes & autres choses par elle apportées, ou qui lui seront échûës du-

rant le mariage, ne passe à ses heritiers & non pas même à ses enfans sans stipulation expresse.

L'un & l'autre point jugé par Arrêt. V. Mr. Loüet lett. D. num. 13.

101. Par la renonciation faite par les heritiers de la femme prédecedée, la moitié qu'ils étoient fondez de prendre dans les biens de la Communauté acroît au mary ; & en cas de prédecez du mary, la portion de la veuve qui renonce à la Communauté acroît au légataire universel des meubles & acquêts du mary, à l'exclusion des heritiers légitimes ; & toutes les dettes passives de la Communauté seront payez entre les heritiers & le légataire universel, à propotion de l'émolument.

102. Si la femme ou ses heritiers depuis la renonciation par eux faite à la Communauté ont recelé & diverti quelques effets, ou favorisé le recelé & le divertissement, la renonciation ne laissera d'être valable & seront condamnez seulement à la restitution du double de ce qui aura été recelé & diverti.

On peut agir extraordinairement par voye d'information contre le mary & la veuve, & contre leurs heritiers, pour le recelé & divertissement des effets de la Communauté : mais aprés l'interrogatoire l'affaire demeure civilisée, & la poursuite continuée d'une condamnation pecuniaire, sans toutefois que les accusez soient reçûs à faire enquête de leur part.

Cela est ainsi jugé par divers Arrêts en faveur des creanciers,

103. La veuve nonobstant la renonciation par elle faite à la Communauté est tenuë d'avancer de ses deniers tout ce qui est dû aux Boulangers, Bouchers, Epiciers, Cabaretiers, & autres qui ont fourny leurs

vivres durant la derniere année, & aussi les salaires des Medecins & Chirurgiens, & le prix des medicamens de la derniere maladie, pour en faire le recouvrement sur les biens de la succession de son mary, à ses frais, perils & fortunes.

& importe de décider la question pour ou contre. Quelques-uns estiment que cela est trop rigoureux contre les femmes, même contraire au texte de la Coûtume, & qu'il suffit de donner aux creanciers ce qui est porté par l'Article : un privilége sur les meubles & même sur les immeubles, si on le juge à propos, & en tout cas rétraindre l'obligation à ce qui a été fourni pour la personne particuliere de la femme, & pour sa bouche hors la table du mary. Il a été jugé en la premiere Chambre des Enquêtes que la femme qui renonçoit à sa Communauté, n'étoit desobligée aux creanciers de son mary : c'étoit en la Cause entre Monsieur de Soubisse & Heritiers de Madame de Monbalon, & les creanciers de Monsieur de Monbalon.

104. Il n'est dû aucuns droits de lots & ventes ou autres droits Seigneuriaux pour le delaissement fait à la femme ou à ses heritiers, des acquêts faits durant le mariage, en payement de ses remplois, reprises & autres conventions matrimoniales, supposé même que la femme ou ses heritiers ayent renoncé à la Communauté.

105. Pour la vente faite depuis la dissolution du mariage par les heritiers du prédecedé au survivant des conjoints, ou par le survivant aux heritiers du deffunt, il n'est pareillement dû aucun Droit de lots & ventes, ny aucun droit Seigneurial.

106. Le deüil de la veuve & de ses domestiques font parties des frais funeraires, & le tout se prend sur les biens du mary & non sur la Communauté.

La Coûtume de Rheims, & peut-être quelques autres, rejette sur la Communauté tous les frais faits avant que le mary soit inhumé.

PARIS Art. 240. 241. 242. 243.

Du Droit de continuation de Communauté : Où il est reçû.

1. LA continuation de Communauté n'est autre chose que la suite & la continuation d'une Societé au delà du temps de sa durée ordinaire, avec autres personnes que celles entre lesquelles elle avoit été premierement contractée.

2. Il faut demeurer d'acord que la continuation de Communauté, telle qu'elle est établie par la Coûtume, est contraire aux régles du Droit Romain, suivant lequel toutes les Societez finissent & demeurent éteintes par la mort de l'un des associez & ne passe point à ces heritiers ; *l.* 4. §. 1. *D. pro socio* ; & en la Loy *titium* 24. §. *penult. de admistra. tutor.* Si un frere tuteur des enfans de son frere avec lequel il étoit en Societé continuë le même négoce, la Societé du même négoce ne continuë pas pour cela, mais il est quite en rendant compte à ces neveux des interêts du prix des marchandises, *pupillo usuram non compendium esse prestandum.*

3. Mais la Loy passe plus outre, car elle réprouve & condamne les conventions contraires à cette proposition, *adeo morte socii solvitur societas ut nec ab initio paciscipossimus ut hæres etiam succedat societati l. adeò* 59. *l. nemo* 35. *l. cum duobus* 52. 55. *idem respondit* 9. *D. pro socio*; & tout l'effet

Excepta societatè vecti galium eodim.

l'effet que peut produire une convention de cette qualité, c'est de faire part aux heritiers du décedé de ce que *postea ex re communi quæsitum est*, mais ce qui est acquis d'ailleurs par le travail & industrie des associez survivans, n'est point communiquable aux heritiers de celuy qui est décedé, *l. actione 65. §. morte unius 9. D. eodem*, & si les heritiers du décedé entrent dans la participation des affaires communes *& animum in sunt societatis*; ce n'est une suite & continuation de l'ancienne Societé, mais une espece de Societé nouvelle laquelle se contracte *ex novo consensu*, *l. plane 37. D. eod.*

4. Anciennement à Paris il n'y avoit point de continuation entre le survivant des pere & mere & ses enfans, comme il appert par l'extrait d'un ancien cahier écrit à la main des Ordonnances de la ville de Paris, & de la Prévôté de l'an 1293. car les pere & mere étant chef d'Hôtel, ceux qui sont sous ledit chef ne peuvent compagner avec eux.

5. Mais cette continuation de Communauté fut reçûë & établie par l'Article 118. de l'ancienne Coûtume de Paris, redigée par écrit en l'an 1510. confirmée & authorisée par l'Article 240. & par les Articles suivans de la même Coûtume.

6. Cette continuation de Communauté a été introduite & reçûë par deux raisons.

7. La premiere, pour prévenir les contestations qui peuvent naître entre les survivans & ses enfans, pour la recherche des effets qui étoient communs entre le

ſurvivant & le prédecedé lors de la diſſolution du mariage, & empêcher les actions fameuſes de recelé & divertiſſement que leſdits enfans ſeroient quelquesfois obligez d'exercer contre leur pere ou mere.

Quod finita ſocietate ex te communi poſtea quæſitum eſt ab herede, heredi preſtandum. L. actione diſtrahitur §. morte D. pro ſocio.

8. Et la ſeconde raiſon de ladite continuation de Communauté eſt fondée ſur le mélange des biens deſquels le ſurvivant des pere ou mere s'étant conſervé la joüiſſance, on a jugé raiſonnable de faire part aux enfans de ce qui a été acquis des biens communs, joint que le mélange & la confuſion des effets fait préſumer que le ſurvivant des pere & mere a trouvé bon de vivre avec ſes enfans en la même maniere qu'il faiſoit avec le précedé, & continuër avec eux la Communauté qui avoit commencé du temps du mariage; & c'eſt la raiſon pour laquelle en l'ancienne Coûtume de Paris pour diſſoudre la premiere Communauté, & arrêter le cours d'icelle, il ſuffiſoit de raporter le moindre acte dérogeant par lequel le ſurvivant ait témoigné qu'il ne vouloit plus vivre en Communauté avec ſes enfans : ce qui ſe trouve encore d'ordinaire en quelques Coûtumes particulieres & pour cette raiſon.

La continuation de Communauté ceſſe par la renonciation faite par une fille à la Succeſſion de

9. Si les enfans mineurs qui ſont ſeuls capables en la Coûtume de Paris & la plus grande partie des autres Coûtumes, ont été mariez du vivant des pere & mere, & ont renoncé par leur Contract de mariage à leurs ſucceſſions, ou du moins à celle du prédecedé, ils ne peuvent en ce cas prétendre la continuation de Communauté, pource que ayant aucune portion dans les biens du prédecedé, il ne peut y avoir aucun

consentement tacite de continuation de Communauté, aucun sujet de recherche ou soupçon de divertissement, n'y aucun mélange de biens comme étant lesdits enfans, par le moyen de ladite renonciation, exclus absolument de la succession du prédecedé desdits pere & mere.

son pere ou de sa mere en se mariant.

10. Et sur le même principe en la Coûtume de Poitou, si le pere survivant est donataire des meubles de la femme en pleine proprieté, il n'y a point de continuation de Communauté, pource que suivant le texte de la Coûtume les enfans n'ont en ce cas aucuns meubles, & le pere est fondé par la même Coûtume de joüir par Droit de puissance paternelle, & prendre à son profit les fruits des immeubles de ses enfans : Et la même Coûtume ajoûte qu'autre chose est de la mere avec laquelle la Communauté continuë, encore qu'elle soit donataire en pleine proprieté de tous les meubles de son mary, même de la totalité de ses acquêts, & du tiers de ses Propres qui appartiennent aux enfans en qualité d'heritiers du pere, sont suffisant pour former & acquerir ladite continuation de Communauté.

11. Et ce qui est décidé en la Coûtume de Poitou touchant les meres, a été étendu & est observé à Paris, & en toutes les autres Coûtumes esquelles il a été jugé que nonobstant la donation universelle faite par le Contract du premier mariage, au profit du survivant, de tous les meubles & conquêts de la Communauté, si le survivant ne fait point d'inventaire, les fruits des

Arrêt 10. Juillet 1627. & 30. Juillet 1650. alleguez par Me. Gabriel Fortin.

Arrêt en l'Audience de la cinquiéme Châbre, du 7. Mars 1634. plaidant Me Jean Joubert & Jacques Bataille.

Propres des enfans sont suffisans pour fonder la continuation de communauté à leur profit. Mais on a demandé si ce qui a été ordonné par la Coûtume de Paris touchant ladite continuation, peut & doit être étendu aux autres Coûtumes lesquelles n'en font point mention.

12. Si les pere & mere avant & durant le mariage étoient domiciliez en une Province où il n'y a point de communauté de biens, & qu'elle n'ait pû être stipulée par le Contract de Mariage, il ne peut y avoir de continuation de communauté, comme étant une suite & dépendance d'une premiere communauté, laquelle n'étant point établie par la Loy du domicile, n'y par la convention des parties, on ne peut feindre la continuation d'une chose qui n'a jamais eu d'existance.

Mais si par le Contract de Mariage les pere & mere ont stipulé une communauté de biens, avec soûmission à la Coûtume de Paris, ou à une autre Coûtume où la continuation de communauté est reçûë, il est sans difficulté que la même Coûtume à laquelle les pere & mere se sont soûmis, doit être suivie non seulement pour régler la Communauté du temps du mariage, mais aussi pour la faire continuër aprés le décez de l'un des conjoints en faveur des enfans, aux cas exprimez par la même Coûtume, comme étant la continuation de communauté une accessoire & dépendance de la premiere communauté, c'est l'espece de l'Arrêt donné contre Monsieur Turgot, Maître des

Requêtes, en faveur de ses enfans, par lequel la continuation de communauté a été ajugée aux enfans *ex eoque*, les pere & mere par leur Contract Mariage fait en la ville de Paris avoient stipulé la communauté de biens, avec soûmission à la Coûtume de ladite ville; encore que le domicile desdits pere & mere eut été perpetuellement sous la Coûtume de Normandie, en laquelle il n'y a point de communauté de biens entre mary & femme, ny consequemment de continuation de communauté.

13. Et supposé que la communauté de biens ait été simplement stipulée par le Contract de Mariage entre deux personnes qui étoient demeurantes en un lieu où il n'y en a point de Droit commun, ou que la Coûtume sous laquelle le Contract de Mariage a été fait où les parties avoient leur domicile, ordonne simplement la communauté de biens sans parler de continuation de communauté : Maître Charles du Moulin sur l'Article cinquante-quatre de la Coûtume de Vitry, dit que l'usage de continuation de communauté quoy que contraire au Droit commun *non est irrationabilis*, & qu'elle peut être supplée par les dispositions des Coûtumes voisines, & que dés long temps elle avoit été introduite par un usage tacite & non écrit en ladite Coûtume de Vitry, & neanmoins il faut demeurer d'accord que l'ancienne jurisprudence du Palais étoit de n'admettre la continuation de communauté sinon és Coûtumes qui contiennent une disposition formelle & précise pour cét égard.

14. Et si l'une des Parties articuloit l'usage de ladite continuation de communauté, on ordonnoit qu'il en seroit informé par Turbes ; cela a été ainsi ordonné pour la Coûtume de la Rochelle par Arrêt du mois d'Octobre 1594. & le même jugé pour la Coûtume de Chartres.

15. Pour la Coûtume d'Anjou, la difficulté a été plus grande, car anciennement les Provinces d'Anjou & du Maine n'avoient qu'une même & seule Coûtume, laquelle admettoit la continuation de communauté ; & depuis que cette Coûtume a été divisée & rédigée en des cahiers differens par chacune desdites Provinces, l'Article concernant la continuation de communauté a été retenu dans la Coûtume du Maine, & obmis en celle d'Anjou, & par cette raison on soûtenoit que la contiuuation de communauté ne pouvoit avoir lieu en ladite Coûtume d'Anjou, puisque les Réformateurs & Rédacteurs d'icelle avoient sciemment retranché l'Article qui ordonnoit ladite continuation de communauté.

16. Mais suivant la derniere Jurisprudence établie & confirmée par divers Arrêts, la continuation de communauté a été reçûë universellement en toutes les Coûtumes, encore qu'elle ne l'ordonnassent point même en celle d'Anjou, & és Coûtumes de la Rochelle & de Chartres esquelles il avoit été ordonné qu'il seroit informé par Turbes de l'usage d'icelle, encore que les Enquêtes par Turbes n'eussent point été faites.

17. Et le même a été jugé pour les Societez ſtipulées par des Contracts de Mariage faits en païs de Droit écrit, où les communautez de biens ſont inconnuës, & dans les Coûtumes où il n'y a point de communauté de biens entre le mary & la femme.

La continuation de communauté eſt neceſſaire, c'eſt-à-dire qu'elle ne peut être conteſtée de la part du ſurvivant des pere & mere, lequel a pû l'empêcher en faiſant un inventaire des biens de la communauté en la forme & dans le temps ordonné par la Coûtume, & doit imputer à ſa negligence s'il s'eſt engagé par ſon fait dans une continuation de communauté : Mais à l'égard des enfans, les Articles 240. & 241. de la Coûtume leur donne la faculté de prendre la communauté en l'état qu'elle étoit lors de la diſſolution du mariage, ou de demander la continuation d'icelle.

18. Et ſi aucuns des enfans la demandent & les autres la rejettent, celuy ou ceux qui la prendront auront la portion entiere qui eut appartenu à tous les enfans, ſi elle avoit été acceptée par tous leſdits enfans.

19. Si les mêmes Coûtumes qui réglent la communauté, & la continuation d'icelle contiennent quelques diſpoſitions particulieres, il les faut ſuivre, mais aux cas qui ont été obmis par icelles, & en tous les autres lieux.

Il faut s'arrêter à la Coûtume de Paris, laquelle a expliqué & décidé les principales difficultés qui pouvoient naître ſur ce ſujet de ladite continuation de communauté.

Entre qu'elles personnes la Communauté est continuée.

1. LA Coûtume de Paris en l'Article 240. ne donne la continuation de communauté qu'aux enfans du prédécedé, & delà il s'ensuit qu'elle ne peut être demandée par les heritiers collateraux, n'y même par les heritiers de la ligne directe ascendante, car ayant été établie par une espece de Privilege en faveur des enfans, contre les regles du Droit commun, suivant lequel les Societez sont terminées & prennent fin par la mort de l'un des Associez, elle ne doit être reçûë qu'entre les personnes, & dans le cas exprimé par la Coûtume.

2. Il est vray que la Coûtume de Berry au tître huit, Article 19. établit la continuation de communauté entre le survivant du mary & de la femme, & les heritiers du prédécedé, tant en ligne directe que collaterale, ce qui doit être suivi & observé en ladite Coûtume puisqu'elle a ainsi ordonné : Mais elle est extraordinaire en ce point, cette disposition singuliere doit être rétrainte dans les fins & limites de son territoire, & ne peut être étendu aux autres Coûtumes.

3. Ledit Article 240. de la Coûtume de Paris donne la continuation de communauté quand l'un des conjoints par mariage va de vie au trépas, & delaisse aucuns enfans mineurs, & consequemment si tous les enfans sont majeurs il n'y a point de continuation de communauté

communauté puisqu'elle n'a été accordée qu'en faveur & par la considération de la minorité.

4. Pour ce principe quelques-uns ont voulu prétendre que les profits & émolumens de la continuation de communauté appartiennent pour le tout aux enfans mineurs, & ne sont point communicables aux enfans qui se trouvent en majorité au jour de la dissolution du mariage : Et cette difficulté s'etant presentée en la quatriéme des Enquêtes, elle fût ainsi décidée contre les enfans majeurs, & jugé que les mineurs seuls devoient prendre l'avantage de la continuation de communauté. Mais cette décision ayant paru étrange & fait un grand bruit dans la Salle du Palais, les Juges témoignerent que cela avoit été ainsi ordonné sur des circonstances particulieres, & que l'intention de la Cour n'avoit point été de faire aucun préjugé pour la question generale.

Et aussi cette proposition est contraire au texte dudit Article 240. car aprés avoir dit que le prédécedé des pere & mere ayant laissé aucuns enfans mineurs, il y a continuation de communauté. Il ajoûte dans la suite que ladite continuation de communauté peut être demandée, non point par les enfans mineurs mais generalement par l'enfant ou enfans survivans, sans difference des majeurs & mineurs.

5. Et autrement il y auroit une grande inégalité dans la condition des enfans, si le profit de la continuation d'une communauté demeuroit pour le tout aux enfans qui étoient mineurs lors de la dissolution

du mariage, à l'exclusion des majeurs ; & même cela pourroit apporter du trouble & mettre la division dans les familles, car pour l'ordinaire aprés la dissolution du mariage les enfans rendent le respect au survivant des pere & mere, de le laisser joüir des biens du prédécedé sans en faire inventaire. Et neanmoins arrivant, comme ce cas est assez ordinaire, qu'entre les enfans les uns soient majeurs & les autres mineurs, les majeurs seroient obligez de provoquer le survivant des pere & mere à faire inventaire ou de souffrir un préjudice notable par la continuation de communauté si elle demeuroit pour le tout à leurs freres : Et aux termes que l'Article 240. est conçû, on pourroit dire qu'il suffit que lors de la dissolution du mariage l'un des enfans soit mineur pour rendre tous les enfans capables d'acquerir la continuation de communauté, supposé même que le mineur ne l'a demande pas : & neanmoins il est constant dans l'usage que les majeurs de leur chef ne la peuvent demander, si tous les enfans qui étoient mineurs lors du prédécez du pere ou de la mere ne veulent prendre la continuation de communauté, comme étant une espece de Privilege & de Passedroit accordé en faveur des mineurs, lesquels abandonnant cét avantage les majeurs ne sont capables de la demander.

6. La continuation de communauté qui a commencé avec des mineurs ne cesse point par leur majorité, d'autant que la Coûtume desire un inventaire pour arrêter le cours de la continuation de communauté.

Du moment que la continuation de communauté a été demandée par l'un des enfans qui étoit mineur lors du décez du pere ou de la mere, ce Droit est communicable à tous les autres enfans majeurs ou mineurs, qui trouvent bon d'entrer en la communication de communauté.

7. Et si aucuns desdits enfans refusent de la prendre, la portion entiere qui devoit appartenir à tous les enfans demeure pour le tout à ceux qui acceptent ladite continuation de communauté.

Si au temps de la dissolution du mariage aucuns des enfans sont mariez, la communauté particuliere par eux contractée à cause de leur mariage n'empêche pas qu'ils ne puissent participer à la continuation de communauté avec le survivant de ses pere ou mere, lors qu'elle est demandée par l'un des autres enfans qui se trouvent en minorité.

8. Et si le fils ou la fille mariée est mineure, elle est capable de son chef de prendre ladite continuation de communauté, quand même elle seroit refusée par les autres enfans.

9. Si tous les enfans mineurs qui étoient seuls capables de demander la continuation de communauté décedent en bas âge, ou en un âge plus avancé, les autres enfans qui étoient majeurs lors de la dissolution du mariage peuvent en ce cas demander la continuation de communauté contre le survivant des pere & mere.

10. Quelques-uns estiment qu'en ce rencontre il

faut suivre la regle établie par l'Arrêt des Gyots, donné en la troisiéme Chambre des Enquêtes, lequel dans la difference des sentimens & des interêts des heritiers des Propres & des heritiers mobiliers, & entre les heritiers des Propres de diverses lignes, touchant l'acceptation ou répudiation d'une communauté ou d'une succession échûë au deffunt, ajugez qu'il faloit considerer ce qui étoit plus utile au deffunt & ce qui feroit vray semblablement s'il étoit vivant.

Cette proposition paroît d'abord fort juste & raisonnable, mais la difficulté va à régler le temps auquel l'utilité des mineurs doit être considerée, car si l'on prend le temps de son décez, elle ne peut être apliquée à l'espece de la continuation de communauté dans laquelle l'examen de l'utilité du mineur est inutile, attendu que la perte & le profit sont certains & évidens. En l'un & l'autre cas, il est certain que la continuation de communauté luy étoit inutile, parce que par l'Article 243. de la Coûtume il demeure privé de la portion qu'il devoit prendre dans les effets de la continuation de communauté : Et si l'on veut examiner l'interêt & l'utilité du mineur au temps de la dissolution de communauté, au cas qu'il eut survêcu, on ne peut révoquer en doute que ladite continuation de communauté ne luy eut été avantageuse, puisque les autres enfans la demandent du chef du mineur decedé.

11. Et ainsi l'utilité du mineur étant certaine en cas de survivance, la plus commune opinion a été

que le mineur n'ayent de son vivant fait aucune déclaration contraire à la continuation de communauté, ou n'ayant eu la capacité de la faire ; les autres enfans sont recevables à prendre du chef du mineur la continuation de communauté.

12. Par l'Article 243. de la Coûtume, la part que l'enfant prédécedé pouvoit prendre dans la continuation de communauté acroit à ses freres & sœurs : & delà il s'ensuit que le pere ou la mere survivante ne doit avoir la liberté d'admettre ou rejetter la continuation de communauté, n'y de son chef ; comme étant privée par la Coûtume de la succession du deffunt en ce regard, n'y pareillement du chef de l'enfant, lequel par le même Article est excluë, à cause de son prédecez, de son Droit de continuation de communauté : Mais l'option de ladite continuation de communauté doit être laissée aux freres & sœurs, lesquels par la Coûtume sont fondez de prendre par droit d'acroissement la portion entiere du mineur decedé ; & si on considere les conditions des parties, le Droit de continuation de communauté a été introduit en faveur des enfans contre le survivant des pere & mere : & dans la concurence des conditions des uns & des autres, celle des pere & mere est peu considerable, d'autant que la continuation de communauté est une espece de peine établie contre eux pour avoir négligé de faire inventaire ; & au contraire la faveur est toute entiere de la part des enfans qui ont rendu le respect au survivant des peres & meres, de

laisser joüir librement des biens de la communauté sans l'avoir pressé de faire inventaire.

13. Cette question s'étant presentée dans l'arbitrage fait de l'authorité du Roy entre Messieurs les Ducs la Vieuville & Evêque de Rennes d'une part, & Madame de Bournouville leur sœur, les Arbitres jugerent que Madame de Bournouville qui étoit majeure lors du décez du pere pouvoit du chef d'une sienne sœur décedée fort jeune, demander la continuation de communauté.

14. Par l'Article 242. de la Coûtume, si le survivant des peres & meres se remarie, la communauté est continuée pour un tiers avec le second mary ou la seconde femme.

15. Et si le second mary ou la seconde femme a des enfans d'un premier lit, avec lesquels il vivoit en continuation de communauté, lesdits enfans sont aussi admis à ladite continuation de communauté.

16. Mais en l'un & l'autre cas tous les enfans d'un même lit ne font ensemble qu'une tête, de maniere que des biens de ladite continuation de communauté le mary en prend un quart, la femme un autre quart, les enfans du premier lit un quart, & les enfans du premier lit de la femme un quart.

17. Mais aprés la dissolution du mariage si le prédécedé avoit des enfans d'un premier lit, la communauté ne continuë point avec eux aprés la dissolution du second mariage; car si elle arrive par le décez du mary, la continuation de communauté cessera

à l'égard de ses enfans du premier lit du jour du décez de leur pere. Et pareillement si la femme décede la premiere il n'y a plus de continuation de communauté pour les enfans de son premier mariage ; car en toutes les occurences les enfans du premier lit de la personne prédécedée sont étrangers au survivant, & consequemment hors le cas exprimé par l'Article 240. de la Coûtume, qu'entre le survivant des pere & mere & ses propres enfans, afin que les enfans ne soient point obligez d'agir contre leur pere ou mere, & de les provoquer & forcer à faire inventaire, laquelle consideration cesse à l'égard des enfans du premier lit du mary & de la femme prédécedée qui leurs sont étrangers, & contre lesquels ils ont la liberté d'agir & requerir un inventaire.

18. Cette difficulté s'étant presentée en la cinquiéme Chambre des Enquêtes, par évocation du Parlement de Rennes, elle fut décidée en faveur des enfans du premier lit de la femme contre le second mary & la seconde femme, & jugé que lesdits enfans du premier lit participeroient en toutes les acquisitions qui avoient été faites par le second mary, depuis le décez de leur mere, même en celles faites durant le second mariage dudit mary, jusqu'au jour de l'inventaire qui avoit été par luy fait durant son second mariage. Contre cét Arrêt le second mary prit lettre en forme de Requête civile, lesquelles ayant été portez en vertu d'un Arrêt du Conseil en l'Audience de la grand' Chambre, deffunt Monsieur Bignon conclud

à enteriner la Requête civile & à fixer la continuation de communauté à l'égard des enfans du premier lit de la premiere femme, au jour du décez de la mere : neanmoins pour ce qu'il ne se trouva aucune ouverture de Requête civile, furent mises hors de Cour par Arrêt du septiéme Mars 1634.

19. La Coûtume donne la continuation aux enfans, qui est un Droit singulier attaché à leurs personnes, lequel n'est point communicable aux étrangers si les enfans ont demandé la continuation de communauté, ce Droit ayant été une fois acquis est étably en leurs personnes, il est certain qu'il est communicable à leurs créanciers, lesquels sont recevables du chef de leur detteur à discuter & examiner les effets de la continuation de communauté, afin de régler la portion qui en doit revenir à leur debiteur & servir au payement de ses dettes : Et par la même raison le mary ou la femme de l'enfant qui a pris & opté la continuation de communauté, est bien fondée à demander la part qui appartient audit enfant pour la faire entrer dans la communauté particuliere.

20. Si l'enfant qui avoit la faculté de demander la continuation de communauté refuse de la prendre, ou qu'il soit décedé sans avoir exercé la faculté qui luy étoit donnée par la Coûtume, n'y fait aucune déclaration formelle & expresse touchant l'acceptation de continuation de communauté, il est sans difficulté que son heritier ou légataire universel est capable de prendre la communauté pour ce qu'ils succedent *in universa*

bona

bona defuncti, entre lesquels il trouve la faculté donnée au deffunt par la coûtume de demander ladite continuation de Communauté.

Mais ses creanciers, ny sa veuve, ny pareillement son mary, si c'est la femme qui avoit droit de prendre la continuation de Communauté, ny les autres personnes fondées en droit particuliers, ne sont capables de la demander, mais ils sont obligez de prendre la Communauté des pere & mere en l'état qu'elle étoit lors de la dissolution de leur Mariage, sauf à informer de la quantité & de la valeur des effets mobiliers & immobiliers de ladite Communauté : cela jugé contre la veuve du fils & contre les créanciers.

21. Cette question s'étant presentée en l'Audience de la Chambre de l'Edit, sur l'Apel d'une Sentence du Juge de Chastellerault, qui ajuge à la veuve de l'un des enfans qui étoit capable de demander la continuation de Communauté, à faute d'inventaire, la moitié de la portion que son mary pouvoit prendre dans ladite continuation. La Cause fut apointée plaidant Messieurs B. Auzanet & Lambin, & par l'Arrêt diffinif la Sentence infirmée & la veuve du fils deboutée de sa demande, comme étant un droit personnel ordonné en faveur des enfans, qui ne se communique point à d'autre. Et par autre Arrêt le même jugé contre les creanciers parties des enfans, lesquels ne peuvent contraindre les debiteurs à demander la continuation de Communauté.

22. Si le survivant des pere & mere, aprés avoir fait

un Inventaire solemnel des biens de la premiere Communauté & iceluy fait clore, a passé en secondes nôces, & aprés la dissolution du second Mariage n'a point fait d'Inventaire, il est certain que suivant la disposition de la Coûtume, les enfans du second lit peuvent demander la continuation de Communauté. Mais on a douté si le profit que lesd. enfans du second tirent de cette continuation de Communauté, doit être consideré comme un avantage indirect provenant du fait du pere ou de la mere qui a obmis volontairement de faire Inventaire, pour communiquer aux enfans du décedé la moitié du fruit de son travail, attendu même que les enfans du premier lit n'ont en ce cas le pouvoir ny la qualité pour provoquer l'Inventaire des biens de la seconde Communauté, aprés la dissolution d'icelle.

23. Cette question ayant été plaidée en l'Audience de la Grand' Chambre entre les enfans de Me Pierre Beaux-amis Procureur en Parlement, qui étoient les femmes de Me Philippes Piettre Avocat & Me ..... Jarde, issus du premier lit d'un part : & les femmes de Me Jacques Chollet Avocat & Me Pierre Ruelle Procureur, issu du second Mariage. Par Arrêt la continuation de Communauté adjugées aux filles du second lit, & les filles issuës du premier Mariage deboutées du raport ou récompenses par elles prétenduës pour ce regard.

24. Par l'Article 243. de la Coûtume, si aucuns enfans qui ont continué la Communauté avec le survi-

vant de ses peres ou meres viennent à déceder, les autres enfans continuënt la Communauté comme si tous les enfans étoient vivans lors de la dissolution d'icelle; c'est-à-dire que le droit du deffunt ne vient pas aux freres & sœurs à tître de succession, mais il demeure réüni & confus dans les portions des autres enfans, comme si le deffunt ne fut jamais entré dans ladite continuation de Communauté; car par l'Article 240. de la même Coûtume, tous les enfans étans appellez à la continuation de Communauté & en nom collectif, elle ne peut être prétenduë par ceux qui paroissent & portent le tître d'enfans au jour de la dissolution de ladite Communauté.

25. Par le déceds de l'un des petits enfans qui doivent prendre part dans la continuation de Communauté & par representation de leur pere, sa portion ne tombe point dans la succession de ses meubles & acquêts, mais elle croît à ses freres.

26. On a prétendu autresfois que le terme de continué ne devoit avoir effet que pour l'avenir & pour les acquisitions faites depuis le déceds dudit enfant, & non pour les précedentes, lesquelles devoient être laissées au pere ou à la mere survivante, en qualité d'heritiers des enfans décedez: Cette question s'étant présentée en la troisiéme des Enquêtes, au raport de Mr Midorge, aprés avoir pris l'avis des Chambres, & deux des Messieurs s'étans transportez au Châtelet pour s'informer de l'usage, elle fut jugée à l'avantage des enfans survivans, & ordonné que dans le par-

tage de continuation de Communauté, lesdits enfans prendront une moitié dans tous les conquêts de continuation de Communauté ; sans distinction de ceux qui avoient été faits avant ou depuis la mort de la fille décedée.

27. Et comme ledit Article 243. est fondé sur une raison de Droit qui est generale & universelle, il a été étendu aux autres Coûtumes qui ne contiennent point de disposition semblable ; & de cela il y a Arrêt donné en la Coûtume de Troyes, au raport de Monsieur Bouguier, entre Pierre Bornat & Aymon Guenot, remarqué par ledit Sieur Bouguier.

28. Ce qui a lieu tant pour les meubles & conquêts de la continuation de communauté du temps de la vuiduité, que pour ceux de la continuation du temps du second mariage si aucun y a, pource que la Coûtume ordonne absolument & indefiniment l'exclusion de la personne du deffunt, & l'accroissement au profit des autres enfans survivans pour toutes les continuations de communauté, dans lesquelles tous les enfans d'un même lit ne font ensemble qu'une seule tête.

29. La part qui appartenoit au deffunt dans les Propres anciens du prédecedé des pere & mere, & dans la moitié des conquêts faits durant le mariage des pere & mere communs, qui tiennent lieu de Propres naissant aux enfans, passe à ses freres & sœurs en qualité d'heritiers dudit deffunt.

30. Et la portion qu'il avoit dans les meubles de la communauté du mariage en état qu'il étoit lors de la

dissolution d'iceluy, avec les acquêts si aucun il a faits de son chef, appartiennent au survivant desdits pere & mere, en qualité d'heritier des meubles & acquêts du deffunt, avec cette distinction que ce qu'il y a d'immobilier demeure propre audit survivant, & le mobilier est par luy porté dans la continuation de communauté.

31. Pour les dettes passives de l'enfant décedé, il n'y faut point comprendre celles de continuation de Communauté, car en étant exclus par la Coûtume à cause de son prédecez, il ne seroit pas juste de le faire contribuër aux charges de continuation de communauté dans lesquelles il ne prend rien.

32. Mais ses dettes particulieres ne peuvent être composées que de ce qu'il peut devoir comme heritier du prédecedé de ses pere & mere, des charges de la communauté du temps du mariage & des autres dettes passives dudit prédecedé, & encore de dettes particulieres que ledit enfant peut avoir contractées de son chef, & des legs & dispositions par luy faites.

33. Toutes lesquelles dettes doivent être rejettées sur tous les biens de la succession du deffunt, par maniere de contribution au sol la livre, suivant l'Article 334. de la Coûtume & portées par le survivant des pere & mere du deffunt, & par ses freres & sœurs à proportion de ce qu'ils amendent de sa succession, sans en ce comprendre ce qui revient aux freres & sœurs des continuations de communauté par droit d'accroissement.

34. Et comme le ſurvivant des pere & mere met & confond dans la continuation de communauté ce qu'il a recueilly de la ſucceſſion mobiliaire ; il porte auſſi dans la même continuation de communauté la part des dettes paſſives mobiliaires, dont il ſe trouve chargé par ladite contribution, pource que par l'Article 220. de la Coûtume, tout ce qu'il y a de mobilier & paſſif entre de droit dans la Communauté.

Quels effets & qu'elles charges entrent dans la continuation de communauté.

LA Coûtume uſe du mot de continuation de communauté, pource que la continuation dérive & prend ſon origine de la communauté du temps du mariage, & neanmoins ce ſont deux communautez particulieres entre perſonnes differentes, l'une contre le mary & la femme, & l'autre entre le ſurvivant d'iceux & ſes enfans. Et ſi ledit ſurvivant ſe remarie, l'intervention du deuxiéme mary ou de la deuxiéme femme dans la continuation de communauté, forme & conſtituë une troiſiéme communauté.

2. Et neanmoins ſi les enfans du premier lit prennent la continuation de communauté du temps de la vuiduité, ils ne peuvent refuſer d'entrer en celle du temps du ſecond mariage, car encore que par l'Article 240. de la Coûtume ils ayent la faculté de prendre la communauté du temps du mariage en l'état

qu'elle étoit lors de la dissolution du mariage, & de renoncer à la continuation de communauté, neanmoins en prenant la continuation de communauté au temps de la vuiduité, ils sont obligez de la suivre durant le second mariage, pource que les deux continuations de communauté ont une liaison necessaire l'une avec l'autre. Et dans le texte de l'Article 242. de la Coûtume, la continuation du temps du second mariage est considerée comme une suite & dépendance de la précedente.

3. Toutes les Communautez produisent des effets differens, car la part qui revient aux enfans des conquêts faits durant le premier mariage tient lieu de Propres és personnes desdits enfans, comme leur étans échûës par la succession du prémourant des pere & mere; au lieu que les portions desdits enfans dans les conquêts faits durant la continuation de communauté, du temps de la vuiduité, ou du second mariage, sont de nature d'acquêts, pource que dans les biens de cette qualité le survivant & ses enfans sont coacquereurs, & ce qui est fait par le survivant est censé fait au nom & au profit commun de luy & de ses enfans.

4. Et pour cette raison dans les biens feodaux acquis durant le mariage, les aînez & les mâles y prennent les avantages & prérogatives ordonnées par les Coûtumes pour les biens de succession, mais les portions des enfans dans les Fiefs acquis durant la continuation de communauté, se divisent également en-

tre tous les enfans, sans aucun avantage pour sa primogeniture ny pour la masculineté.

5. Si aucuns des enfans renoncent à la continuation de communauté, ou s'ils décedent durant le cours d'icelle, leurs portions dans les conquêts faits durant le mariage leur sont conservées, & n'acroissent point aux autres enfans, comme cela se fait & est ordonné par l'Article 243. en cas de décez d'aucuns des enfans ou de renonciation par eux faite à la continuation de communauté.

6. Les immeubles acquis du temps du premier mariage, & de la vuiduité, se divise par moitié entre le survivant des pere & mere & ses enfans, à l'exclusion du second mary & de la seconde femme, & les acquêts du temps du second mary sont partagez par tiers, entre le survivant, ses enfans, & celuy ou celle avec laquelle il a passé en secondes Nopces; ou bien par quart si le deuxiéme mary ou la deuxiéme femme ont des enfans d'un premier lit, avec lesquels ils soient en continuation de communauté.

7. Ces continuations de communauté sont réglez selon l'ordre étably par l'Article 220. de la Coûtume pour la communauté entre le mary & femme, dans laquelle n'entrent point les immeubles qui appartiennent à chacun des conjoints avant la benediction nuptiale. Et neanmoins on prétend que par deux Arrêts donnez, l'un en l'Audience de la Grand' Chambre le 17. May 1607. Et l'autre en la Chambre de l'Edit le 16. Mars 1615, il avoit été jugé que les conquêts

conquêts du temps du premier mariage entroient dans les continuations de communautez, & qu'il se faisoit un mélange & une seule masse de tous les immeubles acquis durant toutes les communautez ; mais depuis la question ayant été plus serieusement & exactement examinée, le contraire a été jugé en la Grand' Chambre au rapport de Monsieur de Saulfour le 30. Avril 1630. entre Antoine & Pierre Croisset, & que les conquêts faits durant le mariage n'entrent pas dans la continuation de communauté du temps de la vuiduité, & pareillement que les conquêts faits du temps du mariage & de la vuiduité sont exclus de la communauté du second mariage.

8. Mais par le même Article 220. tous les meubles & effets mobiliers qui appartiennent à l'un ou à l'autre des conjoints lors de la célébration du mariage, entrent dans la communauté d'entre le mary & la femme ; & par cette raison tous les effets mobiliers de la communauté du temps du mariage entrent dans la continuation de Communauté du temps de la vuiduité ; & en cas de second mariage les Droits mobiliers des deux communautez précedentes entrent & demeurent noyées & confuses dans la communauté dudit second mariage.

9. Les fruits pendans par les racines sont considerez en l'Article 231. de la Coûtume comme faisant partie du fonds, mais pource qu'ils sont destinez pour être réduits en nature de meubles ils entrent dans la continuation de Communauté, pourvû que durant le

cours d'icelle ils soient exploitées & séparées du fonds.

10. Par l'Article 309. de la Coûtume, les fruits des choses données par les pere & mere à leurs enfans doivent être rapportez du jour que chacune desdites successions est échûë ; ce qui n'est pas veritable lors qu'il y a continuation de communauté entre le survivant des pere & mere & ses enfans, car en ce cas les fruits des biens de la succession, ou du prédécedé mêmes des Propres, doivent entrer en la continuation de communauté ; & comme l'action pour le partage des biens de ladite succession n'est ouverte que du jour de la dissolution de la continuation de communauté, on a jugé que le raport des fruits des immeubles & les interêts des sommes données en avancement de ladite succession ne peut être demandée que du jour de la cessation de la continuation de communauté, & de cela il y en a deux Arrêts donnés, l'un en l'Audience de la Chambre de l'Edit, plaidans Messieurs des Marêts & Champion, du premier Août 1640. & l'autre en l'Audience de la Grand' Chamdre plaidant Me Jacques Lambin, au Parlement suivant.

11. L'action pour le remploy des Propres qui ont été alienées durant la communauté est pure mobiliaire, pource qu'elle ne va qu'à la repetition du prix provenu de la vente du prix desdits immeubles, & neanmoins c'est une maxime constante laquelle n'a jamais reçû de difficulté *nec in judiciando, nec in cobulendo*, que telles actions de remploy de Propres n'entrent point dans les continuations de communauté,

mais en faisant le partage d'icelle les parties reprennent préalablement & respectivement les deniers procédans des Propres, qui ont été allienées en conséquence de la disposition de l'Article 232. de la Coûtume, attendu que l'action pour ledit remploy n'est ouverte qu'aux temps de la dissolution de la continuation de communauté, & ne peut être exercé auparavant.

12. Et par la même raison le Propre Conventionel stipulé par le premier Contract de Mariage, n'entre point dans la continuation de communauté, & doit être conservé à ceux en faveur desquels la stipulation de Propre a été faite, pour ce que la communauté du premier mariage ne dépend pas absolument de la Coûtume, mais elle prend aussi la Loy des conventions accordées entre les futurs époux qui ont pû inserer dans leur Contract de Mariage telle clause que bon leur à semblé, comme étant les seules parties interessées dans les conventions de leur communauté.

13. Mais quand le survivant des pere & mere passe à des secondes Nopces, & que dans le Contract de Mariage le second mary ou la deuxiéme femme stipule qu'une partie de ses effets mobiliers luy tiendra lieu de Propre, telle convention est bonne & doit être executée entre le mary & la femme, & non entre les enfans du premier lit, pour deux raisons; l'une que dans le Contract de Mariage lesdits enfans ne sont point établis comme parties principales, & consequemment la convention faite sans leur participation n'est

point obligatoire à leur égard. Et l'autre raiſon fondée ſur ce que la continuation de Communauté dépend abſolument de la Coûtume, & doit être reglée ſelon l'ordre public établi par la même Coûtume, ſuivant laquelle tous les effets mobiliers qui apartiennent au ſecond mary & à la ſeconde femme, doivent entrer en la continuation de communauté, & en ce faiſant un tiers dudit propre conventionel demeure éteint & confus és perſonnes deſdits enfans : Et aprés avoir fait la maſſe de tous les effets mobiliers de la continuation de communauté, en ce compris le propre conventionel, les enfans du premier lit en doivent prendre le tiers, & ſur les deux tiers reſtans qui demeurent au mary & à la femme, celuy en faveur duquel le propre a été ſtipulé reprendra par déliberation & avant-partage, les deux tiers dudit Propre conventionnel, & le ſurplus des deux tiers deſdits effets mobiliers, ſera partagé également entre le mary & la femme. Cette difficulté s'étant preſentée entre Me Jacques de la Vûë ſieur de Montagnac, & Me René Deſcoubleaux fils aîné du Sieur de Sourdis, & de Dame Anne de Roſtaing, qui avoit épouſé en ſecondes Nopces ledit ſieur de Montagnac. Dans le fait il étoit conſtant que lors dud. Mariage le ſieur de Montagnac n'avoit en immeubles qu'une ſeule terre de valeur de cinquante mil livres ou environ, & que le ſurplus de ſes biens qui montoit à plus de cinquante mil livres étoit en argent, promeſſes & obligations, & autres dettes actives mobilieres. Et pour cette raiſon il avoit ſtipulé par ſon

Contract de Mariage que les effets mobiliers qui luy appartenoient, & ceux de ladite Dame de Roſtaing, & dont inventaire avoit été fait de part & d'autre en la forme ordinaire peu de jours avant ledit Contract de Mariage, demeureroient reſpectivement Propres, mais aprés l'intervalle de dix ou douze ans le ſieur de Sourdis fils aîné du premier lit de ladite Dame de Roſtaing, ayant recouvré une miſſive de ſa mere, par laquelle elle s'étoit obligée d'aquiter le ſubrogé Tuteur de ſes enfans qui avoit aſſiſté à l'inventaire des biens qui luy appartenoient lors dudit ſecond mariage, de toutes les recherches qui pourroient être faites contre luy à cauſe de ſadite Charge de ſubrogé Tuteur, il debâtit de nullité l'inventaire, comme n'ayant été fait avec légitime contradicteur; & à cauſe du deffaut dudit inventaire il fut jugé que la premiere communauté avoit continué durant le deuxiéme mariage, ce qui obligea ledit ſieur de Montagnac de faire un nouvel inventaire afin de diſſoudre ladite continuation de communauté.

14. Mais dans le partage que l'on propoſoit de faire des effets contenus au dernier inventaire, ledit ſieur de Roſtaing ayant demandé la repriſe du Propre conventionel porté par ſon Contract de Mariage, cela luy fut conteſté par ledit ſieur de Sourdis, & cette conteſtation ayant été portée en la troiſiéme des Enquêtes, elle fut partagée entre Monſieur Durand Raporteur & Monſieur de la Moignon compartiteur. Monſieur le Raporteur apuyoit ſon avis ſur la con-

séquence & la qualité du bien du second mary qui étoit notable & composé pour la plus grande partie d'effets mobiliers, & sur ce qu'il avoit fait de sa part tout ce qui pouvoit être desiré & qui étoit ordonné par la Coûtume pour dissoudre la continuation de communauté, qui avoit duré jusques au second mariage, & que la missive qui avoit donné cause à la continuation de communauté durant le second mariage n'étoit de son fait, & luy étoit inconnuë; nonobstant lesquelles considerations, l'instance, & l'Arrêt de partage ayant été produits dans les partages qui ont été faits depuis à l'amiable, le légataire universel dudit sieur de Montagnac a abandonné la reprise dudit Propre conventionel pour la part dont les enfans du premier lit en devoient amender, à cause de la continuation de communauté.

15. Pour le préciput on y a trouvé plus de difficulté, & neanmoins il semble que cette question peut être décidée par les distinctions suivantes. Car si le survivant des pere & mere n'est point passé à de secondes Nopces dans le partage qui est à faire entre luy & ses enfans, des biens de la communauté, du temps du mariage, & de la continuation d'icelle durant la vuiduité, les enfans qui sont heritiers du prédécedé ne sont recevables à contester au survivant le préciput accordé par le Contract de Mariage des pere & mere.

Mais si le survivant des pere & mere s'est remarié, il ne seroit pas juste de surcharger les enfans d'un double préciput, & en ce cas il n'en eſt dû aucun, car le préciput du premier Contract de Mariage a été porté par le ſurvivant, avec tous ſes autres Droits mobiliers, dans la continuation de communauté du temps du ſecond mariage ; & le préciput porté par le ſecond Contract de mariage, peut bien être demandé entre le mary & la femme, & non à l'égard des enfans du premier lit, pour deux raiſons ; l'une que la convention dudit préciput n'avoit point été faite avec eux, & l'autre raiſon eſt fondée ſur ce que comme il a été obſervé cy-deſſus dans les continuations de communauté, on ſuit abſolument la diſpoſition generale de la Coûtume, laquelle ne donne point de préciput au ſurvivant du mary ou de la femme.

16. L'Article 246. de la Coûtume dit que l'immeuble donné au mary ou à la femme durant le mariage entre dans la communauté, & le même *Droit* eſt obſervé contre le ſurvivant des pere & mere pour les immeubles qui lui ont été données durant la continuation de la communauté, pource qu'ils tiennent lieu d'acquêts ; mais ſi la donation eſt faite à l'un des enfans la choſe immeuble donnée n'entrera point dans la continuation de communauté, non plus que les acquêts qui auront été par luy faits en particulier, d'autant que l'Article 240. de la Coûtume parlant des éfets de la continuation de communauté, dit qu'à cauſe d'icelle les enfans peuvent demander la communauté en tous les meubles & conquêts du ſurvivant, comme étant le maître de la communauté continuée & ca-

pable d'acquerir au profit de ladite communauté, & delà il s'ensuit que les acquêts faits par les enfans en particulier ne sont point communicables à ladite continuation de communauté.

17. Et par la même raison si l'un des enfans qui veut joüir du benefice de la continuation de communauté est marié au jour de l'ouverture d'icelle, ou s'il se marie depuis, les meubles & conquêts faits durant son mariage n'entrent point dans ladite continuation de communauté, comme étant une Societé particuliere d'entre le mary & la femme laquelle n'a rien de commun avec la communauté generale du survivant des pere & mere & de ses enfans, laquelle ne doit être composée que de leurs effets communs, & de ceux que ledit survivant, qui est le chef de la continuation de communauté, peut acquerir du revenu des mêmes biens, ou bien par son travail ou industrie, & non de ce que chacun des enfans peut acquerir en son particulier.

18. Mais si par le Contract de Mariage des pere & mere leurs propres sont entrez en communauté, quelques-uns ont prétendu que les immeubles échûs aux enfans à tître successif, & ceux qui leur ont été donnés en ligne directe durant le cours de la continuation de communauté, comme accessoire de la communauté du temps des mariages des pere & mere, doit être réglée par les mêmes loix & sous les mêmes conditions de la premiere communauté : & neanmoins plusieurs estiment que cette difficulté doit être décidée par une distinction.

Car

Car ſi par le Contract de mariage tous immeubles des pere & mere, mêmes les Propres preſens & avenir doivent entrer en communauté, il eſt juſte que les enfans ſouffrent la même condition, d'autant que dans les communautez de biens & les continuations d'icelles, la Loy doit être égale pour les pere & mere & leurs enfans ; & cela a été ainſi jugé aux Enquêtes par Arrêt du troiſiéme Mars 1635. Mais ſi par la clauſe du Contract des peres & mere ils n'ont fait entrer en communauté que les Propres preſens qu'ils avoient pour lors, comme les enfans ne prennent rien de leur chef dans les Propres ameublis, mais ſeulement comme heritiers des prédécedez des pere & mere : & même cette convention ne peut être tirée à conſéquence contre eux pour faire entrer dans la continuation de communauté leurs Propres n'y leurs acquêts particuliers.

19. Et puiſque les Propres & les acquêts particuliers des enfans n'entrent point dans la continuation de communauté, auſſi la continuation de communauté n'eſt point chargée des dettes particulieres que chacun des enfans peut créer de ſon chef, à cauſe que l'adminiſtration de la continuation de communauté demeure toute entiere au ſurvivant, & n'eſt au pouvoir des enfans de l'obliger & charger des dettes.

20. Les rentes conſtituées dûës par la communauté du temps du mariage, n'entrent point dans la continuation de communauté faite durant la vuiduité, & pareillement la continuation de communauté du temps du ſecond mariage n'eſt point tenuë des rentes qui

ont été crées auparavant durant le mariage ou du temps de la vuiduité, d'autant que par l'Article 231. de la Coûtume, les dettes passives de cette qualité n'entrent point dans la communauté contractée depuis la création des rentes; & comme la continuation de communauté ne participe point aux immeubles acquis auparavant, il est juste qu'elle demeure déchargée des dettes immobiliaires faites avant l'établissement de ladite continuation de communauté.

21. Mais la continuation de communauté du temps de la vuiduité & du second mariage, est tenuë de toutes les dettes mobilieres crées auparavant, d'autant que par l'Article 231. susdit, les dettes de cette nature entrent de droit de la communauté.

22. Si par le Contract du second mariage il a été convenu avec le second mary ou avec la seconde femme qu'elle payera séparément les dettes dont elle étoit lors redevable, puisque la stipulation du Propre conventionel n'est point obligatoire contre les enfans du premier lit, il ne seroit pas juste que les enfans prissent avantage contre le second mary ou la seconde femme de la clause de payer séparement les dettes, d'autant que l'une & l'autre clause n'est point dans l'ordre de la Coûtume, & les conventions ne sont point faites avec les enfans.

23. Si ce n'est que l'on veuille dire que la faveur des mineurs leur donne l'avantage de se servir de ce qu'ils trouvent à leur avantage, & de se décharger des clauses & conventions qui leurs sont préjudiciables,

& en tout cas si par un même Contract de Mariage le second mary ou la seconde femme a stipulé un Propre conventionel, & promis d'acquiter les dettes par luy contractées avant le second mariage, lesdits enfans ne peuvent diviser ces clauses, mais ils doivent souffrir l'execution de l'un & l'autre, ou les rejetter toutes deux.

Pour les frais funeraires du prédécedé des pere & mere, ce n'est une charge de la continuation de communauté du temps du mariage, mais une dette passive des enfans en qualité d'heritiers de la personne prédécedée : Et comme les meubles & immeubles acquis par les enfans par leur chef, & de leur fait particulier, n'entrent point dans la continuation de communauté, il ne seroit pas juste qu'elle souffrit la charge desdits frais funeraires. Mais aprés la dissolution de continuation de communauté, & avant partage, les enfans doivent rapporter à la masse d'icelle la somme qui a été tirée pour satisfaire ausdits frais funeraires, pour être partagez avec les autres effets mobiliers de ladite communauté, entre ceux qui sont fondez d'y prendre part.

A qui appartient l'administration de la continuation de Communauté.

1. PAr l'Article 225. de la Coûtume le mary est Seigneur des meubles & conquêts de la communauté ; il les peut vendre, aliener & hypotequer,

& en faire & disposer entre vifs à son plaisir & volonté. Et comme la femme participe aux acquisitions faites par le mary, elle doit aussi souffrir l'execution des alienations & hypotéques, & contribuer aux dettes par luy contractées.

2. Les continuations de communauté sont sujettes aux mêmes régles établies par la Coûtume pour les communautez entre mary & femme, & partant ce qui a été décidé & ordonné pour la communauté matrimoniale, doit être reçû dans les continuations des mêmes communautez.

3. Et neanmoins quelques-uns ont prétendu que par des anciens Arrêts le survivant des pere & mere, supposé même que se soit le pere, n'avoit pas la faculté d'aliener les conquêts par luy faits. Ce qui est veritable à l'égard des conquêts faits du temps du premier mariage, lesquels tiennent lieu de Propre de communauté. A l'égard des continuations du temps de la vuiduité & du second mariage, & pareillement durant le deuxiéme mariage, le mary ne peut disposer des conquêts par luy faits durant sa vuiduité; car comme il a été déja observé cy-dessus, se sont trois communautez particulieres & differentes, par la dissolution desquelles le droit des enfans dans les conquêts d'icelle leur est acquis & asseuré du moment qu'elles sont dissoluës, mais que le survivant des pere & mere ne puisse durant une continuation de communauté disposer vallablement des immeubles par luy acquis durant la même continuation. Cette proposi-

tion eſt paradoxe & inſoûtenable : ſi le ſurvivant durant une derniere continuation de communauté allienoit les conquêts des communautez précedentes, ou bien les Propres des enfans, il eſt certain que les allienations ſeroient nulles, & que les enfans pourroient, en renonçant à la continuation de communauté, rentrer dans leurs heritages : mais en prenant la continuation ils ſeroient obligez eux-mêmes en qualité de communs à la garantie de la vente, & conſequemment non recevables à troubler les acquereurs par la régle vulgaire, *quem de evictione tenet actio, eundem agentem repellet exceptio*, ſauf à ſe pourvoir ſur les biens de la continuation de communauté, tant pour le remploy du prix de ce qui a été alliené que pour les dommages & interêts.

L. de exceptione, ij. L. Si vepoſſeſſio 14. C. De Evict.

4. Cette adminiſtration libre & abſoluë du chef de la continuation de communauté luy laiſſe auſſi le pouvoir, ſuivant la diſpoſition expreſſe dudit Article 225. de la Coûtume, de donner entre vifs tout ce que bon luy ſemble ; & comme cette faculté eſt abſoluë & indefinie, la Donation peut être faite à toutes ſortes de perſonnes, même à aucun des enfans prenans part dans la continuation de communauté au préjudice des autres, de maniere que ſi l'enfant donataire veut ſe tenir à ſon don il le peut faire, en renonçant à la continuation de communauté, auquel cas ſa portion de la continuation de communauté acroîtra à ſes freres & ſœurs, ſuivant l'Article 243. de la Coûtume ; & neanmoins le ſurvivant des pere & mere qui a fait la

donation en procedant au partage des biens de la communauté, sera tenu de raporter la somme ou la valeur de la chose donnée.

5. Et si le donataire demande part dans la continuation de communauté, il sera luy-même ledit raport.

Pour les fruits & interêts de la chose donnée, la difficulté a été plus grande, & dans l'usage commun il n'a été jusques à present étably aucune régle certaine touchant le raport desdits fruits & interêts, soit de la part du donataire ou du donateur.

6. Par l'Article 309. de la Coûtume, les fruits des choses données à aucuns des enfans par leur pere ou mere communs, ne sont sujets à raport sinon du jour de la succession échûë. Et par les Arrêts cy-dessus remarquez il a été jugé que lors qu'il y a continuation de communauté, les fruits des donations de cette qualité faites du vivant des pere & mere communs, ne sont aussi sujets à raport tandis que dure la continuation de communauté, à cause que le pere & la mere communs ont fait & consenty conjointement cét avantage.

Mais il n'y a point encore de régles établies touchant le raport des fruits & interêts des choses qui ont été données par le pere ou la mere survivant, qui vit en continuation de communauté avec ses enfans à aucuns d'iceux, *invitis vel saltem inscíis à liis liberis.*

7. Il est certain que par la raison de l'Article 225. de la Coûtume, le survivant des pere & mere est maî-

tre de la continuation de communauté, & peut disposer librement, ainsi que bon luy semble, des fonds & des fruits & revenus d'icelle, sans que les autres enfans soient recevables à s'en plaindre ; & sur le fondement plusieurs estiment que le fonds des choses données ne peut être raporté par le donataire, s'il veut revenir au partage des biens de la continuation, ou par le donateur, lors que le donataire se tient à son deû : mais que les fruits des choses données échûs depuis la donation jusques au jour de la dissolution de la continuation de communauté doivent demeurer au donataire, & ne sont sujets à raport : Et autrement si le donataire étoit obligé de raporter les fruits & interêts du jour de la donation, la donation seroit illusoire, & au lieu d'un avantage se seroit proprement une constitution de rente dont l'enfant donataire se trouveroit chargé : Et un gendre qui auroit pris une fille sous une pareille donation ou constitution dotalle, se trouveroit chargé d'une femme & d'enfans sans recevoir aucunes choses, si outre le raport de la somme capitale il étoit obligé de raporter les interêts.

8. A quoy on répondoit que la continuation de communauté donnoit bien au survivant des pere & mere le pouvoir d'administrer les biens, & non de les dilapider & d'avantager aucuns des enfans au préjudice des autres ; & comme le droit de tous les enfans est égal dans une communauté continuée, il n'étoit pas juste de permettre au survivant des pere & mere de faire des avantages de fruits & joüissances

des biens de la même communauté en faveur d'aucuns des enfans. Et si en conséquence de la donation le donataire s'étoit nourry & entretenu à ses frais & dépens, il ne pourroit esperer aucune récompense pour ce regard, sinon d'obliger les autres enfans de rapporter à la masse de la continuation de communauté les frais, nourritures, & entretenemens qui leur auroient été fournies aux dépens d'icelle, depuis la donation jusques au jour de la dissolution de la continuation de communauté.

9. Cette difficulté s'étant presentée, avec d'autres, en un Procez jugé en la quatriéme des Enquêtes entre le sieur Cotignon & ses enfans ; par Arrêt contradictoire du vingt-neuf Aoust 1649. la fille qui avoit reçû de son pere durant la continuation de communauté la somme de 20000. livres, a été condamnée d'en faire le raport, ensemble des interêts d'icelle, lesquels interêts par le même Arrêt furent compensez avec les nourritures & entretenemens qui avoient été fournis durant le même temps à ses freres & sœurs, étant au nombre de trois : Et ainsi il demeure jugé.

10. 1°. Que les interêts d'une somme donnée à l'un des enfans durant la continuation de communauté sont sujets à rapport, car la compensation présupose la vérité de la dette.

11. 2°. La compensation des interêts qui étoient de mil livres par an, avec les nourritures qui avoient été fournis à trois autres enfans qui avoient vêcu aux dépens de la continuation de communauté, marque

que

que l'on a fait difference de la dépence d'une fille mariée & de celles des autres enfans de moindre âge, qui étoient demeurez dans la maison & avoient vêcu à la table du pere ; & dans cette conjecture la proposition d'obliger les enfans qui sont demeurez sous la main du pere durant qu'une continuation de communauté est insolite & sans fondement ; mais en condamnant l'enfant au raport des fruits & interêts des choses données, il seroit plus régulier de déduire sur lesdits interêts la dépence du donataire, eû égard à l'état & condition où il se trouve depuis la donation.

Ce qui peut empêcher ou dissoudre la continuation de Communauté.

1. QUand la femme décede la premiere, & les enfans en qualité d'heritiers de leur mere renoncent à la communauté, il ne peut y avoir de continuation de communauté à leur égard, pource que la continuation présupose une communauté précedente, laquelle est demeurée aneantie par le moyen de ladite renonciation.

2. L'ancienne Coûtume de Paris en l'Art. 118. pour empêcher la continuation de communauté desiroit un inventaire, ou autre acte dérogeant à communauté, pource qu'au temps de ladite ancienne Coûtume la continuation de communauté étoit fondée sur le mélange des biens, accompagné du consentement tacite

& présuppose du survivant des pere & mere. Mais dans la derniere réformation de la Coûtume, ces mots, *où autre acte dérogeant*, ont été retranchez ; & à present il n'y a que l'inventaire seul qui soit capable d'arréter le cours de la premiere communauté.

3. La Coûtume de Paris réformée en l'Article 240. pour dissoudre la communauté avec les enfans, requiert un inventaire.

4. Mais elle ne définit point le temps dans lequel l'inventaire doit être commencé & parfait. Mais l'Article 241. ayant donné trois mois pour faire la clôture de l'inventaire, qui est le même terme donné par la Nouvelle 110. de l'Empereur Leon à une veuve, pour faire l'inventaire des biens de la succession de son mary, dont elle desire se mettre en possession pour seureté de la restitution de sa Dot, & des autres droits qu'elle a à prendre sur ladite succession.

5. En la Loy *Scimus*, qui est la derniere, C. *de jure deliberandi*, l'heritier qui veut prendre une Succession sous benefice d'inventaire, est tenu de commencer l'inventaire trente jours, à compter du jour qu'il a sçû l'ouverture du Testament, ou l'écheance de la succession legitime, & de le parachever & rendre parfait dans les soixante jours suivans ; lesquels delais composent en tout le temps de trois mois. Mais en la Coûtume de Paris il n'importe en quel temps l'inventaire soit commencé, pourvû qu'il soit parfait & parachevé dans les trois mois.

6. Et l'inventaire peut être fait hors les trois mois,

& même huit ou dix ans aprés la dissolution du mariage, mais avec cette difference.

7. Que l'inventaire fait dans les trois mois remonte par un effet relatif ou jour de la dissolution du mariage, pour arrêter le cours de la premiere communauté au jour du décez du prémourant des pere & mere, & réduit les choses au même point comme si l'inventaire avoit été fait & parfait au moment dudit décez, pource que le survivant ne peut être argué de demeure ou négligence, quand il satisfait à ce qui est ordonné par la Coûtume, *infra tempora fatalia prescripta*, par l'usage de la même Coûtume.

8. Et pour cette raison si durant les premiers trois mois l'un des enfans vient à déceder, les autres enfans ne peuvent demander ses meubles & acquêts par droit d'acroissement en consequence de l'Article 243. de la Coûtume, mais la succession entiere desdits meubles & acquêts est conservée au pere ou à la mere survivant, comme l'heritier des biens de cette qualité, suivant l'Article 311. de la Coûtume, pourvû qu'il fassent inventaire qu'il le rendent parfait dans trois mois, à compter du joüir de la dissolution du mariage.

9. Si durant lesdits trois mois on fait quelques Legs ou donation au survivant desdits pere ou mere, ou qu'il luy échée quelque succession mobiliaire, les enfans n'y ont pareillement aucune part; sous la même condition inserée à la fin du précedent Article.

10. Comme aussi les enfans ne peuvent rien prétendre dans les acquisitions faites par lesdits survivans, durant ledit delay de trois mois.

11. Et neanmoins en ce dernier cas il y a une observation à faire, sçavoir qu'en laissant au survivant lesdites acquisitions il est obligé de tenir compte à ses enfans de la moitié du prix qui a été employée ausdites acquisitions, comme étant présumé faire partie des effets de la communauté du temps du mariage, si ledit survivant ne fait aparoir que les deniers qui ont servy ausdites acquisitions sont provenus d'ailleurs.

12. L'inventaire fait aprés les trois mois n'empêche pas la continuation de communauté, mais il arrête le cours d'icelle du jour de la confection de l'inventaire. Et si avant l'inventaire aucun des enfans décedent, le droit d'acroissement ordonné par l'Article 243. a lieu, & pareillement les dons & legs faits au survivant, & les successions mobiliaires à luy échûes avant ledit inventaire, avec acquisitions faites dans l'entre-temps qui a couru depuis la dissolution du mariage jusqu'au jour de l'inventaire, entrent dans la continuation de communauté & font partie d'icelle.

13. Quelques-uns estiment que le temps donné par l'usage de la Coûtume pour la confection de l'inventaire peut être prorogé à l'occasion de la peste ou de la guerre, ou des autres empêchemens semblables; & se fondent sur un Arrest du trois Février 1697. plaidant M. Gilles Baussan & Pierre Germain, raporté par M. René Chopin sur la Coûtume de Paris, liv. 3. tit. 1. num. 31. par lequel en la Coûtume de Senlis un pere fut envoyé absous de la demande à luy faite par son gendre de la continuation de commu-

nauté à faute d'inventaire. Mais Chopin n'explique point la raiſon dudit Arreſt, n'y la cauſe pour laquelle l'inventaire avoit été differé : c'eſt pourquoy il ſeroit dangereux d'établir une maxime ſur la citation d'un Arreſt de cette qualité, mais il eſt plus ſeur de s'attacher à la régle & à la Coûtume qui contient une diſpoſition generale & abſoluë ſans aucune exception.

14. Quand les Loix & les Coûtumes parlent de quelque Acte, cela doit être entendu d'un Acte parfait & composé de toutes ſes parties. Et la Coûtume de Paris aprés que en l'Article 240. elle a ordonné au ſurvivant des pere & mere de faire inventaire, pour diſſoudre la communauté, l'Article ſuivant ajoûte que ledit inventaire doit être fait & parfait, & partant pour la diſſolution de la communauté il ne ſuffit pas que l'inventaire ſoit commencé, mais il eſt neceſſaire qu'il ſoit entier & parachevé, de maniere que la datte dudit inventaire doit être priſe du dernier Acte & journée d'iceluy, lequel étant fait dans les trois mois, la premiere communauté demeure diſſoluë du jour du décez du prémourant : & la derniere journée de l'inventaire ſe trouvant dattée hors les trois mois, la communauté dure & continuë juſques à la derniere journée.

15. L'Article 240. de la Coûtume porte que l'inventaire doit être fait avec perſonne capable & légitime contradicteur, c'eſt-à-dire en preſence des enfans parvenus en majorité, & de ceux qui ſont émancipez par Juſtice, aſſiſtez de leur Curateur : Et à l'é-

gard des mineurs étans sous la tutelle des survivans des pere & mere, il faut apeller audit inventaire, si c'est en la Coûtume de Paris, leur subrogé Tuteur, & és autres Coûtumes le Curateur, donner ausdits enfans l'effet dudit inventaire : & si on leur donne un Tuteur autre que le pere ou la mere, il doit être present audit inventaire.

16. La presence de l'executer du Testament du prédécedé des pere & mere, n'y pareillement celle du Procureur du Roy ou Fiscal, n'est suffisante pour rendre l'inventaire valable & solemnel, mais il faut une personne qui ait un tître & un pouvoir particulier de deffendre en Justice les interêts des mineurs.

Il faut de plus que le subrogé Tuteur ou Curateur qui assiste pour les mineurs à l'inventaire, soit exempt de toute suspicion, & qu'il n'ait aucun engagement avec le survivant des pere & mere, car autrement l'inventaire seroit nul & incapable d'empêcher & arrêter le cours de la continuation de communauté. Cela ainsi jugé contre Dame Anne de Rostaing veuve en premiere Nopce du Sieur de Sourdis, & depuis remariée au Sieur de Montagnac, au profit de Mre. René Descoubleaux sieur de Sourdis, fils aîné du premier lit, par Arrêt donné en la troisiéme Chambre des Enquêtes le......... par lequel nonobstant l'inventaire fait à la requisition de ladite Dame, en presence d'un Procureur fondé de Procuration speciale, du subrogé Tuteur, dudit Sieur Descoubleaux, la Communauté a été déclarée continuée sur la representation d'une misſive, par laquelle ladite Dame de Roſtaing prioit celuy que l'on vouloit mettre pour ſubrogé Tuteur de ne faire difficulté d'accepter ladite charge, & qu'elle l'indemniſeroit de tout ce qui pourroit être contre luy prétendu à cauſe d'icelle.

L'Article 241. dit que pour faire la diſſolution de la communauté, l'inventaire doit être fait & parfait, laquelle perfection regarde la ſubſtance de l'inventaire.

Pour la ſubſtance, un inventaire eſt deffectueux dans lequel le ſurvivant des pere & mere a obmis ſciemment d'employer tous les effets de la Communauté; & il eſt certain qu'un inventaire de cette qualité n'empêche point la continuation de communauté ny le cours d'icelle; car encore que pour diſſoudre la communauté l'Article 240. deſire ſeulement un inventaire, ſans ajoûter qu'il doit être bon & loyal, comme elle a fait en l'Article 237. parlant de l'inventaire qu'il doit être fait par la veuve en renonçant à la communauté; neanmoins quand l'Article 240. oblige le ſurvivant de faire inventaire, cela ne peut être entendu que d'un inventaire entier & légitime; & en vain elle auroit deſiré en l'Article 241. pour la diſſolution de communauté, la clôture & une affirmation faite au Greffe par le ſurvivant touchant l'intégrité & la fidélité de l'inventaire, ſi un inventaire deffectueux & peu fidelle étoit capable de rompre la communauté.

Et pour la forme il doit être ſigné à la fin de chaque vacation des parties comparentes, & des Notaires & des autres Officiers, devant lesquels il a été fait, ensemble de ceux qui ont fait la prisée des meubles.

CLOTURE.

1. MAis la Coûtume de Paris en l'Article 241 requiert une autre solemnité pour la perfection & validité dudit inventaire, sçavoir la clôture d'iceluy.

Cette solemnité est singuliere en la Coûtume de Paris, & n'est point necessaire és autres Coûtumes qui n'en parlent point.

Arrest pour Me Richard Jardieu, contre ses enfans, en l'Audience de la Grand' Chambre, du 23. May 1628. plaidant Me Pierre Chamillard & Mathieu le Verrier.

2. Et même il a été jugé pour des habitans de la ville de Paris, qui s'étoient retirez à Tours durant les troubles de la Ligue, qu'un inventaire fait avec legitime contraducteur, sans clôture, étoit suffisant pour dissoudre la Communauté; car encore que cette translation de demeure momentanée & faite à l'occasion de la guerre civile n'eût point changé le domicile ancien qui étoit à Paris, neanmoins on ne pouvoit leur imputer le deffaut de la clôture d'inventaire, attendu que pour la confection dudit inventaire ils avoient été obligez de se servir du ministere des Officiers de la ville de Tours, ausquels la formalité de ladite clôture étoit inconnuë, comme n'étant point en usage hors la Coûtume de Paris.

3. Cette clôture doit être faite au Greffe, & ne contient autre chose qu'une simple affirmation judiciaire du sur-

du ſurvivant des pere & mere, que l'inventaire eſt fidel, & qu'il n'y a rien de recelé n'y obmis.

4. Les termes de l'Article 241. ſont conſiderables, en ce qu'ils portent que pour la diſſolution de communauté ſoit fait & parfait, à la charge de le faire clore, pour marquer que la diſſolution de communauté ſe prend du jour de la perfection de l'inventaire, même avant la clôture d'iceluy, pource que cette clôture eſt un acte particulier, diſtinct & ſeparé du corps de l'inventaire, lequel n'eſt deſiré par la Coûtume que *per modum conditionis*, laquelle étant accomplie *ex poſt facto* dans le temps preſcrit par la Coûtume, elle authoriſe & confirme irrevocablement la diſſolution de communauté, du jour du dernier acte & journée de l'inventaire.

5. Le même Article 241. donne trois mois pour faire ladite clôture, qui eſt un terme fatal ordonné par la Coûtume ; & ſi elle eſt faite hors les trois mois, l'Article porte que la communauté eſt continuée, c'eſt à dire que l'inventaire demeure nul & inutile pour n'avoir été clos dans le temps neceſſaire, comme étant une formalité eſſentielle pour la validité de l'inventaire, en ce qui concerne la diſſolution de la communauté.

6. Mais comme pour l'ordinaire on ne peut faire un inventaire en un même jour, lors principalement qu'il y a des effets conſiderables, ou qu'il faut faire des inventaires en pluſieurs maiſons ſciſes en des Provinces differentes, quelques-uns ont douté ſi ce delay

de trois mois, dans lequel la clôture de l'inventaire doit être faite, doit être pris & compté de la premiere ou de la derniere journée de l'inventaire : Et neanmoins cette difficulté se trouve décidée par l'Article 241. de la Coûtume, qui porte que la communauté est dissoluë du jour que l'inventaire est fait & parfait, à la charge de faire clôre l'inventaire trois mois aprés qu'il aura été fait ; car la Coûtume parlant d'un inventaire fait & parfait, & donnant trois mois aprés l'inventaire fait pour en faire la clôture, il est évident par le texte dudit Article que les trois mois accordez par la Coûtume pour faire la clôture, ne doivent être comptez que du jour du dernier acte qui fait la perfection de l'inventaire ; car le commencement & la premiere journée de l'inventaire ne fait pas le corps entier de l'inventaire, n'y un inventaire fait & parfait, ainsi qu'il est requis par la Coûtume avant que les trois mois de la clôture à courir.

7. Le même Article 241. ajoûte, qu'à faute de faire clore l'inventaire dans les trois mois, la communauté est dissoluë, si bon semble aux enfans ; & quelques-uns ont estimé que ce qui étoit expliqué à la fin dudit Article ne signifie autre chose sinon que la continuation de communauté n'est point necessaire de la part des enfans, & qu'il est en leur liberté d'y renoncer : & au reste qu'en demandant par les enfans la continuation de communauté, ils sont obligez de souffrir le cours d'icelle pour l'avenir, nonobstant l'inventaire qui n'a point été clos dans les trois mois, puis-

que par le deffaut de clôture il se trouve nul & deffectueux, & est déclaré tel par la Coûtume. Mais il semble que l'intention & l'esprit de la Coûtume a été de faire une décision contraire, car il étoit inutile de répeter en cét Article que les enfans ont la faculté de prendre la communauté du temps du mariagé, en état qu'elle étoit lors de la dissolution du mariage, ou bien de demander la continuation de communauté, pour ce que cela avoit été réglé en termes formels & précis par le précedent Article. Mais au present Article 241. la Coûtume ayant décidé premierement que la communauté est dissoluë du jour que l'inventaire est fait & parfait, à la charge de le faire clôre dans trois mois : Et en second lieu qu'à faute de faire ladite clôture dans le temps de la Coûtume, la communauté est continuée & reprend son cours ordinaire ; elle a aporté à cette derniere décision un temperament, si bon semble aux enfans, c'est-à-dire que le deffaut de clôture dans trois mois rend la continuation de communauté necessaire contre le survivant des pere & mere, qui pouvoit & devoit faire clore l'inventaire pour satisfaire à la Coûtume. Mais à l'égard des enfans, la Coûtume a laissé en leur liberté de se servir du deffaut de cette formalité pour faire courir la communauté, ou bien de l'arrêter au jour de l'inventaire, nonobstant qu'il ne soit clos, pource que cette clôture & affirmation judiciaire de l'inventaire ayant été ordonné en faveur des enfans, il leur est loisible de renoncer à ce qui a été étably en leur faveur, & à une solemnité extrinseque qui n'est du corps n'y de la ſubſtance de l'inventaire, attendu même que par le texte de l'Article l'inventaire étoit parfait & capable de diſſoudre la communauté avant ladite clôture.

8. Dans l'uſage ancien les actes de clôture d'inventaire n'etoient pas ſignez des pere & mere, mais en une inſtance pendante en la Grand' Chambre un acte de clôture d'inventaire ayant été debattu de faux; & ſur le ſujet dudit faux la Cour ayant fait aporter au Greffe d'icelle les Regiſtres du Châtelet contenant leſdites clôtures d'inventaire, il fut verifié que l'acte dont étoit queſtion avoit été antidatté de vingt années, que la plus grande partie des clôtures d'inventaires étoient écrites ſur des feüilles volantes, qu'à la fin de chacune page on avoit laiſſé du blanc pour y remplir tout ce que l'on voudroit. Ce qui donna ſujet au Parlement, en prononçant ſur l'inſtance particuliere, de faire un réglement general, & d'ordonner que les clôtures d'inventaires ſeroient faites & écrites en des Regiſtres continuez, ſans laiſſer aucun blanc. Et par le même Arrêt il ordonna qu'à l'avenir leſdits actes de clôture d'inventaire ſeroient ſignez des pere & mere qui font ladite clôture & affirmation, à peine de nullité.

9. L'Article 241. parlant de la clôture d'inventaire, ne deſire point qu'elle ſoit faite en preſence du ſubrogé Tuteur ou Contradicteur legitime: Et entre les Arrêts de la cinquiéme Chambre des Enquêtes il ſe trouve un Arrêt du 11. Juin 1606. donné au raport de Mr. Grieu, entre le ſieur Spifame & la Dame de Chevi ſa fille., qui a jugé que la preſence du ſubrogé Tuteur n'étoit point neceſſaire en l'acte de clôture d'inven-

taire, mais à cause des suppositions & antidates qui peuvent être faites dans des actes de cette qualité, & dont on a trouvé la preuve dans les Registres du Châtelet. Par le même Arrêt du Reglement du .... 1655. il fut ordonné qu'à l'avenir les Minutes desdits actes de clôture d'inventaire seroient faites en presence du subrogé Tuteur & Contradicteur legitime qui avoit assisté à l'inventaire pour l'interêt des mineurs, & signés pareillement desdits subrogez Tuteurs ou contradicteurs legitimes, quoique la signature dudit subrogé Tuteur ne fut point en usage, & que l'Arrêt seroit lû & publié au Châtelet l'Audience tenant.

10. Il y a plusieurs Coûtumes lesquelles pour dissoudre la communauté se contentent d'un acte dérogeant, qui est un abus, d'autant que par ce moyen il demeure en la liberté du survivant de faire valoir ou d'empêcher la continuation de communauté, en representant ou supprimant un acte dérogeant duquel il est le maître.

11. Si durant la continuation de communauté le survivant des pere & mere marie sa fille & luy donne un Dot, Me Charles du Moulin sur l'Article 270. de la Coûtume de Bourbonnois dit que cet acte est suffisant pour dissoudre la communauté à l'egard de ladite fille, supposé même qu'elle n'ait renoncé à la communauté n'y demandé partage, & que cela avoit été ainsi jugé en la Coûtume de Paris entre les enfans de Negron Procureur en Parlement, en faveur du fils contre ses sœurs, qui avoient été mariées. Mais

il faut observer que Me Charles du Moulin écrivoit du temps de la vieille Coûtume de Paris, en laquelle un acte dérogeant étoit suffisant pour dissoudre la communauté : Et depuis la même question s'étant presentée en un Procés distribué en la quatriéme des Enquêtes, en l'espece duquel la fille avoit été mariée avantageusement, & moyennant la somme à elle promise, avoit renoncé à ses droits successifs échûs, & au droit de continuation de communauté, qui étoit lors du mariage beaucoup moindre que ce qui luy avoit été donné en mariage : Et depuis les effets de continuation de communauté étant de beaucoup accrûs, elle prît Lettres contre la clause de renonciation, lesquelles furent enterinées, parce qu'en la nouvelle Coûtume de Paris l'inventaire parfait & clos est seul capable de dissoudre la continuation de communauté, & les conventions contraires au droit public sont inutiles.

12. Quand dans le Contract du second mariage du survivant des pere & mere il est convenu qu'inventaire sera fait pour dissoudre la communauté dudit survivant, & de ses enfans issus du premier mariage, il se trouve un ancien Arrêt donné en la Coûme d'Auxerre, entre Amedée & Jeanne Louat, & Marie Chauvet, le onze Avril 1571. auquel temps le moindre acte de volonté contraire étoit suffisant pour empêcher la continuation de communauté. Par lequel Arrêt en conséquence de ladite clause les enfans du premier lit furent exclus de prendre part dans la communauté du second mariage.

13. Mais à present que l'inventaire est absolument necessaire pour arrêter le cours de la continuation de communauté, il demeure pour constant qu'une convention de cette qualité est inutile à l'égard des enfans, pource qu'il n'est loisible de déroger par une paction particuliere au droit public étably par la Coûtume, ny de faire préjudice aux enfans, lesquels n'étant intervenus dans le Contract de Mariage sont bien fondez, nonobstant ladite clause, à demander la continuation de communauté.

14. Et si la confection dudit inventaire a été stipulée de la part du mary, pour empêcher les enfans du premier lit de la femme de prendre part dans la communauté du second mariage, il n'est dû audit mary aucuns dommages & interêts pour le deffaut d'execution de ladite clause, attendu qu'il avoit le pouvoir & l'authorité de faire proceder à l'inventaire, & doit imputer sa négligence si par son fait &.pour n'avoir executé la clause de son Contract de Mariage, les enfans du premier lit de sa femme viennent prendre part à sa communauté.

15. Mais si la stipulation a été faite de la part de la femme contre les enfans du premier lit du mary, dans le partage des biens de la communauté, elle doit être récompensée & indemnisée de la perte qu'elle souffre à cause de la portion prise par lesdits enfans dans les biens de sa communauté.

Laquelle récompense & indemnité doit être prise sur les effets de la succession dudit mary, & portée par tous ses heritiers.

DES DOUAIRES, Habitations & Augments de Dot.

Ce Titre est divisé en sept parties.

1. Pour le Doüaire Coûtumier.
2. Pour le Doüaire Préfix.
3. Pour ce qui est commun au Coûtumier & au Préfix.
4. Pour les Doüaires propres aux enfans.
5. Pour ce qui est commun pour les Doüaires des meres & des enfans.
6. Pour l'Habitation.
7. Pour l'Augment de Dot.

Des Doüaires, Habitations & Augment de Dot.

LE Doüaire est un droit singulier des païs de Coûtume, inconnu dans les Provinces régies par le Droit écrit : Et l'Augment de Dot qui est frequent & ordinaire dans les païs de Droit écrit, n'a jamais été reçû en païs coûtumier.

L'un & l'autre Droit a été introduit pour donner aux Veuves le moyen de vivre & subsister honorablement selon la condition de leurs deffunts maris ; & pour cette raison quelques-uns se sont persuadez que

que l'on pourroit assujettir les Doüaires & les augments de Dot à des Loix communes & generales ; ce qui semble neanmoins trés-difficile & même impossible, à cause des differences notables qui se rencontrent en l'un & l'autre droit.

Nous avons en païs coûtumier deux especes de Doüaires, l'un coûtumier qui est acquis de plein droit par l'authorité de la Coûtume, & l'autre préfix & conventionel, qui dépend des conventions accordées par le Contract de Mariage.

Le Coûtumier est fort ennuyeux & incommode en ce qu'il est réel, & se prend en fonds sur les heritages du mary, de maniere que du jour du mariage le mary demeure privé & interdit de la possession, & même de la proprieté de certaine portion des heritages qui luy appartiennent lors qu'il se marie, & de ceux qui luy échéent durant le mariage par succession en ligne directe, ce qui retranche la liberté du commerce. Et de plus on a jugé par les Arrêts que les enfans doüairiez peuvent vendiquer les heritages sujets au Doüaire coûtumier en l'état qu'ils les trouvent lors de l'ouverture d'iceluy, sans rembourser les méliorations faites sur iceux : Et on a vû depuis vingt-cinq ans un acquereur de bonne foy qui avoit élevé un bâtiment de dix mil écus sur une place scise en l'un des Fauxbourgs de Paris, qui avoit été par luy acquise cinquante ans auparavant pour une somme de 400. livres, perdre la moitié du fonds & des bâtimens faits à ses dépens.

Et c'est la raison pour laquelle on a introduit l'usage

du Doüaire préfix qui est moins onereux, attendu qu'il consiste en une rente ou fonds d'heritage particulier, ou en une somme d'argent à prendre par hypotéque sur les biens du mary: & à present selon l'usage commun on ne donne plus dans les Contracts de mariage le Doüaire coûtumier.

Mais depuis vingt-cinq ans, sous prétexte que le mary ne paye jamais le Doüaire, on a fait monter les Doüaires préfixes à des sommes immenses.

Et comme il semble impossible de retrancher absolument l'usage du Doüaire coûtumier, qui est étably d'ancienneté dans toutes nos Coûtumes, & en celles où le Doüaire est propre aux enfans, il passe pour une espece de legitime que les Coûtumes ont trouvé à propos d'assurer aux enfans sur le bien de leur pere, dés le moment qu'il se dispose en un état qui doit produire des enfans: Il est juste d'établir certaines Loix & conditions pour corriger les incommoditez d'iceluy, & retrancher par même moyen d'excez des Doüaires préfix; le tout par les Loix prohibitives ausquelles on puisse déroger.

Du Doüaire Coûtumier. Paris. art. 248.

A Paris & aux autres Coûtumes voisines le Doüaire coûtumier est de la moitié de tous les heritages propres & acquêts que le mary possede au jour de la benediction nuptiale, & de la moitié des heritages qui depuis la benediction nuptiale & pendant le mariage échéent au mary en ligne directe.

Quand le pere a été marié plusieurs fois, le Doüaire coûtumier du premier lit est la moitié des immeubles qu'il auroit lors du premier mariage, & qui durant iceluy luy ſont avenus en ligne directe; & le Doüaire coûtumier du ſecond lit eſt le quart deſdits immeubles par luy acquis, ou qui luy ſont échûs par ſucceſſion, donation ou autrement, depuis la celebration du premier mariage juſques au ſecond, enſemble la moitié de ceux échûs en ligne directe durant le ſecond mariage, & ainſi conſequemment des autres.

Si tous les enfans du premier mariage meurent avant leur pere pendant le ſecond mariage, le Doüaire du ſecond mariage demeurera réduit au même état comme ſi les enfans du premier lit euſſent ſurvécu leur pere, & ainſi conſequemment des autres.

Les Coûtumes de Normandie, Bretagne & Orleans, & toutes les autres au delà de la riviere de Loire, réduiſent le Doüaire coûtumier au tiers des heritages du mary.

La Coûtume de Tours donne le Doüaire coûtumier ſur les acquêts faits durant le mariage, & en décharge les heritages qui appartenoient au mary lors de la celebration d'iceluy, & ont été alienez durant le cours du mariage. Et d'autres Coûtumes ajoûtent au Doüaire coûtumier les heritages échûs durant le mariage par ſucceſſion collaterale : Toutes leſquelles diſpoſitions ſont irregulieres & contre l'ordre du droit commun coûtumier.

Aviſer s'il n'eſt pas à propos de s'attacher à la Coûtume de Paris, touchant la qualité des heritages qui doivent entrer au Doüaire, & régler la portion du

On pourroit donner le tiers en Doüaire, s'il y a des enfans issus du premier mariage, & la moitié contre les heritiers collateraux.

Doüaire au tiers, & sur tout exclure les immeubles échûs en ligne directe depuis la dissolution du mariage, à cause d'un Arrêt donné en 1607. en l'Audience de la Grand' Chambre, qui a jugé le contraire contre le texte de la Coûtume & l'usage commun : lequel Arrêt a été remarqué dans quelques commentaires de Coûtumes.

Aviser si l'on abrogera certaines Coûtumes au nombre de trois, lesquelles donnent aux Veuves pour le Doüaire coûtumier la joüissance du tiers de la portion qui eût appartenu au mary dans les heritages des successions des pere & mere & autres ascendans, s'il eût survêcu les pere & mere, & ce nonobstant le prédecez du mary, sçavoir le my-Doüaire du vivant des pere & mere & des autres ascendans, & le plein Doüaire aprés leur decez.

Lesquelles Coûtumes, outre qu'elles sont extraordinaires, semblent fort rudes & onereuses contre les pere & mere, & les autres ascendans du mary, & produisent plusieurs contestations quand il faut venir à la liquidation d'un Doüaire de cette qualité, & l'on a vû divers Procez en Parlement qui ont été reglez par accommodement, où il s'agissoit de sçavoir si pour régler ce Doüaire il faloit régler les biens des pere & mere au temps du mariage du fils qui avoit acquis le Doüaire lors de son décez qui en avoit fait l'ouverture, ou lors des decez des pere & mere, à cause que le fils est réputé vivant capable de prendre part dans leurs successions.

Dans les Coûtumes de Normandie, Poitou, Anjou, & Maine, aprés avoir réglé le doüaire de la veuve au tiers des heritages du mary qui luy apartenoient lors de son mariage, & de ceux qui luy sont échûs durant iceluy en ligne directe, avec prohibition de donner un plus grand doüaire ; elles s'ajoûtent que la veuve ne peut recevoir de son mary même par Contract de Mariage aucune donation d'immeubles, de peur que par le moyen de la donation on ne fasse fraude à la Coûtume : Et les mêmes Coûtumes ajoûtent que le doüaire Préfix ne peut exceder le Coûtumier, lesquelles précautions semblent necessaires si tant est que l'on juge à propos de fixer le doüaire à une certaine quotité de biens, avec deffenses de l'augmenter.

L'Article 248. de la Coûtume de Paris qui regle le doüaire Coûtumier, parle seulement des heritages & non des rentes constituées, pource que au temps de la réformation de la Coûtume, les rentes n'étoient pas si fréquentes n'y si considerables qu'elles le sont aujourd'huy, & neanmoins *ex usu*, il est constant que le Doüaire coûtumier en la Coûtume de Paris se prend sur les rentes aussi-bien que sur les heritages.

Et d'autant que cette question est encore incertaine & n'est pas bien établie dans les Provinces, il semble à propos d'y pourvoir par une Loy expresse, & user du mot d'immeubles, au lieu que la Coûtume se sert du terme d'heritages.

Le Doüaire coûtumier doit être réglé eu égard au revenu des immeubles qui appartenoient au mary lors

On n'use pas des mots de contribution aux charges, à cause de l'Article 12. *infra.*

du mariage & de ceux qui luy seront depuis échûs en ligne directe, aprés que déduction aura été faite sur le revenu des doüaires anciens, si aucuns restent dûs à la mere & aux ayeuls du mary & des rentes foncieres & autres Charges, annuelles, perpetuelles, viageres, & à temps ausquels lesdits immeubles peuvent être sujets.

L'usage est certain mais les memoires envoyez des Provinces pour consulter, font connoître que cét usage n'est pas connu & bien étably.

Les rentes crées à prix d'argent, dont le mary se trouve redevable lors de son mariage, diminuënt aussi le Doüaire Coûtumier.

Les heritages échus au mary durant le mariage entreront dans la computation du Doüaire coûtumier, déduction préalablement faite de la part qui doit être portée par les mêmes heritages, rentes constituez, & autres charges annuelles dont le deffunt étoit redevable.

Lors du mariage le mary a entre ses mains les deniers dotaux de sa femme, lesquels consequemment ne peuvent être compris au nombre des dettes dont les biens sont chargez.

Les interêts des deniers dotaux emportez par la femme ne diminuënt point son Doüaire, n'y pareillement les interêts des sommes pour une fois payer, dont le mary se trouve redevable lors de son mariage.

On n'a pas dit depuis le Contract de mariage, pource que sans Contract de Mariage le Doüaire est acquis par l'autorité de la Coûtume.

Si depuis la créantion du Doüaire coûtumier, avant ou depuis l'ouverture d'iceluy, il arrive de l'augmentation au revenu des immeubles du mary; le Doüaire coûtumier augmentera à proportion.

Et si les rentes & autres charges ausquelles les immeubles sont sujets, sont rachetées ou bien éteintes par le temps, ledit Doüaire ne sera point pour cela augmenté.

Les deniers du rachat étant pris sur le fonds des biens particuliers du mary, il ne sera pas juste d'acroître le Doüaire, à cause du rachat.

Et pour les charges qui sont amorties par le temps, l'acroissement ne profite qu'à ceux *qui convincti sunt*.

Les alliénations faites par le mary depuis le mariage, des immeubles sujets au Doüaire coûtumier, sont valables & ne peuvent les acquereurs être inquietez par la doüairiere, pourvû que lors du decez du mary il se trouve en sa possession d'autres immeubles suffisans pour assigner & fournir la totalité du doüaire.

L'assignation faite par les Coûtumes du tiers ou de la moitié des immeubles pour le Doüaire Coûtumier, ne doit pas être réglée par une division naturelle, en donnant une portion dans chacun corps, mais par une division civile, en assignant le Doüaire entier sur un ou plusieurs corps particuliers.

Si separatim uniquique patis vel usufructus sit relictus, sive dubio jus accrescendi cessat, l. d. usuf. accresc.

Cum singulis ejusdem rei fructus legatur, inter eos jus accrescendi cessat. l. ult. d. eod. Cela est décidé par l'Article 254. de la Coûtume de Paris.

La totalité du Doüaire coûtumier peut être assignée par le Contract de Mariage sur un heritage entier scis en une Coûtume, même au delà de ce qui est permis par la même Coûtume de donner en Doüaire, pource que les portions des immeubles scis és autres Coûtumes qui demeurent par ce moyen affranchis du Doüaire, soient suffisantes pour récompenser la valeur de la surcharge assignée sur les fonds de l'autre Coûtume.

Le Doüaire coûtumier est dû sur les Domaines du Roy & les Offices Domaniaux, sujets à revente, & en cas de rachat la veuve prendra son Doüaire sur les deniers provenans dudit rachat.

Les baux des loges, boutiques & autres choses semblables, dépendantes du Domaine du Roy, engagez pour plus de neuf années, sont sujets au Doüaire coûtumier; mais il ne se prend point sur les baux faits pour neuf années & au dessous.

En simple usufruit dû pour un temps, incertain ou certain, même au delà de neuf années, n'est point sujet au Doüaire coûtumier.

Le Doüaire coûtumier ne peut être demandé sur les Offices, mêmes sur ceux qui ont été crées hereditaires, ou ausquelles l'heredité a été attribuée par Privilege, supposé même que lors du mariage le mary n'eût aucuns heritages; ou autres biens sujets à doüaire.

Le Propre de fiction légal ou conventionnel, n'est point sujet au Doüaire coûtumier.

Les acquisitions faites par le mary entre le traité de mariage & la célébration d'iceluy, & les rentes constituées à son profit durant le même temps, ne sont point sujettes au Doüaire coûtumier: & s'il n'y a point de traité de mariage tous les immeubles qui se trouvent entre les mains du mary lors de la Bénédiction nuptiale sont sujets au Doüaire coûtumier.

Les immeubles confisquées sur le mary ou ajugez au Seigneur du Fief par Droit de Commise pour felonnie, ou autres causes, passent entre les mains de celuy en faveur duquel la confiscation & la Commise a été ajugée avec la charge du Doüaire coûtumier.

Mais si le Droit du mary ou des heritiers est demeuré éteint par le temps, ou que les immeubles soient

passez

passé en d'autres mains par droit de substitution, ou pour quelque autre cause enterieure au Contract de mariage, le Doüaire cessera sans que la veuve puisse prétendre pour cela aucune recompense sur les autres biens du mary.

La femme qui prend Doüaire coûtumier est tenuë d'entretenir les heritages de réparations viageres ; qui sont toutes les réparations d'entretenement hors les quatre gros murs, & les gros murs de refend, escaliers entiers, poultres, voutes & couverture entiere, ou partie d'icelle lors qu'on leve les lattes.

Les fruits des heritages sujets au Doüaire coûtumier, assignez sur certains fonds, tant pour l'année de l'ouverture d'iceluy que pour celle en laquelle il finit par le décez de la Doüairiere, seront partagez entre elle & les heritiers du mari, *prorata anni*, à commencer l'année au premier Janvier.

Les droits & profits de Fief dûs par le décez du mary, & pour les autres mutations qui peuvent arriver du chef de ses heritiers & ayant cause, durant le cours du Doüaire, doivent être acquittées par les heritiers, à la décharge de la Doüairiere.

Les heritages sujets au Doüaire coûtumier saisis réellement sur les heritiers du mary & sur ceux qui sont en leurs droits, doivent être ajugez à la charge du Doüaire, pourvû qu'il n'y ait point de creanciers anterieurs en hypotéques au Contract de mariage.

Lors qu'il n'y a que des simples articles de mariage faits sous seing privé, ou qu'il n'y a ny Contract ny

Articles de mariage, le Droit de Doüaire coûtumier est acquis à la veuve du jour de la benediction nuptiale, & les heritages du mary doivent aussi être ajugez à la charge d'iceluy quand il n'y a point de creanciers anterieurs en hypoteque au jour de la benediction nuptiale.

Le proprietaire d'une terre & autres heritages chargez du Doüaire coûtumier, peut faire couper & vendre les bois de hautefutaye & autres grands arbres dépendans de la terre, sans le consentement de la Doüairiere, n'y qu'à cause de ladite coupe elle puisse prétendre aucune récompense, mais elle joüira des taillis & autres fruits que le fond pourra produire.

Femme doüée de Doüaire prefix ne peut demander le Doüaire coûtumier s'il ne luy est permis par le traité de mariage.

Le Doüaire préfix peut être moindre que le Doüaire coûtumier, mais s'il excede il sera réduit à ce qui a été cy-dessus ordonné pour le Doüaire coûtumier.

Et neanmoins comme il arrive quelquefois, principalement entre les Marchands & gens d'affaire, que tous leurs biens consistent en meubles & effets mobiliers, quelques-uns estiment en cas de réduction du Doüaire préfix qu'il seroit juste de donner l'option à la veuve de faire régler la réduction à proportion du coûtumier, ou prendre l'interêt de ce qui a été ameubly & porté en communauté par la femme, qui est la quotité à laquelle on a accoûtumé de régler le Doüaire préfix dans les Contracts de Mariage.

Doüaire prefix d'une somme, ou en especes de choses mobiliaires, doit être délivré à la veuve à sa caution juratoire; mais si elle repasse en un second mariage elle doit bailler caution, & icelle faire certifier en la forme ordinaire, supposé même que lors du payement le second mary fut décedé.

La femme sera colloquée en ordre pour son Doüaire prefix en rentes, encore qu'elle soit stipulée non rachetable, & ce à raison du denier vingt-cinq : & neanmoins ne pourra toucher le fonds d'icelle, supposé même qu'elle soit demeurée en vuiduité, sinon en baillant bonne & suffisante caution, en faisant en même temps le remploy des deniers en rachat de fonds ou en rentes, en presence & du consentement des enfans ou autres heritiers du mary; & en cas de contradiction il sera pourvû audit remploy par l'Office du Juge.

Le fond du Doüaire prefix d'une rente stipulée rachetable, sera en cas de rachat délivré à la veuve à sa caution juratoire, pourvû qu'elle soit demeurée en état de vuiduité: mais en cas de secondes Nopces elle sera tenuë de bailler bonne & suffisante caution, comme dessus, nonobstant que le deuxiéme mary fut décedé lors du rachat.

Pour le Doüaire prefix en cas de don mutuel, voir s'il y a été pourvû au tître de don mutuel.

Le Doüaire coûtumier & prefix saisis, & courent les fruits, arrerages & interêts d'iceluy du jour du décez du mary, sans qu'il soit besoin d'en faire demande en justice.

Et neanmoins à l'égard du tiers acquereur, les fruits & arrerages ne peuvent être pretendus que du jour de la demande à luy faite en justice.

Le Doüaire prefix doit être payé & pris subsidiairement sur les biens donnez au mary par le Contract de mariage, & qui sont retournez au Donateur par la survivance d'enfans.

Doüaire n'est dû à une femme qui a été mariée, & est demeurée veuve avant l'âge de douze ans accomplis, n'y pareillement celuy qui a été promis par un mary mineur de quatorze ans accomplis, si la dissolution du mariage est arrivée avant ledit âge.

Le Doüaire coûtumier & prefix doit être continué nonobstant que la veuve ait fait profession de Religion.

Regler à qui le payement sera fait, si au Monastere pour le total, ou à ses heritiers lors principalement qu'il y a des enfans.

Le Doüaire ne peut être dénié à la veuve sous pretexte de l'impuissance du mary, de laquelle il n'y a eû aucune plainte par elle renduë du vivant de son mary.

La femme qui a quitté & abandonné son mary & n'étoit avec luy lors de son decez, est déchuë de plein droit de son Doüaire, encore que le mary n'eût fait aucune plainte en Justice de son absence.

L'accusation d'adultere commencée par le mary peut être continuée par les heritiers pour faire priver la veuve de son Doüaire, & de ses autres conventions matrimoniales, & arrivant son decez durant le cours du Procez, le crime demeurera éteint par sa mort, mais il peut être continué à fin civile, pour obtenir la décharge du Doüaire & des autres conventions.

Si du vivant du mary il n'y a eu plainte en justice, les heritiers ne sont pas recevables à proposer le fait d'adultere par voye d'accusation, ny par exception, pour faire déchoir la veuve de son Doüaire.

La veuve convaincuë de supposition de part, ou d'avoir vêcu impudiquement durant l'année du deüil, doit être privée de son Doüaire.

En Droit la veuve est privable de l'augment de Dot, si elle passe à des secondes Nopces dans l'an du deüil.

Mais en païs coûtumier on juge le contraire, & neanmoins il y a Arrêt qui a privé la veuve de son Doüaire pour s'être remariée dans la quinzaine aprés la mort de son mary.

Si la veuve étant enceinte passe à un second mariage, la privation semble juste à établir si faire se peut une Loy égale tant pour les païs de Coûtume que pour ceux de Droit écrit.

Les veuves ayans enfans ou non, qui se remarient follement à leurs valets & domestiques, ou à d'autres personnes indignes de leur qualité, sont privées de leur Doüaire ; & si elles ont des enfans elles seront encores interdites de l'alienation & administration de leurs biens.

Il sembleroit juste de priver du Doüaire les veuves

qui passent en secondes Nopces aprés l'âge de soixante ans, principalement si elles ont des enfans, & si elles prennent pour maris des hommes plus jeunes qu'elles.

Le mary peut assigner sur tous ses biens à sa seconde femme un Doüaire coûtumier, ou un Doüaire Préfix, jusques à la concurrence du coûtumier, nonobstant le Testament mutuel fait entre luy & sa premiere femme, contenant la disposition universelle de tous leurs biens, au profit des enfans issus de leur premier mariage.

Du doüaire propre aux enfás. A Paris le contraire est observé, Art. 250. mais il y a d'autres Coûtumes qui l'ordonnent.

Entre les enfans Doüairiers le fils aîné prend sur les biens feodaux le préciput du Manoir Seigneurial & la portion avantageuse, suivant la Coûtume.

Les enfans ne peuvent demander autre Doüaire que celuy qui a été accordé à leur mere, supposé même qu'il ait été stipulé moindre en cas d'existence d'enfans.

Paris, Article 259. *in verbo*, le Doüaire, la femme.

L'option faite par la mere du Doüaire coûtumier ou Préfix, oblige les enfans, lesquels ne peuvent demander autre Doüaire que celuy qui a été choisi par la mere.

Et neanmoins si le Doüaire Préfix est réglé par une Coûtume où le Doüaire est propre aux enfans, & les heritages sujets au Doüaire coûtumier, sont scituez en une autre Coûtume où le Doüaire n'est que viager à la femme, en ce cas les enfans pourront prendre le Doüaire Préfix, nonobstant l'option faite par leur mere du Doüaire coûtumier.

Le Doüaire coûtumier ou préfix n'eſt acquis aux enfans que du jour du decez du pere, & doit être partagé entre les enfans qui ſe trouvent vivans lors du décez.

Et ſi aucun des enfans prédécedé a laiſſé des petits enfans, ils prendront dans le Doüaire, par repreſentation de leur pere ou mere, la même portion qui eût appartenu à leur pere ou mere en cas de ſurvivance.

Nul ne peut être heritier & Doüairier enſemble, & la portion de l'enfant qui ſe porte heritier de ſon pere acroît à la maſſe de l'heredité, & n'augmentent la portion des autres enfans qui ſe tiennent au Doüaire.

L'heritier par benefice d'inventaire tandis qu'il conſervera ladite qualité ne peut être Doüairier ; mais en renonçant au benefice d'inventaire il luy ſera loiſible de prendre le Doüaire.

Le Doüaire coûtumier ordinaire, & le Doüaire coûtumier ou Préfix aſſigné ſur des fonds certains, ſera réglé par les Coûtumes de la ſcituation des heritages, & le Doüaire Préfix en rentes ou d'autres ſommes en d'autres eſpeces pour une fois payer ſera réglé par la Coûtume, à laquelle les conjoints ſe ſont ſoûmis pour leurs conventions ou parties d'icelle ; & s'il n'y a point de ſoûmiſſion ſelon la Coûtume du domicile du mary lors du mariage.

Doüaire Préfix en rentes, deniers ou autres eſpeces, ſe prend ſur les biens du mary ſans que la femme y contribuë ou ſouffre confuſion de parties d'iceluy, à cauſe de la communauté. Paris, Article 260.

La Charge du Doüaire Préfix, quoiqu'assigné sur certains heritages, doit être prise sur tous les biens du mary, comme les autres dettes passives de la succession; sçavoir le Doüaire d'une rente comme les autres rentes constituées dûës par le deffunt, & le Doüaire d'une somme ou de certaines especes pour une fois payée, comme les dettes passives mobilieres.

Paris, Art. 252. Celuy des enfans qui veut avoir le Doüaire coûtumier ou prefix, doit rendre ou imputer sur le Doüaire tous les avantages qu'il a reçûs de son pere.

Cet Article est fondé en la raison de droit, *contra non valentem agerè*. L'usage est certain pour ce regard, mais l'article est necessaire pour expliquer.

La Prescription pour le Doüaire coûtumier ou prefix ne court contre la femme & les enfans du vivant du mary, mais elle commence du jour de son decez, même contre les enfans durant la joüissance de la veuve Doüairiere.

L'Article 117. de la Coûtume. Voyez s'il en a été parlé au titre des Prescriptions, auquel cas il faudroit rayer l'Article.

Le Decret des heritages du mary fait de son vivant, ne purge le Doüaire coûtumier au préjudice de la femme & des enfans, supposé même que la saisie réelle ait été faite pour une dette anterieure en hypoteque au Doüaire.

Le doüaire coûtumier consiste en la moitié du fonds des heritages du mary. Et par l'Article

Le Doüaire prefix n'est aussi purgé à l'égard de la femme & des enfans par le Decret des heritages du mary fait de son vivant, pourvû qu'entre les creanciers saisissans il ne s'en trouve aucun anterieur en hypotéque à celle du Doüaire, & en ce cas il est en la faculté de la veuve & des enfans de faire casser le Decret, ou de se pourvoir contre ceux qui sont entrez utilement

utilement en ordre pour la restitution de ce qu'ils ont touché avec interêts du jour de la demande.

249. de la Coûtume, il est acquis aux enfans des l'instant de la Benediction nuptiale, sous la condition tacite, *si pater super vixerit*, laquelle arrivant le Decret se trouve fait *super non Domino*.

Mais si la saisie a été faite pour une dette anterieure en hypotéque au Doüaire prefix, ou que aucun des creanciers opposans ait une pareille hypotéque, le Decret tiendra, sauf à la veuve & aux enfans à se pourvoir contre les creanciers utilement colloquez, qui rapporteront les sommes par eux touchées, avec les interêts du jour de la demande : le tout jusques à la concurrence du fond du Doüaire prefix & des arrerages d'iceluy.

Le Doüaire n'étant ouvert que par le décez du mary, le Decret & la prescription ne peuvent être opposées contre ceux qui n'avoient la liberté d'agir, & *sic judicatur*.

L'option semble necessaire à cause de l'augmentation qui peut être arrivée sur le prix des heritages depuis le Decret, & que les deniers d'iceluy peuvent avoir été touchez par des personnes insolvables, & l'adjudicataire de sa part a la faculté de conserver les heritages en se chargeant du Doüaire.

Le Decret des heritages du mary fait depuis son décez & du vivant de la veuve Donatrice, purge aussi le Doüaire coûtumier & prefix de la veuve & des enfans, supposé même qu'ils soient mineurs & en bas âge.

La veuve est maîtresse de ses actiôs.

La saisie réelle ne peut être faite que les enfans n'ayent été apellez, pour voir déclarer le tître de creancier hypotequaire ; & si le Decret a été commencé du vivant du pere, les enfans doivent être apellez en reprise.

Et neanmoins si les enfans mineurs sont sous la Tutelle de leur mere, que la mere soit obligée en son nom à la dette d'aucun des créanciers saisissans ou opposans, & qu'il ne paroisse aucun créancier précedent à l'hypotéque du Doüaire dans la concurrence de ces trois circonstances, les enfans auront la liberté de faire casser le Decret ou de se pourvoir contre les créanciers utilement colloquez pour la restitution des sommes par eux reçûës, avec les interêts du jour de la demande.

Et si le créancier saisissant, ou l'un des opposans à une hypotéque anterieure à celle du Doüaire, le Decret tiendra, & les enfans pourront seulement se pourvoir contre les créanciers utilement colloquez pour dettes posterieures au Doüaire, pour la restitution de ce qu'ils auront touché aussi avec les interêts du jour de la demande.

Le Doüaire coûtumier & Préfix n'est acquis à la femme & aux enfans que par la mort naturelle du mary & non pour aucune mort civile, sauf audit cas à être pourvû à la femme par l'Office du Juge d'une pension, laquelle ne pourra exceder le my-Doüaire.

Mais si le mary a été absent durant l'espace de dix années, continuë à compter du premier jour de son absence, & si depuis son absence on a reçû quelques nouvelles de sa part à compter du jour de sa derniere nouvelle, le Doüaire sera delivré à la femme, & en ce cas de prédecez d'icelle aux enfans, en affirmant par eux que durant lesdites dix années ils n'ont point sçû qu'il fut vivant.

Si la veuve renonce à son Doüaire, ou qu'elle en soit déchûë & privée pour l'une des causes cy-dessus exprimée, les enfans ne laisseront d'avoir la proprieté du Doüaire pour entrer en jouissance d'iceux aprés le décez de leur mere.

Doüaire d'une ſomme ou de choſe en eſpece pour une fois payée, échûë aux enfans par le decez du pere, eſt mobilier, & y ſuccedent les plus proches heritiers mobiliers.

Paris, Art. 259. *Vide.* Si cela n'eſt point ordonné au titre des meubles.

Le fonds du Doüaire prefix d'une rente ſtipulée rachetable, doit être reglé eu égard au prix courant des rentes, au temps qu'il a été ouvert par le decez du mary, & non au temps du Contract de mariage.

Le Doüaire coûtumier ou préfix accordé à la femme ſans retour, appartient aux enfans iſſus du mariage, en faveur duquel le Doüaire a été continué, ſoit qu'ils ſe portent heritiers du pere, ou non, à l'excluſion des enfans de la femme iſſus d'autres mariages, nonobſtant toutes conventions contraires.

Si les enfans iſſus du mariage renoncent à la ſucceſſion du pere, ils retiendront à leur profit le Doüaire entier, & s'ils ſont heritiers du pere le Doüaire entrera dans la maſſe des biens de la ſucceſſion paternelle, pour être partagée entre tous les enfans qui prendront part à ladite ſucceſſion.

Le Doüaire coûtumier étant ouvert par le decez du mary, la veuve & les enfans reſpectivement prennent les heritages en l'état qu'ils ſe trouvent, ſans rembourſer les impenſes, méliorations en bâtimens entiers faits ſur leſdits heritages.

La femme & les enfans doivent être payez par privilege du Doüaire Préfix ſur les immeubles donnez au mary par le Contract de Mariage, avant les créanciers du mary anterieurs en hypoteque.

Le Doüaire préfix d'une rente promiſe en fonds & par aſſiette, ſera fourny eû égard au revenu des heritages du mary au temps de ſon décez, nonobſtant la ſaiſie réelle des heritages du mary faites à la requête de ſes créanciers, pourvû que les créanciers ſoient poſterieurs en hypotéque à celle du Doüaire.

Et le même ſera obſervé s'il y a des creanciers anterieurs en hypotéque au Doüaire, en ſe ſoûmettant par la veuve ou par les enfans doüairiers d'encherir les autres heritages à ſi haut prix, que les creanciers anterieurs puiſſent toucher tout ce qui leur ſera dû tant en principal qu'interêt ou arrerages, frais & loyaux coûts; & à faute de ce faire ladite ſoûmiſſion.

Les biens chargez d'une ſubſtitution fidei Commiſſaire, ſont ſujettes au Doüaire coûtumier ou préfix, promis & accordé par l'inſtitué en ligne directe, & non aux degrez ſuivans.

Le droit d'habitation dans l'une des maiſons du mary n'eſt dû à la veuve, ſinon lors qu'il a été accordé par une convention expreſſe du Contract de mariage.

Veuve ne peut avoir pour droit d'habitation la joüiſſance d'une maiſon ſciſe en une Ville, ſuppoſé même qu'elle fut tenuë en Fief, ains ſeulement un Manoir ſingulier à la campagne.

L'uſage de ce droit eſt frequent, principalement entre les Nobles, & l'habitation fait partie du Doüaire, lequel doit être rétraint lors principalement que le mary laiſſe des enfans iſſus du mariage, ou d'autre précedent.

Et il ne faut point douter que les reſtrictions ne ſoient favorablement reçûs, car ceux qui ſe marient ne cherchent que des excuſes pour ſe dégager des conditions qui leur ſont propoſées.

Celle qui a droit d'habitation dans une maison de la campagne doit aussi joüir de la basse court, en laissant au Fermier les lieux dont il a accoûtumé de joüir pour le logement de sa famille, & de ses domestiques & bestiaux, & les greniers, granges & autres bâtimens dont il a accoûtumé de se servir pour reserver les fruits de la terre.

Elle doit aussi joüir du colombier, des fossez & du jardin potager, pourvû que le colombier & fossez ne soient compris dans le Bail de la terre lors du mariage.

Oter le Colombier, & les fossez.

Si dans la succession du mary il y a plusieurs manoirs Seigneuriaux, le principal demeurera aux heritiers, & le deuxiéme sera delaissé à la veuve qui a droit d'habitation.

Cela est ordinaire, lors principalement que le mary a laissé des enfãs.

Et s'il n'y a qu'un seul Manoir le tiers d'iceluy sera baillé à la veuve pour son habitation, & le surplus demeurera aux heritiers du deffunt.

Cét Art. est tiré de l'Art. 262 de la Coûtume de Poitou.

Le Droit d'habitation accordé à la femme demeure éteint du jour qu'elle a passé en des secondes Nopces, nonobstant toutes conventions contraires, & ne revit plus, supposé qu'elle se trouvât derechef en état de vuiduité.

Il n'est pas juste que les heritiers du mary, & moins encore les enfans, logent un second mary à leurs dépens.

La charge de l'Habitation doit être portée par celuy des heritiers auquel appartiennent les bâtimens & autres lieux sujets à ladite habitation, sans qu'il puisse prétendre la recompense d'icelle sur les autres biens de la succession.

La veuve avant qu'entrer en joüissance de son habitation peut demander que les lieux soient visitez &

mis en bon état de réparations, pour être rendus aprés la fin de la joüissance aussi en bon état de réparation.

Durant l'usage & joüissance de l'habitation, la veuve doit entretenir les lieux de toutes réparations viageres, comme la Doüairiere.

La veuve qui a droit d'habitation peut loger avec elles telles personnes que bon luy semblera, & pourvû qu'elle retienne une chambre meublée elle peut abandonner à d'autres personnes le surplus du logement, sans toutefois en retenir aucun loyer ny recompense, à peine de privation de son droit.

Le droit d'Habitation demeure éteint, pour les mêmes causes que la veuve est privable de son Doüaire.

J'avois commencé à dresser un Memoire pour les augments de Dot; mais comme cette matiere est singuliere pour les matieres de Droit écrit, j'ay crû qu'il étoit plus seur d'attendre les memoires des Parlemens, où le Droit écrit est en vigueur.

Ce n'est pas que nous n'ayons aussi les Provinces de Lyonnois, Forêts, Baujolois, & une partie de l'Auvergne, & partie de la Basse-Marche, reglées par les Loix Romaines qui ressortissent au Parlement de Paris.

Super hoc Statuatur.

L'augment de Dot est commun à toutes les Provinces régies par le Droit Romain, & neanmoins elles ont des usages fort differens.

1°. Pour la quotité, car aux uns il est reglé à la moitié, & aux autres au tiers de la Dot.

2°. En certaines Provinces il est dû seulement sur les biens dotaux presens, & en d'autres sur les biens dotaux qui échéent durant le mariage.

3°. En quelques lieux on ne considere que la Dot qui a été effectivement reçûë par le mary, & en d'autres *etiam super dotè non soluta.*

4°. Quelques-uns desirent qu'il y ait de l'égalité entre l'augment & le gain accordé au mary en cas de survivance sur la Dot de sa femme, & ailleurs cette égalité n'est point requise, & il y en a qui se contentent que la quotité respectivement donnée soit égale, encore que ce qui entre en chacune quotité soit inégale.

Et de plus l'augment de Dot sur les biens échûs durant le mariage est fort préjudiciable aux enfans & aux créanciers du mary, & produit quantité de Procez, à toutes lesquelles choses il semble que l'on peut pourvoir par les Articles cy-aprés.

L'augment de Dot est acquis du plain droit à la veuve du jour du mariage, pourvû qu'elle survive son mary, encore qu'il n'y ait point de traité de mariage, où que dans le traité l'augment de Dot n'ait point été promis.

La veuve pour son augment de Dot prendra sur les biens de son mary la valeur du tiers des biens par elle apportés en Dot lors de son mariage.

Si lors du mariage elle avoit plusieurs biens & qu'elle ait constitué en dot que partie d'iceux, l'augment de Dot sera réglé à proportion du tiers des biens constituez en Dot, & non des autres.

Si le mary décede avant l'écheance des termes dans lesquels la Dot de sa femme, ou partie d'icelle, devoit être payée, ou que le mary ait differé d'en poursuivre le payement contre ceux qui l'ont promis, ou contre les detteurs sur lesquels elle étoit assignée ; l'augment de Dot ne souffrira aucun retranchement à cause du deffaut dudit payement.

Mais si ceux qui ont promis la Dot, ou les detteurs sur lesquels elle a été assignée se trouvent insolvables, l'augment de Dot sera réduit au tiers de ce qui aura pû être touché effectivement desdits deniers dotaux.

Dans la liquidation de l'augment de Dot ne sont considerés les biens échûs à la femme durant le mariage, encore que par le traité de mariage elle ait constitué en Dot tous ses biens presens & à venir.

On a vû à Lyon plusieurs exemples des femmes qui ont absorbé tous les biens de leurs maris, au préjudice de leurs enfans & de leurs creanciers sous prétexte des successiõs échûs durant le mariage, dont le mary n'avoit pas joüy trois mois.

Par le traité de mariage l'augment de Dot peut être réduit à une somme ou quotité moindre que le tiers des biens dotaux presens de la femme, mais il ne peut exceder le tiers, nonobstant toutes conventions, status & usages contraires, ausquels nous dérogeons par ces presentes.

La femme survivante prendra son augment de Dot comme il a été réglé cy-dessus, encore que le mary en cas de survivance n'ait stipulé à son profit aucun gain, ou avantage sur les biens de sa femme, ou que l'avantage qui luy a été accordé soit moindre que ledit augment de Dot.

Les Dons à cause de Nopces, gains de survie, & tous les autres avantages accordez à la femme sur les

les biens de son mary, entreront dans l'augment de Dot, & le tout réduit au tiers des biens dotaux presens de la femme.

La veuve est obligée de reserver son augment de Dot à tous les enfans issus du mariage pour lequel il est dû, qui se trouveront vivant au jour du décez de la mere, à la reserve d'une portion personnelle qu'elle retiendra à son profit en plene proprieté, au cas qu'elle demeure en vuiduité jusques au jour de son décez.

Et si elle a passé en secondes Nopces, l'augment entier appartiendra aux enfans du premier mariage, sans qu'en l'un & l'autre cas de vuiduité ou de secondes Nopces la veuve en puisse disposer au préjudice de ses enfans, n'y en disposer en faveur d'aucuns desdits enfans au préjudice des autres.

Et si tous les enfans issus du mariage pour lequel l'augment est dû, meurent du vivant de leur mere, l'augment entier demeurera à la mere en pleine proprieté.

Si l'augment de Dot est dû à une seconde femme, & que le mary ait des enfans du premier lit, ledit augment sera réduit à la portion de celuy desdits enfans qui prendra le moins en la succession de son pere, & se fera ladite réduction au jour du décez du mary, tant à l'égard de la veuve que pour les portions que les enfans du second mariage doivent prendre dans ledit augment, pour les causes & en tous les cas cy-dessus exprimez.

Ce qui viendra aux enfans du second lit dudit augment de Dot en cas de vuiduité ou de secondes Nopces de leur mere, sera compris dans la masse des biens communs du pere, pour former la légitime des enfans du premier lit, & satisfaire au payement d'icelle.

Les interêts de l'augment de Dot courent du jour du décez du mary; sans qu'il soit besoin d'en faire demande en justice.

La veuve & les enfans issus du mariage pour lequel l'augment est dû, & les enfans du premier lit pour la portion qu'il leur en doit revenir en cas d'excez, seront payez respectivement & concurremment des portions qu'ils doivent prendre dans ledit augment; sçavoir sur les meubles, droits & effets mobiliers du mary, par privilege & sur les immeubles par ordre d'hypotéque du jour du Contract de Mariage, si aucun y a, & en deffaut d'iceluy du jour de la bénédiction nuptiale.

OFFICES.

A. D. M. L. P. P. D. L. M.

NOus avons cinq eſpeces d'Offices , ſçavoir les Offices de la Couronne & les Offices de la Maiſon du Roy.

Les Offices de Judicature & de Finances , pour leſquels on prend Lettres de Proviſion du Roy , & qui entrent aux Parties Caſuelles.

Les Offices de Finances pour leſquelles on prend auſſi des Lettres de Proviſion , & ſont hereditaires par Privileges , qui ſont les Offices leſquels dés-lors de leur Création ou moyennant un ſuplément de Finance qui a été payée depuis , ont été diſpenſez du Droit Annuel , & des régles des Parties Caſuelles. Et dans le nombre de ces Offices on peut comprendre les Offices de Secretaires du Roy, leſquels ne ſont point auſſi ſujets aux Parties Caſuelles du Roy , & conſervées ſans payer l'Annuel , moyennant les ſurvivances qui leur ſont accordées , & ſans ſurvivance par une poſſeſſion & joüiſſance de vingt ans.

Les Offices Domaniaux ſont les Greffes , les Receptes des Conſignations qui ont été tirées & démem-

Ce qui conſerve les Offices eſt compris dans quatre autres titres ; ſçavoir en celuy de Communauté, pour ſçavoir comment les Offices y entrent : dans celui des ſucceſſions comment ils ſe partagent ; & dans celui des hypotéques pour les preferences ſur le prix entre les ſaiſiſſans.

brées des Greffes, les Tabellions & Nottaires & autres Offices semblables, pour lesquels, à l'exception des Greffes des Compagnies Souveraines, on ne prend point de Provisions du Roy, ils peuvent être baillez à des étrangers à ferme, & exercées par les femmes en faisant une simple prétation de serment.

5. Les Offices de Police sur le vin, foin, bois, charbon, blé, cuivre, fer, & autres denrées qui s'exercent aussi sans provisions par une simple matricule & prétation de serment.

A l'égard des premiers le Roy ne veut point qu'ils entrent en commerce, n'y même qu'ils soient sujets à raport entre coheritiers, pour raison dequoy il y a une déclaration envoyée au Parlement, laquelle à la verité n'a point été verifiée; mais lors qu'il y a une action formée pour ce regard, le Roy l'évoque à sa propre personne, & s'en reserve la connoissance. Nous en avons vû un exemple durant les dernieres années pour la Charge de Grand Veneur, & plusieurs autres particuliers; & partant il n'y a rien à ordonner & régler pour ce regard. Mais il faut se renfermer aux quatre autres especes d'Offices; & pour faire passer plus facilement ce Reglement, y ajoûter la précaution en attendant que le Roy ait plus amplement pourvû sur le fait des Offices.

Les Offices sont entre nous une espece de biens toute particuliere & extraordinaire; laquelle, à proprement parler, n'est n'y meuble n'y immeuble; mais la Coûtume de Paris en l'Article 88. ayant déclaré qu'il y a ſeulement deux ſortes & eſpeces de biens; c'eſt à ſçavoir meubles & immeubles, on eſt obligé de mettre les Offices ſous l'une ou l'autre categorie.

Par l'Article 95. de la Coûtume de Paris, qui a été ajoûté de nouveau en la derniere réformation de ladite Coûtume l'Office Venal, eſt réputé immeuble & a ſuite par hypotéque quand il eſt ſaiſi ſur le debiteur par autorité de juſtice, auparavant réſignation admiſe & proviſion faite au profit d'un tiers, & peut être crié & ajugé par Decret.

Et ces mêmes termes ſe trouvent inſerez & tranſcrits en l'Article 514. de la Coûtume de Normandie, la réduction de laquelle fut commencée dés l'année 1577. mais elle ne fut achevée qu'en l'année 1587. depuis la réformation de la Coûtume de Paris qui eſt de l'année 1580.

L'Article parle des Offices Venaux, parce que la réformation de la Coûtume a été faite, comme nous venons de dire, en l'année 1580. peu de temps aprés la publication de l'Ordonnance de Blois, qui eſt du vingt-cinq Janvier de la même année; laquelle Ordonnance en l'Article 100. avoit abrogé abſolument la Venalité de tous les Offices de Judicature: Et ſi la Coûtume eut fait une diſpoſition generale pour toutes ſortes d'Offices, on eût pris cela pour une dérogation à l'Ordonnance.

Mais ce qui a été ordonné par la Coûtume touchant les Offices Venaux, a été depuis appliqué & étendu à toutes ſortes d'Offices.

L'Article de la Coûtume porte que l'Office est réputé immeuble, ce qui est une espece de fiction & d'improprieté; car encore que l'Officier ait sa fonction attachée à un certain lieu, neanmoins le titre & le droit de la Charge étant attaché à la personne qui est sujette à des mouvemens & transports d'un lieu en un autre, sa nature approche plus prés du meuble que de l'immeuble.

Et tandis que le prix des Offices a été médiocre & peu considerable dans les familles, on n'a point fait difficulté de les comprendre au nombre des Droits mobiliers; mais lors que le prix d'iceux a commencé de croître, même avant qu'ils fussent venus au point où on les a vûs depuis, on leur a donné par une espece de fiction la qualité d'immeubles.

Mais la Coûtume ne dit pas absolument que l'Office est réputé immeuble, mais elle ajoûte une condition quand il est saisi sur le debiteur avant la résignation admise, de maniere que hors le cas de la saisie on luy donnoit la qualité de meuble, & sur ce principe l'Office dont le mary étoit pourvû avant son mariage entroit en communauté.

Ce qui fut changé par l'Arrêt donné pour l'Office de Tresorier de France en la Generalité d'Orleans, duquel le sieur de la Grange étoit revêtu avant son mariage, & jugé qu'il demeureroit exclus de la Communauté. L'Arrêt fut prononcé en robes rouges par Monsieur le premier Président de Harlay le 7. Septembre 1607.

6. Et si à cause dudit Office le mary a payé durant la Communauté un suplément de Finance ou de taxe, si ce sont taxes seches qui ne produisent aucuns gages ou attributions de Droits nouveaux, on juge communément que le mary ou ses heritiers ne doivent pas pour cela aucune récompense à la Communauté ; & comme la Communauté a participé aux revenus & émolumens, elle doit aussi porter la charge des taxes seches & inutiles.

Mais si à cause des taxes on a attribué l'heredité ou quelques Droits nouveaux, on juge communément que les Droits demeurent au mary, & que luy ou ses heritiers doivent raporter à la masse de la communauté les sommes qui en ont été tirées pour payer les taxes.

Mais depuis douze ans on a vû plus de vingt Procez, dans lesquels les taxes se sont trouvées si hautes, & les attributions des Droits si petits & si mal assurez, que pour donner une recompense entiere selon la proportion cy-dessus, le prix du corps de l'Office entier & le reste des anciens Propres du mary n'y ont pû suffire ; & dans ce rencontre quelques-uns ont crû que le mary avoit la liberté d'abandonner à la Communauté les Droits pour lesquels les taxes avoient été payées à d'autres que le mary, pour se décharger de ladite récompense, étoit obligé de laisser & quitter l'Office entier qui luy étoit propre : Et il s'en trouve d'autres qui ont rétraint cét abandonnement à une portion de l'Office qui est un point important à régler ;

mais trés-délicat à exprimer, à cause que la taxe vient du fait du Roy.

La citation de l'Arrêt a été fausse, il est rapporté dans Chenu Centur. 2. Question 85. où il se voit que la question étoit si la fille heritiere de sa mere, mariée durant la premiere femme de Barnabé de Cerisiers, pendant la Communauté de laquelle cét Office avoit été acquis, avoit recueilly par la mort de sa mere la moitié de cét Office ; & si cette moitié luy avoit été faite un Propre, auquel son pere, elle venant à prédeceder fille, ne pouvoit succeder : où si elle avoit recueilly simplement la récompense du demy-denier qui y étoit dû par son pere, à cause du prix par luy tiré de la Communauté pour l'acquisition de cét Office : laquelle récompense, outre l'action pour l'avoir étant purement mobiliere, le pere y avoit succedé aprés la mort de sa fille, & n'en devoit rien aux heritiers de sa fille qui étoient demandeurs au Procés, afin d'avoir la moitié du prix de la veute de cét Office vendu depuis la mort du pere à Mr. Maudat, comme ayant la moitié de l'Office, & par consequent la moitié du prix été le propre de la fille, dont ils furent deboutez.

Mais l'erreur est plus fort en la quotité du quart denier qui est dit icy devoir être rendu aux heritiers de la femme, ausquels il faut rendre la moitié & non le quart, ce qui peut être une faute de scribe. Voyez Loüet, lettre L. n. 2.

Par l'Arrêt que l'on appelle communément des Cerisiers, donné à l'Audience de la premiere Chambre des Enquêtes, plaidant Me. Melchisedech Garnier & Paul de Cornaoille le 22. Decembre 1617. il a été jugé que le mary survivant a droit de retenir l'Office, en rendant aux heritiers de la femme le demy-denier de ce qui a été tiré de la Communauté, tant pour le traité de composition de l'Office que pour les frais des Lettres & pour les autres de la réception, sans que les heritiers de la femme puissent prendre part dans le benefice de l'augmentation du prix, si aucun est arrivé.

Et neanmoins audit cas le mary a la faculté de laisser l'Office dans la Communauté, pour en être disposé au profit commun du mary & des heritiers de la femme.

Mais on a souvent demandé comment & en quel temps le mary survivant est tenu de faire l'option, & quelques-

quelques-uns ont prétendu qu'elle pouvoit être faite en tout temps, jusqu'à ce que le mary ait fait une déclaration contraire.

Ce qui est veritable lors qu'il n'y a point d'inventaire des biens & effets de la Communauté, & que ladite Communauté continuë entre le pere survivant & sesdits enfans, d'autant que par le moyen de la Communauté les choses subsistent au même état qu'elles étoient durant.

9. Et quand même dans la suite les enfans refuseroient de prendre la continuation de Communauté, le pere n'est point en demeure de faire sa déclaration touchant l'Office, pendant que les enfans ont la faculté & sont en état de prendre la continuation de la Communauté.

10. Mais s'il n'y a point d'enfans issus du Mariage, ou que tous ceux qui en sont provenus soient majeurs lors de la dissolution du mariage, les enfans & les heritiers collateraux doivent s'imputer à eux-mêmes s'ils n'ont pressé le mary de faire sa déclaration pour le fait de l'Office.

11. Quand il y a inventaire des biens de la Communauté, c'est l'acte dans lequel l'option doit être faite.

Quelques-uns ont prétendu que la representation & description du traité & des Lettres de Provision de l'Office emporte avec soy une reconnoissance tacite de la part du mary de laisser dans la communauté le Titre de l'Office, & neanmoins l'opinion contraire a prévalu que l'employ & la deſcription faite en l'inventaire des Titres de l'Office n'a été à autre fin que pour régler la récompenſe qui eſt dûë par le mary aux heritiers de la femme, du my-denier & du prix de l'Office & des frais de promiſſion & reception.

Et en un mot que l'Office eſt préſumé avoir été retenu par le mary, à moins que dans l'inventaire il n'ait été fait une déclaration expreſſe d'abandonner l'Office à la Communauté.

12. Si l'Office a été donné gratuitement & qu'il n'ait rien été tiré de la Communauté pour la charge dont le mary ſe trouve revêtu lors de la diſſolution de ladite Communauté, il a été jugé que le mary avoit droit de retenir la charge ſans bailler aucune récompenſe aux heritiers de la femme, à cauſe que la Communauté n'a point été appauvrie n'y diminuée pour raiſon de l'Office; mais s'il s'agiſſoit de la Charge d'un Bailly d'épée, dont un Gentilhomme auroit été gratifié par le Roy, & laquelle ne tombe pas dans le commerce ordinaire.

Aviſer ſi la même choſe devroit être obſervée pour les autres Offices qui ſont dans le commerce commun, & s'il y a quelque diſtinction à faire entre les Offices qui ſont donnez au mary, & ceux donnez au mary & à la femme conjointement.

13. L'option dont a été parlé cy-deſſus qui eſt donnée au mary pour le prix qui a été débourſé & tiré de la Communauté, eſt irréguliere & bleſſe en quelque façon l'égalité qui doit être entre ceux qui vivent en

Societé, & quelques-uns ont écrit que cette jurisprudence étoit fondée sur ce que les maris sont juges dans leurs propres interêts.

Et neanmoins si l'on veut examiner & aprofondir cette proposition elle se trouvera juste, & fondée sur ce qu'il n'est pas raisonnable ny juste d'ôter à un homme le tître & le caractere de l'autorité publique dont il a été honoré par les Provisions du Roy, n'y de l'obliger de le prendre à plus haut prix que celuy qu'il a trouvé bon d'en bailler lors qu'il s'y est engagé, autrement il arriveroit souvent qu'aprés la dissolution de la Communauté un mary seroit obligé de quitter son Office, pour ne pouvoir (eû égard à l'état de ses affaires) acheter la moitié de sa femme, à proportion du prix courant des charges.

Et pour cette raison ladite option n'a jamais été reçûë que pour les Offices dont le mary est pourvû.

Et non pour ceux dont il a les Provisions en blanc & non remplies, pour en traiter avec d'autres personnes.

14. N'y pareillement pour les Offices dont les Provisions se trouvent remplies du nom du mary, & qui n'ont été suivies de la reception, car en l'un & l'autre cas, c'est-à-dire des provisions en blanc & de celles remplies & non suivies de réception, on a souvent jugé que tels Offices sont meubles & doivent entrer dans le partage des effets de la Communauté.

15. Quand pour les portions acquises par le mary durant la Communauté dans les Offices dont les pro-

visions se trouvent expediées sous le nom de tierces personnes.

16. Si durant la Communauté on convertit en tître d'Office une Charge qui étoit exercée par le mary avant le mariage, en vertu d'une simple matricule ou commission, comme il est arrivé pour les Offices de Receveurs Generaux, Provinciaux des Décimes; & pour les Charges de Procureurs postulans & plusieurs autres: quelques Arrêts ont jugé que les Commissions anciennes ne sont point en ce cas considerables, mais qu'il faloit s'attacher à la datte de la création des Offices, laquelle se trouvant du temps de la Communauté, lesdites Offices doivent être considerez de la même nature que les autres Offices acquises durant la Communauté.

Et neanmoins il y a d'autres Arrêts qui ont jugé le contraire, & que tels Offices ayant été entez sur les Commissions & Matricules anciennes, & distribuez à ceux qui en faisoient deja l'exercice en vertu desdites Commissions & Matricules, ils doivent demeurer aux Commissaires; & arrivant leur prédecez à leurs heritiers à l'exclusion de la femme, en indemnisant la Communauté de ce qui en avoit été tiré pour la Finance & les fruits desdits Offices.

17. Sçavoir si les heritiers de la femme peuvent demander part dans les deniers retirez par le mary survivant depuis la dissolution de la Communauté, pour la récompense d'une Commission qui luy avoit été donnée gratuitement durant la Communauté, comme cela arrive souvent au Conseil.

18. Quand l'Office acquis durant la Communauté demeure au mary survivant aux cas & sous les conditions cy-dessus exprimées, le droit des enfans qui est réduit à la récompense du my-denier du prix de l'Office, & des frais des Provisions & Reception, est pur & mobilier : Et arrivant le décez desdits enfans ou d'aucuns d'eux, même durant la minorité, il passe aux heritiers mobiliers, même au pere qui a retenu le corps de l'Office.

Pour les Succes-sions.

Cela ainsi jugé par l'Arrêt de Cerisiers, & raporté cy-dessus.

19. Mais si l'Office est demeuré dans la Communauté, soit à cause du prédecez du mary ou par sa déclaration ou répudiation, la portion que chacun des enfans prend dans l'Office tient nature d'immeubles & de Propres; & si lesdits enfans décedent en minorité, ce qui leur revient du prix de la vente & composition de l'Office passe aux heritiers des Propres.

20. Les Offices acquis par les peres & meres à prix d'argent, & par eux donnez aux enfans, tiennent lieu d'acquêts és personnes desdits enfans.

Intellige; Si le pere n'en a pas été pourvû.

21. Mais l'Office duquel une personne est pourvû par la résignation de son pere, tient nature de Propre.

Ordonner pour les Offices la même chose qui avoit été reglée pour les propres naturels.

Jusques icy on a tenu pour maxime au Palais, suivant la Doctrine commune des Arrêts, que l'on pouvoit librement disposer, même par Testament, de la totalité d'un Office dont le Testateur avoit été pourvû sur la résignation de son pere, sur ce que l'on a présuposé que le titre ancien de l'Office est retourné par

Pour les dispositions.

Il y a un premier Arrest donné en la deuxiéme Chambre des Enquêtes, pour un Office d'Eleu à Blois, qui contient les moyens des Parties.

la Resignation entre les mains du Roy, & que le Fils tire son droit des Provisions du Roy.

Aviser, si en donnant aux Offices absolument & en tout cas la qualité d'immeubles, même de Propres en cas de succession, on doit leur attribuër la même qualité en cas de disposition.

Et un autre donné en la Grand' Chambre, au Rôlle de Vermandois, plaidant Maître Michel Langlois.

En cas de Doüaire.

23. La Coûtume de Normandie, ou du moins l'usage observé dans ladite Province & autorisé par les Arrêts, donne le Doüaire coûtumier sur les Offices absolument & indistinctement, mais dans les autres Coûtumes les Offices ont été affranchis de cette charge, sinon dans la rencontre & le concours de deux circonstances, l'une qu'il n'y a point de Doüaire Préfix, même leger, constitué par le Contract de Mariage.

L'autre, qu'il ne se trouve dans la succession aucun heritage ou rente capable d'asseoir un Doüaire, même leger, car s'il y a un Doüaire Préfix la veuve est obligée de s'en contenter, sinon les Arrêts ont jugé qu'une rente étoit suffisante pour affranchir l'Office du mary de la prétention du Doüaire.

Au regard des créances.

24. L'Article 95. de la Coûtume de Paris dit que l'Office a suite par hypotéque quand il est saisi sur le debiteur avant resignation. Les termes de suite par hypotéque semblent avoir été appliquez improprement à l'espece proposée par le même Article, car la suite par hypotéque présupose que la chose hypo-

téquée ſoit paſſée en main tierce, comme cela eſt expliqué dans l'Article 170. de la même Coûtume ; & toutefois l'Article 95. fait mention d'un Office ſaiſi ſur le debiteur, & duquel il n'y a point de reſignation admiſe.

Et la ſuite du même Article eſt auſſi irreguliere que le commencement, car il dit.

1°. Que l'Office eſt immeuble.

2°. Qu'il eſt ſuſceptible d'hypotéque quand le créancier c'eſt pourvû avant la reſignation.

3°. Qu'il peut être crié & ajugé par Decret.

Toutes leſquelles propoſitions confirment & autoriſent la qualité d'immeuble.

Neanmoins il ajoûte que les deniers provenans de l'adjudication de l'Office ſont ſujets à déconfiture au ſol la livre, qui eſt une maniere de diſtribution irreguliere, laquelle ne convient qu'aux meubles & non aux immeubles, car le prix des immeubles ſe diſtribuë par ordre d'hypotéque, & pour les meubles & effets mobiliers l'Article 177. de la Coûtume oblige de ſuivre l'ordre des ſaiſies, & les Articles ſuivans n'ordonnant la déconfiture ſinon aprés que par la diſcution generale de tous biens meubles & immeubles du debiteur, il ne ſe trouve pas aſſez de fond pour ſatisfaire les créanciers, au lieu que dans l'Article 95. la contribution eſt ordonnée ſans ſçavoir ſi le debiteur eſt ſolvable ou non.

Mais tout cela a été ainſi ordonné dans un temps auquel la nature des Offices étoit peu connuë, & que les biens de cette qualité étoient peu considerables: Mais à present qu'ils sont & constituënt la plus noble partie des biens des maisons, & que cette forme & distribution au sol la livre est dangereuse à cause des fraudes qui peuvent être faites en supposant peu de jours avant la déroute des affaires du debiteur des dettes feintes & simulées, afin d'enlever sous le nom de personnes affidées la meilleure partie du prix de l'Office, dont on a vû des exemples frequens dans les distributions faites depuis vingt ans, des deniers procedans de la vente de divers Offices. C'est pourquoy il seroit assez propre, selon les ordres & les resolutions qui seront prises sur ce sujet, de donner aux Offices la qualité d'immeubles; & d'ordonner que le prix d'iceux sera distribué en tout cas par ordre d'hypotéque.

25. Sans déroger neanmoins aux privileges acquis sur les mêmes Offices, pour ce qui reste dû du prix à ceux desquels ils ont été acquis, & à ceux qui ont prêté l'argent pour payer le reste du prix, avec les solemnitez & précautions necessaires.

26. Il semble à propos de régler la préference des Creanciers opposans au sceau, contre les autres qui ne se sont pas opposez.

27. Et la necessité de renouveller tous les ans les oppositions formées au sceau, afin de conserver.

28. Si le Creancier qui a fait saisir réellement l'Office, est obligé de s'opposer au sceau.

29. Si pour rendre la Saisie Réelle valable elle doit

être

être signifiée au Garde des Rôles & par luy enregistrées.

30. Si les oppositions formez sur ladite Saisie Réelle entre les mains du Sergent qui a fait les criées au Greffe du lieu ou se poursuit le Decret, valent autant que celles faites au sceau.

31. Si au préjudice des saisies & oppositions faites au sceau, ou ailleurs, le titulaire de l'Office a la liberté d'en traiter, & à tel prix que bon luy semble.

32. Tout ce qui a été observé cy-dessus peut être appliqué tant aux veritables Offices qui entrent aux Parties Casuelles, & autres Offices hereditaires par privilege, qu'aux Offices Domaniaux & aux Offices de Police ; à la reserve de ce qui regarde le Sceau & les Provisions.

33. Mais les Offices Domaniaux & de Police ont cela de particulier qu'ils sont sujets à la suite par hypotéque, c'est-à-dire que les Créanciers fondez en hypotéque peuvent agir contre les tiers acquereurs en déclaration d'hypotéque, car les Offices Domaniaux sont considerez entre nous comme des fonds & heritages, & les Offices de Police approchent fort prés des rentes constituées : Et par cette raison par un Arrêt celebre donné à la Grand' Chambre, suivant les conclusions de Monsieur Bignon Avocat General, il a été jugé.

Que les Offices de cette qualité doivent être réglez dans la succession du proprietaire, suivant la Coûtume de son domicile, à l'instar des rentes constituées.

34. Neanmoins plusieurs estiment qu'il seroit plus

à propos de les assujettir à la Coûtume des biens où les Droits Annuels ausdits Offices sont perceptibles, comme cela se pratique pour les rentes locales, & à prendre sur le Roy.

35. Et il se trouve un autre Arrêt donné en la Chambre de l'Edit, qui a jugé que le corps ancien des Greffes doit être partagé & reglé suivant la Coûtume du lieu où s'en fait l'exercice, & que les places de Mes Clercs, Gardes-Sacs, Contrôleurs, & les droits de Parisis, suivant la Coûtume du domicile du proprietaire, laquelle bigarrure fait quantité de Procez : & dans l'ordre de nôtre usage commun il semble que les petits Offices, comme necessaires & dépendans du Greffe, doivent être réglez suivant la même Coûtume, à laquelle le Greffe principal est sujet.

CESSIONS DE BIENS & Répits.

A. D. M. L. P. P. D. L. M.

DES CESSIONS DE BIENS ET REPITS.

ON a eu raison de joindre sous un même titre ces Cessions de Biens & les Répits, comme étant des graces accordées aux debiteurs par l'indulgence de la Loy contre le Droit commun, l'une pour les mettre à couvert des contraintes par corps, & l'autre pour differer les executions & ventes de leurs biens.

1. Abrogeons l'usage des Cessions de Biens, & les Ordonnances, Loix & Coûtumes qui en font mention, même és cas pour lesquels les contraintes par corps qui ont été reservées & reçûës par nôtre Ordonnance du mois d'Avril 1667.

Cét Article paroît d'abord bien hardy, & neanmoins il faut demeurer d'accord que la Cession de Biens n'a été introduite & reçûë que pour garantir les debiteurs des contraintes par corps, & comme dit la Loy premiere, *Cod. qui bonis cedere possunt, in eo tantum modo hoc beneficium proden, ne judicatis detrahuntur in carcerem.*

Et comme par l'Ordonnance de 1667. les contraintes par corps ont été abrogez, il est necessaire d'abroger les Cessions de Biens qui moderoient la rigueur de ces contraintes.

Il est vray que par l'Ordonnance de 1667. tit. 34. les contraintes par corps ont été conservées : sçavoir.

Par l'Article II. pour les dépens, restitutions de fruits, dommages & interêts, au dessus de 200. livres.

Par l'Article III. pour ce qui est dû par les Tuteurs & Curateurs à leurs Mineurs, à cause de leur administration.

Par l'Article IV. pour la Reingrande en la possession d'un heritage Stelionat, dépôt necessaire, consignation par ordonnance de justice, consignation és mains de personnes publiques, representation de biens dont les Sequestres, Commissaires & Gardiens ont été chargez.

Lettres de Change pour remise d'argent de place en place.

Dettes entre Marchands pour fait des marchandises dont ils se mêlent.

Par l'Article V. pour les privileges des Foires, Ports, Etapes, Marchez & des Villes, d'arrêts & des deniers Royaux.

Par l'Article VII. loyers & fermages en grain & en argent pour les heritages de la campagne.

Par l'Art. VIII. contre les Marchands publics, & par l'Art. IX. pour les dépens en matiere criminelle.

Mais il sera observé que pour les causes mentionnées és Articles 3. 4. 5. 7. 8. & 9. qui sont toutes privilegiez, la cession de biens n'a jamais été reçûë, & est facile d'en rapporter plusieurs Arrêts qui l'ont ainsi jugé, & il y a plusieurs Coûtumes qui exceptent de la Cession de Bien plusieurs desdites causes.

Et à l'égard de ce qui est remarqué au deuxiéme Article concernant les dépens, restitutions de fruits, dommages & interêts, il y a quelques Coûtumes qui exceptent de la Cession de Biens les choses ajugées par Sentence. Et dans l'Article 111. de la Coûtume de Paris elles sont mises au nombre des dettes privilegiées & exceptées de Répits.

Et puisque par led. Article II. de l'Ordonnance de 1667. elles ont été assujettis à la contrainte par corps par la raison de leur privilege, on ne peut sans une contradiction manifeste admettre pour icelles la Cession de Biens.

2. Répits n'a lieu pour les sommes & autres choses ajugez par Sentence diffinitive & contradictoire, loyers de maisons & heritages des Villes & de la campagne, payables en argent & en grain, vin & autres especes, n'y pour les arrerages des rentes & les dettes créées au profit des mineurs durant leur minorité.

Cét Article est pris de la Coûtume de Paris, Article 111.

Mais comme l'Ordonnance du mois d'Avril 1667. a ajoûté au nombre des dettes privilegiées plusieurs autres causes sous le titre de la décharge des contraintes par corps, il seroit à propos de rendre les dernieres Ordonnances conformes en ce point.

3. Ne seront expediées aucunes Lettres de Répits

sinon pour être examinées & registrées en connoissance de Cause avec les creanciers, ou eux dûëment apellez.

4. Les Répits ne peuvent être ordonnés en justice sans Lettres qui pourront être prises en nôtre Grande Chancellerie, où és Chancelleries étans prés nos Cours de Parlement; & en attendant l'obtention des Lettres le Juge pourra donner aux debiteurs un delay competent pour les obtenir & les faire signifier à ses creanciers, & les enteriner avec eux; & pendant le delay surseoiront toutes poursuites, executions & ventes des biens des debiteurs.

5. Pourront neanmoins les creanciers ou aucuns d'eux durant les delais des assignations & des procedures qui seront faites sur l'enterinement des Lettres de Répits, faire saisir les meubles, droits & effets mobiliers du debiteur, & y établir des gardiens pour empêcher le divertissement d'iceux, jusques à ce qu'il y ait été pourvû par le Juge, en connoissance de cause, avec les Parties interessées.

6. Les Lettres de Répit seront adressées aux Bailliages & Senéchaussées, ou Siége particulier dans lequel le debiteur a étably son domicile durant les trois dernieres années avant l'obtention des Lettres. Défendons à nos Cours & aux Requêtes de l'Hôtel & du Palais, Juges conservateurs & autres Juges de quelque qualité qu'ils soient d'en prendre connoissance, & aux parties de s'y pourvoir, à peine de nullité.

7. Les Creanciers peuvent sans Lettres accorder à

leurs debiteurs un ou plusieurs termes, faire telles remises que bon leur semblera, & convenir entr'eux des conditions pour le payement de leur dû; & ce qui sera convenu & arrêté à la pluralité des voix sera executé à l'égard des autres.

8. La pluralité des voix ne sera point considerée par le nombre des personnes, mais par la qualité des sommes dûës à chaque creancier: & s'il se trouve dû à un ou deux creanciers plus qu'à tous les autres ensemble, leur avis sera suivy, & en cas d'égalité des sommes, l'opinion où il y aura plus grand nombre de personnes; & si la qualité des sommes à eux dûës est pareille, sera suivi le sentiment qui se trouvera le plus doux & le plus favorable pour le soulagement du debiteur.

9. Au nombre des creanciers qui donneront leurs suffrages, ne seront compris les parens & alliez du debiteur, jusqu'au degré de cousin germain inclu.

10. Aucun creancier ne sera reçû à proposer aucune chose sur les Répits presentez en justice ou en des Assemblées particulieres, qu'il n'ait auparavant baillé un état de ce qui luy est dû tant en principal qu'interêts, frais & dépens, representé les pieces justificatives de sa dette, & affirmé en personne ou par Procuration speciale que les sommes par luy demandées luy sont veritablement & legitimement dûës : & pareille affirmation sera faite par le debiteur.

11. Et en cas de conviction de parjure, le creancier demeurera déchû de plein droit de sa dette entiere,

& payera pareille somme que celle qui aura été par luy demandée aux autres creanciers, pour être distribuée entr'eux par contribution au sol la livre : & le debiteur qui se trouvera avoir fait une fausse affirmation demeurera déchû du Bénéfice du Répit, & sera condamné & contraint par corps, comme Stellionnataire, au payement des sommes dûës aux creanciers.

12. Le temps du Répit poursuivy en justice ne pourra aller au delà cinq années, mais il pourra être réduit à moindre temps, si le Juge aprés avoir oüy les creanciers & avec connoissance de cause, le trouve à propos, & le Répit accordé hors jugement dans l'Assemblée particuliere des creanciers ne pourront aussi exceder cinq années, si ce n'est que tous les creanciers d'une commune voix jugent à propos de donner un plus long delay.

Le debiteur qui a obtenu une fois un Répit en justice, où par un traité fait avec ses creanciers, n'est recevable à en demander un second ; encore que le premier eût été moindre de cinq années.

Les ventes, échanges, donations, & autres alienations faites par le debiteur, & pareillement les obligations & promesses par luy faites & passées, & les transports de ses meubles, droits & effets faits un mois avant l'obtention des Lettres de Répits, où l'acte de la premiere Assemblée de ses creanciers, n'auront aucun effet au préjudice des creanciers précedens.

Fin de la premiere Partie.

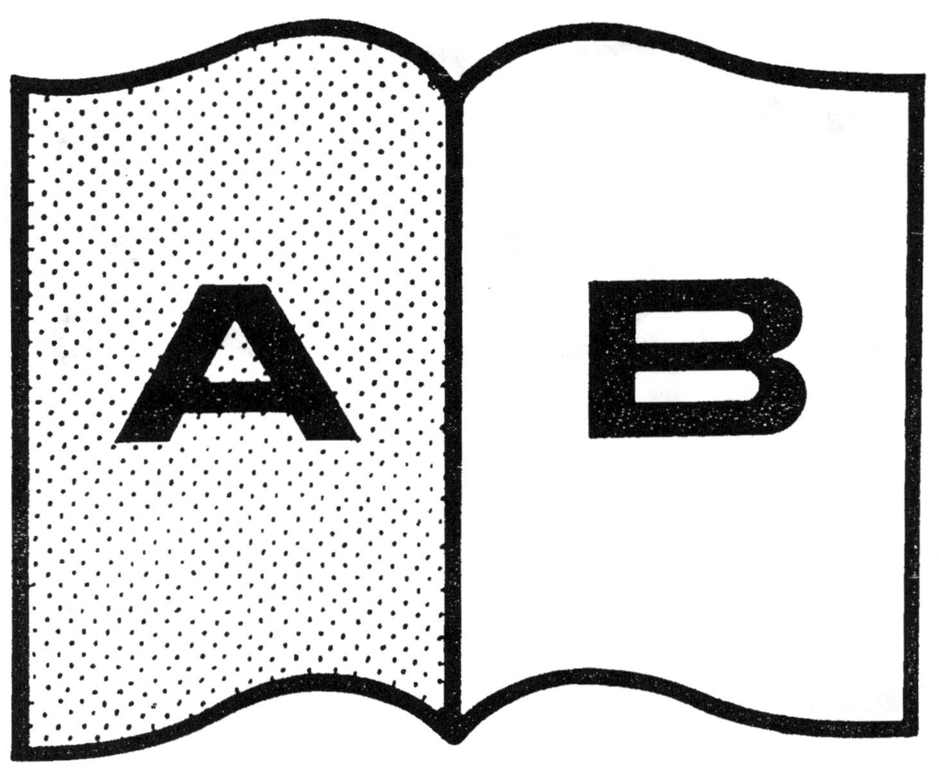
A
B

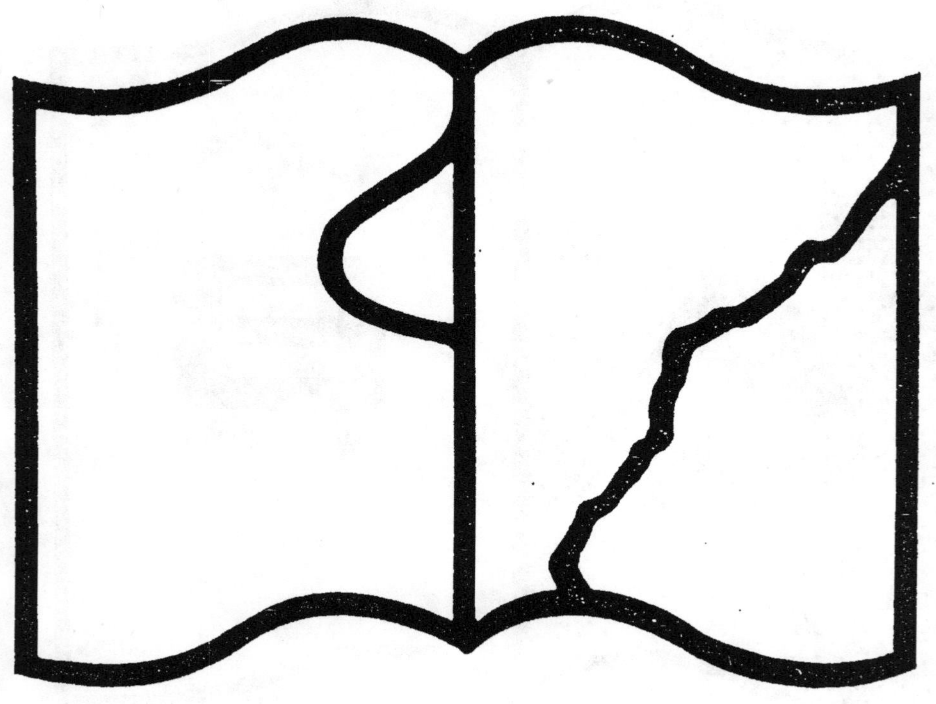

Texte détérioré — reliure défectueuse

NF Z 43-120-11

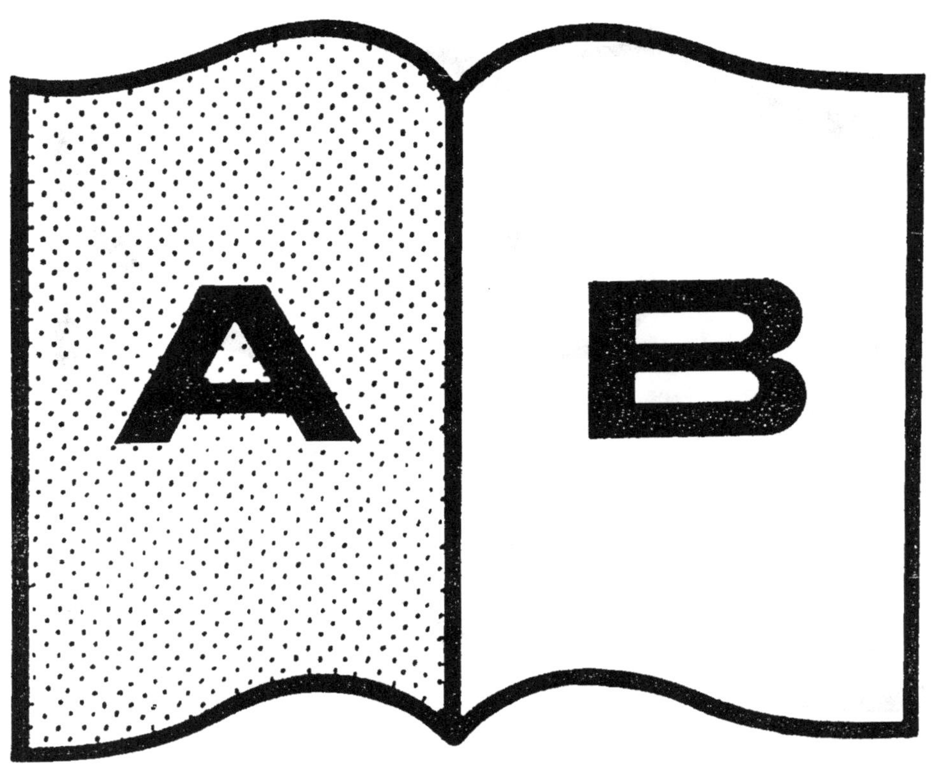

Contraste insuffisant

NF Z 43-120-14

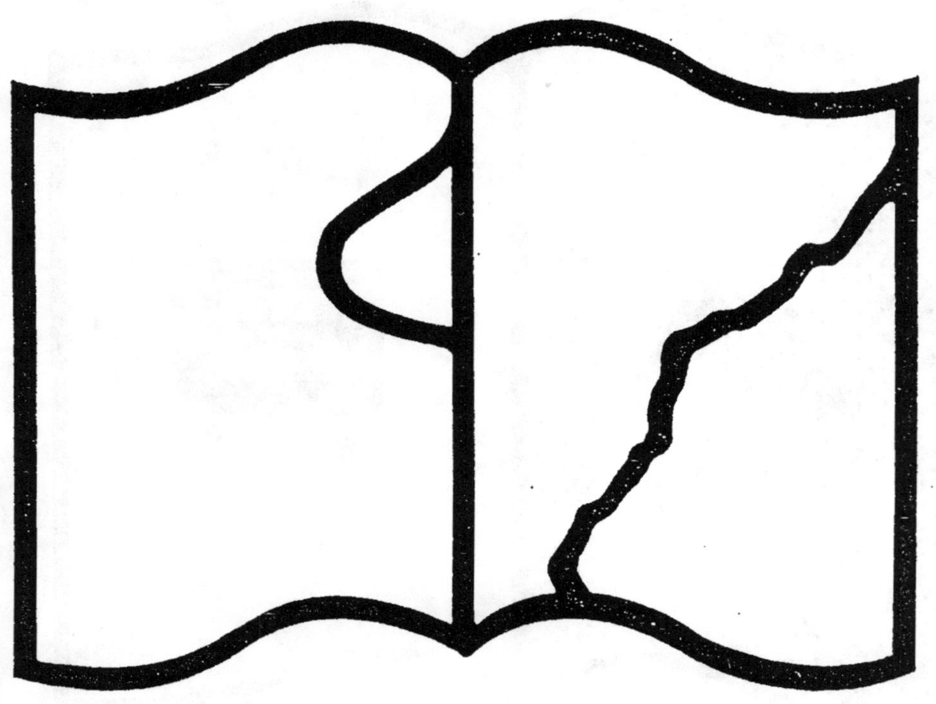

Texte détérioré — reliure défectueuse

NF Z 43-120-11